KB122443

중화인민공화국

함경북도
청진
나진

양강도

자강도

함경남도

신의주
평안북도

함흥

평안남도

조선민주주의
인민공화국

남포
평양

원산

황해
북도
강원도

황해
남도

개성
판문점
강릉

강화도
서울
강원도

경기도

충청
남도
충청
북도
경상북도

대한민국

부여

전주
대구
경주

전라
북도

광주
경상남도

전라
남도
부산

목포

쓰
시
마
시모노세키

후쿠오카
규
슈
지
방

제주
나가사키

제주도

125°E
130°
가고시마

러시아연방

홋카이도 지방

삿포로

하코다테

아오모리

도
호
쿠
지
방

센다이

니가타

일 본

가나자와

간 토 지 방

주 부 지 방

도쿄

요코하마

마쓰에

쿠 지 방

교토

고베

나고야

히로시마

오사카

나라

다카마쓰

긴 키 지 방

시코쿠 지 방

나하

40°

35°

135°

125°

130°

한일역사공통교재

한일 교류의 역사

선사부터 현대까지

한일역사공통교재

한일 교류의 역사 선사부터 현대까지

역사교과서연구회(한국)
역사교육연구회(일본) 지음

2007년 3월 10일 2쇄 발행

펴낸이 | 오일주
펴낸곳 | 도서출판 혜안
등록번호 | 제22-471호
등록일자 | 1993년 7월 30일

주소 | 서울시 마포구 서교동 326-26번지 102호
전화 | 3141-3711~2 팩시밀리 | 3141-3710
E메일 | hyeanpub@hanmail.net

ISBN | 978-89-8494-300-1 03910

값 | 18,000원

한일역사공통교재

한일 교류의 역사

선사부터 현대까지

역사교과서연구회 (한국)
역사교육연구회 (일본) 지음

혜안

인류의 번영과 세계 평화 그리고 정의에 따른 풍요로운 사회발전을 보장하기 위해서는 국제교류 특히 이웃 나라와의 협력이 필요합니다. 교류와 협력의 기초에는 지난날의 족적 즉 역사가 중요합니다. 역사를 되돌아보며 현대를 건설하고 미래를 창조하기 때문입니다. 지금 어느 나라에서나 자국의 역사를 가장 중요하게 여기고 있습니다. 그러나 현대의 세계는 그것을 넘어서 다른 나라의 과거 특히 이웃 나라의 역사를 바르게 이해하지 않으면 상호이해가 진척되지 않습니다. 이러한 노력은 지구촌 사회에 함께 살고 있는 현대인이 가져야 할 기본 자세입니다.

한국과 일본 두 나라는 선사 이래 서로 도우면서 함께 역사를 창조해 왔습니다. 그 과정에서 때로는 파트너십을 가지고 진지한 우호관계를 유지했습니다만, 어떤 경우에는 치열한 경쟁과 갈등 속에서 전쟁까지도 불사한 적이 있었습니다. 특히 근대 이후 양국은 불행한 경험을 했습니다. 식민지 지배와 피지배의 관계가 그것입니다. 당시의 불행한 사태는 제국주의라고 하는 세계사적 조류에 원인이 있었다고는 하지만, 없었던 일로 돌릴 수 없는 역사적 사실이었다는 것을 기억하지 않으면 안 됩니다.

현재, 새로운 시대를 맞은 한국과 일본은 미래를 슬기롭게 열어 가지 않으면 안 됩니다. 그를 위해서 서로 될 수 있는 대로 빨리 역사의 진실을 바르게 인식해야 할 것입니다. 진실을 업신여기는 역사는 비틀어진 역사고 상대 나라에 대한 문화침략이라고도 할 수 있습니다. 거기에서 생기는 잘못된 역사인식은 한쪽으로 치우친 인간을 만들어 내고, 그것은 자신의 모습도 바르게 그려내지 못하게 만들 것입니다. 그것은 아주 슬프고 불행한 일입니다.

올바른 역사를 서술하기 위해 한국과 일본의 학자와 교육자가 만난 것이 1997년, 지금부터 10년 전의 일입니다. 양국에서 공동으로 이용할 수 있는 역사교재를 개발하기 위해 한마음으로 뭉쳤습니다. 그동안 교재를 완성시키기까지 우리는 많은 어려움을 참고 이겨 냈습니다. 강한 신념과 사명감이 없었으면 성공할 수 없었을 것입니다. 땀도 많이 흘렸습니다.

그렇지만 아직 미숙한 곳이 없는 것은 아닙니다. 학계, 교육계, 국민 모두를 만족시키는 것은 쉬운 일이 아니기 때문입니다. 그럼에도 불구하고 같은 내용의 역사를 양국의 학생이 함께 학습할 수 있게 되었다는 점에서 이 공통교재 발행의 의의는 대단히 큽니다.

한국과 일본의 학생이 이 책을 읽고 한일관계사를 바르게 이해할 것을 기대합니다. 학생은 많은 것을 느낄 것입니다. 그리고 의문을 갖게 될지도 모릅니다. 역사인식의 차이가 무엇인가를 이해하겠지요. 이 책이 역사인식의 성장 과정을 돕게 된다면 다행입니다. 그것은 이미 넓어져 가고 있는 양국의 문화교류를 질적으로 향상시키게 될 것입니다. 공통교재를 사용하여 역사의 진실을 확인함으로써 양국은 번영과 발전의 길을 함께 걷게 되는 셈입니다.

2007년 2월

역사교과서연구회 회장 이 존 희 李存熙
역사교육연구회 회장 가토 아키라 加藤章

이 책을 읽기 전에

이 책은 한국과 일본의 기초적인 교류사를 저술한 것입니다. 독자의 이해를 돕기 위하여 이 책의 구성을 소개합니다.

1 각 장의 시작 부분에는 그 장에 나오는 사건을 중심으로 한 연표를 실었습니다. 사실 관계를 살펴보는 데 도움이 될 것입니다. 연표와 본문의 날짜 표기는, 제1~8장은 음력을, 제9~12장은 양력을 사용하였습니다.

2 「이 시기의 한국」, 「이 시기의 일본」에서는 양국의 통사를 서술하였습니다. 이것은 한국과 일본의 교류사를 이해하기 위하여 그 시기의 배경이 되는 역사입니다. 양국의 역사를 알고 쉽게 교류사를 이해할 수 있도록 구성하였으므로 여기에서부터 읽기 시작하시기 바랍니다.

3 본문은 크게 전근대사와 근현대사로 나뉩니다. 한일 역사인식의 차이는 근현대사에서 강조되고 있지만, 우리가 근현대사를 이해하기 위해서도 전근대사는 반드시 필요합니다. 가능하면 전근대사부터 읽어보시기 바랍니다.

4 본문의 각 절은 한일교류사를 기술하였습니다. 한국과 일본 사이에 행해진 여러 교류에 대해 공부하시기 바랍니다. 잘 모르는 인물이나 사건들이 나올지도 모릅니다. 하지만 이것은 상호 이해를 위해서 필요한 것으로, 이것을 역사인식의 차이라고 생각하면서 살펴보시기 바랍니다.

5 본문에는 각 장의 절별로 용어 해설을 두어 사람과 사건 등에 대한 설명을 덧붙였습니다. 이해를 돕기 위한 것이므로 참고해 주시기 바랍니다.

6 이 책 후반에는 부록으로 「더 깊은 이해를 위하여」를 실었습니다. 여기에는 각 장과 절의 집필의도, 강조점, 나아가 이 책의 새로운 시점 등을 서술하였습니다. 각 장과 절을 더욱 잘 이해하실 수 있을 것입니다.

7 마지막 참고문헌에는 한국어와 일본어로 된 문헌을 '학생용'과 '교사·일반독자용'으로 나누어 실었습니다. '학생용'은 비교적 읽기 쉬운 입문서고, '교원·일반독자용'은 좀더 전문적인 책입니다. 이 문헌들은 우리가 원고를 집필하고 토론할 때 참고한 문헌이기도 합니다. 더욱 심도 있는 공부를 원하시는 독자분들은 이 문헌을 참고해 주시기 바랍니다.

글 싣는 차례

범 례

■ 이 책에서 몇몇 용어는 다음 표와 같이 한국어판과 일본어판에서 별도의 표기를 사용하기로 합의하였습니다.

한국인·조선인 표기

시기	한국어판	일본어판
조선왕조시대	조선인	조선인
대한제국시대	한국인	한국인
식민지기	한국인 조선인	조선인
해방후·국가 수립까지	한국인	조선인
대한민국 수립~현재까지	한국인	한국인

재일한국인 표기

시기	한국어판	일본어판
식민지기	재일한국인	재일조선인
해방후·국가수립~한일 조약 체결까지	재일한국인	재일조선인
한일조약체결 이후~현재까지	재일한국인	재일코리언

국명·지명 표기

국명·지명	한국어판	일본어판
대한제국	한국	한국
식민지기	한국	조선
대한민국	남한·한국	한국
조선민주주의 인민공화국	북한	북조선
해방후·국가 수립까지	남한 북한	조선의 남부 조선의 북부
반도 이름 (전 시대)	한반도	조선반도
동북아시아·동아시아	전근대사 : 동북아시아 근현대사 : 동아시아	

기 타

한국어판	일본어판
6·25전쟁	조선전쟁
한일관계	일한관계
조일○○··· 등	日朝○○··· 등
을사조약 (제2차 한일협약)	제2차일한협약 (을사조약)
정미7조약 (제3차 한일협약)	제3차일한협약 (정미7조약)
해방	패전(해방)

■ 이 책에서는 의미의 정확한 전달을 위하여 일본어판과 표현을 달리한 곳도 있습니다.

제1장 선사시대의 문화와 교류

60만년 전 무렵	한반도에 사람들이 살기 시작
3만년 전 무렵	일본열도에 사람들이 살기 시작
2만년 전 무렵	한반도, 세석기문화 유행, 슴베찌르개 사용
14,000년 전 무렵	일본열도, 세석기문화 유행
12,000년 전 무렵	한반도와 일본열도 사이에 해협이 생김
	한반도와 일본열도, 토기 사용 개시
10,000년 전 무렵	일본열도, 조몬 문화 성립
7,000년 전 무렵	한반도, 빗살무늬토기 제작 개시
6,000~5,000년 전 무렵	한반도와 일본열도, 밭농사 개시
B.C. 1,500년 무렵	한반도, 청동기 시대 개시, 이 무렵 고조선 성립
B.C. 800년 무렵	한반도, 논농사 개시
B.C. 400년 무렵	한반도, 철기 사용 개시
	일본열도, 벼농사와 금속기 사용 시작, 야요이 문화 성립
B.C. 200년 무렵	일본열도의 도호쿠 지방까지 벼농사 보급

마지막 간빙기(왼쪽·10만~7만년 전) 때의 동북아시아와 마지막 빙기의 가장 추운 시기(오른쪽·1만 5천년 전)의 동북아시아 | 한반도와 일본열도는 빙기가 되자 연결되었을 것으로 여겨지고 있다. 그러나 양쪽이 연결된 정도의 해수면 저하는 없었다는 견해도 있다.

구석기시대 | 인류가 지구상에 출현한 것은 약 400만년 전이다. 당시는 빙기로서 자연환경이 현재와 매우 달라 한랭한 빙기와 온난한 간빙기가 되풀이되는 시기였다. 인류는 두 다리로 직립보행을 시작하고 손을 사용함으로써 차츰 도구를 만들어 진화해 갔다.

최초의 인류는 아프리카에서 탄생하여 생활장소를 확대해 갔다. 진화와 더불어 돌을 깨뜨려 만든 뗀석기를 사용하였으며, 마찰열을 이용하여 불을 사용하게 되었다. 20만년 전 무렵에는 사람이 죽으면 간단하게 묘를 만들고 그 주변을 꽃으로 장식하는 등 종교행위를 하게 되었다. 현대와 직접적으로 연결되는 인류는 4만년 전에 등장하였다. 이 시기에는 동굴 벽에 짐승을 그려넣고 동물 뼈나 뿔 등으로 조각품을 만들어 의식을 행하기 시작하였다.

인류가 등장한 이래 뗀석기를 주로 이용한 시대를 구석기시대(전기·중기·후기로 구분)라고 하는데, 전기에는 큰 석기밖에 만들지 못했던 인류가 후기가 되면 다양한 종류의 작은 석기들을 만들었다. 구석기시대의 한랭기에는 한반도와 일본열도가 연결되었다.

한반도에는 60만년 전 무렵부터, 일본열도에는 3만년 전 무렵부터 인류가 살기 시작한 흔적이 남아 있다. 한반도에서는 구석기시대 전기부터 후기에 걸쳐 사람들이 살았던 흔적이 확인된 충청남도 공주 석장리 유적 등을 들수 있다. 일본열도에서는 구석기시대에도 사람들이 활동하고 있었다는 사실이 명확히 확인된 군마 현 이와주쿠 유적 등을 들 수 있다.

신석기시대 | 약 1만 수천년 전 마지막 빙기가 끝나자 기후가 온난해졌으며 동식물도 크게 변화하였다. 그에 따라 사람들의 생활과 도구도 변화해 갔다. 돌을 갈아서 만든 간석기와, 점토로 만든 그릇을 불에 구워 만든 토기가 취사나 저장 용도로 사용되었다. 멧돼지나 사슴 등 날렵한 몸놀림을 보이는 중소 동물을 먼 거리에서 사냥하기 위해 활이 사용되기 시작하였다. 또 이 시기에는 수렵·채집만이 아니라 농경·목축·어로를 통해 식량을 얻기 시작했다. 이 새로운 생활양식이 나타난 시기를 신석기시대라고 한다. 한반도와 일본열도에서는 신석기시대에 들어서도 여전히 채집이나 어로·

수렵을 중심으로 식량을 얻었고 농경·목축을 통한 식량생산은 아직 본격적으로 이루어지지 않았다. 이 시기의 주거는 반지하식 움집이었는데 사람들이 정주하였고 여러 가족이 혈연을 매개로 취락을 이루어 생활하였다.

　기후가 따뜻해짐에 따라 해수면이 상승함으로써 한반도와 일본열도는 바다로 나뉘어 현재와 거의 같은 형태가 되었다. 한반도에서는 각종 기하학적 무늬를 새긴 빗살무늬토기가 전역에서 출토되기 때문에 신석기시대의 문화를 빗살무늬토기 문화라고 부른다. 일본열도의 신석기시대는 표면에 새끼줄 무늬 등을 넣은 토기를 사용했기 때문에 조몬 시대(새끼줄문양 시대)라고 하며, 이 시대의 문화를 조몬 문화라고 한다. 대표적 유적으로 한반도에서는 가장 오래된 신석기시대 유적인 제주도 고산리 유적, 약 7000년 전에서 3000년 전에 나타난 한반도 최대의 신석기취락인 서울 암사동 유적을 들 수 있다. 일본에서는 약 5500년 전에서 4000년 전의 취락인 아오모리 현의 산나이마루야마 유적, 최대 규모의 조개더미를 갖춘 지바 현의 가소리 패총 등을 들 수 있다.

청동기시대 | 그 후 사람들은 새로운 도구로서 금속을 이용하기 시작했다. 처음 인류가 이용한 금속은 구리와 주석을 합금한 청동이었다. 구리는 그대로 사용하면 너무 물러서 농경도구나 무기로는 적합하지 않았으나 주석과 합금을 함으로써 단단하고 예리한 도구를 만들 수 있었다. 청동기는 B.C. 3000년경에 서아시아에서 사용되기 시작하였고, 동북아시아에서도 B.C. 2000년경 유적에서 출토되고 있다. 청동기를 사용한 시대를 청동기시대라고 한다. 한반도에 인접한 요령지역에서는 B.C. 1500년경에 청동기가 사용되기 시작하였는데, 이 지역에서 고조선 문화가 성립되었던 것으로 보인다. 이 문화는 이 무렵에 한반도로 전파되어 B.C. 400년경까지 계속되었다. 일본열도에서는 B.C. 400년경부터 A.D. 300년경까지가 이 시대에 해당된다.

　한반도와 일본열도에서는 이 시기부터 본격적으로 농경이 시작되었고 생활에 큰 변화가 일어났다. 농경의 발달로 수렵과 어로의 비중은 낮아졌고 가축이 사육되기 시작했다. 수확한 곡물을 보존할 고상창고(기둥을 세워 공중에 지은 창고)도 만들었다. 본격적인 농업의 발달은 생활에 필요한

환호취락(울산 검단리 마을유적) | 청동기시대의 대규모 환호취락이다.

곡물보다도 많은 생산물을 만들어 내고 일부 집단이 이를 독점함에 따라
빈부의 차와 우열관계가 생겨나 사회 내부에 계급이 발생하였다. 묘는 이
시대에 정형화되어 매장 풍습이 보급되었다. 또 비축된 곡물을 둘러싸고
집단 간에 전쟁도 시작되어 군사적·방위적 역할을 위해 산꼭대기나 언덕
위에 취락을 형성하거나, 취락 주변에 호를 파고 목책을 두른 환호취락도
만들어졌다.

　한반도에서는 이 시대에 겉에 아무런 무늬도 넣지 않은 민무늬토기라는
갈색의 다양한 형태의 토기가 사용되었다. 이 시대의 문화를 민무늬토기
문화라고도 부른다. B.C. 400년경에는 철기가 보급되면서 청동기시대가
막을 내린다. 대표적 유적으로는 집터로 유명한 충청남도 부여의 송국리
유적, 관개시설이 확인된 충청남도 논산의 마전리 유적, 환호취락인 울산시
검단리 유적 등이 있다.

　일본열도에서는 야요이 토기라고 불리는 얇고 단단한 토기가 사용되었는
데 이 시대를 야요이 시대, 그 문화를 야요이 문화라고 부른다. 일본열도에서
는 청동기와 철기가 거의 동시에 전파되었기 때문에 철기는 실용적인 도구

환호취락(일본 사가 현 요시노가리) | 야요이 시대의 대규모 환호집락터. 망루와 이중의 환호 등 방어적인 성격이 강하다. 현재 복원하여 공원으로 정비하였다.

로서 이용되었고, 청동기는 제사용구 등에 사용되었다. 다만 일본열도 전역으로 이 새로운 시대의 문화가 확산된 것이 아니라 홋카이도에서는 여전히 농경을 행하지 않는 속 조몬 문화가, 오키나와 등 남서제도에서는 어패류를 채집하는 패총문화가 전개되었다. 이 시대의 대표적 유적으로는 논농사 농경 취락인 후쿠오카 현 이타즈케 유적, 환호취락인 사가 현 요시노가리 유적, 논농사 대취락인 나라현 가라코·가기 유적을 들 수 있다.

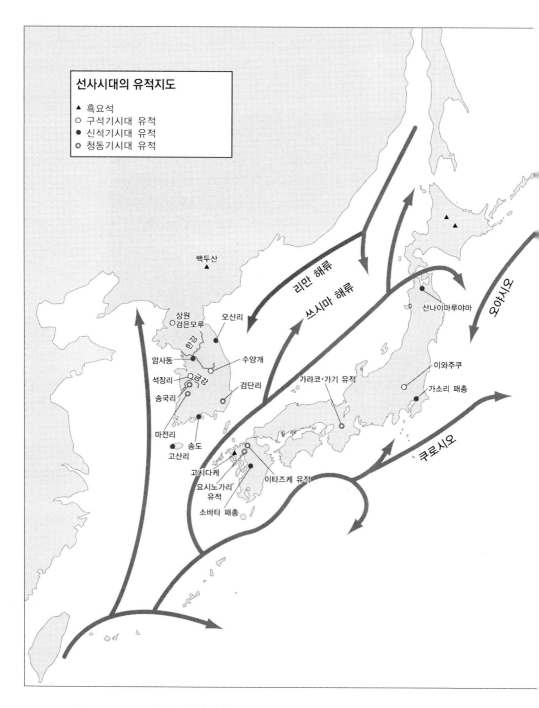

선사시대의 유적지도

▲ 흑요석
○ 구석기시대 유적
● 신석기시대 유적
◉ 청동기시대 유적

백두산

상원 검은모루
오산리
한강
암사동
수양개
석장리 금강
송국리 검단리
마전리
송도
고산리
고시다케
요시노가리 유적
소바타 패총
이타즈케 유적

리만 해류
쓰시마 해류
산나이마루야마
오야시오
가라코·가기 유적
이와주쿠
가소리 패총
쿠로시오

구석기시대

검은모루 유적(평양 상원) | 석회암 동굴유적으로, 한반도에서 가장 오래된 구석기시대 유적이다.

석장리 유적(충남 공주) | 한반도의 구석기시대를 전기-중기-후기로 시대구분하는 계기가 된 유적이다.

수양개 유적(충북 단양) | 중기에서 후기 구석기시대의 유적. 세석기와 슴베찌르개가 많이 출토되어 한국만이 아니라 세계 각지의 구석기와도 비교가 이루어지고 있다.

이와주쿠 유적(일본 군마 현) | 일본열도에서 구석기시대 유적이 최초로 확인된 유적이다.

신석기시대

고산리 유적(제주도 북제주) | 한반도에서 가장 오래된 신석기시대 유적. 덧무늬토기와 함께 세석기, 여러 유형의 슴베찌르개가 출토되었다.

오산리 유적(강원도 양양) | 황해안지역에 분포하는 빗살무늬토기와 동북지방의 바닥이 평평한 토기 및 남해안지역에 분포하는 덧무늬토기 등, 각 지역의 특징을 지닌 토기와 함께 결합식 낚시바늘, 돌톱 등 다양한 유물이 출토되었다.

암사동 유적(서울시 강동) | 한강변에 위치하며 한반도 중서부지방의 신석기문화를 대표하는 7000~3000년 전의 유적이다.

송도 패총(전남 여수) | 덧무늬토기와 결합식 낚시바늘이 출토되어 한반도 남해안지역 신석기문화의 성립과 특징을 고찰할 때 대단히 중요한 유적이다.

산나이마루야마 유적(일본 아오모리 현) | 지금으로부터 약 5500~4000년 전 조몬 시대의 취락유적으로, 장기간에 걸쳐 정착생활이 이루어졌다. 대규모 움집, 땅을 파고 기둥을 세운 건물, 묘지터가 확인되었고, 취락 전체의 모습과 당시의 자연환경 등이 잘 나타나 있다.

가소리 패총(일본 지바 현) | 약 7000~2500년 전까지 계속된 조몬 시대의 촌락으로 여겨지는 일본 최대에 속하는 패총이다.

소바타 패총(일본 구마모토 현) | 조몬 시대 전기의 패총. 한반도와 관련이 깊은 소바타식 토기의 표식유적이다.

청동기시대

송국리 유적(충남 부여) | 기원전 8~7세기의 벼농사를 기초로 한 한반도 청동기시대 전기 최대의 거점유적. 청동기시대에 논농사가 이루어졌음을 보여주는 탄화미가 다량 발굴되었다. 유적에서 확인된 원형 주거지는 송국리형 주거로 불린다.

마전리 유적(충남 논산) | 기원전 6~5세기 유적. 묘역, 주거터, 논터와 저수지 등의 관개시설을 갖춘 한반도의 초기 논이 확인되었다.

검단리 유적(울산광역시) | 청동기시대 사람들의 집단 생활양식을 파악하는 데 중요한 자료를 제공하며, 환호취락으로도 유명하다.

이타즈케 유적(일본 후쿠오카 현) | 일본에서 가장 오랜 시기에 벼농사를 행한 것으로 여겨지는 취락유적이다.

요시노가리 유적(일본 사가 현) | 환호취락으로 유명한 유적. 야요이 시대 '구니國'의 중심적인 취락 모습을 잘 보여준다.

가라코·가기 유적(일본 나라 현) | 야요이 시대 전기에 시작하여 고분시대 전기까지 600년 이상 계속되었다. 거대한 환호에 벼농사와 잡곡 재배, 누각 같은 고층건물군 등으로 유명하다.

제1장 | 선사시대의 문화와 교류

한국과 일본은 선사시대부터 다양하게 교류해 왔다. 그것은 석기·토기 등의 도구와 당시 다양한 생활양식을 통해 엿볼 수 있다. 사람들이 한반도와 일본열도 사이에 놓인 해협을 빈번히 오갔기 때문에 그 관계는 일방적인 것이 아니라 서로 주고받는 것이었다.

석기의 제작

슴베찌르개 | 한국 단양 수양개 유적(위), 일본 미야자키 현 구라타 유적(아래)

한반도에서는 약 60만년 전의 유적이 확인되어 전기 구석기시대부터 사람들이 살고 있었다는 것을 알 수 있다. 이 시기의 유적은 석회암 자연동굴을 생활기반으로 이용한 동굴유적과 평지에서 생활하던 야외유적으로 나눌 수 있다. 중기 구석기시대가 되면 여러 유적에서 사람뼈가 출토된다.

한편 일본열도에서 사람들이 살기 시작한 흔적을 확인할 수 있는 것은 약 3만년 전인 후기 구석기시대다. 당시 사람들의 인골은 오키나와 현 등지에서 여러 차례 발견되었고, 이 무렵 사람들의 생활 흔적은 일본 각지에서 발견된다. 일본 구석

기시대 유적의 대부분은
야외유적이며 한반도에
서 보이는 것 같은 동굴
유적은 많지 않다.

좀돌날몸돌과 좀돌날 | 몸돌에서 떼어낸 작은 돌날을 좀돌날이라고 하고 몸돌을 좀돌날몸돌이라고 한다. 한국 공주 석장리 유적(위), 일본 홋카이도 아즈미 유적(아래)

한반도와 일본열도의
구석기문화에는 유사한
점이 몇 가지 있다. 창 끝
에 매달아 사용한 슴베찌
르개나 나무 혹은 뼈 손
잡이 측면에 장착하여 사

용한 좀돌날 등의 수렵도구가 한반도와 일본열도에서 출토된다. 이것들
은 형태나 사용법뿐 아니라 석기제작기법[2]에서도 공통점을 보인다.

한국 충청북도에 있는 후기 구석기시대의 야외 집터에서는 기둥구멍
과 큰 화덕을 갖춘 3~4명 정도가 살 수 있을 정도의 크기로 원추형의
막집을 복원할 수 있다. 이와 같은 생활흔적은 일본에서도 발견되고
있다.

토기의 제작

신석기시대가 되면 양 지역에서는 각기 독특한 토기가 만들어진다.

한반도 각지에서는 일반적으로 빗살무늬토기가 출토되지만 점토 띠
를 두른 덧무늬토기가 한반도 남해안과 동해안에 걸쳐 출토되고 있다.
동해안 유적에서는 바닥이 평평한 바리 모양의 덧무늬토기 등이 발견되
는데 빗살무늬토기보다 오래된 문화층에 속한다는 사실이 확인되었다.
이 토기는 일본 규슈에서 출토된 세계적으로도 가장 오래된 것으로 추정
되는 토기와 무늬가 매우 닮았다. 일본열도에서는 토기 표면에 꼰 새끼줄

을 눌러 무늬(조몬)를 넣은 토기가 대표적인데, 이 시대의 토기를 조몬 토기라고 부른다. 한국 토기와 비교해 일본 토기는 장식이 풍부하고 다양한 형태와 무늬가 있으며, 일상생활용과 제사용이 따로 있었던 것으로 보인다.

빗살무늬토기와 소바타식 토기 | 한국의 빗살무늬토기(왼쪽)와 일본의 소바타식 토기(오른쪽)는 문양이나 형태에 공통점이 많다.

한반도의 대표적 토기인 빗살무늬토기는 일본 규슈의 소바타식 토기의 성립에 영향을 주고, 그 영향은 오키나와 지방의 토기에도 미쳤다. 한반도의 남부에서 소바타식 토기 등 일본 토기가 출토되며, 반대로 일본 규슈나 혼슈 등에서는 빗살무늬토기가 출토된다. 이러한 사실은 신석기시대에 한반도와 일본열도가 지리적으로 분리되었지만 서로 문화적 영향을 주고받았음을 보여준다.

바다와 생활

신석기시대 이후 어로가 현저히 발달하였다. 이것은 지구가 따뜻해지고 어패류가 비약적으로 증가하였기 때문이다. 취락 주변에 생긴 조개더미에서 어패류 껍질이나 짐승 뼈가 대량으로 출토된다. 짐승 뼈나 뿔로 만든 낚시바늘이나 작살, 고기잡이에 사용한 돌톱, 어망에 사용되는 석추·토추 등이 어업기술의 발달을 보여주는 출토물이다. 각지의 유적에서 굵은 통나무의 속을 파내어 만든 둥근 나무배가 발견되는 것도 당시 바다 생활에 대해 알 수 있는 중요한 단서가 된다.

한반도 바닷가 유적에서는 돌로 만든 추와 동물 뼈나 뿔로 만든 낚시바

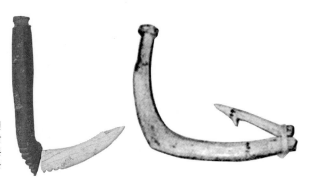

결합식 낚시 | 한국 것(왼쪽)은 축으로 돌을 사용한 것이 많지만, 일본 것(오른쪽)은 축도 뼈 등으로 만든 경우가 많다.

늘을 조합한 결합식 낚시도구가 출토되었다. 이것은 먼 바다에 나가 다랑어 등 대형 물고기를 잡기 위한 도구로서 일본의 서·북 규슈에서도 출토된다. 이는 한반도 바닷가 지역과 일본 서·북 규슈 지방 어민들 사이에 폭넓게 기술교류가 이루어진 사실을 말해준다. 이러한 결합식 낚시도구가 한반도 동해안의 양양 오산리 유적에서도 출토되는데, 이 유적에서는 한반도 북부 백두산의 흑요석[3]이 발견되었다.

그리고 일본 규슈의 고시 다케 산 흑요석이 한국 남해 안 조개더미에서 출토되고 있다. 이러한 점으로 미루어 보아 한반도의 동·남해안 과 일본열도 서·북 규슈 사 이의 교류도 상정해 볼 수 있을 것이다.

한반도 남해안에서 출토된 흑요석 | 분석 결과, 일본 규슈의 고시 다케에서 생산된 것임을 알 수 있다.

신석기시대 한반도와 일 본열도의 교류는 규슈와 한 반도 남부에 국한되지 않는다. 예를 들어 일본 혼슈 북단의 아오모리 현에서도 빗살무늬토기가 출토되고 있어, 동일본인 도호쿠 지방 북부나

홋카이도와도 교류가 이루어진 것으로 추정된다.

이처럼 한반도에서 멀리 떨어진 동일본에서 한반도와 관련 있는 유물이나 유적이 확인되는 것으로 보아 신석기시대에는 현재 알려진 것 이상의 바닷길이 존재했던 것으로 보인다.

농경의 시작

최근 한국의 발굴조사에서 신석기시대 중기부터 조·기장·벼·보리·콩 등이 재배된 사실이 확인되어 밭농사의 연원이 신석기시대까지 거슬러 올라가게 되었다.

한편 일본에서도 조몬 시대 중기부터 녹두·표주박·들깨·메밀·벼 등을 재배한 흔적이 보고되어 조몬 시대 밭농사의 시작을 뒷받침하게 되었다. 아오모리 현 산나이마루야마 유적에서는 대규모로 밤나무가 관리 재배된 것으로 추정되고 있는데 이것은 식용뿐만 아니라 건축재로서도 활용된 사실이 밝혀졌다.

이처럼 한반도와 일본열도 모두 논농사가 이루어지기 전에 화전이나 밭에서 농경이 이루어졌음이 확인된다. 하지만 농경사회로 본격적으로 전환하게 되는 것은 논농사가 시작된 이후였다.

논농사의 전파

논농사는 청동기시대에 한반도 여러 지역으로 보급되었고 B.C. 300년을 전후하여 일본 규슈 북부지역으로 전해졌다. 논농사가 시작됨으로써 한반도와 일본열도에 본격적인 농경사회가 성립하였다.

한반도에서는 신석기시대의 탄화한 볍씨가 한강 하류와 금강 상류 지역에서 발견되었다. 논산 마전리 유적에서는 B.C. 700년 전후의 집터·논터·저수지·수로가 확인되었고 언덕 남쪽 비탈에서는 공동묘지

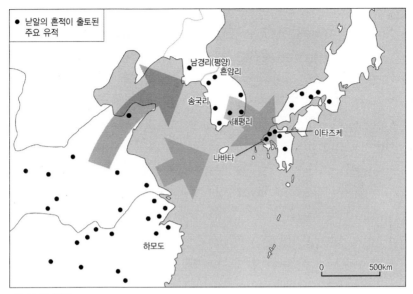

벼농사 전파경로도

도 발견되었다. 일본에서도 초기의 논농사 유적에서 수로와 제방 등의
관개시설이 갖추어져 있었다.

또 일본에서 대륙계 간석기[4]로 불리는 농기구는 한반도 남부에서 출토
되는 석기 종류와 사용법에서는 약간 차이가 있으나 형태가 매우 닮았다.
이처럼 일본열도에서의 논농사는 처음부터 고도의 기술을 갖춘 체계적
인 형태를 띠었는데, 그 기술과 도구는 한반도에서 전해진 것으로 보인
다.

금속기의 사용

대표적인 청동기인 동검(칼)·동모(창)·동과(창)·동경(거울) 등이
한반도와 일본열도 각지에서 출토되고 있는데, 형태는 다르지만 분묘의
부장품인 것으로 보아 상징적인 역할을 한 것으로 여겨진다. 한반도에서
만들어진 청동거울이 일본 각지에서 출토되는 등 전체적으로 보아 한반

팔주령(화순 대곡리) | 청동기시대의 청동방울. 여덟 개의 청동판 안에 각각 한 개씩의 방울이 달린 의기의 일종이다.

동탁(효고 현 사쿠라가오카 유적) | 탁鐸이란 커다란 방울인데, 대형화되면서 장식성은 증가하고 기능은 약화되었다. 농경제사에 사용된 의기儀器로 여겨지고 있다.

도에서 유입된 청동제품이 많았으나, 일본 각지에서도 청동기 거푸집이 출토되는 것으로 보아 일찍이 일본열도에서도 생산이 이루어졌음을 알 수 있다.

각 지역별 특성을 보여주는 청동기도 있다. 예를 들어 한반도의 청동방울竿頭鈴 등은 우월한 지위에 있던 사람들만이 소지할 수 있었던 희귀품이었고 신분을 상징하는 물건으로 사용된 것으로 보인다. 그리고 팔주령이나 검파형동기 등이 있다. 일본열도에서는 제사에 사용된 악기의 일종인 동탁이 특징 있는 청동기다.

한반도와 일본열도의 교류

선사시대 한반도와 일본열도는 각기 독자적인 생활을 영위하고 그에 기초한 문화를 만들어 내었으나 한편으로는 다양한 교류가 이루어졌다. 이 때의 교류는 문물만이 아니라 한반도에서 많은 사람들이 일본으로 건너갔음을 보여주는 유적들도 발견되고 있다.

고고학이란 어떠한 학문인가?

구석기시대나 신석기시대는 아직 문자가 사용되지 않았기 때문에 문헌사료 등을 통해서는 당시 모습을 알 수가 없다. 그 때문에 다양한 생활흔적을 통해 당시의 생활과 문화 등을 연구하는 것이 고고학이다. 각지의 유적에서 발굴된 물건이나 집터 등을 중요한 자료로 삼아 당시의 모습을 고찰한다.

한 예로 신석기시대 유적에서는 팔다리를 구부린 상태의 인골이 출토되기도 한다. 이것은 굴장이라고 불리는 매장방법으로 한국과 일본 양쪽에서 모두 발견된다. 왜 팔다리가 구부러진 상태였는가에 대해서는 두 나라 모두 "묘를 파는 노동력을 줄이기 위한 것이었다."라든가, "어머니의 뱃속에서 누워 있던 자세가 아닐까?" 하는 등등의 해석을 내놓고 있다. 일본에서는 죽은 자의 영혼이 활동하는 것을 방지하기 위한 것이었다는 해석도 있다.

이처럼 고고학에서는 다양한 해석이 가능하다. 출토된 사례와 확인된 사례가 증가함으로써 가설을 더욱 확실한 것으로 만들어 가는 것이 고고학의 방법이다. 한국과 일본 양국에서 공유하고 있는 정보는 아직 제한적이다. 앞으로 더욱 많은 사례를 공유함으로써 새롭게 해명되는 사실도 늘어갈 것이다.

한반도 전역에서 발견되는 거대한 돌을 이용한 매장시설인 고인돌[5]이 일본의 서·북 규슈에서도 발견되고 있다. 원형으로 중앙에 두 개의 기둥을 세운 특이한 형태의 움집인 송국리형 집터는 한반도 중부 이남지역을 중심으로 분포하고 있는데 후쿠오카 현 유적에서는 이러한 형태의 주거가 11채나 발견되었고, 규슈뿐만 아니라 와카야마 현에서도 같은 집터가 확인되었다. 또 사가 현 유적 등지에서는 한반도에 계보를 둔 토기가 집중적으로 출토되기도 하였으며 야마구치 현 해안을 따라 다량의 도래인(한반도에서 건너간 사람) 유골이 발견되고 있다.

한편 한반도 남부의 철기시대 유적에서는 많은 양의 야요이 토기가 출토되고 있다. 이것은 야요이 인이 한반도로 이주하였음을 추정케 해주는 사실로서 두 지역이 서로 교류하였음을 보여준다.

용어 해설

1_환호취락 : 주위에 호壕를 두른 취락. 한반도의 환호취락은 1990년 발굴된 울산시 검단리에서 처음 발견되었다. 중국에서는 화북의 황토지대에서 환호취락이 확인된다. 일본에서는 이타즈케 유적 등에서 기원전 3세기 야요이 문화의 것부터 나타나고 있다.

2_석기제작기법 : 석기는 다양한 방법으로 돌을 깨뜨려 만든다. 슴베찌르개는 뼈나 뿔 등으로 석재 주변을 강하게 눌러 떼어 석기를 가공하는 눌러떼기방법으로 만든다. 좀돌날은 몸돌에 뼈나 뿔 등을 대고 그것에 타격을 가하는 간접떼기방법을 이용하여 만든다. 석재에 직접 타격을 가해 예리한 격지를 떼어내는 직접떼기방법은 전기 구석기시대부터 사용되었다.

3_흑요석 : 검은색의 투명한 화성암. 타격을 가하면 유리 상태의 날카로운 격지를 얻을 수 있어 석기의 원재료로 널리 이용되었다. 산지에 따라 성분이 다르기 때문에 분석을 통해 원산지를 알 수 있다.

4_대륙계 간석기 : 조몬 시대 말에 한반도에서 논농사와 함께 북부 규슈로 전해진 석기 종류. 이것들은 돌칼·대형 돌칼·돌쟁기 등의 농기구, 채벌용 돌도끼·가공 돌도끼 등의 공구, 간돌화살촉·간돌칼 등의 무기로 대별된다. 한반도에서는 생활용 도구나 무기로 사용된 경우가 많았다.

5_고인돌 : 몇 개의 돌(받침돌)로 둘러싼 묘 위에 큰 덮개돌을 올려놓은 선사시대의 거석기념물. 한국의 청동기문화를 대표하는 유물 중 하나다. 덮개돌 중에서 큰 것은 무게가 수십 톤씩 되는 것도 있다. 한반도에서는 약 3만 기가 확인되었고 일본 규슈에서도 확인된다.

제2장 삼국·가야의 정치정세와 왜와의 교류

이 시기의 **한국**(B.C. 2~A.D. 6세기)

고조선 | 만주와 한반도에서는 청동기의 전래와 발전으로 말미암아 족장이 지배하는 사회가 출현하였다. 이들 중 가장 먼저 국가로 발전한 것이 고조선이었다. 고조선은 요령지방을 중심으로 성장하여 한반도의 대동강 유역까지 세력을 넓혔는데, 기원전 3세기 무렵에는 강력한 왕이 등장하여 요서지방을 경계로 연나라와 대립할 만큼 강성하였다.

전국시대에 중국의 유이민들이 대거 고조선으로 넘어왔는데, 그 중 위만이 점차 세력을 키워 고조선의 왕을 쫓아내고 스스로 왕이 되었다(B.C. 194). 이 시기에 고조선은 철기문화를 본격적으로 수용하여 상업과 무역이 비약적으로 발달하였으며, 강력한 군대를 바탕으로 영역을 확장하여 중국 한漢나라와 대립하였다. 이에 불안을 느낀 한나라는 고조선을 침략하였다. 고조선은 이를 맞아 1년 동안 싸웠으나, 결국 수도인 왕검성(평양)이 함락되어 멸망하였다(B.C. 108).

여러 나라의 성장 | 고조선 북쪽에 자리잡았던 부여는 기원전 1세기 무렵에 왕호를 사용하고 중국과 외교관계를 맺는 등 발전된 모습을 보였다. 그러나 3세기 말 선비족의 침략을 받아 크게 쇠퇴하였고, 압록강 중류지역에서 일어난 고구려에 편입되었다. 그리고 지금의 함경도와 강원도 지역에는 옥저와 동예라는 소국이 자리잡고 있었으나, 고구려의 압력을 받아 성장하지 못하였다.

한반도 남부지역에서는 고조선 사회의 변동에 따라 대거 남쪽으로 내려온 유이민들에 의해 새로운 문화가 보급되었다. 그리하여 마한·진한·변한 등의 연맹체가 나타났다. 그리고 이를 바탕으로 백제와 신라, 가야가 성립 발전하였다.

삼국의 성립 | 고구려·백제·신라의 삼국 중 가장 먼저 국가체제를 정비한 것은 고구려였다. 졸본성에서 국내성으로 도읍을 옮긴 고구려는 1세기 후반에 활발한 정복활동을 전개하였으며, 2세기 후반에는 중앙집권화가

진전되고 왕권이 더욱 강화되었다.

　백제는 한강 유역의 토착세력과 고구려 계통의 유이민 세력이 결합해서 성립되었다. 3세기 중엽 한강 유역을 완전히 장악하고, 중국의 선진문물을 받아들여 정치체제를 정비하였다.

　신라는 진한의 소국 가운데 하나로, 초기에는 박씨·석씨·김씨의 세 세력집단이 교대로 왕이 되는 등 왕권이 약하였으나 4세기 이후에는 활발한 정복활동을 전개하여 낙동강 동쪽의 진한지역을 거의 차지하였으며, 김씨에 의한 왕위계승이 확립되었다.

　낙동강 하류의 변한지역에는 철기문화를 토대로 농업생산력이 발달하면서, 2세기 이후 여러 정치집단들이 나타나기 시작하였다. 3세기 무렵에는 김해의 금관가야를 중심으로 연맹체를 형성하였으나, 4세기 말부터 신라를 후원하는 고구려의 공격을 받아 6세기에는 낙동강 서쪽 연안으로 축소되었다.

삼국의 발전과 대립 | 고구려는 3세기 중엽 위나라의 침입을 받아 한때 위축되었으나 4세기에 이르러서는 5호16국의 혼란을 틈타 활발하게 대외발전을 꾀하였다. 그 결과 중국 세력을 완전히 몰아내고 남쪽으로 진출할 수 있는 기반을 마련하였다. 그 후 백제의 침략을 받아 왕이 전사하는 등 위기를 맞기도 하였으나 율령의 반포 등을 통하여 국가체제를 정비하였다.

　백제는 4세기 중엽에 크게 발전하여, 영토가 남쪽으로는 남해안 지역에 이르렀고, 북쪽으로는 황해도 지역을 놓고 고구려와 대립하였다. 또한 낙동강 유역의 가야에 대해서도 지배권을 행사하였다. 이러한 세력을 배경으로 백제는 수군을 확충하여 한때 중국의 요서지방에까지 진출하였고, 중국의 산동지방과 일본 규슈와도 활발하게 교류하였다.

　신라는 한때 고구려의 간섭을 받았으나, 김씨가 왕권을 차지하면서 왕권이 강화되어 5세기 초에는 백제와 동맹을 맺어 고구려의 간섭을 배제하고자 하였다. 법흥왕 때에 율령을 반포하고 불교를 공인하였으며, 병부를 설치하고 공복을 제정하는 등 체제를 정비하고, 금관가야를 병합하였다.

　중앙집권을 확립한 삼국이 본격적으로 충돌한 것은 대략 4세기 후반부터다. 고구려의 광개토왕은 만주지역을 정복하고, 신라와 왜·가야 사이의 갈등에 개입하여 신라에 침입한 왜를 격퇴하고 한반도 남부까지 세력을 확장하였다. 이어 장수왕은 수도를 평양으로 옮기고 한강 유역으로 진출하여 그 판도를 넓혔다.

백제는 이러한 고구려 세력에 밀려 수도를 웅진(공주)으로 옮겼고(475), 그로부터 대외 팽창이 위축되었다. 그러나 6세기 초반에는 신라와 동맹을 맺어 고구려에 대항하였다. 성왕 때에는 도읍을 사비(부여)로 다시 옮기고(538) 중국의 남조와 교류를 확대하고 일본에 불교를 전하는 등 대외활동에도 진력하여 중흥을 도모하였다.

신라는 고구려가 차지하고 있던 한강 유역을 빼앗아 이를 발판으로 함경도지역에까지 진출하였고, 남쪽으로는 대가야를 병합하여 낙동강 서쪽을 장악하였다(562).

이 시기의 일본(B.C. 2~A.D. 7세기)

소국의 발생 | 야요이 시대 일본열도(홋카이도와 서남쪽 여러 섬은 제외)에서는 농업의 발달과 더불어 대규모의 치수와 관개 사업이 공동으로 이루어졌고, 하나의 수계水系를 단위로 하는 지역을 통솔하는 수장이 출현하였다. 수리와 경작지를 둘러싼 다툼이 발생하였고, 유력한 취락은 주변 마을을 통합하여 정치적으로 통합된 소국을 형성하였다.

이 무렵부터 서일본의 일부를 동북아시아 세계에서는 왜라고 불렀다. 중국 역사서에 의하면 B.C. 2~A.D. 1세기경, 왜는 100여 국으로 나뉘어 있었고, 한 무제가 평양 부근에 설치한 낙랑에 조공을 하였다고 한다. 서기 57년에는 왜의 노국에서 보낸 사자가 한의 광무제에게 조공하여 금인金印'을 받았다. 이 노국의 왕은 후쿠오카 평야의 수장으로 보이며, 에도 시대에 후쿠오카 현 시카노시마에서 발견된 '한위노국왕漢委奴國王'이라고 새겨진 금인은 이 때 받은 것으로 추정된다.

2세기 후반 일본열도에서는 큰 분쟁이 일어나 소국의 통합이 이루어졌다. 3세기가 되면 30여 국의 왕이 공동으로 야마타이 국邪馬台國의 히미코卑彌呼를 여왕으로 추대하여 여러 나라를 다스리게 하였다. 히미코는 중국에 조공하는 한편, 주술을 통해 신의 소리를 듣는 무녀와 같은 존재로서 제사를 지냈고, 실제 정치는 남동생이 담당하였다. 야마타이 국에는 지배계급인 대인大人과 하층 신분인 하호下戶와 노비 등이 있었고, 초기적인 관제도 생겨났다. 히미코가 죽자 남자 왕이 즉위하였으나 나라가 어지러워졌기 때문에 다시 여왕이 즉위하였다고 한다.

고분의 출현 | 서일본 각지에서는 3세기 후반경부터 흙을 쌓아올려 큰 묘지(고분)를 만드는 관습이 점차 확산되었고, 6세기까지는 동일본에도 퍼지게 되었다. 이 시대를 고분시대라고 한다. 그 중에서도 전방후원분(열쇠구멍형 고분)은 일본 특유의 형식으로서 일정한 규격을 지니고 있었다. 나라·오사카 지방의 수장묘에서 시작되어 전국 각지의 호족의 수장묘로서 만들어졌다. 이것은 나라·오사카 지방의 호족연합체를 중심으로 형성된 야마토 정권을 정점으로 하는 정치질서가 존재하였음을 나타낸다.

전방후원분 | 일본 열도에서 최대규모인 다이센 고분. 닌토쿠 천황의 능으로 전한다(오사카, 길이 486m).

고분은 분구墳丘의 규모와 매장시설, 죽은 사람에게 바치는 부장품의 변화를 기준으로 크게 전기·중기·후기의 3시기로 나눈다. 전기(3세기 후반~4세기)에는 수혈식 석실에 거울과 옥 등의 주술적인 부장품이 매장되었다. 중기(5세기)에 접어들면 긴키 지방을 중심으로 전방후원분이 대형화되고 마구와 금동제의 장신구 등 한반도의 영향을 받은 유품과 철제 농기구, 무기류가 부장되었다. 분구의 표면에는 원통형이나 인물, 집 등의 형태를 띤 찰흙으로 만든 하니와墳輪[2]들이 죽 늘어서 있다. 후기(6세기 이후)에는 고분의 규모가 작아지고, 구릉에 밀집하여 만들어졌다. 이것은 유력한 농민층이 매장되었음을 암시한다. 7세기에는 긴키 지방에 팔각형 묘 등이 생겨났는데, 이에 대한 한반도의 영향도 지적되고 있다.

왜의 호족과 지배 | 야마토 정권은 한반도와의 교류를 통해 철 자원을 획득하였고, 스에키[3]나 옷감 제작, 토목기술 등의 앞선 지식, 말의 생산·사육 등을 받아들임으로써 세력을 확대하였다. 5세기에 들어서면 그 때까지 나라 분지에 만들어졌던 수장의 묘가 오사카 평야로 옮겨갔으며 규모도 매우

커졌다. 야마토 정권은 군사력을 비약적으로 향상시키며 정치적으로도 열도 내 다른 지역의 수장들을 압도해 갔다. 그 최고 수장은 '대왕'이라고 불렸으며, 한편으로는 '왜왕'으로서 중국이나 한반도의 여러 나라들과 외교를 펼쳤다.

야마토의 호족은 서로 같은 혈족집단이라고 생각하는 우지氏를 단위로 하여 정치적·사회적으로 통합되어 있었다. 각지의 호족은 자제들로 하여금 대왕을 받들게 하고 관계를 맺는 것으로 지방의 지배를 인정받았는데, 반란이나 내분이 일어나면 야마토 정권이 이에 간섭하여 대왕의 직할지를 두는 등 호족에 대한 지배를 강화해 갔다. 또 야마토 정권에는 옷감을 짜고, 옷을 만들고, 대장장이 일을 하고, 말을 기르고, 토기를 만드는 등의 시나베品部(혹은 시모베)라는 전문집단이 일하고 있었는데, 시나베 가운데는 한반도에서 건너간 도래인도 많이 포함되어 있었다.

호족은 많은 토지와 농민을 지배하여 세력이 강성했지만, 또 한편으로는 호족간의 다툼도 치열하였다. 야마토 정권에서도 유력한 호족이었던 오토모 씨는 외교에 실패하여 세력을 잃었고, 6세기 중반경에는 도래인을 지배하여 조정의 재정을 장악하게 된 소가 씨가 대두하여 정치의 틀을 정비하려는 움직임을 보였다. 마침내 소가노 우마코는 불교신앙과 왕위를 둘러싸고 대립하던 모노노베 씨를 물리치고 새로운 대왕을 옹립하여 정치 실권을 장악하였다.

제2장 제1절 | 삼국·가야의 대립과 왜

> 한반도와 만주에서는 기원을 전후한 무렵, 많은 소국들 중에 고구려·백제·신라
> 가 고대국가로 발전하였다. 일본열도에서는 야요이 시대에 성립한 많은 소국들이
> 2세기 후반부터 점차 통합되기 시작하였고, 고분의 출현과 함께 점차 고대국가로
> 발전하여, 야마토 왕권이 성립하였다. 야마토 왕권은 고구려·백제·신라 등 삼국
> 과 활발하게 교류하면서 왜국의 정치체제를 정비하였다. 그러나 삼국의 정세 변화
> 에 따라 정치·외교적인 대립이 반복되었다.

대륙정세의 변화

춘추·전국시대의 혼란을 거쳐 기원전 221년에 진秦나라가 중국을
통일하였다. 진왕은 스스로 시황제라 칭하고 군현제 등을 실시하며 중앙
집권화를 추진하였다. 황제가 죽자 오랜 기간 대외정벌과 토목공사에
시달려 온 민중의 반란으로 진나라가 멸망하고, 한漢나라가 들어섰다.
한나라는 무제 때 남쪽으로는 베트남 중부지역까지를 지배 하에 두고,
한반도와 그 주변에는 낙랑군 등 4개 군을 두었다. 또 서역의 여러 나라들
을 복속시켜 중국과 서방의 교역로를 개척하는 등 세력을 넓혀 갔다.

한나라는 황건의 난4(184)을 계기로 몰락의 길을 걷고, 중국은 위·
오·촉나라가 정립하는 삼국시대에 접어들었다. 280년에 위나라를 계승
한 사마 씨가 삼국을 통일하여 진晉나라를 건국하였으나, 4세기에는
북방의 흉노 등 여러 민족의 침입을 받아 망한 뒤 일부는 남으로 이동하
였다. 화북에서는 5호16국시대가 시작되었는데, 5세기에는 선비족의
북위北魏가 이 지역을 통일하였다. 이로써 중국은 북쪽의 북위와 남쪽의
송宋나라가 대립하는 남북조시대를 맞이하였다. 이러한 중국의 분열 상

태를 잘 이용한 고구려는 남북조와 외교관계를 수립하여 중국왕조를 견제하였다.

고구려와 왜

고구려의 광개토왕은 소수림왕 때의 내치와 개혁을 바탕으로 영토를 확장하였다. 요동 방면을 포함한 만주 대부분의 지역이 고구려의 판도가 되었으며, 남쪽으로는 백제와 신라를 압박하였다. 이에 위협을 느낀 백제는 왜의 세력을 끌어들여 고구려에 대항하고자 하였다.

압록강 북쪽(중국 지린성)에 남아 있는 광개토왕비에는 4세기 말부터 5세기 초까지 광개토왕이 왜와 백제, 가야의 여러 나라들과 싸워 승리를 거듭한 사실이 적혀 있다.

광개토왕비 | 광개토왕의 업적을 칭송하기 위해 당시의 수도인 국내성에 건립되었다.

그러나 그로부터 150여 년이 경과한 570년 무렵부터 고구려는 왜와 우호적인 관계를 유지하려 하였다. 고구려와 왜의 관계에 대해서 한국의 역사책인『삼국사기』에는 별다른 기록이 없으나, 일본측 사서인『일본서기』에는 고구려 사신에 관한 기록이 570년 이후 고구려가 멸망할 때까지 약 백 년 동안 23차례 보인다. 특히 590년대 이후 고구려와 왜의 관계가 긴밀해졌으며, 당시 왜에는 고구려 사신을 접대하기 위한 객관客館이 설치되었다. 이는 이 시기에 고구려와 왜 사이에 매우 활발한 교류가 있었음을 말해 준다.

백제와 왜

백제는 북방민족이나 중국의 북조와 자주 접촉한 것은 아니었으나, 한군현에 대항하면서 성장하였다. 또, 백제는 발전 과정에서 요서·산동 지방에까지 진출하여 대외적 영향력을 과시하였으며, 웅진으로 천도한 이후로는 중국의 남조와 긴밀한 관계를 유지하였다.

백제의 전성기는 4세기로, 우세한 경제력과 군사력을 바탕으로 적극적인 대외관계를 전개하였다. 이 시기에 백제는 비약적인 발전을 이루어, 북쪽으로는 고구려를 쳐서 고국원왕을 전사시켰다. 또한 중국의 동진, 그리고 왜와도 교섭을 하였다.

삼국 중 왜와 가장 긴밀한 관계를 유지한 나라는 백제였다. 이는 다수의 백제 이주민이 규슈 지방 등지로 진출하여 국가 건설에 이바지했기 때문이다. 칠지도라는 칼은 백제왕이 왜왕에게 선물한 것으로 보이는데, 이는 두 나라 사이의 친교관계를 잘 설명해 준다. 백제는 이 같은 관계를 바탕으로 왜군을 끌어들여 고구려·신라와 전쟁을 하거나 가야의 혼란에 간섭하기도 하였다. 백제와 왜의 이러한 우호관계는 백제가 멸망하고 부흥운동이 진압될 때까지 유지되었다.

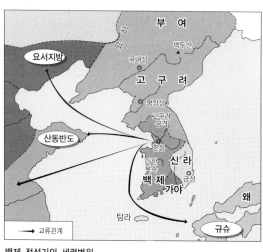

백제 전성기의 세력범위

칠지도에 새겨진 60자를 둘러싼 논쟁

일본 나라 현 덴리 시 이소노카미 신궁에 전래하는 철제 칼을 칠지도라고 한다. 전체 길이가 75cm이고, 몸체 좌우에 가지가 세 개씩 있으며, 앞뒤에 60여 자의 글씨가 새겨져 있다. 720년 편찬된 『일본서기』에는 일본이 백제를 복속시켰고, 372년에 백제가 칠지도와 칠자경七子鏡 등을 헌상했다고 기록되어 있다. 일본에는 칠지도의 명문을 당시 일본이 한반도에 진출한 증거라고 보는 설도 있다. 이 설에 의하면 371년에 백제가 고구려를 공격하여 고구려의 고국원왕을 전사시켰고, 이듬해 동진에 조공하여 진동장군 낙랑태수라는 칭호를 받았다. 이 때 백제는 고구려와의 싸움에 대비하여 왜와 동맹관계를 굳건히 하고자 369년에 칠지도를 만들었으며, 고구려와의 싸움에서 승리한 이듬해인 372년에 이것을 왜왕에게 증여했다는 것이다.

그러나 칠지도가 만들어진 연도에 대해서도 여러 학설이 있을 뿐 아니라, 명문의 해석에도 여러 가지 견해가 있다. 백제가 복속의 표시로서 왜왕에게 헌상했다는 설, 백제왕이 신하인 왜왕에게 하사했다는 설, 중국의 동진이 백제왕을 통해 왜왕에게 증여했다는 설 등이다. 어쨌든 칠지도에 새겨진 명문은 4세기 후반 백제와 왜의 통교를 보여주는 귀중한 금석문 자료임에 틀림없다.

칠지도 | 나라 현 이소노카미 신궁

고구려의 남하와 백제 · 왜 관계

4세기에 들어와 낙랑 · 대방군을 물리친 고구려는 중국의 북조와 남조 양쪽에 조공하여 중국세력을 견제하면서, 한강 하류지역으로 남하하여 백제와 대립하였다. 백제는 고구려와 싸우기 위해 남쪽에 위치한 가야의 여러 나라에 연대를 요청하였고, 가야를 통해 왜와도 통교하였다. 야마토 왕권은 백제와 가야에 군사력을 제공하는 대신 선진문물과 철 자원을 요구함으로써 새로운 문화를 수용하여 열도 안에서 지배권을 확립하여 갔다.

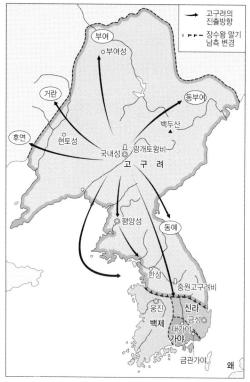
고구려의 진출과 백제 · 신라(5세기)

5세기 전반에 접어들자 고구려는 평양으로 천도하고 백제 · 신라를 더욱 강하게 압박하였다. 왜는 동맹관계에 있던 백제와 연대하여 고구려와 싸웠으며, 남조의 송나라에 조공하여 신라나 임나 · 가라 등 한반도의 지명이 들어가는 칭호를 요구하며 국제적 지위를 높이고자 하였다. 백제는 정세가 불리해지자 왕족을 인질로 보내는 등 군사적 협력을 지속할 것을 왜에 요구하였다.

475년 고구려가 백제의 수도인 한성을 공격하여 개로왕을 살해하자 왜왕 무武는 바로 송나라 황제에게 고구려의 무도함을 호소하였다. 백제가 한성에서 웅진(공주)으로 천도한 후 동성왕이 왜의 쓰쿠시 국筑紫國 병사의 호위를 받으며 백제로 돌아와 즉위하였다.

동성왕에 이어 즉위한 무령왕도 왜에서 백제로 건너와 즉위하였다. 무령왕은 그의 어머니가 왜로 가던 중 쓰쿠시의 가카라노시마라는 섬에서 낳았으므로 시마斯麻(일본어로 섬이라는 뜻)라는 이름을 붙였다고 한다. 충청남도 공주에서 발견된 무령왕릉의 목관에는 일본산 소나무인 금송綿松이 사용된 것으로 판명되었다. 무령왕대에는 오경박사 단양이와 고안무를 왜국에 보내는 등 백제와 왜의 밀접한 관계가 계속되었다.

신라 · 가야와 왜

신라는 한반도 동남부에 치우쳐 있어서, 처음에는 고구려와 백제를 통해 중국과 교섭하였고, 양국을 통해 중국 북조의 문물을 받아들였다. 그러나 한강 유역을 점령한 뒤에는 당항성을 세워 황해를 통하여 중국과 직접 교류하기 시작하였다.

한국측 사료에 의하면 신라와 왜의 관계는 전쟁에 관한 기록이 대부분이다. 그러나 신라와 왜의 관계가 반드시 적대적

이와토야마岩戸山 고분(후쿠오카 현 야메 시) | 쓰쿠시노키미 이와이의 무덤으로 추정되는 북규슈 최대의 전방후원분이다. 총길이 176m.

인 것만은 아니었고, 고구려 · 백제와 대항하기 위하여 왜와도 외교를 전개하였다. 5세기 박제상 설화에 의하면, 왕족인 미사흔이 왜에 인질로 가 있었던 사실을 알 수 있다.

신라는 6세기 전반에 금관가야를 병합하고 낙동강 중하류 지역으로 진출하였고, 더 나아가 562년에는 대가야를 합병하여 가야 전 지역을 차지하였다. 또한 7세기에 들어서 고구려 · 백제와의 전쟁이 격화되자, 국가의 안정을 꾀하기 위해 왜와 우호적인 관계를 유지하고자 노력하였고 계속해서 사신을 왜에 파견하였다.

신라의 영역확대와 왜

6세기 들어 신라의 침공을 받게 된 백제 · 가야의 요구에 응하여 왜는 한반도에 원군을 보냈다. 그러나 전쟁에 의한 부담 증대는 지방호족의

불만을 가져왔다. 527년에는 신라와 관계를 맺고 있던 규슈 북부 쓰쿠시의 군주 이와이가 야마토 왕권의 원정군이 출발하는 것을 막는 사건이 일어났다. 긴박한 정세 속에서 한반도의 여러 나라들과 독자적으로 관계를 맺고 있던 왜국 내의 지방세력이 친백제 외교를 추진하는 야마토 왕권과 이해관계를 둘러싸고 대립한 것이다. 이와이의 반란을 평정한 야마토 왕권은 국내 통합을 추진하고 동시에 멸망의 위기에 처한 가야를 원조하며 신라와 대립하였다.

신라의 영역이 고구려가 지배하고 있던 함경도 지방에까지 확대됨으로써 그 때까지 적대적이었던 고구려와 왜의 관계는 큰 변화를 맞게 되었다. 고구려는 570년대에 신라를 의식하여 배후에 있던 왜에 사절을 파견하고 국교를 맺었다. 양국의 교통은 잠시 중단되었지만 수나라의 중국통일을 계기로 590년대에 재개되어 혜자가 쇼토쿠 태자의 스승으로 파견되는 등 긴밀하게 전개된 결과 왜에도 고구려의 문화가 전해지게 되었다.

용어 해설

1_금인金印 : 중국의 황제가 관리들이나 주변 국가의 군주들에게 수여한 금도장. 관직과 작위에 따라 관인의 형태나 재질을 달리하여 구별하였다.

2_하니와埴輪 : 일본 고분시대에 고분을 장식하기 위해 흙으로 만들어 고분의 분구부에 줄지어 설치해 놓은 토기류. 원통 하니와와 형상 하니와로 나뉜다. 특히 형상 하니와에는 집이나 창고, 갑옷이나 칼 같은 무기류, 사람과 동물을 형상화한 것 등이 있는데, 당시의 생활양식을 알 수 있는 귀중한 자료다.

3_스에키須惠器 : 일본 고분시대에 만들어진 토기. 5세기 전반에 한반도 남부에서 제작기술이 전해지고 지금의 오카사 지역에서 대량으로 생산되었다.

4_황건黃巾의 난 : 중국에서 후한 때인 184년 장각을 우두머리로 하여 일어난 민중반란.

사람의 이동과 문화교류

1~6세기에는 한반도로부터 일본열도로 많은 사람들이 이동하였다. 이러한 이동에 의해 한자와 불교를 비롯하여, 한반도의 여러 문화와 기술들이 일본열도에 전파되어 일본의 고대국가 형성과 고대문화 발전에 큰 영향을 미쳤다.

사람의 이동

삼국시대에 한반도에서 일본열도로 사람들이 이주하고 문화가 전파된 것은, 4세기 이후 고구려가 남쪽으로 세력을 확대하여 백제·가야와 군사적 대립을 심화시킨 것과 밀접하게 관련되어 있다. 일본에서는 중국 대륙과 한반도로부터 바다를 건너 문화를 전해준 사람들을 도래인渡來人이라고 부른다. 그들이 일본열도로 건너간 이유는 분명하지 않지만, 한반도로부터의 이동에 대해서는 한반도 정세를 배경으로 하여 크게 세 시기로 나눌 수 있다.

첫째, 4세기 후반 고구려가 남하하여 한강 하류유역의 지배를 둘러싸고 백제와 전쟁을 벌인 시기다. 두 나라의 전쟁은 신라와 가야를 둘러싼 것이었다. 5세기에 들어가면 신라가 가야지역으로 무력 진출을 도모하고 백제도 서쪽으로부터 가야지역을 엿보기 시작했다. 이와 같이 백제와 신라의 압력이 커지자 가야지역 사람들이 전란을 피해 일본열도로 건너갔다.

둘째, 6세기 이후 신라의 세력확대에 의해 가야가 멸망하고 고구려·백제와의 관계가 크게 변화한 시기다. 백제는 고구려·신라의 압박에 대항하여 수도를 한성에서 웅진으로, 웅진에서 사비로 옮김과 동시에 왜와의 관계를 강화하였다. 고구려도 신라에 대한 위기감에서 6세기 후반에는 왜에 사신을 파견하여 외교를 시작하였다. 이 시기에는 백제와 고구려에서 많은 사람들이 일본열도로 건너갔다.

셋째, 7세기 중엽에 신라가 당나라와 연합하여 백제와 고구려를 멸망시킨 시기다. 신라의 세력 확장에 대하여 백제와 고구려가 연합하여 신라에 압력을 가하자 신라는 중국 통일왕조인 수·당나라와 연합을 꾀하였다. 당나라는 고구려 침략에 실패한 이후 기회를 엿보던 중 신라와 손을 잡았다. 신라·당 연합군은 먼저 백제를 공격하여 멸망시켰다. 그리고 고구려를 공격하였으나 고구려의 강력한 저항으로 성공하지 못하였다. 그 후 고구려의 지배층 사이에 내분이 생겨 국력이 약해지자, 신라·당 연합군이 다시 그 틈을 타 공격하여 고구려의 수도를 함락시켰다. 고구려·백제가 신라·당 연합군에 의해 멸망되자 그 유민들이 일본열도로 건너갔다.

일본열도에 정착한 삼국의 사람들

현재도 일본열도에는 고구려·백제·신라 등의 이름이 들어가거나, 거기서 유래한 것으로 보이는 지명들이 많다. 이것은 일본열도 곳곳에 자리잡은 삼국의 사람들이 그들의 자취를 지명에 남겼기 때문이다.

일본열도에서 한반도로 건너온 사람들은 없었을까?

『삼국사기』와 『삼국유사』에는 호공瓠公이라는 사람에 관한 기록이 있다. 호공은 본래 왜인이었는데, 박瓠을 허리에 차고 바다를 건너와 신라에서 최고 관직을 받았다고 한다. 또 일본 규슈에서 출생한 일라日羅는 백제로 건너와 승려가 되었고, 달솔이라는 관직을 받았다. 그 후 일라는 위덕왕 때에 왜왕의 초청을 받아 왜로 건너갔는데, 일라가 왜왕에게 제시한 정책의 내용이 백제에게는 매우 불리한 것이었기 때문에 동행한 덕이德爾 등에 의해 살해되었다고 『일본서기』에 기록되어 있다. 이들이 한반도로 건너온 왜인의 사례다.

예를 들면, 도쿄 근교의 사이타마 현에 있는 고려신사高麗神社는 고구려 보장왕의 막내아들인 약광若光을 모시고 있다. 고구려가 망하자 왕족과 고구려인들은 일본 열도로 건너가 지금의 도쿄 근교에 터전을 잡았다. 기록에 의하면 이 곳에 모여든 사람은

일본의 고려신사 | 사이타마 현 히다카日高 시에 있는 신사. 716년 고구려인 약 1,800명을 이주시켜 고려군을 신설하였다. 당시의 수장인 고려왕 약광을 제사지내고 있다.

약 1,800명이었다고 한다. 약광은 고마高麗라는 성姓의 시조가 되었다.

일본 각지에 많이 남아 있는 또 하나의 지명은 일본어로 '구다라'라고 읽는 백제다. 그 가운데 유명한 곳이 오사카 부 히라가타平潟 시 동북쪽에 있는 백제왕 신사와 백제시百濟寺다. 이 지역도 옛날에는 백제야百濟野라고 불렸다. 백제왕 신사는 664년 백제부흥운동이 실패한 다음 해 일본에 건너온 백제 왕족의 자손이 세운 것이다. 백제왕 신사와 백제사가 만들어진 것은 8세기경으로, 여기에는 역대 백제왕들의 위패가 모셔졌다고 한다.

오사카에는 백제역百濟驛, 백제천百濟川, 백제교百濟橋, 백제대교百濟大橋, 고려정高麗町, 고려교高麗橋가 있고, 나라에는 백제촌百濟村이 있다. 이 밖에도 긴키 지방을 중심으로 일본열도 각지에 삼국의 유민들이 남긴 자취가 많이 남아 있다.

또 이제까지 일본 고유의 묘제로 여겨져 왔던 전방후원분이 최근 한반도의 남부지역에서도 발견되고 있다. 이것은 당시 한반도와 일본열도 사이에 활발한 주민 교류가 있었던 사실을 나타낸다. 한반도 전방후원분의 피장자나 건조에 관여한 사람 등에 대하여는 많은 학설이 있다.

일본의 백제신사와 백제왕 신사(오사카 부) | 왕인은 『논어』와 『천자문』을 전해주었다고 한다.

불교의 전래와 사찰의 건립

불교는 6세기 이전에 이미 일본열도에 전파되었으나, 6세기 중엽 백제왕이 왜왕에게 경전과 불상을 보냄으로써 왜국에 본격적으로 수용되었다. 불교 수용을 둘러싸고 왜국의 유력 호족인 소가 씨와 모노노베 씨의 대립이 있었으나, 불교를 받아들이려는 입장이었던 소가 씨가 승리함에 따라 불교가 공인되고 왜국의 정치이념으로도 수용되어 갔다.

당시 실권자였던 소가노 우마코는 자기 집에 불상을 모시고 불교를 숭앙하였으며, 나라의 아스카 지역에 아스카데라飛鳥寺를 세웠다. 아스카데라의 가람배치는 1탑 3금당 양식으로, 일본에서는 독특한 것이지만 평양에 있는 청암리 폐사지와 동일한 양식이다. 또 충남 부여의 금강사지에서 볼 수 있는 판축법版築法[1]이 아스카데라에서 발견된다. 이와 같은 가람배치와 일본의 건축양식에서는 찾아볼 수 없는 특수한 기단의 발견 등에서 백제에서 건

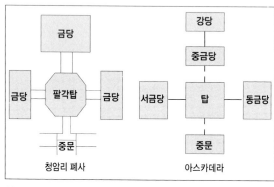

청암리 폐사와 아스카데라의 가람배치

정림사지 5층 석탑(충청남도 부여시) 호류지 5층 목탑(나라 현 나라 시)

너간 공인들의 기술적인 지도 아래 아스카데라 같은 새로운 양식의 사찰이 건축되었다고 추정할 수 있다. 이 점에서는 아스카데라에 있던 최초의 승려가 백제의 혜총과 고구려의 혜자였다는 것도 시사적이다.

현재 남아 있는 호류지의 금당은 세계에서 가장 오래된 목조건축물로 이중기단 위에 서 있는 모습이 전체적으로 장중한 분위기를 자아내고 있다. 이 절의 5층 목탑은 충청남도 부여에 있는 정림사지 5층 석탑과 재질과 규모는 다르지만 구성수법이 비슷하다고 알려져 있다.

승려들의 활동

쇼토쿠 태자의 스승으로 유명한 혜자는 왜국에 20년간 머물면서 불법을 널리 가르쳤다. 혜자는 혜총과 함께 같은 시기에 왜국에서 불교를 크게 펼쳐 불교계의 중심이 되었다. 이 밖에 백제의 승려 관륵이 왜국에 역서曆書와 천문지리서를 전하였으며, 고구려 승려 담징은 회화 도구와

종이·먹·벼루 등을 전하였다고 한다.

　당시 승려들은 불교에 대한 지식뿐 아니라 유학 경전은 물론 당나라와 삼국의 선진적인 제도에 대해서도 정통한 지식을 가지고 있었다. 따라서 그들은 정치제도와 외교 문제에도 조언을 하였을 것으로 생각된다.

불상의 전래와 제작

　현재 일본의 대표적인 문화유산으로 꼽히는 교토 고류지廣隆寺의 목조 미륵보살반가사유상은 한국의 국보로 지정되어 있는 금동미륵보살반가 사유상과 매우 닮은 모습을 하고 있다. 그 조각 양식은 삼국시대의 반가 사유상 양식과 매우 흡사하여, 고류지의 불상은 한반도의 기술자가 만든 것이라고 생각된다.

삼국시대의 금동반가사유상(높이 123.3cm, 왼쪽)과 고류지 목조반가사유상(높이 144.4cm) | 두 개의 불상 이 매우 닮은 것으로 보아 한반도와 일본열도의 교류를 알 수 있다.

고구려 벽화고분의 영향

일본의 다카마쓰 고분은 1972년 봄에 나라 현 남부에서 발견되었다. 다카마쓰 고분의 내부에는 별자리, 해와 달, 사신도[2] 등이 그려져 있는데, 이것은 고구려 벽화에서 인물풍속도와 사신도가 섞여 있는 것과 유사하다. 특히 천장에 별자리 그림을 그리고, 동쪽과 서쪽 벽의 사신도 위에 해와 달 그림을 배치한 것은 고구려와의 깊은 관련성을 보여준다. 사신도는 고구려의 강서대묘[3]와 유사하며, 벽화에 그려진 여성들의 복장은 수산리 고분[4] 벽화와 같다.

또 1998년 3월 나라 현 아스카明日香의 기토라 고분 석실에서 고구려와 관계가 깊은 천문도와 사신도 등이 발견되었다. 고분 천장에서는 세계에서 가장 오래된 것으로 보이는 1,300년 전의 천체도가, 그리고 동쪽과 서쪽의 벽면에서는 청룡과 백호 등의 사신도가 선명한 상태로 발견되었다. 이 사신도도 고구려 고분의 사신도와 매우 흡사하여 고구려와의 관계를 반영하는 것으로 생각된다.

수산리 고분 벽화(평안남도 강서군, 왼쪽)와 다카마쓰 고분 벽화(나라 현 아스카) | 여성의 용모나 복장에 공통성이 보인다.

가야인의 이주와 기술의 전래

일본열도에 철기 및 제철기술을 전하는 데 가장 직접적인 역할을 한 것은 한반도 남부의 김해를 중심으로 하는 가야지역이다. 3세기 말경 왜는 가야지역에서 생산된 철원료와 철제품을 받아들여 사용하였다. 이 때부터 시작된 한반도와 일본열도 사이의 철 교역은 일본열도에서 직접 제철을 할 수 있게 된 5세기 말, 6세기 초까지 지속되었다.

이 시기에 주로 가야지역에서 생산되어 일본열도로 전래된 물품으로는 철정[5]을 들 수 있다. 『일본서기』에 의하면, 4세기 중반 백제의 근초고왕이 왜왕에게 철정 40매를 보냈다는 기록이 있다. 철정은 한반도에서는 경주지역을 비롯하여 남부지역에서 출토되며, 일본열도에서는 북부 규슈와 나라 분지를 중심으로 집중적으로 분포한다.

4~5세기 철정은 규격화된 제품으로 생산되어 한반도와 일본열도에서 함께 사용되었으며, 화폐처럼 통용되기도 하고 철제품으로 가공하는 원료로도 활용되었다. 특히 일본의 고분시대에 유행한 갑옷이나 투구를 비롯하여 각종 무기를 만드는 데 적절한 소재로 이용되었다.

또 가야지방에서 제작된 회청색이 나는 도질토기는, 일본열도의 스에키 혹은 도기로 불리는 토기의 원류가 되었다. 스에키는 대체로 5세기경 고분에서 출토되고 있으므로 일본열도에 그 기술이 전래된 시기는 5세기 중엽을 전후한 시기로 보고 있다. 가야지역의 도공집단이 일본열도로 건너가 생산을 개시하였으며, 오사카의 스에무라陶邑는 스에키를 최초로 제작한 지역의 하나로 보인다.

용어 해설

1_판축법版築法 : 흙을 여러 겹으로 견고하게 다져서 건물의 기단이나 벽을 쌓아 올리는 공법.

2_사신도四神圖 : 동서남북의 방위를 나타내는 상징적인 동물을 그린 그림. 동쪽의 청룡, 서쪽의 백호, 남쪽의 주작, 북쪽의 현무를 말한다. 사신에 대한 사상이나 도상圖像이 언제부터 유래했는지는 분명치 않으나 중국의 전국시대에서 진·한 시대에 걸쳐 정착된 것으로 보인다.

3_강서대묘江西大墓 : 평안남도 강서군 삼묘리에 있는 삼국시대 고구려의 벽화고분. 고분의 분구는 원형이며, 기저부의 지름은 약 51.6m, 높이는 8.86m다. 벽화의 내용은 사신도 및 장식무늬이며, 회칠을 하지 않은 잘 다듬어진 널방 돌벽 면에 직접 그렸다.

4_수산리고분修山里古墳 : 평안남도 강서군 수산리에 있는 5세기의 벽화고분.

5_철정鐵鋌 : 덩이쇠. 철광석을 가공하여 만든 쇠뭉치로 여러 종류의 철제품을 만들기 위한 중간 단계의 제품이다. 크기와 형태는 다양하며, 고대에는 화폐 대신 사용되기도 하고 무덤에 부장품으로 묻기도 하였다.

제3장 수·당의 등장과 동북아시아

통일신라의 발전 | 신라는 고구려와 백제를 멸망시키고 이어 당나라 군대를 축출하여 삼국통일을 이룩하였다(676). 그 결과 신라를 둘러싼 대외관계가 안정되면서 비약적인 발전을 이루어 나가게 되었다. 신라는 삼국통일 이후 왕권이 전제화되고, 이를 바탕으로 이후 8세기 후반에 이르기까지 무열왕의 직계자손이 왕위를 계승하였다. 또 통일을 전후하여 중국으로부터 유교 정치이념이 도입되고, 중앙집권적 관료정치가 발달하였으며, 왕권은 더욱 강화되었다.

통일신라의 문화 | 삼국통일의 결과, 고구려와 백제의 문화를 융합한 신라는 더욱 세련된 귀족문화를 발전시켰다. 그것은 신라 문화의 최대 걸작이라는 불국사와 석굴암의 창건으로 나타났다. 불국사의 목조건물은 16세기 말 일본의 침략으로 불타 버렸으나, 석조물과 기단은 지금까지 남아 있다. 그리고 대웅전 앞에 서 있는 3층석탑과 다보탑은 세련된 아름다움을 보여주고 있다. 석굴암은 본존불상을 중심으로 보살상, 나한상, 인왕상 등을 배치하여 불교세계의 이상을 나타내고 있다.

석굴암 본존불 | 조화와 균형에 의한 불교의 이상미를 잘 나타낸 통일신라 미술의 걸작이다.

그러나 8세기 후반에 이르러 진골귀족 세력의 반발이 거세지면서 마침내 전제왕권은 막을 내리게 되었다. 이후 약 150여 년 동안 왕위쟁탈전이 계속되어 중앙정부의 통제력은 약화되고 지방사회의 혼란이 심각해졌다.

발해의 건국과 대외관계 | 고구려가 멸망한 후, 그 옛 땅에서는 고구려 유민 대조영에 의해 발해가 건국되었다(698). 이로써 한반도에서는 신라와

발해의 석등 | 발해의 옛 수도인 상경용천부(흑룡강성 영안시)에 남아 있는 높이 6m의 거대한 석등. 석등에 조각된 연꽃무늬는 강하고 힘찬 고구려 예술의 특징을 잘 나타내고 있다.

발해가 존재하는 남북국시대가 전개되었다. 발해는 신라 및 당나라와 전쟁을 벌이면서 고립을 피하기 위해 일본과의 관계 수립에 노력하였고, 일본의 신라침공 계획에 협력하기도 하였다.

발해와 당나라는 8세기 중반 이후 친선관계를 맺었다. 그 결과 발해의 유학생 가운데 당나라 과거에 합격하는 사람도 나타났다. 그들의 활동은 당나라의 문물이 발해에 수용되고, 수도인 상경이 조성되는 데에도 큰 역할을 하였다. 발해와 신라의 관계는 그리 원만하지 않았다. 당에 파견된 발해와 신라의 사신이 서로 높은 자리를 다투기도 하였고, 과거의 합격 서열을 다투는 등의 대립이 있었다. 그러나 때에 따라서는 사신을 교환하기도 하고 무역을 하는 등 교류도 있었다.

발해의 멸망 | 9세기 성왕대에 발해는 만주 대부분과 연해주에 걸치는 넓은 영토를 확보하여 해동성국이라고 불릴 정도로 번성하였다. 그러나 10세기 초에 내란이 원인이 되어 거란에게 멸망당하였다(926). 이 때 지배층의 일부가 고려에 흡수되고, 많은 사람들이 만주에 남아 그 명맥을 유지하였다.

발해의 문화 | 발해의 문화는 고구려를 계승한 것이 많았다. 육정산 고분군의 정혜공주묘는 굴식 돌방무덤으로 되어 있는데, 벽은 돌로 쌓아올리고, 천정은 모줄임 구조를 이루고 있다. 궁궐터나 절터에서 발견되는 연꽃 무늬 기와는 강건한 기풍을 지닌 고구려 와당의 영향을 받은 것으로 보인다.

이 시기의 일본 (7~9세기)

왜국에서 일본으로 | 7세기는 동아시아의 국제적 긴장을 배경으로 야마토 정권이 중앙집권국가 건설을 모색하던 시기다. 중국에서 황제를 중심으로 한 신분질서와 관료제, 국가를 경영하는 법전으로서 율과 영을 도입해 호족 을 대왕의 휘하에 관인으로 편제하고, 그들의 지배 하에 있던 토지와 사람들 을 국가가 소유하기 위한 틀을 마련해 갔다. 그 과정에서 대왕의 권위가 높아져, '천황'이라는 새로운 왕호를 사용하였다. 또 왜라는 이름 대신 '일본' 이라는 국호를 쓰기 시작했다.

중앙집권국가의 정비 | 6세기 말 실권을 장악한 소가 씨는 쇼토쿠聖德 태자 와 함께 정치를 행하여 불교를 일으키고 호족을 관인으로 삼아 대왕을 받들 게 하기 위해 관위12계제, 헌법17조 등을 정하였다. 그러나 소가 씨는 점차 전횡을 일삼게 되어 645년 나카노오에(후에 덴지 천황)와 후지와라노 가마 나리藤原鎌足 등에 의해 쫓겨났다. 나카노오에 등은 긴박한 한반도의 정세를 배경으로 하여 새로운 정치를 행하였다. 왕족과 호족에 의한 토지·인민의 소유를 금하고, 지방행정 단위를 정하였으며, 호적 등을 만들어 전지田地를 분여하고 새로운 세제를 도입하였다. 그런데 이것들이 과연 이 시기의 정책 이었는가에 대해서는 오랜 논쟁이 있다.

율령정치의 시작 | 지배층이 둘로 갈라져 싸운 임신壬申의 난(672)에서 승 리하여 즉위한 덴무天武 천황은 왕족 중심의 정치를 행하고 당의 침공에 대비하여 군사를 우선시하며 중앙집권체제의 정비를 서둘렀다. 이 무렵부 터 본격적으로 율령법전의 작성에 착수하여, 관료정치로 이행하기 위한 개혁과, 일본 최초의 도성인 후지와라쿄藤原京의 조영도 시작하였다. 또 그의 뒤를 이어 즉위한 지토持統 천황 때에는 정치의 골격인 영이 시행되었고 호적이 처음으로 작성되었다. 694년에는 후지와라쿄로 천도하고, 701년에 는 새로운 다이호 율령大寶律令이 공포되어 중국제도에서 배운 정치의 틀이 정비되었다.

나라 시대의 정치와 문화 | 후지와라쿄에서 헤이조쿄平城京로 천도한 710년 이후 약 70년 동안을 나라奈良 시대라고 한다. 정부는 율령법과 지방행정제도를 바탕으로 전국의 백성들을 호적 등에 등록하여 구분전口分田을 지급하였고, 그 수확물 중의 일부를 조租로서 거두어들이는 외에도, 지방특산물과 포를 거두어들이는 조調, 노역 대신 포布와 소금 등을 대납시키는 용庸 등의 각종 세금을 징수했다. 남자에게는 지방의 행정기관인 고쿠가國衙에서 사역하는 잡요雜徭와 수도나 변경의 방비에 종사하는 병역도 부과되어 이것이 백성들에게는 무거운 부담이 되었다. 그로 인하여 구분전을 포기하거나 노역에서 도망하거나 호적을 위조하는 농민도 나타났다. 황폐해진 구분전이 발생하는 한편 사람들이 이주함으로써 인구가 증가하는 지역도 있어 조정은 이에 대한 대응에 고심하였는데, 743년에 간전영년사재법墾田永年私財法을 정하는 등 점차 개간한 토지의 소유를 인정하게 되었다. 그 결과 귀족과 사원, 지방의 군지郡司는 농민을 이용하여 토지 개발을 추진함으로써 대규모 경영을 행하게 되었다.

조정은 도호쿠 지방에는 에미시를 복속시키고자 원정군을 파견하였고, 규슈 남부에서는 하야토隼人를 지배하여 오스미 국을 두었으며, 남서제도의 다네가시마와 야쿠시마를 지배하여 영토를 넓혔다.

나라 시대에는 천황이 불교를 보호하여 헤이조쿄에 많은 사원이 건립되었다. 쇼무聖武 천황 시기에는 정치가 불안하고 역병이 유행하여 사회가 불안해지자 이를 다스리고자 전국에 고쿠분지國分寺·고쿠분니지國分尼寺의 조영을 지시하였고, 수도에는 거대한 금동불상을 조영케 하였다. 그러나 막대한 자재와 재원, 그리고 농민의 노동력이 투입되었기 때문에 오히려 사회가 피폐해지는 한 요인이 되었다.

헤이안쿄 천도 | 나라 시대에는 황친과 유력 호족, 신흥 후지와라藤原 씨에 의한 권력투쟁이 끊이지 않았으며 승려가 전횡을 일삼기도 하였다. 이러한 정치혼란을 피해 이전까지의 덴무 천황계 혈통이 아닌 덴지 천황계의 고닌光仁 천황이 옹립되었다. 그리고 이어서 도래계 씨족 출신의 어머니를 둔 간무桓武 천황이 즉위하자 헤이조쿄를 떠나 헤이안쿄平安京로 천도하였다. 그 후 헤이안쿄가 정치의 중심이 된 약 400년간을 헤이안 시대라고 한다.

간무 천황은 강력한 정치쇄신을 추진하고, 지방의 조세징수를 확실히 하고자 고쿠시國司의 감독을 강화하고 그 때까지 농민들에게서 징발하던 군단병사를 폐지하고 군지郡司의 자제를 채용하여 군사력을 보강하고자 했다. 도호쿠 지방에서는 780년에 무쓰 국陸奧國에서 일어난 반란을 계기로 에미시蝦夷와의 35년에 걸친 전쟁을 일으키기도 하여, 전선의 거점을 북상시켰다. 그러나 궁도宮都의 조영과 에미시 침공이라는 두 개의 대사업은 재정

도다이지 대불 | 나라 현 소재

의 압박을 불러왔고 민중의 부담도 가중되었다. 그로 인해 간무 천황은 도중에 이들 계획을 중지하였다.

율령제의 개편과 후지와라 씨의 대두 | 율령법은 본디 중국의 제도였으므로, 일찍부터 일본의 관습과 실정에 맞는 추가법령인 격格과 식式이 필요하였다. 헤이안 시대 초기에는 이러한 추가법령의 분류·편찬과 함께 궁중의 의식도 정비되었다. 또한 규정에 없는 벼슬도 두었는데, 이런 관리들은 천황과의 연계를 통해 조정 내에서 중요한 역할을 하게 되었다.

을사의 변의 공신인 가마타리 이래 천황을 모시며 세력을 신장해 간 후지와라 씨는 딸을 천황의 왕비로 들이는 방법 등을 통해 정치실권을 장악하고 조정에서 다른 씨족에 대해 부동의 우위를 점하였다.

제3장 제1절 | 백제·고구려의 멸망과 신라, 일본

> 6세기 말부터 7세기 초에 걸쳐 중국에서는 수나라에 이어 당나라가 통일왕조를
> 건국하였다. 그것은 삼국과 왜의 국제관계에도 커다란 영향을 미쳤다. 각 국에서
> 는 수·당나라의 위협을 배경으로 외교관계와 군사노선을 둘러싸고 지배자들이
> 대립하여 격렬한 권력투쟁으로 발전하여 정치가 혼란해졌다. 격변하는 7세기를
> 통해 한반도는 당나라와 연합한 신라에 의해 통일되었고, 왜도 당나라의 침공을
> 두려워하며 삼국과의 교류를 꾀하여 국가의 제도를 정비해 갔다.

7세기 동북아시아의 변동

북조에서 일어난 수나라는 강력한 힘을 자랑하며 주변의 여러 나라들
을 압박하였고 고구려에 대해서는 적극적으로 침략에 나섰다. 수의 문제
는 30만 대군을 이끌고 고구려를 침략하였으나 패하였다. 그 뒤를 이은
양제는 612년(영양왕 23) 제1차 고구려 침략을 단행하였는데, 총 113만
여 명의 대군은 을지문덕의 살수대첩으로 섬멸되어 개전 4개월 만에
전군을 철수하였다. 그 후에도 수나라는 두 차례에 걸쳐 고구려를 침략하
였으나 모두 실패하였으며, 그것이 원인이 되어 멸망하였다.

수나라에 이어 중국을 통일한 당나라는 장안(시안)을 수도로 정하고
황제를 중심으로 한 중앙집권국가를 세운 뒤 율령법과 관료제도를 정비
하고, 또 균전제와 조용조 세제를 실시하며 백성들을 지배하였다. 당은
주변 제국의 군장君長들에게도 국왕이나 장군 등의 칭호를 수여하여 책봉
관계를 맺거나, 도독부나 주현을 새로이 설치하고 이들을 장관으로 임명
하여 해당 지역사회의 지배를 인정하는 등 자국을 중심으로 한 국제질서
를 만들어 갔다. 이러한 국제관계는 그 이전의 중국왕조 시기에도 있었

다.

그러나 강력한 군사력을 지닌 중국왕조의 출현은 동북아시아 전체에 긴장을 가져왔다. 또 중국의 앞선 지배방식과 문화는 수나라와 당나라로 파견된 조공사절과 유학생, 유학승들을 통해, 혹은 여러 나라의 상호교류를 통해 주변 지역으로 침투해 들어갔다.

삼국의 적대관계

6세기를 통해 지배영역을 확대한 신라에 대항하기 위해 그 때까지 서로 적대적이었던 고구려와 백제는 차츰 연대를 강화했고, 각기 북쪽과 서쪽에서 신라영토를 침공하였다. 641년 백제에서 의자왕이 즉위하자 내분으로 왕족인 교기翹岐와 대신들이 왜로 갔다. 그 다음 해 백제는 신라가 지배하고 있던 가야의 구 영토를 침략하여 약 40여 개의 성을 빼앗았다. 신라는 이러한 상황을 타개하고자 김춘추金春秋를 사신으로 고구려에 보내 백제와 싸울 것을 요청하였다. 그러나 고구려의 연개소문은 김춘추를 붙잡아두고 신라의 요청을 거부하였다. 김춘추는 간신히 고구려에서 도망쳐 나왔다.

당나라의 고구려 침공

고구려는 수나라의 침공을 물리쳤지만, 당나라도 고구려를 침략하려 했기 때문에 군사적 긴장이 계속되었다. 그로 인해 고구려는 요동에서 발해만에 걸쳐 장성을 쌓아 당의 침공에 대비하였다(647년 완성). 그러나 당나라가 티벳의 유목민족인 토욕혼吐谷渾과 위구르 지방의 고창국高昌國을 차례로 멸망시킨 사실이 전해지면서 고구려 국내의 긴장이 고조되었다. 그러한 가운데 연개소문은 영류왕을 비롯하여 180명 이상의 신하를 참살한 뒤 새 왕을 세우고 권력을 장악한 뒤 당나라에 대항하였다.

출병을 요청한 신라를 통해 백제와 고구려의 사정을 알게 된 당 태종은 양국에 신라 침공을 그만둘 것을 권고하였으나 고구려는 이것을 무시하였다. 당 태종도 영류왕을 살해한 연개소문을 징벌한다는 명분으로 고구려를 침략하였다. 그러나 고구려는 안시성에서 당나라를 군대를 물리쳤고, 도중에 태종이 죽었기 때문에 당나라는 전쟁을 중지하고 물러갔다.

김춘추의 집권

한편 당나라의 협력을 얻고자 하였던 신라는 당나라가 전제조건으로 여왕의 퇴위를 요구하자 이에 대한 대응방안을 둘러싸고 당나라의 말을 들어야 한다는 세력과 당나라와의 관계를 중시하면서도 자립적인 자세를 취해야 한다는 세력이 대립하여 정치가 크게 동요했다. 그러한 가운데 비담이 여왕의 퇴위를 요구하며 반란을 일으켰다(647). 여왕은 혼란 중에 죽었으며 반란은 김춘추·김유신 등에 의해 평정되었다. 이를 계기로 권력을 장악하게 된 김춘추는 다시 여왕(진덕왕)을 옹립하고, 이러한 난국을 타개하기 위해 자신이 직접 왜로 가서 협력을 요청하였다.

삼국과 왜의 외교관계

수·당나라의 출현과 더불어 삼국간의 대립이 격화되자 배후에 있던 왜와의 외교가 더욱 중요해졌다. 고구려는 수나라나 신라와의 대립을 배경으로 그 때까지 적대관계에 있던 왜와 관계회복을 꾀하여 590년 이후 쇼토쿠 태자의 스승이 된 혜자를 보내는 등 적극적인 외교를 전개하여 왜의 대수對隋 외교에도 영향을 미쳤다. 640년대 백제·고구려의 정변도 차례로 왜에 전해졌다. 한반도의 정세가 자국에도 영향을 미칠 것을 두려워한 왜의 지배자들 중에는 소가 씨의 전횡에 반대하는 자도 나타났다. 645년 소가 씨는 나카노오에中大兄 등에 의해 멸망하였고, 국제정세에 대응하기 위해 정치의 중심을 나니와難波 지역으로 옮겼다.

김춘추가 왜에 도착하였을 때 왜에는 부여풍을 비롯한 백제의 왕족과 귀족이 머물고 있었다. 왜는 신라와의 관계 개선을 꾀하면서도 기존에 백제와 유지해 온 외교관계를 그대로 유지하고자 하였다. 김춘추는 이러한 왜의 태도를 확인하고 왜에 대한 협력 요청을 단념한 뒤 당나라로 건너가 고구려의 잘못을 알렸다. 그리고 당에서 배운 의관제를 신라에 도입하는 것을 허락 받고 당과의 관계강화를 더욱 확실히 다져 갔다. 그는 귀국하여 당나라의 연호를 채용하는 등 개혁을 단행하고 국가제도를 정비하여 백제·고구려와의 전쟁에 대비하였다. 이윽고 백제와 신라가 전쟁상태에 들어가자 왜와 신라의 관계는 냉각되었다.

백제·고구려의 멸망

660년 당나라 장수 소정방蘇定方이 이끄는 대군이 바다를 건너 신라군과 합세하여 사비성(부여)을 함락시킴으로써 백제를 멸망시켰다. 그 때까지 백제를 통해 앞선 문물과 기술을 받아들이던 왜에게 백제의 멸망은 커다란 충격이었다. 당나라는 웅진도독부를 두고 구 백제영토를 통치하려 하였으나, 백제 잔존세력에 의한 부흥군이 이에 대항하였다. 왜는 귀실복신鬼室福信 등의 요청을 받아들여 백제부흥을 위한 원정을 결의하였고, 사이메이 여제齊明女帝는 궁궐을 규슈 북부로 옮기고 임전 태세에 들어갔다. 그리고 661년에 부여풍은 왜군의 호위를 받으며 백제로 돌아와 즉위하였다. 663년에 왜는 전국 각지에서 동원된 호족과 농민으로 편성된 대규모 원정군을 한반도에 파견하였다. 그러나 백촌강 전투[2]에서 나당연합군의 공격을 받아 참패한 뒤 퇴각함으로써 백제의 부흥전쟁도 막을 내렸다.

백제를 멸망시킨 당나라는 고구려 침공을 개시하였다. 고구려에서는

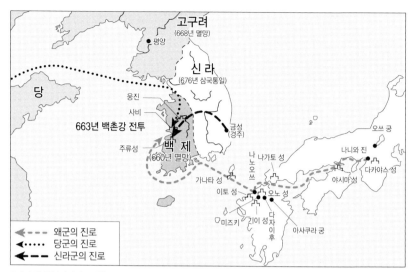

7세기의 동북아시아, 백촌강 전투와 산성의 분포 | 백촌강의 패전 이후 일본에서는 규슈 북부와 세토 내해에 방어를 위한 산성을 쌓았다.

666년에 연개소문이 죽은 뒤 일족의 대립과 지배층의 분열이 생겼다. 당나라는 이 기회를 이용하여 수륙 양로를 통해 고구려를 공격하였고, 북진하는 신라군과 함께 왕도인 평양을 포위하고 보장왕의 항복을 받아 냈다. 그리하여 고구려도 멸망하였다(668).

신라와 왜의 외교관계 회복

당나라는 멸망한 백제·고구려의 영토를 지배하고자 그 땅에 각기 웅진도독부와 안동도호부를 두었다. 그러나 669년에 고구려의 유민이 반란을 일으키자 신라는 반란군에 가세하여 당군과 싸웠다. 그리고 그 여세를 몰아 구 백제 영토의 대부분을 빼앗고, 676년에는 당나라 세력을 일소하였다. 그로 인해 신라와 당나라의 관계는 급속히 악화되어 갔다.

백촌강에서 패배한 왜는 당나라와 신라가 침공해올 긴급한 사태에 대비하여 궁을 오미近江(시가 현)로 옮기고, 쓰시마·이키壹岐·쓰쿠시筑

바다를 건넌 백제인·고구려인

7세기 후반 백제와 고구려가 멸망하자 일본열도에는 나라를 잃은 많은 사람들이 유입되었다. 그들 중 학문과 기능을 지닌 이들은 후에 중앙의 관인으로 등용되어 율령국가 건설의 담당자로 기대를 한몸에 받았고, 다른 이들은 동일본 지역으로 보내져 지역개발에 종사하였다.

백제의 왕족들은 친밀한 관계를 유지하였던 왜로 도망가 본국의 부흥을 꾀하였는데, 그것이 불가능해지자 벼슬을 받고 관인으로 진출하게 되었다. 후에 이들에게는 '백제왕'이라는 성이 내려졌다. 이 일족은 다른 씨족에 비해 후한 대우를 받았고, 9세기 전반까지 정무를 담당하는 요직인 참의와 천황의 왕비를 배출하는 유력한 씨족으로 대두하였다. 고구려의 사신으로 일본에 온 현무약광玄武若光은 본국이 망하여 돌아갈 수 없게 되자 그대로 일본에 눌러앉았다. 그 후 703년에 그는 '고려왕'이라는 성을 하사받았다. 이것이 고려약광高麗若光이다. 백제나 고려 등 망한 나라의 성을 지닌 왕성王姓은 일본이 당초 양국의 왕권을 지배하고 있었다는 것을 나타낼 목적으로 하사한 것이며, 당나라와 신라를 의식한 정책이었다. 쇼나肖奈 씨는 고구려 구 왕족의 하나인데, 쇼나 부肖奈部에서 유래한 도래계 씨족으로서 무사시 국武藏國 고마 군高麗郡(사이타마)을 본거지로 하였다. 나라 시대 중반에 일족인 쇼나 후쿠신肖奈福信·오야마大山·히로야마廣山 등은 '고마노아손高麗朝臣'이라는 성을 하사받았다. 이 중 후쿠신은 후지와라노 나카마로藤原仲麻呂 밑에서 활약하며 무사시 국의 지방장관을 지냈다. 또 어학에 뛰어난 재능을 보인 오야마와 히로야마는 견당사·견발해사의 일원으로서 바다를 건너 외교에 종사했다.

紫에 사키모리防人를 두었고, 망명한 백제인의 기술을 빌려 규슈 북부에서 세토瀬戸 내해 각지에 걸쳐 산성을 축조하였으며, 다자이후大宰府[3] 전면에는 미즈키[4]를 쌓는 등 방어체제를 정비하면서 군사력의 회복과 제도개혁을 서둘렀다.

한편 신라는 백촌강 전투 후 얼마 지나지 않은 668년, 고구려가 멸망하기 직전에 왜로 사신을 보내 외교관계의 회복을 꾀하였다. 이것은 당의 압박을 예상한 것으로서 왜에서는 이에 대해 신라왕에게 배 1척과 비단을 비롯한 각종 선물을 보내고, 신라의 사신을 정중히 대접하였다. 그리하여 신라와 왜의 대립은 완화되었다.

그러한 가운데 670년에는 웅진도독부에서 보낸 당나라 사신이 왜에 도착하였다. 사신은 전쟁 때 잡힌 왜의 병사와 왜의 유학생 등 1,700명을 데리고 왔다. 그 대신 신라를 공격하기 위한 군사적 협력관계를 요구하였다. 이에 대해 왜는 일단 갑옷과 화살 등 무기를 제공함으로써 당나라에 우호적인 자세를 취했다. 그러나 임신의 난[5]이 일어나 정권이 바뀌자 당나라보다도 신라와의 관계를 중시한 외교노선을 취하게 되었다. 왜는 그 후 702년까지 당나라와의 통교를 중단한 것과 대조적으로 신라와는 거의 매년 사신을 주고받았다. 이 때는 바로 왜가 백제나 고구려의 유민을 받아들이며 율령국가의 틀을 마련해 간 시기로서, 이 과정에서 신라와의 교섭이 중요한 역할을 하였다는 것을 엿볼 수 있다.

용어 해설

1_김춘추 : 603~661년. 신라 왕족. 654년에 왕이 되었다(태종무열왕). 642년에 백제의 대규모 침공을 받아 신라가 위기에 직면하자, 고구려 · 왜 · 당나라와의 외교 교섭을 통해 백제와의 전쟁에 대한 지원을 얻기 위해 몸소 여러 나라들을 방문하였다. 이 외교 노력에 의해 당나라의 지원을 받아, 신라는 통일전쟁의 길로 들어갈 수 있었다. 신라는 그 과정에서, 당의 연호나 의관제를 채용하고 법령을 정비하는 등, 당나라의 문물을 받아들여 왕권을 강화했다.

2_백촌강 전투 : 660년 백제 멸망 후, 663년 왜가 백제 부흥을 꾀하던 중 신라 · 당나라 연합군과 금강 하구의 백촌강에서 싸워 패배한 전투. 그 결과 왜는 퇴각하였고 백제부흥군의 거점인 주류성은 함락되었다. 부여풍(풍장)은 고구려에 피신했으며, 많은 백제의 왕족 · 귀족이 왜로 망명했다.

3_다자이후大宰府 : 서해도(규슈 지방)에 설치된 9국國 2도島를 총괄함과 동시에 여러 외국과의 외교와 변경 방위를 위하여 설치된 일본 고대의 관사官司다. 현재의 후쿠오카 현福岡縣 다자이후 시에 있었다. 주요 직원만도 50명을 넘었으며, 그 권한도

컸던 까닭에 '멀리 있는 조정'이라고도 불렸다. 1019년에 여진족의 습격사건 등이 계기가 되어 무인화武人化한 관인들이 실권을 쥐게 되었으나, 가마쿠라鎌倉 시대 이후에는 다자이후의 기능은 쇠퇴하였다.

4_미즈키水城 : 후쿠오카 현 다자이후 시에 있는 전쟁유적. 백촌강의 패전 후인 664년 당과 신라의 침공에 대비하기 위하여, 오노 성 등과 함께 다자이후의 방위를 위해서 쌓은 토루. 전체 길이 1.4km, 폭 80m, 높이 10m에 호濠가 있다.

미즈키(후쿠오카 현 다자이후 시) | 다자이후를 지키기 위해 쌓은 호를 갖춘 보루인데, 사진의 왼쪽 위에서 오른쪽 아래에 걸쳐 나무가 무성한 부분이다.

5_임신壬申의 난 : 왜에서 672년에 일어난 왕위계승 싸움. 덴지天智 천황이 죽은 후 동생 오마마노 미코와 아들 오토모노 미코가 서로 싸워 오마마노 미코가 천황이 되었다.

제3장 제2절 | # 신라 · 발해와 일본의 교류

> 8~9세기에 걸쳐 동북아시아의 국제관계는 책봉·조공외교를 중심으로 전개되는
> 한편, 신흥 발해와 통일 후의 신라, 그리고 일본은 각기 제 나름대로의 구상
> 속에서 여러 나라와 외교를 전개하였다.

발해의 건국과 신라 · 일본

새롭게 일어난 발해는 8세기에 들어 말갈의 여러 부족을 복속시키며
적극적으로 영토를 확대하였다. 남으로는 신라와 국경을 접하게 되어
신라는 새로운 군사문제를 떠안게 되었다. 발해는 북으로 흑수말갈과의
대립이 심해지면서 이를 공략할 기회를 엿보고 있었다. 그러나 흑수말갈
이 발해에 대항하고자 당나라에 구원을 요청하였기 때문에 발해는 당나
라와도 대립하여 동북아시아에서 고립되었다.

이러한 국제정세를 타개하기 위해 발해는 727년 고인의高仁義 등을
일본에 사신으로 보내 국교수립을 요구했다. 이 때 발해는 고구려를
계승한 나라임을 표방하며 일본과의 교섭을 추진하였다.

신라와 일본의 관계변화

신라는 당나라와의 관계가 험악해졌기 때문에 8세기에 들어서도 일본
과 비교적 친밀한 관계를 유지하고자 하였다. 신라는 일본이 요구한
조공외교를 거부하고 대등한 형식의 외교를 추구하였다. 신라는 722년
일본의 침공에 대비하여 왕도 근처에 성관城關을 설치하고, 사신을 보내
나라 이름을 '왕성국王城國'²으로 바꾸었다고 알렸다. 이에 대해 일본의
귀족들 중에는 신라를 공격하자고 주장하는 자도 나타났다.

또 신라는 730년대에 발해가 당나라 영토였던 산동반도를 침공한 것을 계기로 당나라의 원군 요청을 받아 남쪽에서 발해를 공격했다. 이 공격은 실패했지만 당나라가 신라의 대동강 이남 영유를 승인하고 신라와 당나라의 관계는 급속히 회복되었다. 대당 관계의 개선은 신라로 하여금 대일 외교의 필요성을 저하시킴으로써 신라와 일본의 관계를 서서히 냉각시키는 요인이 되었다.

김태렴의 도일과 교역

신라와 일본의 교류에서 외교사절은 중요한 역할을 담당하였다. 그들은 외교활동뿐 아니라 교역활동도 적극적으로 전개하였다. 특히 752년 일본에 간 김태렴金泰廉 일행의 이야기가 유명하다.

일본에서는 쇼무 천황 때 추진된 도다이지의 대불[3]이 거의 완성되어 752년에 개안開眼 공양을 행하었다. 그 직후 신라에서 대규모의 김태렴 일행이 일본에 도착하였다. 이 사절은 헤이조쿄에 들어와 대불을 참배한 뒤 대규모 교역활동을 하였다.

이 때 주고받은 물건들은 도다이지 쇼소인正倉院[4]에 남아 있는 기록 등을 통해 엿볼 수 있다. 한 예로 조하입녀병풍鳥下立女屛風의 배면을 보강하기 위해 사용한 파지 가운데 '매신라물해買新羅物解'라는 교역품 목록을 적어둔 종이가 발견되었다. 그것에 따르면 솜씨가 뛰어난 신라산 방석과 먹, 그리고 좌파리佐波理(놋쇠)라 불리는 구리와 주석의 합금으로 된 찬합식 그릇과 숟가락 등의 수공 금속제품 외에도, 원래 신라에서 생산되지 않아 동남아시아에서 가져온 향료나 약물·안료·염료, 그리고 당·서역에서 들여온 진귀한 물품들을 일본과 교역한 사실을 확인할 수 있다.

또 불교경전의 하나인 『화엄경론』에서는 폐기된 신라의 민정문서가 재이용된 것이 발견되었다. 이로써 이 경전이 신라에서 작성되어 일본으

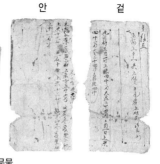

안　　**겉**

도다이지 쇼소인의 신라 문물

백동가위 | 등잔의 심지를 자르기 위한 가위. 신라의 수도인 경주에서도 같은 모양의 가위가 발견되었다.

좌파리가반 | 같은 모양의 크기가 다른 그릇들을 겹쳐놓은 놋쇠그릇이다.

화엄경경질에서 발견된 신라의 촌락문서 | 네 개의 촌락 이름과 면적, 호수, 인구, 가축 수, 논밭의 면적 등이 기재되어 있다.

로 전해졌으며, 동시에 도다이지의 화엄교학이 신라의 영향을 받았음을 알 수 있다.

안사의 난과 일본의 신라 침공계획

김태렴의 일본 방문 후 완화되는 듯 보였던 신라와 일본의 관계는 다시 악화되었다. 그 다음 해 일본과 신라에서 보낸 견당사가 황제 앞에서 높은 자리를 다투는 사건이 벌어졌고, 신라에서는 일본에서 보낸 사신이 왕을 알현하지도 못한 채 귀국하였다.

755년 당나라에서는 안록산과 사사명이 반란을 일으켰다(안사의 난). 그 후 9년에 걸친 전란은 당나라를 피폐하게 만들었을 뿐 아니라 주변 여러 나라에도 큰 영향을 미쳤다. 당나라는 반란을 진압하기 위해 발해에 원군을 요청하였으나 발해는 응하지 않았고, 일본에 사신을 보내 당나라의 정세를 알렸다.

당나라의 혼란상을 전해들은 일본의 지배자들 사이에는 갑자기 신라 토벌계획이 제기되었다. 당시 실권을 쥐고 있던 후지와라노 나카마로藤原仲麻呂는 3년계획으로 신라를 공격하기 위해 호쿠리쿠北陸·산인山陰 지방 등 여러 구니國에 명하여 선박을 만들게 하고, 전국의 병사를 훈련시켜 공격준비를 하였다. 이 계획은 발해와 연계하여 추진하려 했던 것으로 보인다. 그러나 당나라에서 안사의 난이 진압되자 발해가 일본과의 외교 방침을 전환하였고, 일본에서도 나카마로가 권좌에서 쫓겨나 신라 침공 계획은 실현되지 않았다.

신라·일본 외교의 중단

779년 일본에 간 신라의 사신은 다음부터는 국서를 지참하고 조공의 자세를 표할 것을 요구받았다. 이것이 신라가 일본에 파견한 최후의 신라사절이 되었다.

그 후에도 일본은 견당사 출항에 앞서, 표류할 경우에 대비하여 선박의 보호를 의뢰하고자 신라에 사신을 보내기도 하였다. 그러나 836년에 이 같은 목적에서 신라에 파견된 일본사신이 신라와의 통호通好를 위해 왔다고 본래의 목적과 다르게 설명하였기 때문에 양국 간에 오해가 생겼고, 일본도 강경한 태도를 취했기 때문에 일본으로부터도 사신이 두절되었다. 그리하여 신라에서 보낸 사신이 20회, 일본에서 보낸 사신이 17회 왕래가 있은 이후 외교관계는 두절되었다.

이처럼 신라와 일본의 외교가 두절된 데에는 일본이 신라에 대해 두세 차례에 걸쳐 지속적으로 조공을 강요하였고 때로는 침공하려는 강경한 태도를 보인 것과 신라상인의 해적행위 등이 원인이 되었다. 또 신라는 당나라와의 관계를 중시하였으므로, 일본이 원하는 일본 중심의 국제관계 수립은 어렵게 되었다.

신라상인의 무역활동

안사의 난 이후 동아시아 여러 지역에서는 당나라의 규제가 느슨해져 중국 연안을 잇는 교역활동도 활발해졌다. 9세기 초에는 중국 월주산越州産 도자기 등이 신라에서도 교역되었고, 중국 연안과 한반도를 잇는 광범한 교역 네트워크를 형성하고 있던 신라상인들이 이것을 일본에도 전하였다.

장보고는 당시 대표적인 신라상인이었다. 그는 9세기 초에 당나라와 신라 사이에 횡행하던 노비무역을 중지시키고 양 지역 사이의 무역로를 지배하였다. 그는 828년에 한반도 남서부에 청해진을 설치하고 신라와 일본을 오가며 적극적으로 무역을 전개했다. 일본에서는 이에 호응하여 조정의 교역품을 확보하고자 다자이후에서 신라와 공적인 무역을 행하기 위해 제도를 정비하였다. 장보고는 정쟁에 휘말려 살해되었다. 이 사건은 서일본 지역에도 영향을 미쳐 일본정부는 842년 다자이후에서 신라인과의 공무역을 정지시켰다.

발해와 일본의 교섭

발해는 도합 33차에 걸쳐 일본에 사신을 파견하였고, 일본은 발해에 13차에 걸쳐 사신을 파견하였다. 발해사 파견은 신라침략계획을 전후하여 군사적·정치적 목적에서 경제적 목적으로 변화하였다. 9세기에 들어서자 발해사신에 의한 교역활동은 더욱 활발해져, 일본의 지배자 중에는 "발해사渤海使는 실로 상인과 다름없다. 상인을 빈객賓客으로 삼는 것은 국가의 손실이다."라고 비판하는 자도 있을 정도로 일본의 국가재정을 압박하였다. 그 이유는 발해사신이 일본에 가면 그에 대한 답례품으로 견직물 등을 보내거나, 조정의 의식에 필요한 물품을 구입하였기 때문이다.

발해 사신 중에는 외교를 위한 사신 외에 별도로 발해 영토에 사는 말갈인 대표들이 다수 포함되어 있었다. 발해는 당나라나 일본과의 외교

일본 승려 엔닌의 중국순례와 신라상인

엔닌円仁(794~864)은 견당사遣唐使의 일원으로 838년에 당나라로 건너간 일본의 승려로, 그 후 약 10년에 걸친 순례 체험과 고난의 연속이었던 당나라에서의 생활을 기록으로 남겼다(『입당구법순례행기』). 그 기록에 의하면 당나라 조정이 체재기간의 연장을 허락하지 않자, 사절선이 일본으로 가기 직전에 기항하는 등주登州(산동 성)에서 그 곳에 거류하던 신라인들의 힘을 빌어 당나라에 체류하는 데 성공하였다. 그 후 엔닌은 장보고가 창건한 적산법화원赤山法花院에서 겨울을 보낸 뒤 오대산을 거쳐 장안에 이르는 긴 여행을 떠났다. 그리고 귀국할 때에도 일본으로 향하는 배를 찾기 위해 이 사원에 들러 신라인의 상선으로 다자이후로 돌아왔다.

당시 중국 연안에는 신라인 교역자들이 많이 생활하고 있었다. 중국과 신라나 일본을 잇는 이들의 배는 도자기 등의 교역품뿐만 아니라 때로는 중국에서 구법을 원하는 승려들을 태워 바다를 건넜다. 한반도에서는 신라가 곧 멸망하였지만, 승려들의 활동은 선종의 수용 등 새로운 불교의 조류를 형성해 갔다. 일본의 불교 교학을 발전시킨 엔닌의 중국순례를 기념하여 교토 부근의 엔랴쿠지延曆寺에는 적산법화원에서 모시던 세키잔묘진赤山明神이라는 불교 수호신을 모시고 있다.

적산법화원(중국 산동성) | 장보고가 활동의 거점으로 건립한 사원

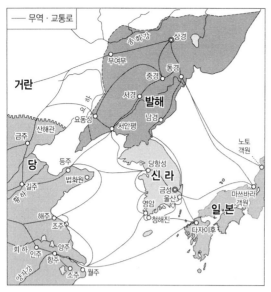

8~9세기의 신라 · 발해 · 일본의 교역로

에 이들을 참가시킴으로써 국제무역을 행한 것이다. 그들은 자신들의 거주지에서 잡은 담비 · 바다표범 · 호랑이 · 곰 등의 모피를 비롯해, 사향, 인삼, 꿀 등의 특산품을 가지고 가서 교역하였다. 이러한 사치품은 고가라 할지라도 일본 귀족들이 경쟁적으로 사들였다.

일본은 발해 사신에게 조공 형식의 외교를 원하였으나 그것은 신라와 비교할 때 유연한 형태를 띠어 양국은 우호관계를 지속적으로 유지하였다. 일본에는 교역뿐 아니라 한시를 주고받으며 발해 사신과의 교류를 원하는 문인들도 있었다. 헤이안 시대에 편찬된 한시문집에는 발해인의 시문도 다수 실려 있다. 발해와 일본의 교류는 발해가 멸망할 때까지 계속되었다.

용어 해설

1_말갈靺鞨 : 만주지역의 퉁구스 계통 민족으로, 6세기 중엽에 사라진 물길勿吉에 복속된 여러 종족을 말한다. 수 · 당나라 시대에는 7개의 부족으로 나뉘어 있었다고 하며, 7세기 말에는 발해에 포섭되었다. 흑수말갈黑水靺鞨은 8세기 중엽까지 발해의 지배에 저항하였으나, 결국 그 지배 하에 들어갔다. 발해가 멸망하자 거란이 지배하였다.

2_신라의 '왕성국王城國' 개호改號 : 735년 일본에 도착한 신라 사신 김상정金相貞이 전한 사실로 『속일본기』에 보인다. 그러나 국호 변경에 관한 기록은 다른 곳에는 보이지 않아 상세한 내용은 알 수 없다.

3_도다이지東大寺**의 대불**大佛 : 743년에 쇼무 천황이 조성을 발원한 노사나여래盧舍那
如來 대불이다. 노사나는 화엄경의 교주敎主로 태양에서 연유한 부처라고 한다.
대불은 쇼무 천황이 천도한 오미 국近江國(시가 현) 시가라키紫香樂 궁에서 조성하기
시작하였으나, 헤이조쿄로 도읍을 옮긴 후에도 사업이 계속되어, 752년 인도의
승려 보제선나菩提僊那에 의해 개안開眼 공양이 행해졌다. 그 후 세 번 불탔으나
그 때마다 수리되어 오늘에 이르고 있다. 현재 대불전과 함께 국보로 지정되어
있다. 불상의 높이는 15m에 달한다.

4_도다이지東大寺 **쇼소인**正倉院 : 도다이지는 나라·시奈良市에 있는 화엄종의 총본산으
로 쇼무 천황에 의해 건립되었다. 쇼소인에는 쇼무 천황이 죽은 후 고묘 황후光明皇后
에 의해 헌납된 애용품들과 나라 시대에 일본에 전해진 국제적 색채를 띤 보물과
약물 등이 소장되어 있다.

제4장 10~12세기 동북아시아 국제질서와 고려·일본

892	견훤, 후백제 건국
901	궁예, 후고구려 건국
902	일본, 후지와라노 도키히라가 엔키延喜의 장원정리령 발포
918	왕건, 궁예를 몰아내고 고려 건국
926	발해 멸망
935	신라 멸망
	일본, 다이라노 마사카도의 난이 일어남
936	고려, 후백제를 멸망시키고 후삼국 통일
960	중국, 조광윤이 송을 건국
993	거란의 제1차 고려침략
1016	일본, 후지와라노 미치나가가 섭정이 됨
	이 무렵 일본에서 국풍문화가 일어남
1018	고려, 강감찬의 귀주대첩
1019	고려, 거란의 침략을 물리침
1019	여진해적이 일본의 기타큐슈를 침공함
1086	일본, 시라카와 상황이 원정院政 개시
1107	고려, 여진을 공격하여 9성을 쌓음
1115	여진 완안부의 아골타가 금을 건국
1126	고려, 이자겸의 난이 일어남
	고려, 금과 사대관계를 맺음
1127	중국에는 남송 건국
1135	고려, 묘청의 난이 일어남
1156	일본, 호겐의 난이 일어남
1167	일본, 다이라노 기요모리가 태정대신이 됨
1170	고려, 무신의 난이 일어남
1180	일본, 미나모토노 요리토모가 군사를 일으킴
1192	일본, 미나모토노 요리토모가 정이대장군征夷大將軍이 됨
1196	고려에서 최충헌이 권력을 장악함

고려의 건국과 후삼국 통일 | 9세기 말 신라에서는 왕위쟁탈전이 빈번하게 발생하여 정치가 혼란하였고, 전국 각지에서 조세 수취에 반발하는 농민봉기가 일어났다. 이러한 가운데 지방의 유력자들이 신라 조정으로부터 독립하여 세력을 키웠는데, 이들을 호족이라고 한다. 그 중에서도 견훤과 궁예의 세력이 가장 강했는데, 이들은 주변의 호족들을 통합하고 왕이 되어 국가를 세우기에 이르렀다. 먼저, 견훤이 후백제를 세웠고, 궁예가 후고구려를 세웠다. 이로써 신라와 후백제, 후고구려가 서로 대립하게 되었다. 이것을 후삼국 시대라고 한다.

이후 후고구려의 궁예가 민심을 잃어 쫓겨나고, 송악(개성)의 호족인 왕건이 왕위에 올라 고려를 건국하였다(918). 이로부터 고려와 후백제 사이에 치열한 싸움이 벌어졌으나, 결국 고려가 신라의 항복을 받고 후백제를 멸망시켜 후삼국을 통일하였다. 또한 고려는 만주에 있던 발해가 멸망하자 발해의 왕족을 비롯한 유민들을 받아들임으로써 민족의 통일을 이루었다.

국가체제의 정비 | 후삼국을 통일한 고려는 국가체제의 정비에 힘을 기울였다. 먼저, 중앙정치기구는 당나라의 3성6부제와 송나라의 제도를 받아들이되 고려의 실정에 맞추어 중서문하성과 추밀원을 중심으로 편성하였다. 지방에서는 군현제를 실시하였는데, 전국에 500여 개의 군현을 설치하고 그 가운데 130여 개 군현에 지방관을 파견하여 지방관이 파견되지 않은 인근의 군현을 함께 관리하도록 하였다.

정치제도를 정비하는 것과 동시에 광종(재위기간 949~975) 때에

후삼국의 세력도

는 과거제도를 도입하여 능력에 따라 관리를 선발하였다. 고려의 과거는 문학과 유교에 대한 지식을 시험하는 것이 중심이 되었는데, 이를 통해 문신을 선발함으로써 자연스럽게 문신을 무신보다 우대하는 풍조가 생겨났다. 과거는 이후 조선시대까지 한국의 가장 대표적인 관리 임용방식이 되었다.

문벌귀족사회의 성립 | 중앙집권적인 국가체제가 정비됨에 따라 새로운 지배층이 형성되었다. 신라 말기에 등장한 지방 호족 가운데 일부는 여러 세대에 걸쳐 고위 관직자를 배출하였는데, 이들을 문벌귀족이라고 한다. 문벌귀족은 정치권력과 경제력을 독점하였으며, 폐쇄적인 통혼권을 형성하고 때로는 왕실과 중복된 혼인관계를 맺기도 하였다.

한편, 지방 호족 가운데 일부는 지방에 남아 향리가 되었다. 향리는 지방의 유력자로서 향리직을 세습하면서 영향력을 유지하였을 뿐 아니라 언제라도 과거를 통해 중앙의 관리로 진출할 수 있었다. 민중은 대부분 농민이었으며, 이들은 자기 토지를 경작하여 생산량의 1/10을 국가에 내거나, 다른 사람의 토지를 경작하여 생산량의 1/2을 지주에게 납부하였다. 양인 아래에는 천민이 있었는데, 노비가 대다수를 차지하였다.

고려청자 | 구름과 학 무늬를 상감기법으로 그려넣었다.

불교와 문화 | 고려는 유교를 정치 이념으로 받아들였지만, 불교신앙과 충돌을 일으키지 않았다. 불교는 국가의 지원을 받으며 번창했고, 고려는 불교국가로 유지되었다. 불교사상에서는 신라 하대에 선종이 들어온 이후 교종과 선종의 통합 문제가 가장 중요한 과제가 되었다. 이에 의천(1055~1101)은 천태종을 창건하여 교종을 중심으로 선종을 통합

하려 하였다.

사회가 안정되고 귀족들이 다양한 예술작품을 만들어 즐기면서 귀족문화가 발달하였다. 귀족문화 중에서 대표적인 것이 은은한 비취색 나는 고려청자였다. 고려청자는 신라와 발해의 전통 자기를 토대로 송나라의 기술을 받아들여 독자적인 경지를 이룩하였다. 청자 중에서도 가장 특색 있는 것은 상감청자였다. 상감이란 그릇 표면에 무늬를 새기고 그 자리를 백토나 흑토로 메워넣는 기법으로, 다양하고 화려한 무늬를 넣을 수 있었다.

문벌귀족사회의 동요와 무신정권 | 12세기에 들어 문벌귀족사회의 모순과 갈등이 나타나기 시작하였다. 11세기에는 국가의 권농과 개간사업으로 농업생산력이 발달했는데, 점차 그 성과를 둘러싸고 대립이 벌어졌다. 먼저 귀족 등 지배층이 일반 농민들의 토지를 빼앗는 일이 발생하였고, 농민들은 살길을 찾아 떠돌아다녔다. 이들 가운데 일부는 화전민이 되기도 하였지만, 무리를 지어 저항하는 사람들도 적지 않았다.

지배층 내부에서 성치권력을 둘러싼 대립도 치열해져서 이자겸의 난과 묘청의 난이 일어났다. 이 두 반란은 모두 진압되었지만, 고려의 정치는 매우 혼란해졌다. 이러한 때에 무신들이 난을 일으켜 정권을 잡았는데, 무신난은 문신 중심의 사회에 대한 무신들의 불만과, 군인전을 제대로 지급받지 못한 군인들의 불만이 어우러져 일어난 것이었다.

무신난 이후 무신들은 주요 관직을 차지하고 토지와 노비를 늘려 갔으며, 사병을 길러 권력쟁탈전을 벌였다. 이 때문에 중앙정부의 통제력은 약화되고, 일반 민에 대한 수탈은 더욱 심해졌다. 이러한 상황에서 농민들의 대규모 봉기가 일어났고, 노비들이 신분해방을 위해 봉기하기도 하였다. 그러나 얼마 뒤 최충헌이 집권하면서 무신들의 다툼은 종식되었고, 일반 민들의 항쟁도 진압되었다. 이후 최충헌은 자손들에게 권력을 세습하여 최씨 무신정권이 4대, 60년 동안 지속되었다.

섭관攝關 정치의 성립 | 9세기 후반이 되자 농민의 유랑과 도망이 심해져 율령에 의한 지배를 유지할 수 없게 되었다. 한편 농민에게 곡식 등을 빌려주거나 황무지 개간으로 부를 축적한 백성(부호백성)이 대두하였다. 이러한 상황에서 지방행정관 중에는 일반 농민 대신 부호백성을 지배 대상으로 삼아 이들에게 과세를 하는 사람들도 나타났다.

10세기 초 권력을 장악한 후지와라藤原 씨는 현실에 맞는 새로운 정책을 실행하고자 하였다. 이 정책은 오랜 기간 지속된 율령제 지배 대신에 모든 수전水田을 국가가 장악하고(이것을 공전이라고 한다) 이를 부호백성에게 대여한 뒤 경지면적을 기준으로 세금을 거두는 것이었다.

10세기 후반에 이르면 천황의 외조부가 섭정攝政과 관백關白으로서 정치의 실권을 쥐게 되었다(섭관정치). 이 직위를 후지와라의 자손이 독점하였기 때문에 이 일족을 섭관가라고 하였는데, 이들은 11세기에 전성기를 누렸다. 이 시기에는 궁중에서 시중을 들던 여성들을 중심으로 가나假名 문자를 사용한 와카和歌와 문학이 성행하여 『고킨와카슈古今和歌集』나 『겐지모노가타리源氏物語』, 『마쿠라노소시枕草子』와 같은 걸작이 탄생하였다. 이 시기의 문화를 '국풍문화國風文化'라고 한다.

『겐지모노가타리에마키』 | 『겐지모노가타리』를 소재로 삼아 12세기 전반에 만들어진 그림두루마기(일본 국보). 현존하는 것은 20권뿐이다.

장원공령제莊園公領制의 확립 | 부호백성이 경지 개발을 추진하고 주변 농민에게 이를 경작하게 한 뒤 그들에게 지대를 받는 새로운 경영방식이 나타났다. 11세기 중반에 이르자 조정은 이들의 영지를 새롭게 과세대상지로 삼고자 하였다. 그 이전까지 과세대상이 되었던 공전과 새로이 과세대상에 포함된 개발영지를 일괄하여 고쿠시가 지배하는 영역이라는 뜻에서 국아령國衙領(혹은 공령公領)이라고 한다.

부호백성 중에는 자신의 영지를 고쿠시로부터 지키기 위해, 자신이 그 땅의 관리자가 되는 조건으로 영지를 상급귀족이나 사찰·신사에 기진寄進하는 사람들이 나타났다. 이 때 기진된 영지를 장원이라고 한다. 기진을 받은 귀족·사찰·신사는 자신들의 권익을 강고히 하고자 이를 다시 더 높은 상급귀족에게 기진하였기 때문에 장원은 점차 천황가나 섭관가에 집중되어 갔다. 초기에 장원은 조세를 부담하는 것이 원칙이었으나, 기진 받은 상급귀족의 정치력 여하에 따라 면세특권(불수권不輸權)이나 고쿠시가 보낸 사자使者의 출입을 거부할 권리(불입권不入權)를 획득하는 장원이 나타나,

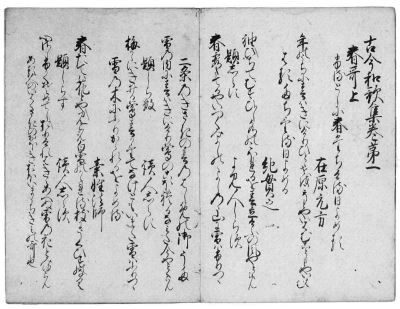

『**고킨와카슈**』 | 10세기 초에 만들어진 일본 최초의 칙선 와카 집. 가나 문자로 씌여진 와카 약 1,100수가 실려 있다.

조정과 고쿠시의 지배권이 미치지 않는 장원이 서서히 증가하였다.

이러한 국아령과 장원을 바탕으로 형성된 토지제도를 장원공령제莊園公領制라고 하는데, 이것은 12세기 전반에 확립기를 맞이한 이래 중세사회를 지탱하는 토지제도가 되었다.

원정院政의 개시 | 11세기 후반에 즉위한 시라카와 천황白河天皇은 외조부가 섭관가가 아니었기 때문에 즉위 후 얼마 되지 않아 어린 아들에게 황위를 물려주고, 그 후에는 상황上皇으로서 정치를 주도하였다. 상황의 거처를 '원院'이라고 하였기 때문에 상황이 주도하는 정치형태를 '원정院政'이라고 한다. 상황은 천황보다 관례나 선례에서 자유로울 수 있었고, 장원을 정식으로 인가하려고 하였기 때문에, 상황에게 장원을 기진하는 경우가 늘어나면서 서서히 경제적으로 섭관가를 압도하게 되었다.

한편, 11세기 들어 불교의 힘이 약해지자, 세상이 망할 날이 다가온다는 사상이 확산되는 동시에(말법사상), 염불을 외우면 아미타의 구원으로 극락 정토에 갈 수 있다는 정토신앙이 확산되어, 교토 부근에 세워진 보도인호오도平等院鳳凰堂로 대표되는 아미타당 건축이 유행하였다. 그리고 12세기 말에는 호넨法然에 의해 정토신앙에 기초를 둔 정토종이 개창되었다.

그 사이 지방의 치안유지를 위해 무사단이 동원되었다. 그 중심은 천황가에서 떨어져 나와 무사가 된 미나모토 씨와 다이라 씨로서, 미나모토 씨는 도호쿠 지방의 반란(전前9년, 후後3년 합전合戰)을 진압하여 명성을 얻었으며, 다이라 씨는 상황에게 영지를 기진하여 중앙정계에 발을 들여놓았다. 시라카와 이후의 상황들은 아미타불의 구원을 바라는 마음에서 불교를 숭상하여 절이나 불상을 대대적으로 조영하였기 때문에, 차츰 큰 사찰과 신사의 세력이 강해져 실력을 행사하게 되었다. 이를 제압하고자 상황이 미나모토 씨와 다이라 씨의 양 무사단을 등용하였기 때문에 이들은 중앙정계에서 커다란 역할을 하게 되었다.

가마쿠라 막부의 성립 | 12세기 중엽 정쟁에서 실력을 발휘한 다이라 씨의 장수 다이라노 기요모리平清盛는 무사로서는 처음으로 최고관직인 태정대신太政大臣에 올랐다. 아울러 그는 자신의 딸을 천황에게 시집보낸 뒤 외손자를

천황에 옹립함으로써 권력을 장악하였다. 이를 다이라 씨 정권이라고 한다.

　다이라 씨 일족은 모두 고관대작을 차지하여 "다이라 씨가 아니면 인간이 아니다."라고 호언할 정도로 권력을 휘둘렀기 때문에 상황이나 섭관가 등의 귀족은 물론 무사들 사이에서도 심한 반발을 샀다. 바로 이러한 기회를 엿보며 반 다이라 씨를 주장하며 병사를 일으킨 것이 미나모토 씨였다. 그 중심에 섰던 이는 미나모토노 요리토모源賴朝였다. 그는 1180년 이즈(가나가와 현)에서 거병하여 한때 패배하였으나, 도쿄 주변의 무사단을 우군으로 삼고 가마쿠라에 거점을 둔 뒤 1185년에 다이라 씨 정권을 무너뜨렸다. 그 사이 요리토모는 자신의 우군이 되어 준 무사들을 가신(고케닌)으로 삼아 권력의 기반을 다짐과 동시에 가신들을 통솔하는 사무라이도코로侍所, 재판을 담당하는 몬추조問注所, 사무 일반을 관장하는 만도코로政所 등을 두어 정치기구를 정비하였다. 또 1185년에는 구니國마다 슈고守護를 두고, 장원마다 지토地頭를 설치할 권한을 얻어 전국적인 경찰권을 장악하였다. 그리고 1192년에는 무력담당자로서 최고관직인 정이대장군에 임명됨으로써 명실상부한 전국직 무사정권이 탄생하였다. 이를 본거지의 지명인 '가마쿠라'를 따라서 가마쿠라 막부鎌倉幕府라고 한다.

동북아시아 세계의 재편성

> 당나라의 멸망을 계기로 동북아시아에서는 중국 주변 나라들의 자립이 활발해졌다. 한반도에서는 고려, 대륙에서는 요·금·서하·송·대리大理 등이 건국되었다. 그리고 몽골침략이 시작되기까지 약 3세기 동안 동북아시아에서는 불안정한 대립관계가 지속되면서도 여러 나라들 사이의 교류는 활발하게 전개되었다.

중국의 분열과 주변 나라들의 자립

중국의 오대십국 시대는 후주의 무인으로서 명성을 날리던 조광윤趙匡胤이 송나라를 건국함으로써(960) 막을 내렸다. 그러나 송나라의 영역은 당제국에 비해 극히 축소되었고, 당나라와 같이 강력한 국제정치질서를 재건하지 못하였다. 특히 중국 북부를 차지하고 있던 거란(요, 916~1125)이나 그 후의 여진(금, 1115~1234)은 군사적으로 송나라보다 우위에 있었기 때문에 송나라는 1004년 거란에 의해 황하 부근까지 밀려났고, 1127년에는 금나라에 의해 회하淮河 이북을 빼앗겨 수도인 개봉開封을 버리고 강남의 임안으로 천도하게 되었다(남송).

중국 남방의 송나라와 북방의 거란·여진의 대립은 중국왕조의 주변 나라들에 대한 영향력을 감퇴시켰다. 이 때문에 10~12세기에 중국 주변에 성립된 왕조들은 몽골제국이 등장하는 13세기 초엽까지 서로 대립하면서 비교적 장기간에 걸쳐 번영을 누렸다(옆의 표 참조). 특히 중국을 중심으로 한 사대관계도 변화하

10~13세기 동아시아에 성립한 국가

국 명	연 대
거란(요)	916~1125
고려	918~1392
대리(운남)	937~1253
송	960~1279
서하(티벳)	1038~1227
파간조(미얀마)	1044~1287
레조(베트남)	1009~1225
여진(금)	1115~1234

여 중국 주변에서 황제국을 칭하는 나라들이 생겨났다. 예를 들어 고려는 송과 거란, 그리고 금과 차례로 사대관계를 맺었지만 국왕을 황제 혹은 천자로 부르고 왕명을 성지聖旨라고 하였으며 정치제도에서도 중국과 마찬가지로 3성6부를 설치하였다. 당시 고려인들은 중국을 천하의 중심이라고 생각하지 않았고, 고려가 중국과 구별되는 독자적인 천하의 중심이라고 생각하였는데, 이것을 다원적 천하관이라고 부를 수 있다.

고려·일본과 중국의 관계

고려는 건국 직후부터 중국 오대의 각 왕조들과 외교관계를 맺었고, 뒤이어 송나라가 건국되자 곧 사대관계를 맺었다. 고려가 이들 나라와 적극적으로 교섭한 것은 거란의 팽창을 막기 위해서였다. 이 때문에 거란과 송나라의 대립이 시작되자 고려는 거란의 침략을 받게 되었다. 993년 거란의 세1차 침략 때 고려는 적극적인 외교를 펼쳐 송나라와 사대관계를 단절하는 대신 압록강 동쪽 280리에 대한 영유권을 차지하는 성과를 거두었다. 그 후에도 거란은 다시 두 차례 더 침략해 왔는데, 1018년 귀주(평안북도 귀성)에서 강감찬이 이끄는 고려군이 거란군을 물리쳤다. 고려의 승리는 동북아시아에서 거란의 패권을 저지하였고, 11세기 내내 고려-거란-송 삼국이 힘의 균형을 이루는 계기가 되었다.

사대관계를 파기함으로써 고려와 송나라의 국교는 단절되었으나, 송나라의 선진문화를 받아들이기 위한 교류는 끊이지 않아, 고려는 사신과 승려, 학생 들을 송나라로 파견하여 유학, 불교, 예술 등을 받아들였다. 1084년 대각국사 의천이 송나라에서 천태종을 수용한 것은 대표적인 예다. 또 상인의 왕래도 빈번하여 송나라의 서적과 비단·자기·약재·차·향료 등 귀족들의 기호품이 수입되고, 고려의 금·은·동·인삼·나전칠기·화문석 등이 송나라로 들어갔다.

일본 세료지淸凉寺로 전해진 인도 전래의 석가
상 | 교토 부 교토 시 소장

일본에서는 섭관정치시기에 대외정책에서 소극적인 태도를 유지하였다. 911년에는 당(중국)선 내항을 2~3년에 한 번으로 제한하였고, 같은 무렵 일본인의 해외도항도 제한하였다. 그러나 해외문물에 대한 귀족층의 흥미와 관심은 식지 않았으므로, 공적으로는 9세기 이래의 대외 고립정책을 고수하면서도, 사적으로는 해외의 진귀한 물건을 구하러 무역에 나서는 양면적인 행동을 취했다.

무역이 묵인됨으로써 10세기 이후에도 많은 송나라 상인들이 규슈 북부의 하카타에 입항하였다. 11세기 중엽까지 다자이후大宰府의 고로칸鴻臚館이 교역의 중심이었는데, 그 후에는 광대한 '도보唐坊'로 불리던 차이나타운(현재 하카타 역 북쪽)이 형성되어 활발한 교역이 이루어졌다.

한편 이러한 송나라 상인의 도항에 편승하여 송나라로 가는 일본 승려도 나타났다. 그 대표적 인물은 도다이지의 조넨奝然으로서 그는 983년에 송나로 가, 수도 개봉에서 태종을 만나 일본에서 가져간 율령 일부와 역사서 등을 바치고, 986년 대장경과 인도에서 전래되었다는 석가상의 모상模像 등을 가지고 귀국하였다. 이들은 송나라의 무역선을 타고 송나라로 갔는데, 이 때 중국 산둥 반도를 거점으로 하여 동중국해에서 활약하고 있던 고려 상인들의 도움이 중요한 조건이었다.

'상객접대체제'의 성립

송나라는 정치적·군사적으로는 약했지만 강남지역의 경제발전을 배경으로 무역과 상업에서는 여전히 아시아의 중심적 위치를 점하고 있었다. 또한 사상적 측면에서도 12세기에 주자가 자연철학·윤리학·정치사상에 이르기까지 유교사상을 개혁하여 송학(주자학)을 집대성하였는데, 이것은 동아시아 여러 나라에 커다란 영향을 미쳤다.

특히 송나라에서는 강남의 경제발전을 기반으로 안정적인 무역체제를 형성하였다. 무역항에서는 세관과 상관, 접대소를 겸한 시설이 설치되는 등 관리체제가 정비되었다. 그리고 때때로 금지되기도 하였으나, 대량의 동전이 국외로 유출되어 국제통화로서 유통되었다. 또 이 시기에는 도자기 생산이 비약적으로 발전함으로써 송나라 도자기는 동전과 함께 중국의 대표적 상품으로서 아시아뿐만 아니라 이슬람 세계·유럽·아프리카 동쪽 해안까지 유통되었다.

이와 같은 송나라를 중심으로 한 무역의 발전은 새로운 통교관계를 만들어 냈다. 이 무렵 동중국해 연안국들에서 해상을 왕래하는 '상객商客'을 합법적으로 받아들이는 체제가 만들어지기 시작했다. 송나라는 입항하는 고려나 일본의 상인을 조공사朝貢使로서 대우했고, 고려·일본에 대해서도 무역상인에게 국서를 위탁하여 조공=통상을 권유했다. 고려에서도 이와 같은 송나라 상인을 입공자로 취급하여 중요한 국가적 의식인 팔관회¹ 등에 일본인이나 여진인과 함께 참가시켰다.

일본에서도 11세기가 되자 기간을 위반한 송나라 상인들을 이전처럼 추방하지 않고, 조정의 허가가 있으면 접대하는 경우가 많아졌다. 아버지가 송나라 사람이고 어머니가 일본 사람이었던 송나라 상인 주양사周良史가 '진봉사進奉使'를 칭하며 송나라에 건너가거나(1026), 1089년 '일본국다자이후 상객日本國大宰府商客'이 고려에 건너가 수은·진주·무기를 증여

한 사례가 있다.

이와 같이 당시 동아시아 지역의 통교관계는 '상객접대체제'[2]라고 불러도 좋을 만한 특징을 지니고 있었다. 그리고 이 체제는 송나라와 일본인이 고려의 팔관회에 참석한 데서도 알 수 있듯이, 경제적 측면뿐 아니라 당시 동북아시아의 정치적인 관계도 보여주고 있다.

금나라의 발흥과 고려 · 일본

12세기에 들어서자 만주에서는 거란을 대신하여 여진족이 세력을 키우고 때때로 남하하여 고려를 위협하였다. 그 때문에 고려도 기병을 중심으로 한 군대를 편성하고 1107년에는 여진을 토벌하여 9개의 성을 쌓았다. 그러나 여진의 잦은 공격으로 인해 9성을 지키는 데 어려움을 겪자 여진이 고려에 공물을 바치는 조건으로 9성을 돌려주었다. 한편 여진의 세력은 날로 강해져 1115년에는 금나라를 수립하고 10년 후에는 거란을 멸망시켰으며, 다시 2년 뒤에는 송나라의 두 황제를 사로잡는 등 일약 동북아시아의 맹주로 성장하였다.

고려는 송나라 문화를 동경하였고 무역도 행하였으나 금나라 세력의 확대를 무시할 수 없었고 거란이 멸망하고 송나라가 남으로 쫓겨 가자(남송), 1128년 금과 사대관계를 맺고 당면한 외교상의 난국을 타개하는 데 성공하였다.

일본에서도 여전히 송(남송)과의 무역이 활발하였다. 그 중심이 되었던 다이라 씨는 세토 내해지역을 기반으로 규슈 북부에도 세력을 넓혀 직접 송나라 상인과 무역을 하였다. 다이라노 기요모리平淸盛는 스스로 다자이후의 장관이 되어 일송무역의 거점이었던 다자이후를 장악하고자 하였다. 그는 1173년에 세토 내해 연안의 항구를 수복하고 항로를 정비하여 송나라 배를 직접 입항시켰다. 그리고 같은 해에 송나라 황제의 국교 요청에 응했고 답례로서 사신을 보냈다. 그 결과 일본에는 대량의 송나라 동전을 비롯하여 많은 송나라 문물이 수입됨으로써 가마쿠라 시대의 정치·문화에 큰 영향을 미치게 되었다.

용어 해설

1_팔관회 : 해마다 11월 15일에 고려에서 개최되는 행사로서 정월 15일의 연등회와 함께 중요한 국가행사. 토속신앙을 흡수한 왕조의 의식으로, 고려인의 국가의식을 높이고 단결을 강화하는 데 기여했다.

2_상객접대체제 : 정식 국교가 성립되지 않은 상황에서 타국의 상인 등을 '조공사'로 대우하여 국가적인 의식에 참석하게 하거나, 또는 그들에게 정식 국서를 위탁하여 상대국의 통교 교섭에 임하도록 하는 의제적 국교 시스템.

10~12세기 고려와 일본의 관계

신라에 이어 고려가 성립한 뒤에도 고려와 일본 사이에는 정식 외교관계가 성립되지 않았지만, 민간의 교류는 계속되었다. 1019년 여진족이 두 나라를 침공한 것을 계기로 국가간의 관계도 개선되었다. 그러나 동북아시아 국제질서에 대한 양국의 인식 차이는 컸고, 고려와 일본의 공식관계 수립은 12세기 후반 진봉관계가 성립될 때까지 기다려야만 하였다.

10세기의 고려와 일본

9세기 중반이 되자 신라의 해적사건 등을 계기로 일본은 다자이후에서 행하던 신라 상인과의 무역을 중단함으로써 신라와 일본 관계는 단절되었다. 그러나 그 후에도 신라의 상선이 쓰시마에 진출하였는데, 일본은 신라와의 교역을 바라지 않았다. 894년 견당사 파견을 중지한 일본은 그 후 주변국에 대해 한층 소극적인 외교자세를 보였기 때문에 신라와의 관계도 회복되지 않았다. 후삼국을 통일한 고려는 일본에 대해 국교수립을 요구하는 사신을 수차례 파견하였지만, 일본은 이를 받아들이지 않았다.

그러나 당시 일본의 귀족들은 규슈의 다자이후와 그 외항인 하카타를 거점으로 한 민간무역에는 많은 관심을 보였다. 송나라 건국을 전후하여 중국 상선과 고려 상선들이 규슈 북부에 입항하였다. 또 일본인이 고려에 귀화하는 경우도 빈번히 발생하였다. 999년에는 일본인 90호가 고려로 건너왔고, 1039년에 일본인 남녀 26명이 고려에 귀화하는 등, 『고려사』에는 11세기 이후 일본인이 고려에 귀화한 사실이 많이 기록되어 있다.

여진족의 침공[1]

1019년 여진족이 고려를 거쳐 일본을 침공하였을 때, 본거지로 돌아가는 여진 해적을 고려 수군이 격파한 뒤 사로잡힌 일본인 포로를 본국으로 송환한 사건이 일어났다.

고려는 건국 직후부터 거란과 대립하였는데, 993년부터 세 번의 침략을 받았다. 거란과

여진족의 침공도

의 전쟁 중 여진족에 대한 경계가 느슨해지자 흑룡강 유역에 거주하던 여진족의 일부가 한반도 동해안을 따라 고려를 침략하는 일이 자주 발생하였다.

1011년에는 여진해적 100척이 한반도 남부 경주까지 침공하였고, 1018년에는 울릉도를 약탈하였다. 그 중에서도 1019년의 여진 해적 침공은 고려의 동쪽 해안에서 일본의 규슈 북부에 걸친 대규모 사건이었다.

당시 일본 귀족의 일기인『쇼유키小右記』에 따르면, 1019년 여진 해적이 고려 동해안을 침략하고 고려인을 포로로 삼은 후, 50척 가량의 배에 나누어 타고 3월 말에는 쓰시마와 이키를 침공하였고, 4월 초순 규슈 북부에 상륙하였다. 그 과정에서 일본인 포로 약 1,280명과 소 등 재물을 약탈한 여진 해적은 다시 쓰시마와 고려 동해안에서 약탈을 반복하면서 본거지로 돌아가려 하였다. 그러나 여진 해적은 돌아가는 도중에 고려

일본인 여성포로의 증언

고려군에게 구출된 일본인 포로 가운데는 여성도 다수 있었다. 쓰시마의 관리와 함께 먼저 귀국한 구라노이와메內藏石女와 다지히노아코메丹治比阿吉見 라는 두 명의 여성은 포로가 되었던 체험을 다자이후 관리에게 다음과 같이 보고하였다.

"우리들은 규슈 북부와 쓰시마에 살고 있는 사람입니다. 도이(여진족)에게 잡혀 해적선에 실린 채 고려로 향할 때까지는 무척이나 두려웠습니다. 포로가 되어 약 20일이 지난 5월 중순경 고려의 병선 수백 척이 나타나 도적들을 무찔렀습니다. 해적들에게 바다로 내던져져 표류하고 있던 우리들은 고려배에 구조되어 돌아올 수 있었습니다. 전투가 끝나고 나서 우리들을 포함한 30여 명이 역마를 제공받아 김해부로 향하는 도중 15일간 역마다 은으로 된 식기에 먹거리를 제공받았습니다. 처우는 최상급이었습니다. 이러한 대접에 대해 고려의 관리는 오로지 당신들을 대접하고자 하는 것이 아니라 일본을 존중하기 때문이라고 하였습니다. 김해부에 도착하고 나서는 하얀 백포를 옷으로 주었고, 우리들에게 맛있는 음식을 제공해 주었습니다. 그래서 6월의 30일 동안을 김해부에서 편하게 지낼 수 있었습니다. 귀국 때에는 1인당 백미 서 말과 말린 생선 30마리, 그리고 술을 지급하였습니다. 또 이미 김해부에 모여 있던 나머지 일본인을 합친 300여 명은 세 곳에서 군선을 타고 귀환하게 되었습니다. 다른 두 곳의 사람들은 사신과 함께 귀환시킬 예정이라고 전해달라고 하였습니다." (『쇼유키小右記』 관인 3년(1019) 8월 3일조 기록)

이처럼 구출된 일본인 포로는 고려에서 최상급 대접을 받았고, 여성 2인의 증언에서는 고려에 대한 감사의 마음을 읽을 수 있다. 또한 고려는 일본인 구출을 계기로 일본과의 국교 수립을 추진하였다. 그러나 포로를 인계 받은 일본은 사례금만 전하고 국교 수립에는 응하지 않았다. '민의 의식'과 '국가의 의식' 사이에는 커다란 차이가 있었던 것이다.

수군의 공격을 받았다.

또 한국측 기록인 『고려사』에 따르면, 고려군은 원산 부근의 진명鎭溟 에서 여진 해적을 공격하여 해적선 8척을 빼앗고 일본인 포로 259명을 구출하였다. 고려는 구출한 일본인 포로를 융숭히 접대하고 같은 해

9월에 쓰시마로 돌려보냈다. 이 때 고려는 포로송환을 계기로 일본과 통교관계의 수립을 원했으나 일본은 이 때도 이것을 받아들이지 않았다. 섭관정치를 행하던 일본의 소극적 외교자세에는 변화가 없었던 것이다.

여진 해적의 침공 직후 쓰시마의 관리가 해적의 포로가 된 가족의 안부를 확인하고자 비밀리에 고려 김해부로 건너왔는데, 김해부에서는 구출된 일본인 포로 중 일부를 먼저 쓰시마로 송환하였다. 김해부와 쓰시마 사이에는 국가 간의 통교와는 별도로 상당한 교류가 있었으며, 고려와 일본 사이의 비공식적 민간교류는 그 후 더욱 활발해졌다.

1049년과 1051년에는 쓰시마에서 고려인 표류자와 도망자를 송환하기 위해 고려에 사신이 파견되었고, 1056년에는 처음으로 일본의 사신이 고려에 파견되었다. 1073년에는 일본 상인 42명이 고려에 건너온 것을 시작으로 거의 매년 일본 상인들이 왔다. 고려는 김해부에서 일본 상인을 맞았고, 일본 상인이 원하면 연안항로를 이용하여 개경까지 올라오는 것도 허락하였다. 한편, 많은 고려 상인들도 쓰시마와 하카타로 건너가 무역을 하였던 것으로 추정된다.

고려의 의사파견 요청

고려와 일본의 상인이 빈번하게 왕래하였음에도 불구하고 양국 간에는 공식적인 외교관계가 수립되지 않았다. 일본은 여전히 고려와의 국교 수립에 소극적이었다. 이러한 일본의 외교자세는 1079년 고려의 의사 요청사건에서도 확인할 수 있다.

고려국왕 문종이 풍질(류마티스·통풍·중풍 등)이라는 병을 앓게 되어 고려가 일본에 국서를 보내 의사를 보내주도록 요청한 사건이다. 이 국서는 고려에서 외교를 담당하는 예빈성이 고려를 왕래하던 일본 상인에게 위탁하여 다자이후에 전달하였다. 이 요청에 대해 일본은,

의사를 파견한 전례가 없으며, 국서에서 고려가 자국 왕의 명령을 황제의 명령을 의미하는 '성지聖旨'라고 표현하여 번국蕃國으로서의 예의를 지키지 않았다는 이유로 거절하고 선물도 돌려보냈다.

당시 일본은 고려를 중국에 사대하는 번국으로 간주하고 있었는데, 10세기 이후 동북아시아에서는 중국이 송나라와 거란으로 분열되는 과정에서 주변 국가가 스스로 황제국을 자처하였다. 고려도 이러한 배경에서 국왕을 황제라 부르고 왕명을 '성지'라 표현하였던 것이다. 그러나 당시 일본은 고려가 취한 다원적 세계관을 이해하지 못하였다.

진봉관계의 성립

11세기 후반에 비교적 활발했던 고려와 일본 사이의 민간교류도 12세기에 들어서자 소강 상태에 접어들었다. 상인들의 왕래가 적어졌을 뿐만 아니라 쓰시마에서 보내 온 진봉물進奉物이 예의에 어긋난다는 이유로 고려가 되돌려보낸 사건이 발생하였다. 이 시기가 되면 북방에서 다시 여진족이 빈번하게 침공해 오면서 고려의 대외정책은 전반적으로 부진해져 일본과의 교류에도 적극적이지 않았다.

그러나 12세기 후반에는 고려와 일본 사이에 처음으로 공식적인 관계라고 할 진봉관계²가 성립되었다. 고려에서는 쓰시마의 진봉선을 1년에 1회, 2척으로 제한하였다. 한편 일본에서는 다자이후가 쓰시마의 대

고려무역을 감독하였는데, 중앙의 다이라 씨 정권과 그 뒤를 이은 가마쿠라 막부도 이것을 인정하였다. 국내의 항로를 개척하는 등 송나라와의 무역에 적극적이었던 다이라 씨 정권은 고려와도 안정적이며 우호적인 관계를 성립시킬 필요가 있었기 때문이다. 이러한 진봉관계는 13세기 후반 몽골의 압력으로 일본과 고려의 관계가 악화될 때까지 유지되었다.

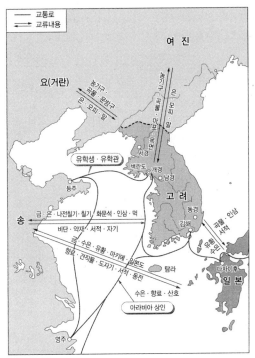

12~13세기 고려 · 일본 · 중국의 무역

용어 해설

1_여진족의 침공 : 지금까지 일본의 교과서에서는 '도이의 입구入寇'라고 표현하고 있으나 '여진족의 침공' 혹은 '여진해적'이라는 용어를 사용하였다. '여진해적'이라는 표기는 무라이 쇼스케村井章介의 논고에서 이미 사용되었다.

2_진봉관계進奉關係 : 고려는 조공의 형식을 갖추고 오는 상선에 대하여 회사하는 공적인 무역관계를 맺었다. 이러한 관계를 진봉관례라고 한다.

제5장 몽골제국의 성립과 고려·일본

1206	칭기즈 칸, 몽골 통일
1216	몽골과 고려의 통교
1221	일본, 쇼큐의 난 일어남
1231	몽골의 고려침입 시작
1232	고려, 개경(개성)에서 강화도로 수도를 옮김
1236	고려, 팔만대장경을 만들기 시작(~1251)
1259	고려·몽골 강화 성립
1270	고려, 개경으로 환도
	삼별초의 대몽항쟁
1271	몽골, 국호를 대원으로 고침
1274	몽골의 제1차 일본침략
1279	원에 의해 남송 멸망
1281	원의 제2차 일본침략
1333	일본, 가마쿠라 막부 멸망
1336	일본, 남북조 내란 시작(~1392)
1338	일본, 무로마치 막부 성립
1350	왜구 격화
1356	고려, 공민왕의 반원운동
1359	홍건적의 고려침입(~1361)
1368	명의 건국
	일본, 아시카가 요시미쓰가 무로마치 막부의 제3대 쇼군이 됨
1377	고려, 화통도감을 설치하여 화약무기 제조
	고려, 금속활자로 『직지심체요절』 인쇄
1388	고려 이성계, 위화도 회군
1389	박위, 왜구 진압을 위해 쓰시마 공격
1392	고려 멸망, 조선 건국
	일본, 아시카가 요시미쓰 주도로 남북조 합일

무신집권기의 정치 | 무신난 이후 정치권력은 무신들이 차지했고, 국왕은 실권이 없었다. 그럼에도 불구하고 왕실의 권위가 근본적으로 부정된 것은 아니어서 무신들이 직접 왕이 되겠다는 생각은 하지 못했다. 무신난 직후에는 무신들이 협의하여 국가의 정책을 결정하다가 최충헌이 정권을 장악하고 최씨 무신정권이 성립한 뒤에는 전제적으로 정책을 결정하였다.

무신정권은 처음에는 문신들을 죽이거나 쫓아냈지만, 최씨 무신정권은 정권이 안정되자 문신들을 등용하여 행정 실무를 맡겼다. 이 때문에 행정의 경험이 있는 지방 향리들 가운데 과거에 급제하여 중앙관료로 진출하는 사람들이 많아졌다.

불교결사운동과 대장경 간행 | 무신집권기에는 순수 신앙을 강조하여 불교계를 개혁하려는 운동이 일어났다. 지눌(1158~1210)이 세운 수선사 결사가 대표적인데, 지눌은 더 나아가 선종을 중심으로 교종을 포용함으로써 교종과 선종의 대립을 극복하고자 하였다. 또 천태종에서는 백련사를 만들었는데, 일반 민중의 적극적인 호응을 받았다.

몽골이 침략해 오자 수선사를 중심으로 불교계가 항쟁에 적극 협력하였다. 전쟁 중 부인사에 있던 대장경이 불타 없어지자 부처의 힘으로 몽골을 물리치기 위해 새로운 대장경을 만들었다. 현재 해인사에 보관되어 있는 팔만대장경이 그것인데, 방대한 분량에도 불구하고 잘못된 글자가 거의 없고 글씨가 아름다우며 지금까지 잘 보존되어 있다는 점에서 높은 평가를 받고 있다.

몽골의 간섭과 고려의 정치 | 몽골의 침략을 받아 약 30년 동안 항전을 벌인 끝에 결국 강화가 성립되고 항전을 주도하던 최씨 무신정권은 붕괴되었다. 이와 함께 왕정이 회복되었지만 몽골족의 정치적 간섭을 받게 되었다.

오랜 전쟁이 끝나고 사회가 안정되면서 새로운 지배세력이 등장하였다. 이들을 권문세족이라고 하는데, 고려 전기부터 있어 왔던 문벌귀족 일부와, 무신집권기에 성장한 가문, 그리고 몽골어 통역관으로 출세하는 등 원나라와의 관계를 통해 새로 등장한 가문으로 구성되었다. 권문세족은 권력을 앞세워 민중의 토지를 빼앗아 광대한 농장을 만들고 양민을 억압하여 노비로 삼는 등 사회모순을 다시 격화시켰다.

권문세족의 불법행위로 말미암아 피해를 입은 일반 민들은 살던 곳을 떠나 떠돌게 되었고, 이것은 국가의 통치질서를 위협하는 수준에 이르렀다. 이에 조정에서는 개혁정치를 실시하여 빼앗긴 토지를 주인에게 돌려주고, 강제로 노비가 된 사람들의 신분을 회복시키고자 하였지만, 성공을 거두지 못하였다.

신진사대부의 성장 | 고려 후기에는 원나라의 간섭을 받는 가운데서도 농업생산력이 꾸준히 발달하였다. 먼저 몽골과 전쟁 중에 고려의 독자적인 의술이 발달하였고, 이를 바탕으로 인구가 증가하였으며, 그 결과 집약농업이 가능해졌다. 이러한 때에 중국으로부터 인분을 거름으로 사용하는 농업기술이 전래되어 휴한을 극복하고 한 토지에서 해마다 농사를 지을 수 있게 되었으며, 그 결과 농업생산력이 크게 증대되었다.

새로운 농법을 도입하여 농업생산력을 증대시킨 사람들은 주로 지방의 중소지주들이었다. 이들은 경제적 기반을 확대하고 점차 중앙관료로 진출하여 정치세력을 형성하기에 이르렀는데, 이들을 신진사대부라고 한다. 신진사대부는 토지 탈점 등으로 인한 사회적 혼란을 수습하기 위해 개혁을 주장하였고, 결국 권문세족과 대립하게 되었다.

14세기에는 또 원나라로부터 성리학이 들어와 고려사회에 커다란 영향을 주었다. 성리학을 수용한 것은 주로 신진사대부들이었는데, 이들은 이기론 등 형이상학적인 측면보다는 사회를 운영하는 실천적인 학문으로서 성리학을 받아들였다.

고려 말의 개혁과 조선 건국 | 14세기 후반 원나라의 세력이 약화되자 공민왕(재위기간 1351~1374)은 반원운동을 일으켜 원나라의 간섭에서 벗어나는 데 성공하였다. 그리고 대대적인 개혁을 추진하여 권문세족들이 부당하게 빼앗은 토지와 노비를 본래의 주인에게 돌려주거나 양민으로 해방시켰는데, 이 개혁에는 주로 신진사대부들이 참여하였다.

공민왕이 죽은 뒤 권문세족이 다시 등장하면서 개혁은 잠시 주춤해졌다. 이후 중국 명나라와 영토문제로 갈등을 빚다가 요동을 공격하기에 이르렀는데, 이성계가 도중에 위화도에서 군사를 되돌려 권력을 장악하였다. 이로부터 신진사대부는 이성계의 후원을 받으면서 권문세족을 몰아내고 토지제도를 개혁하였으며, 더 나아가 고려를 멸망시키고 조선을 건국하였다(1392).

인쇄술의 발달 | 신라 때부터 발달했던 목판인쇄술은 고려시대에 이르러 더욱 발달하였다. 특히 고려시대에는 여러 종류의 책을 소량으로 인쇄하기 위해 활판 인쇄술의 개발에 힘을 기울여, 세계 최초로 금속활자를 발명하였다. 몽골과 전쟁중이던 1234년에 『상정고금예문』을 금속활자로 인쇄하였다는 기록이 있으며, 지금 남아 있는 것으로는 1377년에 청주 흥덕사에서 간행한 『직지심체요절』이 세계에서 가장 오래된 금속 활자본으로 공인받고 있다.

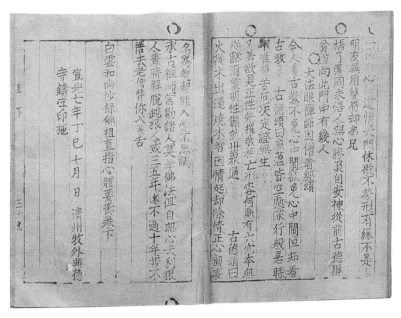

금속활자본 『직지심체요절』 | 현재 프랑스 국립도서관에 소장되어 있다.

이 시기의 일본 (13~14세기)

집권執權정치의 전개 | 미나모토 씨源氏 정권은 3대 만에 대가 끊어지고 요리토모의 처가인 호조 씨北條氏가 막부의 실권을 잡았다. 호조 씨는 사무라이 도코로와 만도코로의 장관을 겸한 집권 직에 부임하고, 이를 대대로 세습하며 정치를 주도해 나갔다(집권정치). 미나모토 씨의 대가 끊긴 것을 계기로 이전부터 조정의 복권을 노리던 고토바後鳥羽 상황이 막부를 타도하기 위해 병사를 일으켰지만 실패로 돌아갔다. 이후 막부는 조정을 도운 귀족과 무사들의 영지를 몰수한 뒤 유력한 고케닌을 그 땅의 지토地頭로 임명하였기 때문에 막부의 전국지배는 더욱 강화되었다.

한편 새롭게 임명된 지토는 장원영주나 주민과 분쟁을 일으켰다. 그래서 집권 호조 야스토키北條泰時 시기에는 미나모토노 요리토모 이래의 선례와 무가사회에서 통용되던 관습과 도덕에 기초하여, 1232년에 분쟁을 해결하기 위한 기준과 합의정치의 규범을 마련하고자 51개조의 법률(조에이 식목貞永式目)을 제정하였다. 그리고 집권을 보좌하는 새로운 직을 설치하고 그 자리에 유력한 고케닌을 임명하여 합의체제를 정비하였다.

가마쿠라 시대에는 무사의 기풍을 반영하여 계율과 좌선을 통한 수행을 중시하는 선종이 무사사회에 확산되었는데, 에이사이榮西가 개창한 선종의 한 분파인 임제종이 호조 씨의 보호를 받아 무사들 사이에 확산되었으며, 도겐道元이 개창한 조동종도 각지로 퍼졌다. 조각에서도 강인함과 사실성, 그리고 인간미를 특색으로 하는 작풍을 선호하여 불상조각가 운케이運慶 등에 의해 도다이지 남대문의 인왕상 같은 걸작이 만들어졌다.

고케닌 제의 동요 | 1274년과 1281년 두 차례에 걸친 몽골의 침략은 막부 지배체제에 커다란 영향을 주었다. 그 하나는 침략이라는 위기에 대응하고자 고케닌 이외의 무사도 동원하였기 때문에 막부의 지배력이 확대되었다는 점이다. 그리고 그 지배를 원활히 추진하기 위해 호조 씨의 권력이 더욱 강화되었는데, 특히 호조 씨 일족의 우두머리(도쿠소라고 불렸다)에게 권력이 집중되었다.

다른 하나는 방어에 동원된 고케닌이 충분한 보상을 받지 못했고, 군역부담 때문에 경제적으로 궁핍해졌다는 점이다. 또 이 무렵에는 일족간의 분할 상속에 의한 영지의 세분화가 진전되었기 때문에 고케닌은 한층 빈궁해졌다. 그래서 고케닌 중에는 궁핍을 해소하고자 활기를 띠게 된 화폐경제에 의존함으로써 고리대 등으로 큰 빚을 지는 경우도 생겨났다. 이처럼 막부 지배체제는 도쿠소에게 권력이 집중된 반면, 고케닌의 궁핍화라는 상반된 결과를 초래함으로써 커다란 모순을 안게 되었다.

막부는 고케닌의 궁핍을 구제하기 위해 1297년 고케닌이 이전에 매각하거나 저당 잡힌 영지를 무상으로 돌려받도록 하고, 고케닌의 빚에 관한 소송을 접수하지 않도록 법령을 발표하였으나, 오히려 고리대금업자의 반발을 불러일으켜 혼란을 조장하게 되었다.

이처럼 가마쿠라 막부 지배체제가 동요하자 도쿠소의 전제에 반발하는 고케닌이나 중소 무사 가운데에는 주변의 민중을 끌어들여 막부와 장원영주의 지배를 거부하고 집단적으로 무력행동을 감행하는 자가 나타나 막부 지배를 뿌리째 흔들었다. 이들은 기존의 권위를 무시하였으므로 '악당'이라고 불렸다.

남북조의 내란 | 14세기 초에 즉위한 고다이고後醍醐 천황은 천황친정을 이상으로 삼았기 때문에, 원정을 폐지하고 친정을 추진하였다. 그리고 막부의 동요를 지켜보며 은밀히 막부를 타도하려는 계획을 세웠다. 그의 계획은 두 번이나 실패하고 천황은 오키시마隱岐島(시마네 현)에 유배되었다. 고케닌과 '악당'들의 막부 타도 움직임이 수그러들지 않자, 1333년 막부는 마침내 이들을 진압하고자 대군을 교토에 파견하였다. 그런데 당시 책임자였던 아시카가 다카우지足利尊氏가 모반을 하고 조정 측에 붙어 교토의 막부 거점을 함락시켰다. 한편, 막부의 동요를 지켜보던 유력 고케닌 닛타 요시사다新田義貞도 거병하여 가마쿠라를 함락시킴으로써 약 150년 동안 지속되었던 가마쿠라 막부는 막을 내렸다.

오키시마에서 돌아온 고다이고 천황은 재빨리 귀족과 무사를 기반으로 천황친정을 개시하였다(겐무建武 정권). '귀족과 무사의 연합'을 원칙으로 하였으나, 실제로는 귀족정권의 성격이 강했고 무사에 대한 포상이 불공평했기 때문에 무사의 불만이 팽배해져 무가정권의 부흥을 바라는 목소리가 높아졌다.

무로마치 막부의 성립 | 이러한 움직임을 지켜보던 아시카가 다카우지는 호조 씨 잔당의 반란을 진압한다는 명목으로 가마쿠라로 내려가 그 곳에서 세력을 정비하여 겐무 정권에 반기를 들었다. 이어 다카우지는 고다이고 천황을 나라 현 남부의 요시노吉野로 쫓아버리고, 다른 천황을 즉위시켰다 (북조). 그리고 1338년에는 미나모토노 요리토모와 마찬가지로 정이대장군에 취임하여 새 막부를 개창했다. 이후 3대 쇼군 요시미쓰가 막부를 교토의 무로마치室町에 두었기 때문에 이를 무로마치 막부라고 한다.

그러나 요시노로 쫓겨간 고다이고 천황도 다른 무사와 '악당'을 기반으로 조정을 열고(남조), 무로마치 막부의 지원을 받던 북조와 대립하였기 때문에, 이후 약 60년 동안 북조와 남조 사이에 격렬한 싸움이 계속되었다(남북조의 내란). 그러나 다카우지의 손자인 3대 쇼군 요시미쓰 대에는 남북조의 대립도 잦아들고, 결국 1392년에 남조 천황이 북조 천황에게 양위함으로써 조정의 일체화가 실현되었다.

제5장 제1절 │

몽골의 침략과 고려 · 일본

13세기에 고려와 일본은 몽골의 침략을 받았다. 고려는 30년 동안 항전을 벌인 끝에 강화를 맺고 몽골과 조공 · 책봉관계를 수립하였으나, 몽골의 일본 공격은 실패로 끝났다. 그에 따라 13 · 14세기 몽골 중심의 세계질서 속에서 고려와 일본은 서로 다른 발전의 길을 가게 되었다.

몽골제국의 성립

13세기 초 몽골제국의 성립은 세계 역사를 바꾼 중대한 사건이었다. 몽골이 대제국을 건설함으로써 아시아와 유럽이 하나의 세계로 파악되어 '세계사'가 성립하였던 것이다.

몽골은 오랫동안 몽골 고원에서 유목생활을 하였는데, 1206년 칭기즈 칸을 중심으로 통일국가를 세웠다. 그 뒤 몽골족은 주변 국가들을 공격하여 서하와 티벳, 중국의 금나라를 멸망시켰으며, 서쪽으로 중앙아시아와

몽골제국의 최대판도 | 13세기 후반~14세기 전반

중동, 러시아 지역까지 진출하였다. 칭기즈 칸의 손자인 쿠빌라이는 남송을 멸망시키고 중국 대륙을 차지하였다. 이로써 아시아와 유럽 대륙에 걸치는 대제국이 건설되었는데, 몽골제국은 중국의 원나라와 다른 지역의 여러 울루스(칸국)들로 이루어졌다.

몽골제국은 넓은 영토를 차지하였으므로, 자연히 그 안에서 무역과 문화교류가 활발하게 이루어졌다. 특히 중국의 문화와 유럽·이슬람 세계의 문화가 서로 교류되었는데, 중국의 인쇄술과 화약·나침반 등이 유럽에 전파되었고, 로마의 의약과 이슬람의 수학·천문학·역법 등이 중국에 들어왔다. 상인을 비롯한 사람들의 왕래도 빈번하였으므로 동서를 잇는 교통로가 발달하였다. 그러한 가운데 마르코 폴로는『세계의 서술』(이른바『동방견문록』)[1]을 지어 중국을 유럽에 알리는 계기가 되었다.

몽골의 고려침략과 고려의 항전

13세기 초부터 몽골족이 대제국을 건설하는 동안 유라시아 대륙의 여러 나라들은 끊임없이 전쟁에 시달려야 했다. 그러한 가운데 고려도 여러 차례 몽골의 침략을 받았다.

고려가 몽골과 처음 만난 것은 1216년에 몽골이 거란족을 쫓아 고려에 들어오면서부터였다. 고려는 몽골과 협력하여 거란족에게 항복을 받았는데, 이를 계기로 고려는 몽골과 형제관계[2]를 맺고 공물을 보내기로 약속하였다. 그러나 몽골에서 공물을 너무 많이 요구해 왔으므로 곧 두 나라 사이에 긴장이 감돌게 되었다. 결국 몽골의 사신이 돌아가는 길에 피살되는 사건이 일어나자 국교가 단절되었고, 1231년부터 몽골의 고려침략이 시작되었다.

몽골이 침략해 오자 고려에서는 최씨 무신정권[3]을 중심으로 항전을

벌였다. 특히 이 때까지 지배
층에 저항해 왔던 초적4들까
지도 몽골과 맞서 싸웠고, 충
주성에서는 노비들이 열심히
싸워 성을 지켰다. 1232년에
는 수도를 강화도로 옮기고,
사람들을 주변의 산성이나
섬으로 이주시켜 장기전에
대비하였다. 몽골의 침략은
약 30년 동안 계속되었지만,
고려는 이를 막아냈다. 특히
각지에서 일반 민중이 몽골
에 맞서 싸웠는데, 그 대가로
세금을 감면받고 천민들은
신분이 상승되었다. 한편, 전
쟁 중에 고려에서는 부처의
힘으로 몽골군을 물리치기
위해 대장경5을 만들었다.

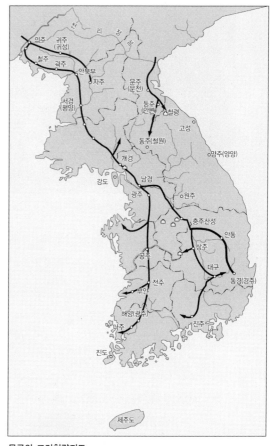

몽골의 고려침략지도

  그러나 오랜 전쟁으로 국토는 황폐해졌고, 일반 민중은 몽골군에게
죽음을 당하거나 포로로 잡혀가는 등 막대한 피해를 입었다. 또한 경주의
황룡사 9층탑을 비롯하여 수많은 문화재가 불타 없어졌다.

  한편, 전쟁이 장기화되면서 고려 조정의 대책에 대한 일반 민중의
불만이 높아졌다. 게다가 강화도에 들어간 고려 조정의 수취가 과중하여
민심이 이반되었다. 이 때문에 몽골과 전쟁 중에 민란이 발생하기도
하였고, 일부 지역에서는 사람들이 몽골에 항복하는 일이 벌어졌다.

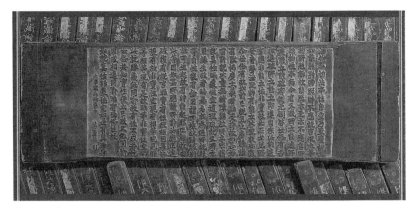
고려대장경 | 한국의 해인사에 보관되어 있으며, 팔만대장경으로도 불린다.

이러한 상황에서 고려에서는 몽골과 강화를 해야 한다는 주장이 점차 우세해졌고, 결국 항전을 고집하던 최씨 무신정권은 붕괴하고 강화가 실현되었다(1259).

쿠빌라이와 고려 태자의 만남

1259년에 고려 태자가 몽골에 가서 쿠빌라이를 만났다. … 쿠빌라이가 기뻐하며 말하기를, "고려는 만 리나 되는 큰 나라다. 당나라 태종이 친히 공격했어도 굴복시키지 못했는데, 지금 그 나라의 태자가 스스로 나에게 왔으니, 이것은 하늘의 뜻이다."라고 하였다(『고려사』 원종 세가).

당시 고려의 끈질긴 항전은 쿠빌라이로 하여금 옛 고구려를 연상시키기에 충분했다. 쿠빌라이와 고려 태자의 만남은 이후 몽골과 고려의 관계를 가깝게 하는 계기가 되었다.

삼별초의 항전

강화가 성립되고 몽골군이 물러갔지만, 고려에서는 항전을 주장하는 무신정권이 당분간 더 유지되었다. 이들은 수도를 개경으로 옮기지 않고 강화도에서 몽골과 다시 대결하고자 하였다. 이에 국왕 원종이 몽골의 군사력을 끌어들여 무신정권을 무너뜨리고 개경으로 돌아왔다(1270).

무신정권이 붕괴되고 개경
환도가 이루어진 데 반발하
여 무신정권의 무력기반이
던 삼별초[6]가 반란을 일으
켰다. 삼별초는 근거지를
진도로 옮기고 개경의 고려
조정과 몽골을 상대로 항전
을 벌였다. 그러자 이 때까

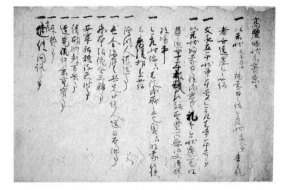

삼별초가 일본에 보낸 문서의 의심스러운 점을 열거한 사료 | 도쿄 대학
사료편집소 소장

지 몽골에 맞서 싸웠던 일반
민중이 호응하였고, 이에 힘입어 삼별초는 한반도 남부의 해안지방을
장악하였다.

삼별초는 일본에도 문서를 보내 함께 몽골과 싸울 것을 제의하였다.
그러나 당시 일본은 고려에서 벌어지고 있던 사태에 대해 잘 알지 못하고
있었으므로 문서의 내용을 제대로 이해하지 못하고 이 제의를 무시하였
다. 삼별초는 고려 · 몽골 연합군의 공격을 받아 진도가 함락되자 제주도
로 옮겨 항전을 계속하였으나 제주도마저 함락되면서 완전히 진압되었
다(1273).

몽골의 일본침략과 일본의 대응

고려의 항전은 몽골의 일본침략을 지연시켰다. 고려와 강화를 맺은
몽골은 곧 베트남과 일본에 사신을 보내 고려와 마찬가지로 조공을 바치
고 사대관계를 맺을 것을 요구하였다. 특히 고려로 하여금 일본에 사신을
보내 몽골에 조공할 것을 권유하도록 하였다. 고려는 이것을 회피하려
하였으나, 몽골의 강요에 못 이겨 소극적으로 협력하였다.

이 때 일본에서는 호조 도키무네를 중심으로 하는 가마쿠라 막부가

『**몽골습래회사**蒙古襲來繪詞』| 일본군과 원군의 해전 모습

몽골의 조공 요구를 거부하였다. 그와 함께 몽골의 침략에 대비하여 고케닌7들에게 규슈의 방어를 명령하고, 전국의 큰 절과 신사에 적국이 항복하도록 빌게 하였다.

몽골은 고려의 삼별초를 진압한 뒤 고려에 전함을 만들도록 하고 1274년에 3만여 명의 군사를 동원하여 일본을 공격하였다. 이들은 고려의 합포(경상남도 마산)를 출발하여 쓰시마와 이키를 점령한 뒤 하카타 만으로 진격하였다. 일본은 몽골의 화약 등 신무기에 고전하였지만, 밤 사이에 폭풍우가 일어나 몽골군이 큰 피해를 입고 철수함으로써 몽골의 침략을 물리칠 수 있었다.

몽골군이 물러간 뒤 일본의 가마쿠라 막부는 하카타 만에 돌로 방어벽을 쌓고 고케닌이 아닌 사람들까지 동원하여 몽골이 다시 침략해 올 것에 대비하였다. 한편, 몽골은 1279년 남송을 멸망시킨 뒤 고려와 중국 강남 지방에서 전함을 건조하고 군사를 징발하여 1281년에 다시 일본을 침략하였다. 이 때 몽골군은 중국 강남지방에서 징발한 군사 10만 명을 포함하여 모두 14만 명에 이르렀다. 그러나 몽골군이 규슈의 다자이후를 공격하던 중에 폭풍우가 일어나 막대한 피해를 입고 퇴각함으로써 몽골의 제2차 일본침략도 실패로 끝나게 되었다.

고려와 몽골(원)의 관계

1259년 강화 이후 고려는 몽골과 사대관계를 맺었다. 사대관계의 형식은 몽골이 고려국왕을 책봉하고, 고려가 몽골에 조공을 하는 것이었다. 이로써 고려는 몽골의 영토에 편입되지 않고 국가를 유지할 수 있었다.

몽골은 고려국왕에 대한 책봉권을 이용하여 국왕을 교체

몽골의 일본 침략 경로

하기도 하고, 필요할 때 사신을 파견하여 고려의 내정에 간섭하였다. 그로 말미암아 고려의 국가적 위신이 추락하였는데, 우선 정치제도와 왕실 용어들이 몽골의 강요에 의해 제후국의 격에 맞도록 낮추어졌고, 영토의 일부를 빼앗겼다.

몽골의 간섭 아래서 고려의 경제적 부담도 커졌다. 강화 초기부터 몽골은 금, 인삼, 목재, 매 등을 요구해 왔으며, 특히 일본 원정을 위해 전함과 군량, 군인을 징발함으로써 고려에 막대한 피해를 입혔다. 이 때문에 고려의 재정은 압박을 받았고, 그것은 곧바로 수취의 강화로 이어져 민중의 생활을 어렵게 하였다.

한편, 고려는 광대한 영역에 걸쳐 제국을 형성한 몽골을 통해 세계와 연결되었다. 고려의 수많은 학자, 관리, 상인 들이 몽골을 오가면서 다양한 문화를 받아들였다. 이 시기에 고려는 성리학을 수용하여 새로운 사회사상을 형성하였으며, 1년을 365.2425일로 하는 원나라의 수시력을 채용하였다. 또한 원의 농업서적인 『농상집요』를 받아들여 농업 기술연구에 활용하였고, 목화를 들여와 의생활에 혁신을 이루었다.

고려는 강화 이후 약 100년 동안 원의 간섭을 받았고, 그 때문에 많은 피해를 입었다. 그러나 고려와 원의 관계는 기본적으로 사대관계였고, 고려가 국가를 유지하고 있었던 점은 뒷날 몽골족의 원나라가 쇠퇴하자 곧바로 반원운동을 일으켜 자주성을 회복할 수 있는 원동력이 되었다.

일본과 몽골(원)과의 관계

몽골에 의한 두 차례의 일본 침략은 고려를 비롯한 다른 아시아 나라들이 입은 피해에 비하면 경미한 것이었다. 그러나 일본의 가마쿠라 막부와 조정은 그 후에도 몽골군의 침략에 대비해 임전태세를 갖추지 않으면 안 되었다. 그 때문에 일본과 몽골(원) 사이에는 정식 국교는 수립되지 않았지만, 다른 한편으로 민간의 무역이나 교류는 몽골군이 침략하는 와중에도 이루어져 다시 활기를 띠었다.

원은 동중국해에서도 자유로운 무역을 인정하여 통상을 진흥시켰기 때문에 원과 고려, 그리고 일본 사이의 무역은 활발하였다. 일본의 가마쿠라 막부와 조정의 허가를 얻어 파견된 무역선도 있었는데, 일본과 원의 무역은 사실상 공식화되어 갔다. 일본으로부터는 금·동·유황·칼·부채 등의 광물자원이나 공예품이 수출되었고, 원으로부터는 동전·도자기·차·서적·회화 등이 수입되었다. 그리고 선종과 성리학에 기반한 학문과 문화가 원·고려·일본에 널리 받아들여졌다.

고려와 일본의 관계

12세기 후반부터 고려와 일본 사이에 맺어졌던 진봉관계는 몽골의 침략이 시작되면서 중단되었다. 이후 고려는 몽골의 요구에 따라 원에 조공하도록 권유하거나, 일본에 가는 몽골 사신을 안내하는 역할을 하게 되었다. 두 차례에 걸친 일본침략은 실패로 끝났지만, 고려와 일본은 군사적 긴장 속에서 서로 적대하게 되었다.

고려가 몽골의 강요로 일본침략에 동원된 것임에도 불구하고, 일본은 고려를 침략국으로서 몽골과 동일하게 생각하였다. 그 때문에 일본에서는 몽골의 침략을 물리친 뒤 고려에 대한 침공계획을 세우는 등 고려에 대한 적대감이 커졌다. 한편, 고려에서는 일본의 공격에 대비하여 방어태세를 강화하였다.

일본은 대외적 긴장에 둘러싸여 몽골과 고려를 무쿠리(몽골)·고쿠리

(고구려＝고려)라고 부르면서 공포심을 표현하였다. 한편, 신국神國사상에 의해 자기 나라에 대한 우월의식이 강해지면서, 다른 나라 중에서 특히 고려에 대한 이적관[9]이 일반 민중 속에 퍼졌다. 그 중에서도 대외적인 공포심이나 이적관은 멸시관으로 변형되어 일본 사회에 정착되었다.

용어 해설

1_『세계의 서술』(동방견문록) : 베네치아의 상인 마르코 폴로가 구술한 여행기. 1271년부터 1295년까지 동양에서 보고 들은 것을 기록한 것이다.

2_형제관계 : 유목민의 관습으로 자신들이 정복한 부족이나 국가와 형제, 숙질, 부자 등의 관계를 맺는 경우가 있다. 그 중에서 몽골과 고려는 형제관계를 맺었다.

3_최씨 무신정권 : 1170년 무신난으로 무신들이 집권한 뒤 무신들 간의 세력다툼이 당분간 계속되다가 1196년 최충헌이 집권하면서 정쟁이 종식되었다. 최충헌이 권력의 기반을 다진 뒤 무신 집정의 지위가 그의 자손들에게 세습되었는데, 최충헌으로부터 최우, 최항, 최의 등 4대에 걸쳐 60년 동안 지속된 이 정권을 최씨 무신정권이라고 한다.

4_초적 : 도적을 말한다.

5_대장경 : 불교경전을 망라하여 집성한 것이다. 일체경이라고도 한다. 중국에서 만들어진 호칭이며, 당나라 때에 한 차례 완성되었고, 송나라 때 출판되기 시작하였다. 고려의 대장경은 일본에도 수출되었다.

6_삼별초＝別抄 : 최씨 무신정권의 최우가 나라 안의 도적을 막기 위해 설치한 군대로, 처음에는 야별초라고 하였다가 점차 규모가 확대되자 좌별초와 우별초로 나누었다. 몽골과 전쟁을 하는 동안 신의군을 만들어 좌·우별초와 함께 삼별초라고 부르게 되었다. 무신정권의 핵심이 되는 군대였지만, 몽골과의 전쟁 중에는 전투에 동원되지 않았기 때문에 무신정권의 안전만을 위해 봉사한다는 비판을 들었다.

7_고케닌御家人 : 가마쿠라 막부의 쇼군과 주종관계를 맺은 무사를 말한다. 본래 무가의 신하從者는 게닌家人이라고 하는데, 가마쿠라 쇼군을 존경하는 뜻에서 고케닌이라고 불렀다. 서일본에서는 가마쿠라 쇼군과 주종관계를 맺지 않은 무사도 많았는데, 이들은 히고케닌非御家人이라고 하였다. 가마쿠라 쇼군은 고케닌에게 지방영지의 지배권을 주고, 고케닌은 쇼군에게 신하로서 복종할 것을 서약하고

무사로서 봉사하였다. 쇼군을 수장으로 한 가마쿠라 막부는 유력한 고케닌을 막부의 관리로 삼음과 동시에 고케닌을 지방에 배치함으로써 군사적인 측면에서 국가권력을 장악하였다.

8_이장용李藏用 : 1201~1272. 고려시대의 문신. 몽골의 침략으로 고려의 피해가 커지자 몽골과 강화를 맺을 것을 주장한 대표적인 관료다.

9_이적관 : 자민족 중심주의에 의해 자국 주변의 다른 문화와 습관을 갖는 사람들을 멸시하는 견해나 사고방식. 이적이란 화이사상(중화사상)을 기초로 하는 동이와 북적을 합친 것이다.

14세기 후반의
동북아시아 정세와 왜구

14세기 후반 동북아시아는 원·명 교체기, 한반도의 고려·조선 교체기, 일본의 남북조시대라는 정치적 변동기였다. 그동안 일본인 해적인 왜구가 활발하게 활동하였다. 왜구는 고려 및 중국 해안을 침입하여 미곡을 약탈하고 사람을 납치하였다. 고려·조선과 중국은 외교와 군사적인 방법을 통해 왜구를 막아내고자 하였다.

동북아시아 정세의 변화

14세기 후반에 동북아시아의 중국·한반도·일본에서는 커다란 변화가 일어났다. 중국에서는 중국 대륙을 지배하며 강성하였던 원나라가 점점 쇠퇴하였다. 원나라의 정치는 황제 계승 문제로 혼란하였고, 몽골인에 의해 차별대우를 받고 있던 한족漢族 농민들이 지나친 조세 부담에 저항하여 민란을 일으켰다. 한족 농민반란군 가운데 주원장朱元璋은 1368년 명나라를 건국한 후, 원의 세력을 북쪽으로 쫓아냈다.

고려는 원나라가 쇠퇴하자 1356년에 반원운동反元運動을 일으켜 원나라의 정치적 간섭에서 벗어났다. 명나라가 중국을 지배하게 되자 새롭게 사대관계를 맺고 국제적인 지위를 인정받는 동시에 국내정치를 안정시키고자 했다. 이후 신진사대부가 이성계의 군사력을 바탕으로 정치권력을 장악하고 토지제도 개혁 등 일련의 개혁을 추진하였으며, 1392년에 조선을 건국하였다.

일본에서는 가마쿠라 막부가 무너지고, 무로마치 막부가 들어섰지만, 조정이 북조와 남조로 분열되어 싸우는 남북조시대[1]가 약 60년 동안 전개되었다. 남북조시대에는 중앙의 통제력이 약해져 혼란이 계속되었다. 1392년 무로마치 막부의 3대 쇼군 아시카가 요시미쓰足利義満가 남북조의 통일을 실현하여, 막부의 체제도 점차 확립되었다.

이와 같이 14세기 후반 동북아시아에서는 중국의 원·명 교체, 한반도의 고려·조선 교체, 일본의 남북조 내란이라는 정치적인 변동이 있었다. 각 국의 정치적인 변동은 동북아시아 각 나라의 관계에도 영향을 미쳤다. 14세기 후반의 이러한 동북아시아 정세의 변동 속에서 왜구가 한반도와 중국 해안을 침략했다.

왜구의 발생 원인

왜구[2]란 한반도와 중국 해안을 중심으로 활동했던 일본인 해적을 가리키는 말이다. 14세기 중엽 이후에 출현한 왜구는 침입의 규모와 횟수가 이전과 비교할 수 없을 정도로 증대하였다.

14세기 남북조시대에 일본에서는 각 지역의 세력이 남조·북조와 각각 연결되어 대립하고 있었다. 이처럼 정권이 분열되고 중앙의 통치력이 지방까지 미치지 못했기 때문에 사회불안은 증대하였다. 무사들 가운데는 남북조의 내란에 편승하여 소유 영지를 확대하는 경우도 있었으나, 농지를 잃은 농민이나, 전쟁에 동원되었지만 보상을 받지 못해 경제적으로 무력해진 하급 무사도 많았다. 이러한 사회 정세 속에서 서일본 연안

『왜구도권倭寇圖卷』 | 왜구의 모습을 그린 그림. 도쿄 대학 사료편찬소 소장

일대의 중소 무사와 생활이 궁핍해진 농민이나 어민들 가운데 해적이 되는 사람들이 나타났다.

왜구의 근거지는 막부의 통제력이 약하고 고려와 가까운 기타큐슈北九州 연안지역이었다. 특히 쓰시마·이키·마쓰우라松浦 지방이 왜구의 주된 거점이 되었다.

왜구에 대한 고려의 대응

왜구가 고려에 침입한 지역은 처음에는 주로 경상도·전라도·충청도 해안지방이었다. 왜구는 고려정부에서 조세로 거두어들인 미곡을 보관하는 조창3과 미곡을 운송하는 조운선4을 습격했다. 또한 사람들을 잡아가서 노예로 팔았다.

고려는 원의 오랜 간섭으로 군사력이 약화되어 있었기 때문에

고려말 왜구의 규모

시 기	배의 수 (100척 이상)	사람 수 (1척 20~80명)
1351년	130척	2,600~10,400명
1358년	400척	8,000~32,000명
1363년 4월	213척	4,260~17,040명
1364년 3월	200척	4,000~16,000명
1374년 4월	350척	7,000~28,000명
1377년 6월	200척	4,000~16,000명
1377년11월	130척	2,600~10,400명
1378년 5월	100척	2,000~8,000명
1378년 8월	500척	10,000~40,000명
1383년 5월	120척	2,400~9,600명

남쪽 해안지방까지 방어하기가 어려웠다. 고려는 왜구의 조운선 약탈로 국가재정에 어려움을 겪게 되자, 해안지방에 있는 조창을 내륙으로 옮기거나 육로를 이용하여 조세를 운반하였다. 왜구는 해안지방의 침입을 통한 미곡 약탈이 쉽게 이루어지지 않자 내륙 깊숙이까지 침입해 왔다. 고려의 민중은 왜구의 계속되는 침입으로 고통을 겪었다. 해안지방의 경우에는 왜구를 피해 마을 전체가 고향을 버리고 다른 지역으로 옮겨가기도 하였다.

고려는 왜구를 막기 위해 일본 무로마치 막부의 쇼군에게 사신을 파견

하여 왜구의 금압을 요청하였다. 그러나 당시 일본은 남북조의 혼란기였기 때문에 효과적으로 왜구를 통제할 수 없었다. 고려는 일본의 정세를 파악하고 서일본의 지방세력과 직접 교섭하여 왜구의 금압을 요청하였다. 또한, 왜구의 침입을 막기 위해 지방 군대를 늘리고 성을 쌓았으며, 수군을 강화하는 한편, 왜구의 침입을 받지 않도록 해안과 도서 지방의 민중들을 내륙 지방으로 이주시키는 정책을 실시하였다. 이러한 가운데, 최무선이 화약 제조에 성공하면서 화약무기를 만들어 해안지역에서 왜구를 진압하는 데 큰 효과를 거두었다. 또한 박위는 왜구의 근거지인 쓰시마를 공격하였으며, 왜구를 진압하는 데 큰 공을 세운 이성계는 뒷날 조선을 건국할 수 있는 발판을 마련하였다.

왜구에 대한 명의 대응

14세기 중엽이 되면서 중국에도 왜구가 자주 나타났다. 중국에서 왜구의 피해가 컸던 곳은 주로 산둥 반도 일대였다. 명은 일본의 남조에 직접 사신을 보내 왜구의 금압과 명에 대한 조공을 요구했으나 효과를 거두지 못했다.

명은 외교적인 노력을 통해 왜구를 금압하기 어렵자, 연해지방에 성을 쌓는 등 해방海防 태세를 강화하였다. 또한 명은 왜구의 침입을 막기 위해 중국인의 해외 도항을 금지하고, 외국 선박도 조공선 이외에는 중국 항구에 들어오는 것을 엄격하게 금지하였다.

조선과 명나라는 건국 후 왜구에 대한 군사적인 대응과 함께, 외교적인 노력을 지속하였다. 일본은 무로마치 막부의 정권이 안정되면서 동북아시아의 국제질서에 편입되었으며, 왜구의 금압에도 노력하였다. 왜구의 활동은 14세기 말 동북아시아의 국제질서가 새롭게 형성되면서 점차 약화되었다.

용어 해설

1_남북조시대南北朝時代 : 1336년 일본의 조정이 남조와 북조로 분열된 후 1392년 통일될 때까지 계속된 전국적인 내란. 교토의 고묘光明 천황(북조)과 요시노의 고다이고後醍醐 천황(남조)이 둘로 나뉘어서 싸웠다. 남조와 북조는 거의 반세기 동안 대립하고 지방세력도 남북으로 분열하여 서로 싸워서 내란은 전국에 미치게 되었다.

2_왜구倭寇 : 왜구라는 말은 본래는 '왜가 ○○를 약탈했다'는 의미였지만, 고려 말·조선 초에 걸쳐 일본인 해적이 한반도와 중국을 자주 침입했기 때문에 일본인 해적을 가리키는 말로 쓰였다. 일본에서는 14~15세기에 활동한 전기왜구와 16세기에 활동한 후기왜구로 나누어 이해하고 있다. 한국에서는 전기왜구를 일본인 해적으로 보고, 후기왜구는 한반도에 큰 피해를 입히지 않았기 때문에 그 존재에 주목하지 않고 있다.

3_조창漕倉 : 조세로 거둔 미곡을 보관하였다가 수도로 수송하기 위해 주요 교통로에 설치한 창고를 말한다.

4_조운선漕運船 : 고려·조선 시대에 전국 각지에서 민중에게 거두어들인 조세租稅와 공물貢物을 수도로 운반했던 배를 말한다.

제6장 15·16세기 중화질서와 조선·일본 관계

1401	일본의 아시카가 요시미쓰, 제1회 견명선遣明船 파견
1404	조선, 일본과 국교수립
	일본과 명, 감합무역 시작
1413	조선 8도 지방장관조직 완성
1418	조선 세종 즉위
1419	조선, 쓰시마 공격
1420	조선사절 송희경 등이 일본 방문
1426	조선이 삼포(부산포, 제포, 염포)를 일본과의 무역장으로 함
1429	쇼하시, 류큐 통일
1441	조선, 영토개척을 위해 경상도 주민을 함경도로 이주시킴
1443	조선과 쓰시마의 무역선 수와 무역액이 정해짐(계해약조)
1446	조선 세종, 훈민정음 반포
1460	조선, 신숙주 등이 여진족 공격
1467	일본, 오닌의 난 일어남
	조선, 이시애의 난 일어남
1485	조선, 경국대전의 교정 최종적으로 완성
1510	조선 삼포에 거주하던 일본인이 반란 일으킴(삼포의 난)
1512	조선, 쓰시마와의 통교 제한 강화(임신약조)
1517	조선, 비변사 설치
1523	명나라 영파에서 일본인끼리 분쟁 일어남(영파의 난)
1533	일본, 이와미 은산에서 회취법 도입
1543	포르투갈인을 태운 중국배가 일본 다네가시마에 표착하여 철포를 전해줌
1547	일본, 마지막 감합선을 명에 파견
1549	자비에르, 가고시마에 상륙하여 일본에 기독교 전함
1555	왜구, 조선의 전라도 공격(을묘왜변)

이 시기의 한국 (15~16세기 중엽)

조선왕조의 건국 | 고려 말의 정치적·사회적 혼란 속에서 새로운 사회를 지향하는 사대부 세력과 무장 세력이 성장했다. 왜구의 침략을 물리치며 명성을 쌓아가던 이성계는 사대부 세력과 힘을 합하여 개혁을 주도했다. 이성계는 새로운 토지제도를 만들어 구 세력의 경제기반을 무너뜨린 뒤, 개혁파와 민중의 지지를 받아 새 왕조를 세웠다(1392). 새 왕조는 고조선을 계승한다는 의미에서 나라 이름을 조선이라고 하였다. 새 수도는 한양(지금의 서울)으로 정했다. 한양은 한반도의 중앙에 위치하고 있어서 전국을 통치하기 쉽고, 산들이 주변을 감싸고 있어서 유사시 방어에 유리했다. 또 남쪽에는 한강이 흐르고 있어서 수상교통이 편리한 이점이 있었다.

통치이념과 국가체제 | 새 왕조의 틀을 마련한 것은 정도전이었다. 그는 새 왕조의 법률과 제도를 정비하고, 성리학을 통치이념으로 정착시켰으며, 한양의 도시 건설을 주도했다.

조선왕조는 한반도 전체를 영토로 확보해 나가는 한편, 귀족의 사병을 없애고 전국의 인구를 파악했으며, 군역과 조세를 부과했다. 유교의 통치이념에 따라 국가와 사회를 정비해 나가는 과정은 『경국대전』이라는 조선왕조의 기본법전이 편찬됨으로써 마무리되었다.

문화와 과학기술 | 세종(재위기간 1419~1450)은 유교의 문물제도를 밝히기 위한 연구기관을 설립하고 학문연구를 장려했으며, 고유한 문자인 훈민정음을 만들었다(1446). 오늘날 한글이라고 불리는 훈민정음은 조선의 문화 발전에서 획기적인 전기가 되었다.

왕조 초기의 왕들은 역사책과 지도를 편찬하는 일에도 열심이었다. 기록을 남기는 일은 유교문화에서 가장 중요한 일 가운데 하나였기 때문이다. 그들은 역사책을 통해 지나간 역사를 정확히 기록하고자 노력했고, 또 그것으로부터 교훈을 얻었다. 특히 1402년에 조선은 아시아, 유럽, 아프리카 등 구대륙 전체를 망라한 「혼일강리역대국도지도」를 제작했다.

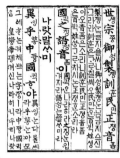

훈민정음 | 세종이 독창적으로
만든 문자

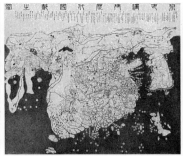

혼일강리역대국도지도 | 148x164cm, 류고쿠
대학 소장. 15세기 조선에서 만들어진 가장 대표적
인 세계지도

백자 | 흰색 흙에 투명한
유약을 발라 구워낸 조선
의 도자기

조선의 15세기는 또 과학기술의 시대였다. 농서를 편찬하고 강우량을 측정하는 기계를 만들어 농사에 활용하는가 하면, 금속활자도 새롭게 개량하였다. 특히 세종 때 조선은 한양을 기준으로 하는 역법을 독자적으로 개발하였는데(1444), 그것은 15세기 세계 천문학의 첨단 수준에 도달해 있었다.

사림의 등장과 정치적 갈등 | 16세기에 들어서면서 지방사회에 기반을 둔 새로운 정치세력이 사림이라는 이름으로 중앙 정치무대에 등장하기 시작했다. 그들은 15세기를 주도했던 기성 세력들의 잘잘못을 예리하게 따지면서 여론에 의한 정치를 시도했다.

사림들은 기성 정치세력의 저항을 받고 여러 차례에 걸쳐 큰 박해를 당했다. 그러나 16세기 후반이 되자 사림들은 결국 기성 정치세력을 몰아내는 데 성공했다. 사림이 정치의 주도권을 잡기 시작하면서, 학자들 사이에서 학파가 나뉘었고, 학파에 따라 정치세력이 다시 나뉘는 등 그들 내부에서 변화가 생겨나기 시작했다.

사림은 국내적으로는 도덕정치의 실현을 위해 노력했으며, 국제적으로는 평화주의적 외교노선을 표방했다. 그러나 북방에서는 여진족이 성장하고, 일본에서는 통일국가가 등장하는 등 16세기 후반의 국제정세는 빠르게 달라지고 있었다. 조선이 누렸던 대내외적 안정 상태는 더 이상 오래 지속되기 어려웠다.

성리학의 발달과 유교문화 | 왕조 초기의 지배자들이 통치이념과 지배체제를 정비하는 데 성리학을 활용한 반면, 사림들은 성리학의 학문적·도덕적 원리를 이해하고 실천하는 데 주력했다.

사림들은 성리학의 윤리 교과서들을 보급하였으며, 성리학을 발전시키는 데 크게 기여했다. 특히 그들은 인간의 심성을 다룬 철학적인 토론을 심화시켰다. 성리학은 지방 구석구석까지, 그리고 민중의 일상 생활에까지 많은 영향을 미치게 되었다. 사림들을 위한 사립학교인 서원이 세워지는가 하면, 사림들의 취향에 어울리는 백색의 도자기도 널리 퍼져나갔다.

민심과 치안 상태 | 중앙정치에서 사림과 기성 정치세력 사이에서 갈등이 계속되는 가운데 민심은 점차 위정자들을 떠나고 있었다.

북쪽의 산간 국경지대, 남쪽의 해안 지역에서도 군사적 긴장은 줄어들지 않았다. 산간 국경지대 주민들은 틈만 나면 약탈해 오는 여진족들로 인해 고통에 시달렸으며, 견디지 못한 주민들 중 일부는 살 곳을 옮기려 했다. 선조(재위기간 1567~1608)는 국경지대 주민들의 이주를 통제했지만, 통제가 강화될수록 민심은 더욱 멀어져만 갔다.

삼포왜란(1510) 이후 평화로운 통교자가 되었던 일본은 1555년에 다시 조선의 전라도 남해안 일대를 침략해 왔다(을묘왜변). 조선은 쓰시마 도주의 사과를 받고 무역의 재개를 허락하는 한편, 변방의 군사적 문제에 대처하기 위해 비변사를 두었다. 임시기구였던 비변사는 점차 군사적인 문제만이 아니라 국정 전반의 문제를 다루는 정치기구로 변화되어 갔다.

이 시기의 일본 (15~16세기 중엽)

무로마치 막부의 정치 | 1388년에 아시카가 다카우지足利尊氏가 개창한 무로마치 막부의 정치구조의 중심은 관령管領(쇼군의 보좌역)으로서, 아시카가 일족의 유력 고케닌 3씨가 교대로 이 자리를 차지하였다. 그에 이어 중요한 직책인 사무라이도코로쇼시侍所所司는 유력 고케닌 4씨 가운데에서 임명되었다. 이처럼 무로마치 막부는 아시카가 일족을 중심으로 한 유력 고케닌의 연합으로 유지되었다.

한편 지방에서는 14세기의 남북조 내란을 통해 무사가 힘을 얻게 되었다. 그래서 이들 무사를 구니國(지방의 행정구)별로 총괄하는 슈고守護(군정 담당관)가 무로마치 막부 내에서 중요한 역할을 담당하게 되었다. 슈고는 막부의 권위를 배경으로 지배 구니 내의 무사를 가신으로 삼고, 농민에게 세와 노역을 부과하였으며, 장원에서 연공의 절반을 징수하는 등의 권한을 강화하며 슈고다이묘守護大名로 성장하여 갔다.

전국시대의 도래 | 무로마치 쇼군의 전제적인 권위는 6대 쇼군이 하리마(효고 현) 지방의 슈고에게 암살되는 등 차츰 약화되었다. 1467년에는 8대 쇼군의 후계 다툼과 슈고다이묘인 호소카와 씨와 야마나 씨의 대립 등으로 교토에서 전란이 일어났다(오닌의 난). 이 전쟁에는 많은 슈고다이묘가 참전하였다. 호소카와 측은 24개 구니에서 16만 명을, 야마나 측은 20개 구니에서 11만 명의 대군을 징발하여 11년간 전쟁을 벌였으나 승부를 가리지 못했다. 그 결과 교토는 불바다로 변했고, 쇼군의 권위는 실추되었으며 고대 이래의 전통을 자랑하던 조정, 귀족, 사찰과 신사의 힘도 쇠퇴하였다.

오닌의 난을 계기로 신분이 낮은 자가 윗사람을 실력으로 쓰러뜨리는 하극상의 풍조가 확산되어 갔다. 15세기 말경에는 막부의 권위에 의존하지 않고 실력으로 영지를 지배하는 센고쿠다이묘戰國大名가 전국 각지에서 출현하였다. 센고쿠다이묘는 하극상을 통해 지역의 지배자가 된 경우가 많았는데 슈고다이묘 출신도 있었다. 이들은 자신의 영지를 넓히기 위해 전쟁을 되풀이하였다. 또 유력한 가신과 상공업자를 모아 조카마치城下町를 만들고 이를 영지領國의 정치·경제의 중심지로 삼았다. 이들은 치수공사를 통하여 경지를 늘리고 광산 개발도 추진하였으며 교통망을 정비하였다. 영지 내에서 통용되는 법률인 분국법分國法을 정하는 이도 있었다.

오닌의 난 이후 약 100년에 걸친 이 전란시대를 전국시대戰國時代라고 부른다.

무라와 마치의 발달 | 14세기를 통해 농촌에서는 마을의 유력자를 중심으로 하는 장원 대신 일반 농민이 스스로 만들어 낸 자치적인 촌락인 소손惣村이 각지로 확산되었다. 소손은 요리아이寄合(마을회의)를 열어 마을의 대표를 정하거나, 용수 혹은 산야의 이용, 제례나 일상생활 등의 규칙을 정했다. 또 무라오키테(마을의 법)를 정하여 위반자를 엄히 단속하는 한편 경찰권을 행사하는 등 자치적인 마을의 운영을 꾀하였다. 장원의 영주에게 바치는 연공을 소손이 일괄하여 지불하는 방식도 확산되었다.

이러한 소손의 발달을 배경으로 긴키近畿 지방을 중심으로 장원영주나 슈고다이묘에 대해 감세를 요구하거나, 막부에게 빚의 탕감(덕정德政)을 요구하는 쓰치잇키土一揆(지역주민의 저항)도 일어났다. 야마시로쿠니(교토부)의 남부에서는 유력농민 사무라이인 지자무라이地侍와 농민들이 봉기를 일으켜 슈고를 몰아내고 8년간에 걸쳐 자치를 행하였으며, 북쪽에서는 불교의 한 종파인 조도신슈(잇코슈) 신도가 슈고다이묘를 타도하고 100년 가까이 자치를 행하여 '백성의 나라'(농민의 나라)로 불렸다.

한편 15~16세기에 걸쳐 상업의 발달을 기초로 조카마치, 사원 앞에 발달한 몬젠마치門前町, 항구를 중심으로 교역이 발달한 미나토초港町, 역이나 주요 교통로 근처에 발달한 슈쿠바초宿場町 등 다양한 도시가 발달하였다. 예를 들어 교토에서는 마치슈町衆라고 불리는 부유한 상공업자가 성장하여 오닌의 난으로 황폐해진 마을을 부흥시키고 중단된 제례를 부활시켰다. 일명日明 무역으로 이익을 얻은 사카이堺(오사카 부)에서는 에고슈會合衆라 불리는 36명의 대상인들이, 하카타博多(후쿠오카 현)에서도 넨교지라 불리는 12명의 대상인들이 각기 회의를 열어 자치를 행하였다.

철포와 기독교의 전래 | 1543년 포르투갈인을 태운 중국배가 다네가시마種子島(가고시마 현)에 표착하였다. 이것이 최초로 유럽인이 일본에 발을 내딛

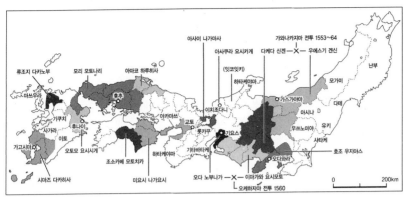

센고쿠다이묘와 세력범위

은 사건이었다. 이 때 철포가 전래되었으며 그 후 사카이堺나 오미近江(시가현) 등지에서 대량으로 제작되었다. 철포는 전국시대의 전법과 축성법에 큰 영향을 주어 전국시대를 종언시킨 요인 중 하나가 되었다.

그 후 포르투갈, 스페인의 배가 매년 일본에 와서 일본과 무역을 하게 되었다. 당시 일본에서는 포르투갈인과 스페인인을 남만인이라고 불렀으며, 이들과의 무역을 남만무역이라고 하였다. 갓파(비옷), 덴푸라(튀김), 가보차(호박), 다바코(담배), 카스테라 등 남만무역을 통해 전해져 일본어로 정착된 외래어가 다수 있다.

1549년에는 스페인인 예수회 선교사 프란시스코=자비에르가 가고시마에 도착하여 기독교를 전파했다. 서일본의 다이묘들 가운데는 기독교를 믿어 크리스천 다이묘가 된 자나 무역의 이익을 위해 기독교를 보호한 자도 있었다. 그 후에도 많은 선교사가 일본에 와서 학교, 병원, 고아원 등을 짓고 교육과 의료 보급에 힘썼다. 기독교는 무사와 농민들 사이에 확산되어 1582년경 신자는 규슈 지방에서 12만 명 이상, 긴키 지방에서 2만 5천 명을 헤아렸다고 한다.

규슈 오무라, 오토모, 아리마 지방의 크리스천 다이묘는 1582년 로마교황에게 4명의 소년사절을 보냈다. 이들 사절은 1585년 로마에 도착해 대환영을 받았으나, 이들이 1590년 귀국하였을 때 일본은 이미 도요토미 히데요시에 의해 기독교 금지시대로 접어들었다.

명 중심의 국제질서와 조선 · 일본

명을 중심으로 한 조공책봉체제가 형성되는 가운데 15세기에 접어들자 동북아시아에서는 국제질서가 안정되었고 왜구의 피해도 격감하였다. 일본과 조선도 국교를 수립하였는데 조선왕조는 왜구를 제압하기 위해서라도 무로마치 막부뿐 아니라 일본의 다양한 세력과 다원적인 통교를 하였다. 그러한 가운데 쓰시마의 소 씨는 조선과 일본 간의 외교 · 무역에서 중요한 위치를 점하였다.

명 중심의 국제질서 형성

중국의 명나라는 1368년 건국 후 대내적으로는 전제정치를 강화하는 한편 대외적으로는 자신을 중심으로 한 국제질서를 형성해 나갔다. 그것은 주변 나라들을 중화주의에 입각한 조공책봉체제로 편입시키는 것이었다.

조선은 왕권의 정통성을 국제적으로 인정받고 국가의 안전을 도모하기 위해 조공책봉체제를 받아들였다. 명이 멸망할 때까지 조선은 매년 서너 차례에 걸쳐 사절단을 파견하였다.

일본에서는 무로마치 막부의 쇼군 아시카가 요시미쓰足利義滿가 남북조를 통합한 후 왜구를 금압하는 한편 명의 조공책봉체제를 받아들였다. 그것은 무로마치 막부가 국제적으로 인정받고, 이를 기반으로 국내 다이묘들

감합 | 일본 국왕(무로마치 막부 쇼군)이 명나라에 보낸 사선使船은 '본자일호本字壹號' 등으로 적힌 종이의 절반(감합)을 지참하였다. 명나라에서는 이것을 장부와 조회하여 공식 사선인지를 확인하였다.

류 큐

류큐琉球에서는 14세기 후반 오키나와 본섬을 중심으로 북산, 중산, 남산의 3세력三山이 형성되어 각기 명나라에 조공하였다. 고려와의 관계는 1389년 중산왕이 왜구에게 잡혀갔던 고려인 포로와 특산물을 바치면서 시작되었다.

류큐 슈리 성의 정전(오키나와 현 나하 시) | 류큐 왕조의 수도인 슈리에 축조된 성. 1992년에 복원되었다.

1429년 중산왕이 된 쇼하시尙巴志가 3산을 통일하고 류큐 왕국을 성립시켰다. 류큐 왕국은 명 중심의 조공책봉체제 아래서 무로마치 막부, 조선왕조와 국교를 맺었으며, 명, 조선, 일본, 타이, 자바, 수마트라 등을 잇는 중계무역지로 번영하였다. 중개물품은 소목蘇木, 후추胡椒, 단목檀木, 상아象牙 등 동남아시아 산물들이었다. 류큐의 중계무역은 16세기에 이르러 명의 해금정책이 완화되면서 중국 상인과 포르투갈 상인들이 활약하게 되자 쇠퇴하였다. 그 후 류큐 왕국은 1609년 에도 막부에 사실상 복속되는 한편, 명·청에도 조공을 계속하였는데, 이것을 양속兩屬관계라고 한다. 근대 들어 1879년에 류큐 왕국은 오키나와 현으로 되어 일본의 일부로 편입되었다.

에게 정치적 권위를 과시하고 명나라와의 무역을 독점하기 위한 것이었다.

해금정책²을 취한 명나라와의 무역은 조공무역 형태로 이루어졌다. 조공무역은 사절단의 체재비와 물품운반비를 명나라에서 부담하는 것으로, 조공을 하는 측에 큰 이익이 있었다. 조선은 견직물, 화문석, 고려인삼 등을 보내고, 왕실과 지배층이 필요로 하는 고급 견직물, 자기, 서적, 약재 등을 들여왔다. 무로마치 막부는 감합³을 소지한 선박을 명나라에 파견하여 도검, 창, 부채, 병풍, 구리, 유황 등을 보내고, 동전, 생사, 고급직물, 서적, 그림 등을 받아왔다. 당시 일본에서는 중국 동전이 그대로 화폐경제 발달에 큰 영향을 미쳤다.

조선과 일본의 국교수립

건국 초기 조선에게 왜구는 심각한 문제였다. 조선 태조는 즉위하자마자 무로마치 막부에게 왜구의 금압과 잡혀간 조선인의 송환을 요구함과

동시에 국교의 수립을 요청하
였다. 아시카가 요시미쓰가 이
에 응하여 1404년 양국 사이에
국교가 맺어졌다. 무로마치 막
부의 쇼군은 조공책봉체제 속
에서 중국으로부터 일본국왕
의 칭호를 얻었기 때문에 조선
의 왕과 대등한 입장에서 외교
를 하였다. 조선에서는 무로마
치 막부의 사절日本國王使에 대
한 답례사절인 회례사會禮使
(후의 통신사)를 파견하였다.
15세기 후반에는 일본에 전국
시대가 도래하여 세토 내해瀬
戸內海가 안전하지 못했기 때문
에 조선 사절은 쓰시마까지만

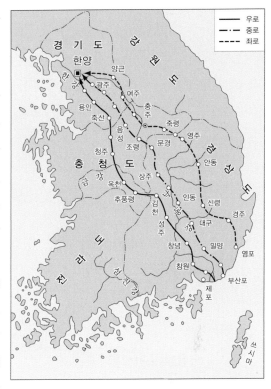

일본사절의 상경로

왕래할 수 있었다. 그러나 무로마치 막부의 사절은 계속 조선에 파견되었
다. 일본사절은 정해진 길을 따라 한양에서 조선국왕을 알현하고 동평관
東平舘이라는 객관에 체재하면서 규정에 따라 응접을 받았다.

　조선과 일본의 통교는 중앙정부 사이의 일원적인 관계가 아니라 다원
적인 것이었다. 무로마치 막부 외에도 일본 서부의 슈고다이묘와 상인들
이 조선에 통상사절을 파견하였다. 이들은 무역을 위해 각기 조선에
조공하는 형식을 취하였다. 무로마치 막부가 중앙집권적으로 이들을
통괄하지 못하였기 때문에 조선왕조로서는 왜구 방지를 위해 이들을
직접 받아들이지 않을 수 없었다. 왜구의 피해는 그 후 감소하여 갔다.

조선 사신이 본 15세기의 일본

1419년에 조선이 쓰시마를 공격했다는 정보를 입수한 무로마치 막부는 조선의 진의를 조사하기 위해 대장경을 요청하는 사신을 파견하였다. 이에 조선에서도 일본 사신이 귀국할 때 송희경4을 회례사절로 동행시켜 쓰시마 공격이 왜구를 금지하기 위한 것이었음을 설명하였다. 이 때 일본에서의 견문을 기록한 송희경의 『노송당일본행록老松堂日本行錄』에는 그가 세토 내해 주변에서 갑옷을 걸치고 깃발을 흔들며 큰북을 치면서 다가오는 해적을 종종 만났다는 사실이 기록되어 있다. 당시 세토 내해에는 해적이 군거하여 무로마치 막부의 권위도 미치지 못하였던 것이다. 또 송희경의 통역으로 동행한 사신은 다음과 같이 적고 있다. "일본은 국가의 창고가 없고 오직 부호들에게만 재정을 지원하도록 하고 있다. 무로마치 쇼군의 명령은 교토 주변에만 미칠 뿐이며 국토는 모두 여러 다이묘들에게 나뉘어져 있다." 이러한 보고에 따라 조선은 쇼군만을 상대해서는 왜구를 금할 수 없다고 생각하게 되었다. 그리고 오히려 지방의 실력자인 슈고다이묘나 통교 관리자로서 쓰시마 소 씨의 통제력에 기대를 걸게 되었다.

그러나 1419년에는 기근으로 식량이 부족해진 쓰시마 주민이 조선의 충청도와 황해도 해안을 약탈하고 그 후 명으로 향하였다. 이에 대해 조선은 쓰시마를 군사적으로 제압하였다. 한편 한반도에서 명으로 향했던 왜구의 주력은 요동반도에서 명나라 군대에 대패하였다.

삼포의 형성과 쓰시마

조선은 일본인에게 근해에서 어로와 교역, 귀화를 허용하였다. 공이 있거나 기능이 뛰어난 사람에게는 관직도 주었다. 이것은 왜구를 줄이는 데는 효과가 있었으나 재정부담이 매우 컸다. 따라서 교역을 유지하면서도 교역량을 최소한으로 축소하여 통제하고자 하였다. 1426년에는 부산포(부산), 제포薺浦(웅천), 염포(울산)의 3포만을 무역항으로 개방하기로 하였다. 3포에는 사절단의 접대와 통상을 위한 왜관5을 설치하였다.

또 무로마치 막부와 슈고다이
묘의 사절 등을 제외한 통교자
에 대해서는 쓰시마의 소 씨[6]가
발행하는 도항증명서인 문인文
印의 휴대를 의무화하였다. 1443
년 조선왕조는 쓰시마의 소 씨
와 교역 선박 수 등을 정하였다
(계해약조).

조선은 쓰시마의 소 씨가 일
본과의 관계에서 울타리 역할을
할 것으로 생각하여 쓰시마의

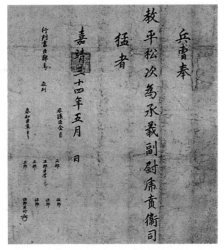

일본인에게 내린 관직임명장 | 왜구에 대한 회유책으로서 조
선정부가 조선에 귀화한 일본인에게 부여하였다.

도민에게 관직을 주고 소 씨에게 문인 발행권 등 무역의 독점적 특권을
주어 조선 중심의 질서 속에 편입시키고자 하였다. 쓰시마는 영토상으로
는 일본에 속해 있었지만 조선과의 무역이 중요하였기 때문에 양국 간
교류에서 독특한 지위를 점하게 되었다. 일본과 조선을 왕래하는 선박의
대다수는 쓰시마에서 온 것이었고, 3포에 형성된 일본인 거류지의 주민
도 대부분 쓰시마 출신자였다.

용어 해설

1_비변사備邊司 : 조선후기에 국정 전반을 심의한 최고 관청. 1510년(중종 5) 삼포왜
란이 일어나자 군사문제를 취급하는 임시기구로 설치되어 1865년에 폐지되었다.
일본군의 조선침략 후, 비변사는 국정 전반을 취급하게 되어 이전의 최고 관청이었
던 의정부의 기능을 사실상 대신하였다.

2_해금정책 : 명과 청 등이 중국인의 사적인 해외도항과 해상무역을 금지한 정책.
외국 선박도 조공선 이외에는 중국 항구에 들어오는 것을 금지하였다.

3_감합 : 감합은 명의 예조에서 발행한 국가의 공식적인 사절증명으로서 감합을

지참한 배에 의한 무역을 감합무역勘合貿易이라고 한다. 일본과 명 사이의 조공무역은 감합무역 형태를 취했다. 일본의 사절단 파견은 조공무역이라는 형식에 반발하여 중단된 4~5대 쇼군기를 제외하고 16세기 중엽까지 계속되었다. 15세기 후반 이후는 무로마치 막부의 권력이 쇠퇴하여 일본 감합무역의 실권은 사카이 상인과 결탁한 호소카와 씨, 하카타 상인과 결탁한 오우치 씨 등의 슈고다이묘가 장악하였다.

4_송희경宋希璟 : 1376~1466. 조선왕조 전기의 문관. 자는 정부正夫, 호는 노송당老松堂. 회례사로 일본을 방문하여 왜구에게 납치된 포로의 송환을 요구하였는데, 일본의 국내사정을 정탐하는 것도 그의 임무 중 하나였다. 그의 기행시문집 『노송당일본행록』은 당시 일본의 국내사정을 이해하는 데 매우 중요한 사료다.

5_왜관 : 조선이 일본사절의 접대, 도항한 일본인의 숙박, 무역장으로 사용하기 위해 1409년(태종 7)에 처음으로 설치하였다. 한양의 왜관을 동평관東平館이라 부르고 3포가 교역장으로 지정된 이후에는 3포에도 왜관이 설치되었다.

6_소 씨宗氏 : 가마쿠라 시대부터 에도 시대 말까지의 쓰시마 영주. 15세기 이후 조선왕조로부터 통교상의 특권을 점차 획득하였다. 도요토미 시대의 조선침략 때는 히데요시의 명에 따라 출병하였으나 강화를 도모하고 전후의 국교회복에도 노력하였다. 1609년 기유조약을 맺은 이후 에도 시대 동안 내내 조선왕조와의 외교와 무역을 담당하는 다이묘로서 독특한 역할을 수행하였다.

조선과 일본의 교류

15세기 이후 조선과 일본 간에는 문물교류가 활발해졌다. 조선의 직물·곡식과 일본의 구리·유황, 동남아시아산 소목·후추가 거래되었고, 16세기 이후에는 조선면포와 일본은의 교역이 증가하였다. 삼포왜란을 계기로 공식적인 교역은 축소되어 갔다. 이 무렵 명 중심의 국제질서가 동요하면서 왜구의 약탈과 밀무역이 늘어났다.

교역의 형태와 교역 물품

조선과 일본 무로마치 막부 사이에 국교가 수립되면서 양국 사이에서는 평화로운 교류가 활발해졌다. 교역의 형태로 공식사절단에 의한 공무역 외에 개인의 사무역이 이루어졌으나, 감독상의 문제로 조선 측이 사무역을 금지하였으므로 공무역이 주류를 이루었다. 그러나 공무역은 무역량이 제한되어 있어서 밀무역이 끊이지 않았다. 밀무역에서는 금, 은 같은 금지물품이 거래되었고 이윤이 많아서 중앙의 관리나 역관을 끼고 행해지는 경우도 있었다.

주된 무역의 형태가 공무역이었으므로 조선에서 일차적으로 대외무역을 담당하는 계층은 관리, 역관 들이었다. 일본의 경우 막부나 대호족의 사절 외에 국제무역상인 하카타와 사카이 상인들의 왕래가 있었다. 15세기에는 류큐 왕국의 중계무역도 활발하였는데 동남아시아 물산인 소목, 후추, 상아 등을 취급하였다. 그러나 조선이 쓰시마를 중시하는 무역정책을 폈기 때문에 차츰 쓰시마 인들이 교역의 중심이 되었다.

교역품으로 일본산 금·은·구리·유황 등의 광산물, 칼·부채 등의 공예품, 동남아시아산 소목·후추·침향·백단·물소뿔·상아 등이 조선으로 들어왔다. 이 가운데 구리는 놋그릇 · 무기 · 화폐 · 활자 등에 쓰여 없어서는 안 될 수입 필수품이었고, 유황은 약재와 화약재로서 중시되었다. 소목은 고급염료로서, 후추는 약재 · 조미료로 지배층의 수요가 높았다. 일본으로 들어간 것은 조선산 마포 · 저포 · 면포 등의 섬유제품과 쌀 · 콩의 등 곡물, 화문석 · 호랑이가죽 등 장식품, 인삼 등의 약재였다.

은 · 목면의 교역과 대장경의 전파

16세기 전반 새로운 은 정련법이 조선에서 일본으로 전해진 후 일본에서는 은 생산량이 비약적으로 증대하였다. 일본의 사절은 대량의 은을 가지고 왔고, 대신 면포를 가져갔다. 면포는 전국시대였던 일본에서 보온성이 뛰어난 야전용 옷감으로 수요가 높았다. 일본 은의 유입으로 은 가격이 떨어지고, 면포가 부족해지는 사태가 벌어지자 조선은 일본 은의 유입을 억제하고 밀무역을 엄금하였다. 그러나 당시 명나라에서 은에 대한 수요가 대단히 높아서 일본 은을 명나라로 가져가려는 조선의 상인이나 역관들

팔만대장경 장경각藏經閣 | 조선에서 일본으로 건너간 대장경은 위와 같은 판목으로 찍은 것이다. 판목은 모두 8만여 장인데 현재 경상도 합천 해인사에 보관되어 있다. 일본으로 건너간 대장경의 일부가 도쿄 조조지增上寺와 와카야마 현 곤고부지金剛峰寺 등에 남아 있다.

새로운 은 정련법의 전파

16세기 초까지 조선과 일본의 무역에서 일본수출품의 중심은 구리였다. 그러던 것이 1526년 하카타의 상인 가미야 주테이神谷壽禎가 이와미 은산石見銀山을 채굴하기 시작하면서 상황이 바뀌었다. 특히 1533년 가미야 주테이가 하카타에서 소탄宗丹·게이주桂壽 등의 기술자를 이와미로 데리고 가, 조선에서 전래된 회취법이라는 은 정련법을 도입하면서부터 일본 은의 생산량이 비약적으로 증가하기 시작하였고, 나아가 대량의 은이 조선으로 반입되었다.

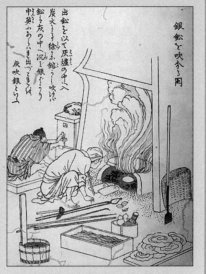

회취법 | 은광을 가려내는 그림. "은광석을 회취로灰吹爐에 넣고, 풀무로 바람을 보내 탄화에 의해 서서히 녹으면 다른 성분은 재 속으로 들어가고 은만 가운데 남는다. 이것을 회취법이라고 한다."라는 설명이 붙어 있다. (『고동도록鼓銅圖錄』)

회취법이 조선에서 일본으로 전해진 사정을 생생하게 보여주는 사건이 있다. 1539년 전라도의 한 지방관 유서종柳緖宗이 밀무역을 행한 사실이 적발되어 처벌받았다. 그는 경상도 김해의 사택을 한양의 부유한 상인에게 제공하는 한편, 일본인으로부터 많은 연철(은을 함유한 연광)을 밀수입하여 이 집에서 정련하였고 일본인에게 은 정련기술인 회취법을 전수해 주었다는 것이다. 소탄·게이주 등도 유서종의 사례와 같은 경로로 회취법 기술을 익혔을 것이다.

이 끊이지 않았고, 일본 상인과 유력자들 중에도 명나라 상인과 결탁하여 직접 명나라로 은을 가지고 들어가는 사람들이 급증하였다.

일본의 막부와 대호족들은 교역 외에 문화교류를 목적으로 조선에 사절을 보내기도 하였다. 당시 조선에서는 유학이 성하였고 불교가 억압받고 있었지만, 일본에서는 불교가 크게 성하였고 많은 사찰에서 특히 대장경에 대한 수요가 높았다. 승려를 대표로 하는 일본 사절단들은

14세기 말에서 16세기 중엽까지 80여 회에 걸쳐 조선에 대장경을 요청하였고, 50부 이상의 대장경이 조선에서 일본으로 건너갔다. 그 밖에도 조선의 불상, 불화, 범종 등 불교 관계 물품이 다수 일본으로 들어갔다.

조선 사절들은 일본에 가서 본 수차와 시장의 모습, 화폐의 활발한 사용 등 인상적이었던 일본 문물을 기록하여 조선에 소개하였다.

삼포왜란과 국제질서의 동요

조선과 일본의 교역은 한양 외에 삼포의 왜관에서 이루어졌다. 조선왕조는 대일 정책에서 왜구의 방지를 가장 중요하게 생각하였고, 교역은 그것을 위한 방책이었다. 따라서 15세기 말에 왜구의 피해가 줄어들자 왜구 방지를 위해 쓰시마에 부여하였던 여러 특권'을 제한하고 교역량을 통제하기 시작하였다. 삼포에 거주하던 일본인들은 이에 불만을 품고, 쓰시마와 연계하여 거제도에 있는 조선의 수군기지를 공격하고 관리를

삼 포

조선의 부산포(부산)·제포(웅천)·염포(울산) 등 삼포는 본래 무역항으로 개방되었으나 상주하는 일본인이 늘어나면서 그 안에 일본인 거류지가 생겨났다. 1494년에는 쓰시마에서 왕래하기 가장 편한 제포의 2,500명을 비롯하여 모두 3,105명이 거류하였고, 배는 125척이 있었다(오른쪽 지도는 15세기의 제포). 남자는 어업, 여자는 행상을 업으로 삼고 흙집에서 거주하였다. 조선정부는 삼포의 일본인 거류지 주위에 장벽을 치고 관문을 설치하여 조선 내지로의 출입을 통제하였다. (『해동제국기海東諸國記』)

살해하는 사건을 일으켰다(삼포왜란, 1510). 조선은 보름에 걸쳐 이를 진압하였다. 이 사건으로 조선인 272명, 일본인 295명이 죽었으며, 조선과 쓰시마의 관계는 단절되고 삼포의 일본인들은 쓰시마로 철수하였다.

조선과 쓰시마의 관계는 쓰시마의 요청으로 2년 후 재개되었는데, 조선은 사건의 책임을 물어 교역에 대한 규제를 이전보다 더욱 강화하였다. 쓰시마는 조선과의 교역이 자신들의 권력기반이었던 만큼, 막부 사절을 사칭한 사절단을 파견하는 등으로 교역의 확대를 시도하였으나 규제를 완화시키지는 못하였다. 16세기 중엽에는 교역장소가 삼포에서 부산포 한 곳으로 제한되었다.

16세기 명나라의 국력이 서서히 쇠퇴하고, 동중국해 연안에서는 밀무역이 성행하였다. 밀무역에 종사하는 사람들 가운데에는 무장선단을 조직하여 명나라와 조선의 연해지방을 약탈하는 경우도 많았다. 이들도 조선과 명에서는 전통적인 명칭인 왜구로 불렸는데, 실제로는 중국 상인을 중심으로 하고 일본인과 포르투갈인 등이 포함되어 있었다. 16세기 중반 이후에도 조선은 명나라와 국교를 유지하였으나 일본과 명나라의 국교는 1523년 영파의 난[2] 이후 사실상 두절되었다.

용어 해설

1_쓰시마의 특권 : 조선은 1438년 입국증명서에 해당하는 문인 발행권을 쓰시마만이 독점적으로 행사하게 하였다. 1443년 조선과 쓰시마 사이에 맺어진 계해약조에는 ① 쓰시마에 매년 200석의 쌀과 콩을 하사한다. ② 쓰시마 도주는 매년 50척의 배를 조선에 보낼 수 있다는 내용이 적혀 있다.

2_영파寧波의 난 : 명과의 감합무역을 위해 일본의 호소카와 씨와 오우치 씨가 각각 명에 파견한 교역선이 1523년 중국의 영파에서 충돌한 사건. 사건 이후 오우치 씨가 무역의 실권을 장악하였지만 16세기 중엽 오우치 씨가 멸망하자 감합무역은 두절되었다.

제7장 16세기 말 일본의 조선침략과 그 영향

1583	조선에서 이이가 10만 양병 건의
1588. 7	일본에서 도요토미 히데요시가 칼사냥령刀狩令 반포
1590. 8	일본, 도요토미 히데요시가 전국을 통일
11	통신사 일본 입국
1591. 3	쓰시마 사절, 조선정부에 명 침략에의 협력 요구. 조선조정 거절
8	도요토미, 히젠 나고야에 대륙침략을 위한 축성 시작
1592. 4	왜군, 부산에 상륙하여 부산과 충주를 함락시킴
	조선국왕, 의주로 피난
	조선의병, 궐기 시작
5	한양 함락
	옥포 해전에서 조선수군 승리
6	명군 참전
1592. 7	한산도 해전에서 조선수군 승리
1593. 1	명군, 평양성 탈환
	벽제관 전투에서 일본군 승리
4	명과 일본, 강화교섭 시작
1594	조선에서 훈련도감 설치
	조선, 전국적인 기근
1596. 7	조선에서 이몽학의 난 일어남
9	명과 일본의 강화교섭 결렬
1597. 1	일본군, 조선에 재상륙
9	직산 전투, 명량 해전에서 일본군 패배
1598. 8	도요토미 히데요시 사망
11	일본군 철퇴

선조와 문치주의 | 사림은 새로운 정치세력으로서 각광을 받았지만, 그만큼 기성 정치세력의 저항을 받지 않을 수 없었다. 사림은 선조대에 이르러 마침내 기성 정치세력을 몰아내고 정치 주도권을 장악하는 데 성공했다. 사림의 시대가 되자 학자들 사이에서 학파가 나뉘고 학파에 따라 정치세력이 다시 나뉘는 등 그들 내부에서 변화가 나타났다. 선조가 사림을 적극적으로 등용하면서 문치주의는 절정기를 맞았지만, 국방과 관련한 혁신적인 대책은 마련되지 못했다.

조선의 병역제도 | 조선은 서울에 중앙군의 주력을 담당할 별도의 부대를 설치했으며, 지방에는 군사책임자를 파견하여 각 지역의 육군과 수군을 지휘하게 하였다. 지방군 가운데 일부는 서울로 올라와 근무하게 하기도 하였다. 조선의 법률에 따르면 16세 이상부터 60세까지의 평민 남자는 의무적으로 병사가 되거나 그 병사의 후원자가 되어야 했다. 그러나 이 규정은 잘 지켜지지 못했다. 병사로 지정된 사람이 돈을 내고 의무를 면제받거나, 그 후원자로부터 받은 비용으로 대리인을 구하는 일이 생겨났기 때문이다.

진관체제와 제승방략체제 | 조선왕조는 원래 국경지대를 방어하는 데 중심을 둔 방어체제를 가지고 있었다. 그러나 이 체제는 변경이 무너질 경우 내륙을 방어하기 어렵다는 문제점을 안고 있었다. 세조는 변경뿐만 아니라 내륙까지 방어할 수 있는 방어체제로서 진관체제를 만들었다.

이 체제는 각 지방의 행정책임자를 방어책임자로 하는 일종의 지역 방어체제였다. 지방관들은 자기가 다스리는 곳에 머물면서 그 지방의 요새를 지키게 되어 있었다. 진관체제는 병력이 소규모로 분산 배치될 수밖에 없었기 때문에 대규모의 적을 막기는 어려운 약점이 있었다.

제승방략체제는 이러한 문제점을 해결하기 위해 고안된 것이었다. 각 지방관들이 자기의 요새를 지키며 적을 기다리는 것이 아니라, 군사들을 이끌고 전투가 벌어지는 곳으로 이동한 뒤 중앙에서 파견된 군지휘관의 명령을 받는 시스템이었다.

제승방략체제에도 약점은 있었다. 지휘관의 파견을 기다리는 동안 전투가 벌어지는 급박한 상황에 효과적으로 대응하기 어려웠기 때문이다. 그러나 조선왕조가 들어선 뒤 200년 동안 대규모의 외침이 없었던 상황에서 일본이 조선을 침략할 때까지도 제승방략체제는 그대로 유지되었다.

전쟁 직전의 상황 | 선조는 사림 정치세력들을 적극적으로 등용했다. 사림들은 학문을 정치에 적용하는 과정에서 서로 입장을 달리하면서 분화되었다. 그들은 서로의 존재를 인정하면서 대립하고 또 경쟁했다. 그들은 평화주의자였지만, 그 평화를 지킬 수 있는 방안에 대해 초당적인 대처를 하지는 못했다. 이이李珥(1536~1584)는 국방을 위해 10만 군대를 키워야 한다는 혁신적인 주장을 내놓았지만 채택되지 못했다.

그들은 국제정세가 변동하고 평화가 위협받을 수 있는 가능성에 대해서 민감하게 대응하지 못했다. 1586년 도요토미 히데요시가 쓰시마 도주에게 조선이 사절을 파견해 오게 하도록 요구했다. 조선과의 무역에 사활을 걸고 있던 쓰시마는 가짜 일본국왕사를 조선에 보내 일본 국왕의 교체 사실을 알리면서 사절의 파견을 요청했다. 조선은 쓰시마의 요청을 허락하고 사절을 파견했다.

조선 사절들은 일본의 답장을 들고 돌아왔다. 일본의 답서에는 과거의 외교관례에 어긋나는 무례한 표현과 침략을 암시하는 구절이 들어 있었다. 그러나 사절의 귀국 보고는 일치되지 않았다. 정사正使와 부사副使는 서로 다른 당파에 속해 있었다. 정사는 일본의 조선침략이 임박했으므로 군사적인 대비를 서둘러야 한다고 보고했지만, 부사는 그 가능성은 높지 않다고 보고했다.

선조는 우선 각 지방에 성곽을 쌓고 대비태세를 강화하도록 지시했다. 그에 따라 일부 지방에서는 관찰사들이 성을 쌓거나 농민들을 소집해 군사훈련을 시키기도 했다. 그러나 성곽 공사기간이 길어지는데다 농사철까지 훈련에 동원된 농민들이 불만을 가지게 되었다. 민심이 나빠지자 지방관들은 전쟁에 대한 대비를 중단할 것을 요청하기도 했다. 방어정책을 최종적으로 결정할 위치에 있었던 선조는 이런 상황에 적절하게 대응하지 못했다. 조선은 준비가 되지 않은 상태에서 일본의 침략을 맞게 되었다.

오다 노부나가의 통일사업 | 16세기 중반이 되자 센고쿠다이묘들 중에는 예로부터 정치의 중심지였고 무로마치 막부가 있는 교토로 올라가 전국을 통일하려는 자가 나타났다. 오다 노부나가織田信長는 오와리(아이치 현愛知縣)의 작은 다이묘였는데, 풍부한 생산력을 지닌 노비 평야를 기반으로 일찍이 철포를 활용하고 아시가루(낮은 신분의 보병)를 중심으로 한 기동력이 뛰어난 군대를 조직하였다. 그리하여 1573년 무로마치 막부를 타도했다.

노부나가는 아즈치 성(사가 현)을 짓고, 성 아래 시장에서는 세금을 면제해 주고(라쿠이치樂市), 누구라도 자유롭게 상공업을 할 수 있도록 하였다(라쿠자樂座). 또 세금을 걷기 위하여 각지에 설치한 세키쇼關所를 철폐하고 상업·교통의 발달을 촉진하였다. 그리고 전국에서 제일의 경제력을 지니고, 자치도시로서 번영을 누리던 사카이堺를 직할로 두었다.

그 밖에도 전통적인 정치세력인 불교세력을 제압하기 위해 천태종의 거점으로서 권위를 뽐내던 엔랴쿠지延曆寺(사가 현)를 불태워 없애는 한편, 호쿠리쿠北陸와 도카이東海 지방에서 세력을 넓혀 가고 있던 잇코잇키(조도신슈淨土眞宗)를 탄압하고 그 거점이 되었던 이시야마 혼간지石山本願寺(오사카)를 굴복시켰다. 한편 기독교를 보호하고 아즈치의 세미나리오(신학교), 교토의 난반지南蠻寺(교회당) 건설을 인정하였다.

노부나가는 도카이, 긴키, 호쿠리쿠 지방을 거의 통일하였으나, 1582년 가신의 모반으로 교토 혼노지本能寺에서 자살했다(혼노지의 변). 이로써 노부나가의 통일사업은 절반에 그쳤다.

도요토미 히데요시의 전국통일 | 오다 노부나가의 궤적을 계승한 이는 도요토미 히데요시豊臣秀吉였다. 그는 오와리(아이치 현)의 아시가루 집에서 태어나 출세하여 노부나가의 유력한 부하 장수가 되었고 이윽고 노부나가의 후계자로서 지위를 굳혔다. 그 후 수륙교통의 중심지로서 번영을 누리던 이시야마 혼간지 자리에 장대한 오사카 성大坂城을 짓고 이 곳을 전국지배의 거점으로 삼았다.

그는 조정의 전통적 권위를 이용하여 권력의 강화를 꾀하였다. 1585년에는 관백關白, 다음 해에는 태정대신太政大臣에 임명되었으며 조정으로부터 도요토미라는 성을 하사받았다. 1588년에는 86년에 신축한 주라쿠다이聚落第에 천황을 초대하고, 모든 다이묘를 불러 모아 조정을 존중하고 히데요시에게 충성을 다할 것을 맹세하도록 하였다. 그리고 히데요시는 천황으로부터 일본 전국의 지배권을 위임받았다고 자임하고 다이묘 사이의 전쟁을 금지하는 명령을 내려 각지를 평정하고 1590년에는 전국을 통일하였다.

검지와 칼사냥 | 히데요시는 또 통일과정에서 전국 규모의 토지조사인 검지檢地를 시행하였다. 히데요시의 검지(다이코 검지)는 그 때까지 통일되지 않은 토지면적의 단위와 도량형을 통일하고 각종 생산물과 연공을 쌀 생산량인 석고石高로 표시하였다. 마을 별로 토지대장인 검지장檢地帳을 작성하고 경작자를 등록하였다. 그 결과 농민은 경작권을 얻게 되었으며 동시에 연공 납입의 의무를 지게 되었다.

이 다이코 검지의 결과, 히데요시가 사망할 무렵에는 일본 전국의 총 석고는 1,858만 석에 이르렀다. 전국적으로 보급된 석고제는 다이묘와 그 가신들의 군역(주군에 대해 지는 군사적 부담) 기준이 되었으며, 아울러 농민들이 부담하는 연공의 기준도 되어 사회적으로 중요한 역할을 하였다.

또한 히데요시는 농민들로부터 칼, 활, 창 등의 무기를 거두어 들여(칼사냥) 반란이나 농민간의 분쟁을 방지하고, 신분통제령을 내려 무사가 조닌(상인, 직인)이나 농민이 된다거나, 농민이 상업에 관여하는 것을 금하였다. 이에 따라 무사와 농민의 신분이 명확해져 하극상의 풍조가 사라졌다. 아울러 무사와 조닌은 조카마치에, 농민은 농촌에 거주하게 됨으로써 병농분리가 확립되었다.

이리하여 히데요시는 15~16세기 전국시대를 종식시키고 통일적인 국가 체제를 정비하였다.

도요토미 정권과 대외정책 | 도요토미 정권은 전국에 약 200만 석의 영지를 소유하고 주요 금광산과 하카타·나가사키 등의 주요 도시를 직접 지배하며 이를 경제기반으로 삼았다. 히데요시는 만년에 측근 다이묘에게 정무를 분담시키고, 또한 도쿠가와 이에야스 등 유력한 다이묘 5명에게 중요사항을

협의하도록 하였다.

또한 히데요시는 해적단속령을 내려 왜구의 해적행위를 금지하는 한편 교토·사카이·나가사키·하카타의 대상인을 보호하여 동아시아 여러 나라와의 무역을 뒷받침하였다. 기독교는 당초 노부나가에게 배워 보호하였지만 나가사키가 교회령으로 편입되고 교세가 확산되자 국내통일에 방해가 된다고 보고 1587년에 선교사추방령을 내렸다. 다만 동아시아와의 무역을 지속하기 위해 금교를 철저하게 실시하지는 않았다.

16세기 후반 동아시아의 국제관계는 명이 쇠퇴하면서 중국을 중심으로 한 전통적 국제질서가 변화하고 있었다. 국가를 통일한 히데요시는 일본 중심의 새로운 국제질서의 구축을 지향하며 류큐(오키나와), 코잔국(대만), 고아(인도 서남부) 지방의 포르투갈 정청, 마닐라의 에스파니아 정청에 복속과 입공을 요구하였다.

나아가 히데요시는 1587년 쓰시마의 소 씨를 통해 조선에 대해서도 입공과 아울러 명을 타도하기 위한 출병에 앞장설 것을 요구해 왔다. 그러나 조선이 이를 거부하자 히젠나고야(사가 현)를 거점으로 삼아 결국 조선침략을 개시하였다.

전쟁의 경과와 조선의 대응

일본의 도요토미 히데요시는 권력의 안정과 경제적 이익을 위하여 조선을 침략하였다. 조선은 일본군의 침략을 맞아 초반에 크게 고전하였으나, 의병과 수군의 승리, 명나라의 원군에 힘입어 전세를 역전시켰다. 화의교섭 후 다시 시작된 전투에서는 의병이 합세한 조선군과 명군에 의해 일본군은 크게 고전하였고, 결국 7년 만에 조선에서 철수함으로써 전쟁이 끝났다.

전쟁의 배경과 원인

16세기에 접어들며 동아시아 정세가 변화하였다. 동아시아의 중심세력이었던 명나라의 국력이 약화되고 동중국해를 중심으로 하는 지역에서는 왜구의 활동이 활발해짐과 동시에 밀무역도 성행하였다. 북방에서는 여진족(뒤의 만주족)이 강성해져 갔다. 조선은 오랜 평화시기를 지내면서 국방에 대한 의식이 해이해져 있었다.

도요토미 히데요시는 1590년 일본을 통일하고 안으로 새로운 국가질서를 확립하는 한편 밖으로 조선을 침략하였다. 도요토미 정권은 침략전쟁을 통해 다이묘들을 계속 군역에 동원함으로써 권력을 집중시키고, 승리할 경우 새로운 영토를 획득하고 무역을 장악하여 경제적 이득을 얻을 수 있었다. 또한, 도요토미 히데요시는 군사력을 배경으로 명 중심의 국제질서가 변동하는 기회를 틈타 동아시아를 정복하려는 구상을 갖고 있었다.

제1차 침략

1587년 도요토미 히데요시는 쓰시마 도주에게 조선으로 하여금 일본에 복속할 것과 명 정복을 위해 일본군의 길안내를 맡게 하라는 명령을 내렸다. 쓰시마 도주는 명 정복을 위해 길을 빌려달라는 말로 바꾸어 조선에 교섭을 해 왔으나 조선의 입장에서 이것은 받아들이기 어려운 요구였다. 교섭이 결렬되자 도요토미 히데요시는 1592년 4월 15만 명의 군대를 동원하여 조선을 침략하였다.

일본군의 작전은 육군은 종래 일본 사절단이 조선에서 이용하던 세 길을 따라 북상

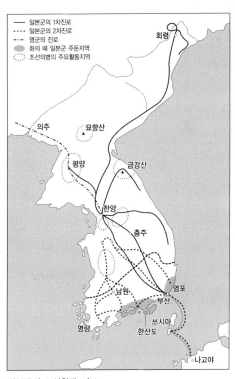

일본군의 조선침략 지도

하고, 수군은 조선 남해와 황해를 돌아 물자를 조달하면서 육군과 합세하는 것이었다. 일본군이 물밀듯이 북상해 오자 조선 국왕은 한양을 떠나

북쪽으로 피신하였다. 일본군은 20일 만에 한양에 들어왔으며 고니시 유키나가와 가토 기요마사의 군대는 한반도 북부까지 쳐들어갔다.

　일본군은 전쟁 경험이 풍부하였고 잘 훈련되고 조직되었으며 수적으로도 압도적으로 많았다. 반면 조선군은 군정이 문란해진 상태에서 군비가 갖추어져 있지 않았으며 실전 경험도 없었다. 조선군의 숫자는 17만 명을 헤아렸다고 하나 이는 문서상의 숫자였을 뿐 실제 전투에 임할 수 있는 병력은 그보다 훨씬 적었다. 조선이 전쟁 가능성이 있다는 소식을 듣고 마련한 대책은 효과적이지 못한 것으로 드러났다. 또한, 지배층에 불만을 품은 민중이나 군졸들이 일본군이 침입하기도 전에 도주하는 사례도 빈번하였다.

전세의 역전

　무력한 조정과 관군을 대신하여 1592년 6월 이후 조선 전국에서 의병이 봉기하였다. 의병은 충의의 뜻을 강하게 지닌 유생과 전직 관료, 일본군의 침략으로부터 생명과 재산을 지키려는 농민, 호국불교의 전통을 이은 승려들이었다. 이들은 자신과 나라를 지키기 위해 자진하여 참가하였으므로 사기가 높았고 향토지리에 밝은 이점이 있었다. 조선조정은 비상대책으로 또 하나의 조정分朝을 만들었는데 세자가 이를 이끌고 각지를 다니면서 의병 봉기를 촉구하고, 의병 부대를 국가의 정식 군대로 인정하였다. 의병들은 전국에서 일본군의 무기와 식량보급로, 통신망을 차단하여 일본군을 어려움에 빠뜨렸다. 의병의 봉기로 민심은 차츰 제자리를 찾게 되었으며 조선 관군도 재기할 수 있는 시간을 얻게 되었다.

　또한, 이순신이 이끄는 조선 수군은 일본 수군을 한산도 등지에서 쳐부수고 제해권을 장악하였다. 일본군은 보충병력과 군수품의 수송이 어려워져 곤경에 처하게 되었다. 조선의 수군이 연전연승할 수 있었던

조선 수군과 일본 수군의 해전도

것은 이순신의 탁월한 전략·전술과 일본 전선에 비하여 견고하고 우세한 화력을 갖춘 조선 전선戰船에 있었다. 조선 수군과 의병의 활약은 조선에 불리하였던 전세를 뒤집는 원동력이 되었다.

한편, 의주로 피신한 조선국왕은 명에 구원을 요청하였다. 명에서는 의론이 분분하였으나 조선에서 적을 막는 것이 자국의 방어에 유리하다는 판단 아래 대규모 원병을 파견하였다. 1593년 1월 이여송이 이끄는 명군은 조선 관군, 의병과 합세하여 평양성을 수복하고 일본군은 서울로 퇴각하였다. 명군은 처음 3천여 명의 병력을 파견한 것을 시작으로 전쟁이 끝날 무렵에는 10만 명 정도의 군대를 조선에 주둔시켰다.

화의교섭과 제2차 침략

일본군은 전황이 불리해지자 화의에 나섰다. 명군도 벽제관 전투에서 패한 후 자국의 이해를 우선하여 종전을 원했으므로 화의교섭이 시작되었다. 가장 많은 피해를 입은 조선은 화의에 반대하는 입장이었으나 교섭에서 제외되었다. 교섭이 진행되는 동안 조선조정은 군사제도를 능률적으로 개편하고 의병부대를 관군으로 편입시키는 등 군사력을 강화하였다. 일본군은 남해안으로 물러가 성을 쌓고 대기하였다.

조선 의병과 수군의 활약

칠백의총(위) : 충남 금산 소재. 조헌과 영규가 이끄는 2천여 명의 의병부대는 1592년 8월 금산에 주둔한 1만 5천의 일본군과 맞서 싸웠다. 약속했던 조선관군의 지원이 끝내 오지 못하게 되자 최후까지 남은 700여 명의 의병이 전원이 싸움에서 순절하였다. 무덤은 이들을 함께 묻은 곳이다. 이 지역에서 의병들이 여러 차례에 걸쳐 벌인 전투는 한반도의 남서부 지방을 방어하는 데 큰 역할을 하였다. 무덤은 1940년 조선총독부에 의해 파괴되었다가 1962년 복원되었다.

복원된 거북선(아래) : 일본과의 전쟁에서 사용된 거북선은 이순신이 1592년 3월 전라좌수영에서 만든 것이다. 당시 조선의 주력 전함 중 가장 작은 배에 송곳이 박힌 지붕을 씌운 철갑선 구조로 되어 있었다. 125명 정도가 탈 수 있었으며 배의 양 옆과 앞뒤 14군데에서 대포를 쏘면서 적선에 돌격하는 배로, 당포 해전, 한산도 해전 등에서 위력을 발휘하였다.

명·일 양측은 서로 자국이 유리한 입장에서 화의교섭을 하려 하였다. 일본은 한반도의 남부지방을 내줄 것, 감합무역을 부활할 것 등을 명에게 요구하였다. 그러나 일본의 요구는 받아들여지지 않았고 3년에 걸친 화의교섭은 결렬되었다. 남해안에 주둔해 있던 일본군은 1597년 다시

순천에 남아 있는 일본식 성(왜성)의 성벽 | 고니시 유키나가가 쌓았다.

침략을 시작하였다.

　일본군은 조선의 남부지방을 차지한다는 계획 아래 전라도 지방을
공략하였다. 일본군은 조선 수군을 물리치고 육지에서는 전라도 각 지역
을 함락시키면서 방화, 약탈, 학살을 자행하였다. 일본군은 전공을 증명
하기 위하여 조선인들의 코를 베어 일본에 보냈고(귀무덤),[2] 남녀노소를
불문하고 마구 잡아 노예상인에게 팔아넘겼다. 그러나 곧 조선과 명의
군대가 바다와 육지에서 일본군을 대파하면서 북상을 가로막았고 일본
군은 남해안으로 물러났다. 일본군은 극심한 군량 부족 상태에서 고전을
면치 못하였다. 이 때 도요토미 히데요시가 죽자 일본군은 이를 극비에
부치고 본국으로 철수하기 시작하였다. 이순신은 철수하는 일본군을
대파하였으나 전투중에 전사하였다. 일본군은 조선침략으로 5만 명에
달하는 인원을 기아, 질병, 전사로 잃고 퇴각하였다. 이로써 7년에 걸친
전쟁이 끝났다.

용어 해설

1_군정문란 : 1578년 경상도 병영에서는 군기의 정비와 훈련에 태만한 병사를 처벌한 지휘관에 반발하여 군사 전원이 탈영하는 사태가 벌어졌다. 이에 대한 조정의 논의 중에 무장들은 "근래 들어 늘 있는 일"이라고 반응하였다(『선조실록』).

2_귀무덤耳塚 : 일본 교토에 있다. 도요토미 히데요시가 조선군의 코와 귀를 전공의 증거로 삼겠다는 명령을 내리자 1만이 넘는 조선인의 코와 귀가 잘려져 일본으로 보내졌다. 귀무덤은 조선인의 코와 귀를 묻은 위에 세운 탑이다.

전쟁의 영향

일본의 조선침략은 명의 쇠퇴와 청의 등장, 에도 막부 정권의 성립 등 동북아시아
정세의 재편에 큰 영향을 미쳤다. 전쟁 뒤 조선은 황폐해진 농지를 복구하고 조세제
도를 합리화하는 등 전쟁의 피해를 수습하고자 애썼다. 일본은 이 전쟁에서 활자,
도자기 등 조선의 앞선 문화를 약탈하고 수많은 조선인을 연행해 갔다. 연행된
이들 가운데 도공은 도자기 기술을 전하고, 조선의 유학자는 주자학을 일본에
전파하였다.

조선침략과 동북아시아 정세

일본의 조선침략은 동북아시아
정세에 큰 영향을 미쳤다. 명의 참전
으로 전쟁은 국제화되었다. 명은 조
선을 구한다는 명분을 내걸었지만,
조선을 지켜 명 자신의 안전을 강화
하기 위해 참전한 것이었다. 명은 이
전쟁에서 수만 명의 희생을 치르고
거액의 군비를 소진함으로써 국력
이 쇠퇴하여, 만주족(과거의 여진
족)의 성장을 허용하게 되었다. 일
본은 명과의 관계를 회복하려 했지
만 명은 일본의 요구에 응하지 않았
다. 조선은 한동안 명의 약체화와 만
주족의 융성이라는 정세를 고려하

정묘호란 · 병자호란

여 신중한 중립외교를 견지하였지만, 결국 명과 친선을 유지하며 만주족
이 세운 후금(뒷날의 청)을 배척하였다. 이 때문에 후금은 1627년과
1636년 두 차례에 걸쳐 미처 전란에서 회복되지도 않은 조선을 침략했다
(정묘호란·병자호란).

조선에 미친 영향

거듭된 전쟁으로 인한 농지의 황폐, 국가질서의 문란과 더불어 관리와
토호들의 부정행위는 민중과 국가 재정을 모두 궁핍하게 만들었다. 전후
대책으로 실시된 군비확장과 시설복구에 지출이 계속 증가하자, 대대적
인 토지조사를 실시하였으나, 두 번에 걸친 청의 침략까지 겹쳐 농지를
전쟁 이전 수준으로까지 회복하는 데에는 상당한 기간이 걸렸다. 농민에
게는 과대한 부담이 강요되어 농민의 농지 이탈 현상이 증가하였다.
조선왕조는 민생을 안정시키고 관리의 부정을 방지하고자 조세제도를
전면적으로 개편하였다.

전쟁 중 신분을 증명하던 문서들이 불태워지고, 공명첩[1]이 발행되면서
사회질서 유지의 근간인 신분제도가 동요하기 시작하였다. 또 궁궐과
사찰 등 중요한 건축물과 많은 서적, 미술품이 소실되거나 약탈되었다.
사상적으로는 전쟁 중 나라를 구하려다가 희생된 인물을 숭배하는 풍조
가 고양된 반면, 일본군에 의한 피해로 조선인들 사이에는 일본인을
더욱 멸시하고 적대시하는 감정이 깊어졌다. 또 지배층 사이에는 명군의
참전을 은혜로 여기는 사람들도 생겨났다.

전쟁의 경험은 군사 분야에 직접 영향을 미쳤다. 화약무기의 중요성이
부각되면서 각종 무기가 개발되었는데 항왜降倭[2]를 통해 일본의 조총이,
명을 통해 서양식 대포가 도입되었다. 기마병과 활을 중심으로 하던
전통적인 전투방법도 화약무기 체제에 적합하도록 변화되었으며, 근접

전투에 필요한 무예서들도 새롭게 편찬되었다.

일본에 미친 영향

조선침략 과정에서 일본은 각 다이묘3에게 군역과 관련하여 무거운 짐을 지웠다. 일본은 각 다이묘의 영지 별로 생산력에 비례하여 병사를 징발하였다. 무사 이외에도 많은 농민들이 군역에 동원되었고, 대량의 군량 조달, 무기류 구입을 위한 과도한 세금이 부과되었다. 이 때문에 고통 받던 무사들이나 농민들이 반란을 일으켰다. 또한 다수의 곤궁한 농민들이 촌락에서 도망하여 마을이 황폐해졌다. 한편 조선침략에 참여한 무장들 간의 대립이 심화되어 도요토미 정권의 지배력이 급격히 약화되었다. 그 결과 일본에서는 도쿠가와德川 씨 정권이 새로 수립되었다.

일본군은 수많은 조선 서적과 구리 활자, 불화 등을 약탈하였으며,

도공

이삼평을 기리는 비 | 사가 현 아리타초

조선 도공들은 일본에 연행된 후 생활용 자기를 구웠는데, 이것이 서일본 각지에서 아리타 자기 등 지방도자기 제작의 효시가 되었다. 포로로 끌려간 도공들은 차별과 박해 속에서 백자를 구웠다. 그들은 영주의 보호를 받았으나 다른 마을 사람과의 결혼이나 일본이름의 사용을 금지 당한 채 조선어와 조선의 풍습을 강요 당했다. 도공들 가운데에는 이삼평이라는 뛰어난 인물이 있었는데, 현재 아리타 공원에는 그를 기리는 비가 세워져 있다.

일본에 주자학을 전해준 강항(1567~1618)

강항의 초상화

강항(사진)은 유학자로서 과거에 급제한 뒤 조선의 관리가 되었는데, 일본이 조선을 침략했을 때 조선과 명의 연합군에게 군량을 조달하고 의병을 모으는 임무를 담당했다. 1597년 3월 제2차 조선 침략이 시작될 무렵, 강항은 고향으로 돌아가던 도중에 일본군의 포로가 되어 일본으로 끌려갔다. 그는 일본에 억류된 동안 승려 후지와라 세이카4에게 큰 영향을 미쳤다. 강항은 조선으로 돌아왔지만 세이카는 에도 시대 주자학의 비조가 되었다.

많은 조선인을 연행해 갔다. 일본에 끌려온 조선인들 중에는 후에 모국으로 귀환한 자도 있었으나 대부분은 일본에서 생을 마감해야 했다. 서일본의 다이묘들은 전쟁으로 인해 감소된 농업노동력을 연행한 조선 농민들로 메웠다. 또 인신매매상에 의해 많은 조선인이 연행되었고, 나가사키의 포르투갈 상인에 의해 유럽 등으로 노예로 팔려나갔다.

조선침략기에 도요토미 히데요시는 규슈에 머물면서 주변 가마터에서 다기를 굽게 하고 차를 즐겼다. 그로 인해 당연히 차를 만들기 위한 도기와 찻잔에 관심이 집중되었고, 그 과정에서 고도의 기술을 지닌 조선인 도공이 중용되었다.

연행된 조선인 가운데에는 도공뿐만 아니라 유학자도 있었는데, 이들은 에도 시대 주자학의 발전에 영향을 미쳤다. 또 목수, 석공, 직물공, 한지제작공 등도 포함되어 있었다. 규슈 서북지역에 있는 '도진마치唐人町'라는 곳은 연행된 조선인들이 집단적으로 거주했던 곳이다. 다이묘들은 이들을 통해 조선의 문화와 기술을 받아들여 영지 개발을 꾀하였다.

용어 해설

1_공명첩 : 이름이 적히지 않은 관직임명장으로서 곡물 등을 국가에 헌납하면 그 자리에서 이름을 적어준 서류다. 국가에서 재정을 보충할 필요가 있을 때 부정기적으로 이 서류를 발급하였는데, 이 서류를 받은 사람은 실제 그 관직의 실무를 보는 것은 아니었다.

2_항왜 : 임진왜란 중 조선에 투항해 온 일본군. 참고자료에 소개된 사야카는 대표적인 항왜 중 한 사람이다.

3_다이묘大名 : 일본 막부시대에 1만 석 이상의 독립된 영지를 소유한 영주를 일컫는 말이다. 1871년 폐지되었다.

4_후지와라 세이카藤原惺窩 : 일본 에도 시대의 주자학의 원조. 원래 승려였지만 1598년 교토 후시미 성에서 이송되어 온 강항에게서 성리학을 배우면서 환속하였다. 세이카는 유학의 여러 학파에 대해 비교적 포용력을 보였지만, 그의 문하에서 배웠던 하야시 라잔林羅山은 주자학만을 올바른 학문으로 인정하였다.

제8장 통신사 외교의 전개

1598	일본군, 조선에서 철수
1603	도쿠가와 이에야스, 에도 막부 엶
1604	조선, 탐적사를 일본에 파견
1606	조선, 강화조건을 일본에 제시
1607	조선, 회답겸쇄환사를 일본에 파견
1609	조선과 쓰시마, 기유약조 체결
1615	일본, 무가제법도武家諸法度 제정
1616	후금 건국
1627	후금, 조선침략(정묘호란)
1636	청, 조선침략(병자호란)
	조선, 일본에 제1회 통신사 파견
1644	명, 멸망
1708	조선, 전국적으로 대동법 시행
1711	조선, 일본에 제5회 통신사 파견
	(국서에서 도쿠가와 쇼군의 칭호를 '일본국왕'으로 변경)
1719	조선, 일본에 제6회 통신사 파견
	(국서에서 도쿠가와 쇼군의 칭호를 '일본국 대군大君'으로 되돌림)
1785	조선, 『대전통편』 편찬
1811	조선, 일본에 통신사 파견(제9회, 쓰시마에서 국서교환)
1854	일본, 미일화친조약 체결
1858	일본, 미일수호통상조약 체결
1863	조선, 고종 즉위하고 대원군이 권력 장악
1867	일본 에도 막부 멸망
1869	일본 메이지 정부가 조선에 외교문서 보내나 수리 거부

전후복구와 정치의 변화 | 조선은 일본과의 전쟁(1592), 청과의 두 차례 전쟁(1627, 1636)으로 입은 피해를 복구해야 했다. 조선의 왕과 관료들은 농민생활을 안정시키는 일에 우선적으로 착수하여 각종 개혁정책을 시행하고, 황폐화된 토지를 평상시 수준으로 복구했다.

성리학적인 정치질서를 회복하는 것도 중요한 과제였다. 이 때의 정치에서 가장 중요한 것은 양반사회의 여론이었다. 양반사회의 여론은 그들만의 여론이라는 점에서 오늘날의 민주주의적 여론과는 달랐다. 중앙과 지방에서 여론을 모으는 기구들이 발달했으며, 여론의 주도자가 나타나기도 하였다. 그들은 지위에 관계없이 정치를 비판하면서 토론을 통해 여론을 형성해 나갔다. 여론정치가 활성화되면서 각 정치세력은 합리적인 정책을 추진하기 위해 노력하였다.

사회변화와 정치적 갈등 | 17세기 말이 되자 조선사회는 다시 한 번 크게 변화되었다. 농업기술의 발달과 함께 도시와 농촌에서 상품경제가 확대되었다. 조선사회를 지탱해 오던 지주제도와 신분제도가 흔들리고, 경제력을 가진 하층민, 몰락한 양반 등 새로운 계층이 나오기 시작했다.

이 즈음 정치를 운영하는 원리도 달라졌다. 각 정치세력들은 이제 상대와 공존하면서 경쟁하기보다는 상대를 부정하고 권력을 독점하는 쪽을 선택했다. 권력 독점을 위한 정치적 대립이 심해지면서 정치기강이 해이해지고 왕의 권한은 약화될 수밖에 없었다.

영조 · 정조의 탕평정치 | 영조(재위기간 1724~1776)와 정조(재위기간 1776~1800)는 정치의 중심을 왕 자신에 두는 새로운 논리를 제시하면서 정치세력들 사이의 심한 대립을 막고 균형을 유지했다. 영조는 협조적인 인물을 등용하여 왕권을 강화하려 했다. 그 결과 정치세력 사이의 대립이 크게 줄었으며 소속에 관계없이 능력에 따라 인재가 등용되었다.

정조는 정치기구와 군사기구를 새로 만들어 자신의 권력을 뒷받침하게 하고 개혁정치를 주도했다. 정조는 특히 신분적 차별을 완화하고 상공업을 부흥시킴으로써 민중의 생활을 크게 안정시켰다.

정조의 뒤를 이어 나이 어린 후계자들이 왕이 되면서 권력은 몇몇 유력한 가문에게 집중되었다. 그들은 왕실과의 혼인관계를 이용해 권력을 독점했다. 그들은 누구의 견제도 받지 않으며 특권을 누렸지만 그만큼 백성들의 생활은 어려워졌다.

문화정리사업과 실학 | 문화정리사업은 주로 영조와 정조 때 많이 이루어졌다. 그들은 조선왕조의 기본 법전(경국대전)을 수정하는 작업을 계속했다. 또 영조는 지리서와 백과사전을 편찬하고, 정조는 규장각(왕립도서관)의 학문 연구 결과를 출판함으로써 문예부흥기를 이끌었다.

문예부흥의 시대 분위기 속에서 실학이라는 새로운 학문 활동이 활발히 이루어졌다. 실학은 자유로운 비판정신을 바탕으로 하여 실증적인 방법으로 학문을 연구하고 그 성과를 실생활에 활용하려는 학문이었다.

서양과학은 실학을 확산시키는 데 밑거름이 되었다. 서양 선교사들이 중국에서 한문으로 펴낸 과학서적들은 조선에 수입되어 실학사상과 사회 발전에 큰 영향을 미쳤다.

실학자들은 조선사회를 개혁하기 위해 노력했다. 일부 학자들은 농업을 중시하고 토지제도를 개혁해야 한다고 주장했으며, 상공업 활동을 활발히 하고 기술을 개발해야 한다고 주장하는 학자들도 적지 않았다. 실학자들은 서양문물을 들여오는 데에도 적극적이었다.

문화예술의 새 경향 | 사회 현실에 대한 실학자의 관심과 비판의식은 조선의 역사, 지리, 언어, 풍속, 예술 등 전반에 대한 연구로 나타났다. 조선까지 이어지는 역사의 흐름을 정리하거나, 발해 등 당시까지 중시되지 않았던 고대국가를 다룬 책들도 등장했다. 실학자들은 고대사 연구를 통해 한국사의 무대가 한반도와 지금의 중국 동북부에 걸쳐 있음을 밝혔다.

산줄기와 물줄기를 분류하고 각 지역의 경제생활과 풍속을 조사한 책들이 나오기도 했다. 지리학자 김정호는 동아시아 전통 지도학의 최대 성과로 손꼽히는 「대동여지도」를 만들었으며, 한글학자들은 한글의 우수성을 재인식시킨 저서를 펴냈다.

실학적인 문화는 문화예술 분야에서도 나타났다. 화가들은 중국의 그림책을 견본으로 하지 않고 조선의 땅과 조선사람들의 삶을 있는 그대로 그려내게 되었다. 왕실에서는 중요한 행사를 기록화로 남기기도 했다.

양반들에 의해 양반 중심으로 진행되어 오던 문화예술계의 흐름도 크게 달라졌다. 양반들의 위선을 비웃거나 중화사상을 비판하는 문학작품이 나오는가 하면, 양반 이외의 계층에서도 문학과 예술을 주도하는 인물이 나타났다.

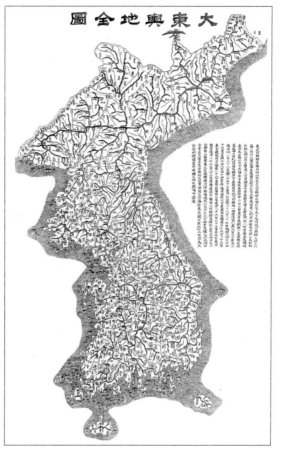

대동여지전도 | 19세기 후반 김정호가 만든 것으로 추정되는 조선전도

에도 막부의 성립 | 도요토미 히데요시가 죽자 정치의 실권은 도쿠가와 이에야스德川家康에게 넘어갔다. 이에야스는 본래 미카와三河(아이치 현)의 다이묘였는데, 에도(도쿄)를 거점으로 삼고 도요토미 히데요시 아래서 최대의 다이묘로 성장했다. 그는 1600년 세키가하라關ヶ原(기후 현) 전투에서 히데요시의 지지세력에게 승리한 뒤 1603년 정이대장군에 올라 에도 막부를 개창하였다.

에도 막부는 전국의 약 4분의 1에 달하는 토지와 에도, 교토, 오사카 등의 중요 도시, 항구, 광산, 산림 등을 직할 지배하였으며, 화폐주조권과 외교·무역권을 독점하였다. 또한 전국 약 260명의 다이묘를 통제하기 위해 간토와 긴키 등의 요지에 도쿠가와 가문의 다이묘와 이전부터 도쿠가와 씨를 따르던 가신들을 배치하고, 규슈, 시코쿠, 도호쿠 등 에도에서 멀리 떨어진 곳에는 새롭게 종군한 다이묘들을 배치하였다. 또 다이묘들이 서로 동맹관계를 맺는다든가 막부와 무단으로 혼인관계를 맺거나 성을 보수하는 행위를 금지하였으며, 이를 위반한 다이묘는 영지를 몰수하는 등 엄하게 다스렸다. 3대 쇼군 때는 다이묘의 처자들을 인질로서 에도에 거주하게 하고 다이묘는 1년마다 에도와 자신의 영지를 왕복하게 하였다(산킨코타이 参勤交代).

막부는 조정과 공가公家에 대해서도 정치적 움직임을 통제하고 막부 기관을 두어 감시하였다. 사찰과 신사에 대해서도 종파별로 엄한 법률을 제정하고 지샤부교寺社奉行를 두어 감독하였다.

쇄국체제의 확립 | 도쿠가와 이에야스는 근린 제국과의 평화외교에 힘썼다. 다이묘와 대상인에게 해외 도항을 공인하는 주인장朱印狀을 주어 무역(주인선무역朱印船貿易)을 진흥시킨 결과 동남아시아 각지로 일본인이 진출하여 일본인 마을이 만들어졌다. 그러나 그 후 막부는 국내의 기독교 확산을 두려워하여 금교령을 내렸으며, 1635년에는 일본 선박의 해외 도항이나 해외에 체류중인 일본인의 귀국을 엄금하였다.

1637년에는 시마바라島原(나가사키 현)·아마쿠사天草(구마모토 현)의 기독교도 농민 약 3만 7천 명이 중세重稅와 기독교 탄압에 반대하여 봉기하였다. 이에 막부는 12만 대군을 보내어 진압하였다(시마바라·아마쿠사 잇키). 그 후 막부는 마리아나 예수의 그림을 밟도록 하여 기독교도를 가려내는 후미에를 강화하고, 모든 사람을 불교도로 만드는 정책을 강화하였다.

한편 막부는 기독교 포교와 관계 없는 네덜란드 상인에게 나가사키 데지마에서 무역을 하도록 허가하고 중국 상인에게도 나가사키에서 무역을 하도록 허가하였다. 또한 막부는 류큐(오키나와)·조선과 외교관계를 유지하면서 네덜란드·중국과는 막부 직할의 나가사키에서, 조선은 쓰시마(나가사키 현)의 소 씨를 매개로, 류큐와는 사쓰마(가고시마 현)의 시마즈 씨를 매개로, 아이누와는 에조치(홋카이도)의 마쓰마에 씨를 매개로 각기 무역을 행하였다. 이처럼 막부 주도 하에 일본인의 해외 왕래를 금지하고 제한된 외국인만을 대상으로 통교를 행하며 무역루트를 제한한 대외정책을 쇄국이라고 하는데 이 체제는 향후 200년 이상 지속되었다.

막부정치의 전개 | 17세기 중반 이후 막부는 대내외적으로 정세가 안정되고 사회가 평화로워지자 유교이념을 기초로 하는 정치를 행하였다. 4대 쇼군은 다이묘의 영지 몰수나 삭감을 자제하였고, 5대 쇼군은 유학과 불교를 장려했다. 6·7대 쇼군 대에는 유학자인 아라이 하쿠세키新井白石가 막부정치에 큰 역할을 하였다.

그러나 그 후 재정이 악화되자 18세기 전반 8대 쇼군은 정치개혁을 시도하였다(교호享保의 개혁). 막부는 약 30년에 걸쳐 검약을 통해 지출을 줄이는 한편 증세와 신전개발 등을 통해 연공수입을 늘렸다.

그 후 18세기 후반이 되자 막부는 연공수입만으로는 한계가 있다고 판단하여 상인의 경제력을 이용하여 막부의 재정을 보강하고자 하였다. 그 결과 상인들의 동업자조합에게 영업의 독점을 인정하는 대신 상납금을 징수하고, 상인자본으로 광산 개발이나 신전 개발을 추진하였다. 이러한 중상주의 정책에 의해 경제는 활성화되었지만 흉작과 기근으로 농민반란인 햐쿠쇼잇키百姓一揆가 증가하였으며, 도시 서민들이 대상인을 습격하는 등 사회불안이 확산되어 갔다.

이 때문에 1787년 막부는 다시 정치개혁을 추진하였다(간세이寬政의 개혁). 이에 막부는 흉작으로 황폐해진 농촌을 재건하기 위해 농촌에서 도시로 나와 돈벌이를 하는 행위를 금지하고 도시의 농민들을 다시 농촌으로 돌려 보냈다. 또 기근과 재해에 대비하여 각지에 미곡을 저장하도록 하였다. 그러나 이 개혁은 엄격한 규제를 수반했기 때문에 서민의 불만이 날로 높아 져 6년 만에 실패로 끝났다.

서양열강의 접근 | 이 무렵 러시아 사절이 내항하여 일본에 통상을 요구해 왔다. 그러나 막부는 이를 거절하고 일본 해안에 접근하는 외국 선박의 격퇴를 지시하였다.

그 후 국내에서는 흉작과 기근으로 물가가 치솟고 민중봉기와 각종 습격 이 빈발하여 사회가 동요하였다. 이 때문에 막부는 세 번째 개혁을 단행하였 다(덴포天保의 개혁). 막부는 검약을 명하고 풍속을 통제하며 물가를 낮추기 위해 상인조합을 해산시켰으나 사회의 동요는 더욱 심해졌다. 게다가 막부 는 에도와 오사카 주변의 토지를 막부령으로 삼고자 하였으나 실패하고 개혁도 좌절되었다.

각지의 번藩(다이묘의 정치기구)도 재정이 궁해져 개혁을 단행하였다. 사쓰마 번(가고시마 현)과 조슈 번(야마구치 현) 등지에서는 유능한 하급 가신을 발탁하여 개혁을 추진했다. 이들은 번의 빚을 탕감해 주고 영지의 특산물을 번 전매제로 하여 재정을 안정시킴으로써 막부 말기 정치에 큰 영향을 미쳤다.

한편 막부와 번은 외국선의 내항에 대비하여 서양의 병학, 포술, 항해술 등을 적극적으로 배우고자 하였다. 청나라가 아편전쟁에서 영국에게 패하 자 막부는 1842년에 방침을 전환하여 외국 선박에게 땔감이나 물을 제공하 도록 하였다. 1630년대에 확립된 쇄국체제는 이 시기에 이르러 크게 동요하 기 시작했다.

조선과 일본의 국교회복 과정

조선침략 후 일본과 조선은 국교단절 상태가 지속되었으나 강화 끝에 조선왕조는 사절단을 파견하였고, 쓰시마의 소 씨와 조선왕조는 통교무역상의 조약을 맺게 되었다. 그리고 1636년 일본 측의 요청으로 조선왕조는 일본에 통신사를 파견하였는데, 이로써 조선왕조와 쓰시마 사이의 외교와 조선왕조와 에도 막부 사이의 통신사 외교라는 2개 교류가 시작되었다.

쓰시마를 통한 조일 강화교섭

일본의 조선침략 후 조선과 일본은 수년 동안 국교 단절상태가 지속되었다. 일본에서는 정권의 기반을 굳혀 가던 도쿠가와 이에야스가 명나라와의 강화와 명일 무역의 실현을 요구하였으나 성공하지 못했다. 또이에야스는 조선침략으로 중단된 조일관계를 회복하기 위해 쓰시마의 영주 소 씨宗氏에게 조일 강화를 교섭하게 하였다. 쓰시마의 소 씨는 고대 이래 조선과의 무역으로 생계를 유지해온 터라 조일무역의 재개를 바라고 있었고, 종전 다음 해부터 몇 차례씩 사절을 조선으로 파견하여 강화교섭을 행하였다. 에도 막부는 잡혀 있던 조선인들을 송환하였다. 한편 조선은 일본의 재침 의도와 강화의 진의를 확인하기 위해 사절 파견을 위한 준비에 들어갔다.

조선은 전쟁으로 황폐해진 국토를 하루빨리 복구하고 후금의 누르하치 세력으로부터 나라를 보호하기 위해서도 일본과의 관계를 안정시킬 필요가 있었기 때문에 국교 회복의 기운이 서서히 고조되어 갔다.

1604년 조선은 일본의 정세 파악과 강화 요구의 진의를 확인하고자 탐적사探賊使를 쓰시마로 파견하였다. 그 이듬해 쓰시마에 있던 조선사절은 교토로 올라가 도쿠가와 이에야스와 회견하였는데, 조선은 에도 막부의 강화 요구에 대해 신중한 자세를 취했다.

1606년 조선은 에도 막부의 강화 요구에 대해 쓰시마의 소 씨를 통해 두 가지 '강화 조건'을 제시하였다. 하나는 조선을 침략했을 때 조선국왕의 묘를 훼손한 범인을 붙잡아 조선으로 보내고, 다른 하나는 도쿠가와 이에야스가 먼저 조선국왕에게 국서를 보내라는 것이었다. 일본 측으로서 이것은 극히 받아들이기 어려운 문제였다.

조일국교의 회복

조선의 두 가지 강화조건에 대해 쓰시마의 소 씨는 섬 안에 있던 죄인 두 명을 묘지 훼손범으로 속이고 국서를 위조해서 조선에 보냈다. 이 때 국서의 끝 부분에는 명나라 연호를 적고, 도쿠가와 쇼군에 대해서는 '일본국왕'이라고 새긴 도장을 찍었다. 다시 말해 명나라의 조공·책봉체제 하에 있던 조선은 일본도 명나라의 책봉체제 하에서 조선과 대등한 관계에 있기를 바랬기 때문에, '일본국왕'이라는 칭호를 사용한 국서로 위조한 것이다. 이 국서를 받은 조선에서는 그 진위를 둘러싸고 연일 격론이 벌어졌는데, 결국 에도 막부가 최종 요구를 받아들였다고 판단하였다. 쓰시마의 소 씨는 '일본국왕'이라는 칭호를 사용한 국서 위조를 이후에도 조일간 교섭 과정에서 되풀이하였다.

1607년 강화조건이 충족되었기 때문에 조선은 국왕의 이름으로 일본에 사절을 파견하였다. 총인원 467명에 달하는 대사절단이었다. 이 때 사절단의 명칭은 '통신사'라고 하지 않고 도쿠가와 쇼군의 국서에 회답한다는 의미로 일부러 '회답사回答使'라고 하였는데, 조선침략 과정에서 끌려간 조선인 포로를 데려온다는 의미에서 '쇄환사刷還使'의 역할도 겸하게 하였다. 이리하여 이들 '회답겸쇄환사回答兼刷還使'는 에도 성에서 도쿠가

회답겸쇄환사 일람표

회	연대	파견 명분(조선)	파견 명분(일본)	총인원
1	1607	강화, 국정탐색, 연행된 조선인 송환	강화	467
2	1617	국정탐색, 연행된 조선인 송환	오사카 평정 축하	428
3	1624	쇼군 취임 축하, 연행된 조선인 송환	도쿠가와 이에미쓰 취임 축하	460

와 쇼군과 회견하고 국서를 교환하였다. 이로써 일본과 조선의 국교회복
이 달성되었다. 또 조선사절에게는 일본의 정세를 탐색하고 이를 소상히
본국에 알리라는 임무가 부여되었다. 조선은 1607년 이후 세 차례에
걸쳐 회답겸쇄환사를 파견하였다.

1609년 쓰시마의 소 씨는 도쿠가와 쇼군의 사절이라고 칭하고 국서를
제출하여 드디어 조선과 통교무역을 위한 기유약조를 맺게 되었다. 그
결과 조선 국왕은 도쿠가와 쇼군과 대등한 관계를 유지하면서도, 쓰시마
의 소 씨에 대해서는 우월한 지위에 서는 2중 구조가 부활했다. 다만
종래와 다른 점은 쓰시마의 소 씨에게 독점적 지위를 주었다는 것, 1년에
조선으로 파견할 수 있는 도항선 수를 20척으로 제한하였다는 것 등이었
다. 이로써 쓰시마의 소 씨는 무역을 재개할 수 있었다.

통신사의 파견

그 후 나이 어린 쓰시마 영
주와 가신 사이의 대립을 계
기로 소 씨에 의한 국서 위조
사실이 밝혀졌는데, 1635년
에도 막부는 국서 위조가 소
씨의 가신에 의한 자의적 소
행이라며 가신을 처벌하였
다. 에도 막부는 이 사건을 계

쓰시마가 위조한 조선 국왕의 국서

초량왜관도 | 왜관은 조선이 부산에 설치한 일본과의 교류 창구. 넓이는 약 10만 평이고 왜관에는 항상 500명 전후의 쓰시마 사람이 있었다.

기로 쓰시마에 실무담당자 두 명을 파견하는 새로운 외교방식을 도입하여, 다시는 국서를 위조하지 못하도록 하였다. 또 막부는 안정된 국제관계를 구축하여 막부의 위신을 강화하기 위해 통신사의 파견을 요청함과 아울러 조선국서에는 종래 사용하던 '일본국왕'이 아닌 '일본국 대군'이라는 호칭을 사용해줄 것을 조선왕조에 요구하였다.

이에 대해 조선은 두 차례에 걸쳐 후금의 군사적 침략을 받아 일본과의 우호관계를 유지할 필요성이 증대하였고, 또 조선의 유교문화를 일본에 전파함으로써 안정된 조일관계를 구축하고자 1636년에 통신사를 파견하게 되었다. 그 결과 조선은 쓰시마의 소 씨를 조선의 전통적인 지배질서에 다시 편입시켰다.

한편 쓰시마 소 씨는 조선에 의례를 표하거나, 막부의 요청을 받아 부산 왜관에 빈번히 사절(차왜差倭)을 파견하였다. 이 사절은 에도 막부에 의한 통신

사 파견 요청시에도 사전 교섭을 행하였다. 또 조선은 쓰시마 소 씨에게 답례나 경조의 인사로서 쓰시마에 사절(문위행問慰行)을 파견했다. 이로써 조선과 쓰시마의 소 씨 사이에 이루어진 외교와, 에도 막부와 조선왕조 사이에 이루어진 통신사 외교라는 2중 교류가 시작되었다.

통신사 외교와 조일무역

> 1636년부터 170여 년간 조선과 일본 사이에는 조선국왕이 파견한 통신사로 상징되는 평화·우호관계가 지속되었다. 통신사 외교는 다양한 긴장과 대립을 경험하면서도 양국의 노력으로 유지되었으며 귀중한 문화교류의 장이 되었다. 조일무역도 재개되어 18세기 전반까지 활발하게 전개되었으나 이윽고 일본의 무역통제 등에 의해 쇠퇴하였다.

통신외교의 시작

1636년부터 1811년까지 아홉 차례에 걸쳐 파견된 통신사는 국교회복후 조선과 일본의 평화·우호적인 관계를 상징하였다. 통신사는 조선이에도 막부의 쇼군 교체 등이 있을 때 축하 명목으로 일본에 파견한 사절이다. 일본에서 조선으로는 사절이 파견되지 않았는데, 이것은 일본의 조선침략(임진·정유왜란) 이후 조선이 일본을 경계하여 서울로의 왕래를 금지하였기 때문이다.

통신사는 '신의信義를 주고받기 위한 사절'이라는 뜻으로, 양국의 관계가 대등함을 나타내는 외교 형태다. 그러나 실상은 자신을 중화문화의 계승자라고 생각하는 조선과 일본을 중심으로 하는 화이질서 속에서 조선을 바라본 막부가 각각 상대방에 대해 가진 우월감을 배경으로 성립되었다.

막부는 18세기에 통신사 사행시 국역[1]이라는 국가적 조세체계를 바탕으로 각지의 다이묘에게 명하여 통행과 경비, 향응에 필요한 인마를 부담시키는 한편 통신사가 지나가는 인근 지역에 여러 규제를 가하는 등 국가외교로서의 색채를 강화하였다. 이를 통해 막부는 국내에서 정권

회	연 대	사절 파견 명분	조선국서의 수신인	총 인원
1	1636	태평 축하	대군大君	478
2	1643	후계자 이에쓰나家綱의 탄생 축하	대군大君	477
3	1655	이에쓰나家綱의 쇼군 취임 축하	대군大君	485
4	1682	이에요시綱吉의 쇼군 취임 축하	대군大君	473
5	1711	이에노부家宣의 쇼군 취임 축하	국왕國王	500
6	1719	요시무네吉宗의 쇼군 취임 축하	대군大君	475
7	1748	이에시게家重의 쇼군 취임 축하	대군大君	475
8	1764	이에하루家治의 쇼군 취임 축하	대군大君	477
9	1811	이에나리家齊의 쇼군 취임 축하	대군大君	328

의 권위를 높이고자 하였다.

한편 조선왕조는 문화적 우월국이라는 의식 하에 문화적 교화를 통해 평화를 유지하고자 우수한 문화인과 학자를 뽑아 대규모 사절단을 구성하였다.

통신사 외교는 조일 양국 모두 국내외 정세에 효과적으로 대응하기 위한 방법이었다.

통신사의 여정과 문화교류

각 회의 통신사는 막부의 의향을 전해받은 쓰시마 번이 독자적인 사신인 차왜를 왜관을 통해 동래부(부산)로 파견함으로써 시작되었다. 동래부는 조선의 대일외교를 위한 시설로서 통신사 관계 실무 외에도 차왜의 접대, 일본인 출입국 관리, 왜관무역의 감독 등을 담당하였다. 차왜는 조선왕조에 경사를 알리고 통신사 파견을 요청하였다.

쓰시마 번으로부터 요청을 받은 조선은 정사正使, 부사副使, 종사관從事官의 3사三使를 비롯한 통신사 일행을 편성하였다. 일행은 정사의 뒤를 따르는 아이들小童과 악대, 무인, 의사, 통역, 화가 등을 포함하여 약 500명 규모가 되었다. 일본인을 응접하는 제술관에는 당시 일류 문인이 선발되었다.

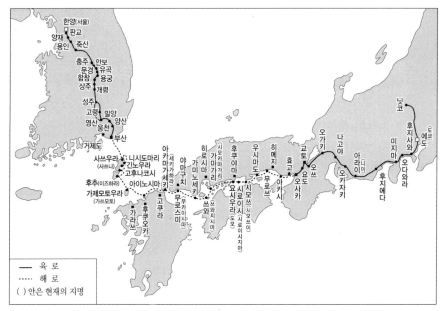

통신사행정도通信使行程圖 | 통신사가 지나는 길은 대략 3구간으로 나누어진다. 제1구간은 한양에서 부산까지의 육로며, 제2구간은 부산에서 오사카·교토까지의 뱃길이다. 해로로 오사카까지 이동하여 오사카에서 일본 배로 교토까지 간다. 제3구간은 교토에서 에도까지의 육로다. 서울에서 에도까지는 4~5개월이 걸렸다.

　3사는 출발에 즈음하여 한양 창덕궁에서 국왕을 배알한다. 일행은 육로를 거쳐 부산에서 집결하였다. 여기서는 도쿠가와 쇼군 등에게 줄 선물을 3척의 배에 나누어 실었다. 그 후 좋은 날을 골라 바다의 신에게 항해의 안전을 비는 의식을 거행하였다. 이들 일행의 선단은 길이 40미터에 달하는 정사선正使船, 부사선副使船, 종사관선從事官船 외에 화물선 3척까지 포함해 도합 6척으로 구성되었고, 여기에 쓰시마에서 영접을 위해 나온 배가 합세하였다. 일행은 순풍이 부는 날을 골라 쓰시마로 향했으며, 그 곳에서는 10일에서 20일 정도 체재하였다.

　일본 국내를 여행하는 도중에 통신사 일행은 체류지에서 일본인 학자, 문인, 승려, 의사, 화가 등의 방문을 받고, 시문으로 응수하거나 필담을 나누는 등 활발한 문화교류를 전개하였다. 당시 일본에서는 유교와 한시를 교양의 요소로 인식하였기 때문에 우수한 유학자나 문학자를 포함한

통신사행렬도 | 「조선국사절환대병풍도」 부분, 센유지泉涌寺 소장

통신사 일행은 존경과 환영을 받았다. 이들의 숙소는 교류를 원하는 사람들로 붐볐다. 제6회 통신사에 제술관으로 동행한 신유한申維翰은 기행문 『해유록』[2]에서 오사카 니시혼간지 별원에서 숙박하면서 많은 학자와 문화인이 찾아드는 바람에 일행은 "때때로 닭이 울 때까지 잠을 못 잤다"며 새벽녘까지 잠들 수 없었던 일화를 적고 있다.

일행은 에도에서 약 20~30일간 머물렀는데, 통신사는 쇼군에게 국서를 전달하였고 쇼군은 잔치를 베풀었다. 이들이 이용한 도로는 일본 국내에서는 같은 길을 사용하였으나, 한반도에서는 가는 길과 돌아오는 길이 달랐다. 도로변 농민들의 부담을 줄이기 위함이었다.

통신사의 영향과 외교유지 노력

통신사 일행은 일본사회에 다양한 영향을 미쳤다. 오늘날 일본에서는 통신사 일행을 수행하던 아이들의 춤에서 유래한 '가라코 오도리唐子(韓子)

에도 성에서의 의식

조선국왕의 국서를 막부에 전달하는 날, 통신사 일행은 정장차림을 하고 큰북과 관현악을 연주하면서 에도 성으로 향하였다. 에도 성에서는 다이묘들이 병렬해 있는 곳에 선물이 진열되었고, 정원에는 쇼군에게 줄 선물용 말이 줄을 이었다. 수일 후 쇼군은 에도의 통신사 숙소로 사신을 보내 조선 국왕에게 보낼 답서와 예물을 보냈다.

踊リ'나 통신사 행렬에
기원을 둔 '도진 오도리
唐人踊(韓人踊)'가 전해져
오며 비와 호琵琶湖 남쪽
연안길에는 조선인가
도라는 이름이 남아 있
다. 당시 조선에서도 지
식인층을 중심으로 일
본에 대한 관심이 높아

가라코 오도리 | 통신사 행렬에서 유래한 춤으로서 일본 오카야마 현岡山縣에 남아 있다. 미에 현三重縣에도 똑같은 춤이 전승되고 있다.

졌는데, 통신사는 일본과 조선 사이에 문화교류의 중요한 기회가 되었다.

제5회 통신사 파견시 막부는 국서에서 쇼군의 칭호를 대군에서 국왕으로 바꿀 것을 조선에 요구하였다. 막부의 일방적인 요구에 대해 조선의 당국자 대다수는 비판적이었으나, 최종적으로 조선은 일본과 평화적인 관계를 유지하기 위해 막부의 요구를 받아들이고 통신사 외교를 계속하기로 결정하였다.

한편 일본의 지식인 중에도 쓰시마 번의 유학자 아메노모리 호슈[3]처럼 양국은 서로 속이지 말고 성의를 가지고 교류해야 한다고 막부의 요구를 비판한 자도 있었다. 쇼군의 호칭은 1719년 제6회 통신사행 시 다시 대군으로 환원되었다. 통신사외교는 조선과 일본 양국의 노력에 의해 유지된 것이다.

조일무역의 성쇠

1636년 국교회복과 함께 부산 왜관에서의 조일무역도 부활하였다. 조일무역은 쓰시마의 소 씨가 중개하였다. 쓰시마는 경지가 적었기 때문에 무역이윤을 가신에게 분급함으로써 번의 지배藩政를 안정화시켰다.

무사가 된 조선인

일본의 조선침략 때, 일본으로 끌려간 조선인들 가운데 유학자와 도공이 포함되어 일본의 문화·산업에 큰 영향을 미친 것은 제7장 제2절에서 설명하였지만, 에도 시대 때 조선인 무사가 있었다는 사실은 그다지 알려져 있지 않다. 예를 들면 막부 관리인 고마 가高麗家는 본국이 고려고, 대대로 에도 성 오모테다이도코로表台所, 고부쇼講武所, 사이쿠조細工所 등에서 일하였다. 또한 소메키染木 가의 선조는 원래 조선의 이씨李氏 자손이었는데 가타기리 가쓰모토片桐且元의 포로가 되어 도쿠가와 이에야쓰의 손녀 센히메를 모셔 소메키라는 성을 부여받고 후에 에도 성에서 일하였다. 에도 성 혼마루의 현관을 담당한 오노우루 겐나이斧生源內의 선조도 일본의 포로였는데 송환을 거절하고 막부에 남아서 일하였다고 한다.

기슈 번(와카야마 현)에서는 일본의 1차 침략 때 끌려간 이일여의 자손이 유학자로서 225석의 지행知行을 받고, 번주에게 강의를 하고 통신사와 시문을 주고받기도 했다. 기슈 번에서는 1735년에 고간지자에몬五官治左衛門과 리사호노스케李佐保之介라는 이름이 보이는데 "모두 조선인의 후예"로 알려져 있다. 1636년의 하리마(효고 현)의 다이묘 히토쓰야나기一柳 씨의 가신록에는 "고려국 사람, 산지參次"라는 기사가 보인다. 그 밖에 쇼군에게 조리를 헌상한 유서를 갖고 있는 어용상인이 된 자도 있다.

무사가 된 가계 중에는 일본인이 양자로 들인 예도 보인다. 에도 사회에서 조선인은 무사로서도 존재하였던 것이다.

17세기 조선은 인삼과 중국에서 들여온 생사·견직물 등을 수출하고, 일본은 그 대가를 은과 동으로 지불하였다.

이 시기에 조일무역은 활발히 전개되어 일본이 쓰시마를 경유하여 조선에 지불한 은의 양은 나가사키를 경유하여 중국과 네덜란드에 지불한 액수를 넘어섰다. 그리고 17세기 말에는 막부가 나가사키 무역에서 은 수출을 통제하였기 때문에 쓰시마를 경유하여 조선으로 유출된 은의 비율은 더욱 더 높아졌다. 조선에 유입된 은은 다시 중국산 생사와 견직물과 교환되어 중국으로 들어갔다. 이러한 과정에서 조선 상인은 막대한 이익을 얻었다.

그러나 1720년대를 지나면서 조일무역이 쇠퇴하여 일본의 은 수출은 급격히 감소하였다. 일본 국내에서 은의 산출량이 감소하고 막부의 수출통제가 강화되었으며, 게다가 조선에서 수입하던 인삼과 생사·견직물이 일본 국내에서 생산되기 시

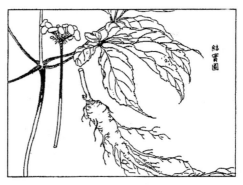

인삼 | 히라가 겐나이의 『물류품즐物類品櫛』에 실려 있는 조선인삼 그림

작하였기 때문이다. 조일무역에서 얻은 이익으로 번藩의 재정을 유지해 온 쓰시마에게 이러한 무역의 쇠퇴는 심각한 문제였다. 쓰시마는 이 위기에 대응하고자 막부에 원조금과 차입금을 신청하였다.

조일무역의 쇠퇴로 조선은 중국과의 무역에 힘을 쏟았다. 이 시기에는 야생으로 채취해 온 인삼을 재배로 전환해서 중국에 수출하였다. 때마침 요동반도에서 생산되던 중국제 인삼이 절종絶種 상태가 되어 조선산 인삼은 더욱 높은 가격에 팔렸다.

1636년부터 1811년까지 170여 년간 조선과 일본은 다양한 긴장과 변화를 경험하면서도 양국의 평화적 관계를 유지하였다.

용어 해설

1_국역國役 : 에도 막부가 막부령이나 다이묘 령 등에 상관없이 일국 단위로 부과한 임시세금. 통신사 외에도 하천의 보수 등 공공성이 강한 분야에 과세되었다.

2_『해유록海游錄』 : 1719년 제6회 통신사 신유한이 기록한 기행문. 당시 조선인의 일본관과 일본사회의 모습을 알 수 있는 귀중한 문헌이다.

3_아메노모리 호슈雨森芳州 : 1668~1755. 주자학자. 조선어와 중국어에 모두 능통하였으며, 쓰시마 번에서 문교정책과 조선외교를 담당하며 세력을 휘둘렀다.

통신사 외교의 변질과 붕괴

18세기에 접어들자 막부는 통신사의 왕래와 응접에 드는 경비를 삭감하기 위해 조선에서 가장 가까운 쓰시마에서 통신사를 응접하는 역지통신안을 제기하여 1811년에 이를 실현하였다. 그러나 1636년부터 계속되어 온 통신사는 이 해를 마지막으로 막을 내렸다. 그 후 새로운 쇼군의 취임 때에 통신사 파견이 계획되는 등 조일 간의 물밑 교섭이 계속되었으나, 통신사의 실현에는 이르지 못하였다. 메이지 정부가 수립되자 일본은 조선에 대해 고압적인 태도로 교섭에 임했다. 조선이 이에 반발하여 조일관계가 긴박해지자 메이지 정부는 쓰시마의 외교권을 박탈하고 조선과 직접적인 외교관계를 체결하여 쓰시마를 매개로 한 외교체제도 막을 내렸다.

러시아의 남하와 통신사

1636년부터 지속되어 온 통신사 외교는 1811년을 마지막으로 막을 내렸다. 그런데 1811년의 통신사행은 매우 이례적인 형태를 띠었다. 그것은 첫째, 새로운 쇼군의 취임 축하를 명분으로 일본을 방문하는 통신사의 관례가 무너지고, 쇼군 취임 후 24년이 지나서야 비로소 통신사의 파견이 실현되었다. 둘째, 막부의 정권 소재지인 에도가 아닌 조선에서 가장 가까운 쓰시마에서 통신사의 응접이 이루어졌다.

이 역지통신易地通信을 제안한 것은 일본이었다. 일본이 이러한 역지통신을 굳이 제기한 배경에는 18세기 말 이래 구미열강의 접근, 특히 러시아의 남하라는 사정이 있었다. 막부는 역지통신을 실현함으로써 통신사에 따르는 다이묘의 경제적 부담을 경감하고 서양세력의 접근에 대비하고자 하였다.

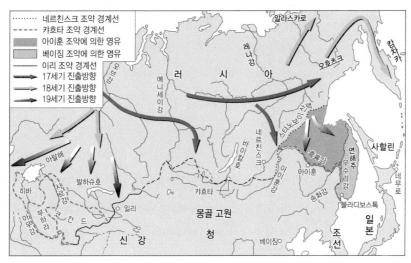

러시아의 남하

역지통신 교섭의 개시와 실현

1788년 막부는 역지통신을 실현하기 위해 먼저 쓰시마를 통해 통신사의 연기를 조선에 제안하였다. 그러나 조선은 일본 측의 제안에 강하게 반대하여 조일교섭은 교착 상태에 빠졌다. 그 사이에도 쓰시마는 몇 차례씩 사절을 조선에 파견하였다. 역지통신의 의도를 알 수 없었던 조선으로서는 통신사의 관례를 지킨다는 명분을 견지하며 막부와의 직접교섭을 요구하였다. 그 결과 1809년 조선과 막부의 직접교섭이 실현되었다. 조선은 역지통신이 통신사와 관련된 경비를 줄이기 위해 막부가 쓰시마에 지시한 것임을 이해하게 되었다. 이를 계기로 역지통신을 둘러싼 교착 상태는 차츰 해소되어, 결국 양국은 쓰시마에서 역지통신을 실시하기로 합의하였다.

당시 조선은 자연재해가 빈발하고 의례상의 교환물자인 인삼 확보에도 많은 곤란을 겪고 있었기 때문에, 일본의 제안은 조선에게도 재정적으로 이점이 있었다. 이와 더불어 17세기 중엽 이후 동북아시아 세계의 평화가 계속되면서 통신사 파견의 또 다른 목적이었던 일본 국내사정의 탐색이라는 필요성도 줄어들었다. 이러한 상황 속에서 조일 교섭을 거듭한 결과 1811년 쓰시마에서 역지통신이 실현되었다.

오사카 역지통신 계획과 좌절

1837년 일본에서 새로운 쇼군이 취임하자 다시 역지통신을 둘러싼 조일 교섭이 개시되어 다음 통신사를 쓰시마에서 응접하기로 합의가 이루어졌다. 그러나 정치개혁이 한참이던 일본은 합의를 뒤집는 제의를 하였다. 그런데 막부의 입장에서 통신사 응접은 쇼군직의 승계와 외교권 장악을 모든 다이묘에게 과시하는 정치의례의 하나로서 중요한 의의를 지니고 있었다. 이에 주목한 막부는 통신사를 이용하여 막부의 위신을 고양시키고자 오사카에서 통신사를 응접할 계획을 세웠다. 조선은 다음 통신사를 1856년에 파견한다는 조건으로 이 제안을 받아들였다. 그러나 그 전에 쇼군이 죽었기 때문에 오사카 역지통신 계획은 실현되지 못하였다.

통신사 외교의 붕괴

19세기 중엽 러시아, 영국, 미국 등이 막부에 통상을 요구하고, 막부는 1854년에 미일화친조약을, 1858년에는 미일수호통상조약을 맺었다. 막부는 미국에 이어 네덜란드, 러시아, 영국, 프랑스와도 같은 조약을 맺었다. 이 조약들은 영사재판권을 인정하였으며 관세자주권을 갖지 못한 불평등조약이었다.

그 후 1863년 쓰시마 번의 무사가 구미열강의 침략에 앞서서 일본이 조선을 침략해야 한다는 건의서를 막부에 제출하였다. 막부도 이러한 건의서를 받아들여 조선의 국내 사정을 탐색할 계획을 세웠다. 그리하여

쓰시마 번의 건의서 | 쓰시마 번의 무사 오시마 도모노조大島友之允가 막부에 제출한 건의서

메이지 유신 직전 막부의 대 조선외교는 구미세력의 압도적인 영향력에 의해 크게 변질될 조짐을 보이기 시작했다.

1869년 메이지 정부는 신정부의 수립을 통고하는 외교문서를 조선에 보냈다. 그러나 그 문서는 조선국왕으로부터 받은 도장을 사용하지 않았다. 그뿐만 아니라 종래 중국황제 이외에는 사용할 수 없었던 '황皇'이라든가 '칙勅'이라는 문자를 일부러 사용하는 등, 종래의 관행에서 크게 벗어난 외교문서였다.

이에 대해 조선은 지금까지의 외교 형식을 유지해야 한다는 입장을 견지하며 문서의 수령을 거부함으로써 조일관계는 순식간에 얼어붙었다. 이제 막 수립된 메이지 정부는 이 같은 상황을 타개하고자 쓰시마가 가지고 있던 조선외교 관할권을 몰수하였다. 그리고 외무성 관리를 파견하여 직접 사태를 수습하도록 하였다. 그리하여 17세기 이래 지속되어 온, 쓰시마를 매개로 한 조일외교는 메이지 정부의 외교일원화 정책으로 종언을 고하게 되었다.

제9장 서양의 충격과 동아시아의 대응

1854. 3	일본, 미국과 화친조약 체결
1858. 7	일본, 미국과 수호통상조약 체결
1866.10	조선의 강화도에 프랑스 함대 침입
1868	일본, 메이지 유신 일어남
1871. 5	조선의 강화도에 미국 함대 침입
7	일본, 청과 수호조규 체결
1873. 8	일본, 사이고 다카모리가 정한론 주장
12	조선, 대원군이 실각하고 고종이 친정을 시작
1875. 9	일본 군함, 조선 강화도 침입(운요 호 사건)
1876. 2	조선, 일본과 수호조규(강화도조약) 체결
1882. 7	조선, 임오군란 일어남
1884.12	조선, 갑신정변 일어남
1885.12	일본, 내각제도 실시, 이토 히로부미가 초대내각 총리대신이 됨
1889. 2	일본, 대일본제국헌법 발포
1894. 4	조선, 동학농민운동 일어남
7	일본, 영국과 통상항해조약 체결하고 치외법권 철폐
8	청일전쟁 일어남
1895.10	조선에서 일본공사 등이 명성황후 시해
1896. 2	조선, 아관파천 일어남
7	조선, 독립협회 결성
1897.10	대한제국 성립
1904. 2	러일전쟁 일어남
8	제1차 한일협약 체결
1905.11	을사조약(제2차 한일협약) 체결
1906. 2	일본, 한국에 통감부 설치, 이토 히로부미가 초대 통감이 됨
1907. 6	한국, 헤이그 특사사건
7	정미7조약(제3차 한일협약) 체결
8	한국, 의병투쟁·계몽운동 격화
1909.10	한국인 안중근, 하얼빈에서 이토 히로부미 사살
1910. 8	일본, 한국 '병합'
10	조선총독부 개청
1911. 2	일본이 미국과 새로운 통상항해조약을 체결하여 관세자주권 확립

이 시기의 한국 (19세기 중엽~20세기 초)

안팎의 위기 | 19세기 중엽, 조선은 권력이 국왕의 외척에 집중되어 정치기강이 무너지고 서양열강과 일본·중국 세력이 몰려와 안팎으로 위기를 맞게 되었다. 정부는 위기에서 벗어나기 위해 정치제도를 개편하고 외국세력을 배척하는 정책을 폈다. 그리하여 왕실의 권위는 회복되고 민중의 생활도 나아졌지만, 외국과의 대결은 피할 수 없었다. 그 후 정부는 수교통상정책으로 전환하여 외국과 잇달아 조약을 체결했다. 이 조약들은 외국에 유리한 불평등조약으로서 조선의 정치·경제에 심각한 타격을 주었다.

개혁과 저항 | 조선에서는 안팎의 위기에 대처하는 방법을 둘러싸고 크게 세 갈래의 움직임이 일어났다. 첫째, 유학을 숭상한 보수적 지식인들(유생)은 서양 여러 나라와 수교 통상하는 것에 반대하는 건의서를 제출하거나 시위운동을 벌였다. 이들은 유교적 가치와 체제를 고수하려고 노력하고(위정척사운동), 일본의 침략이 강화되자 민중을 이끌고 주권수호운동을 전개하였다(의병전쟁).

둘째, 서양문명의 유용성을 알고 있던 개명한 지식인들은 외국의 기술과 문화를 받아들이자는 개화운동을 벌였다. 그들 중 일부는 정변을 일으켜 정권을 장악하고 급진적인 개혁을 시도하였지만 실패하였다(갑신정변). 그 후 온건한 개화파가 정부 요직에 진출하여 점진적인 개혁을 주도하였다.

셋째, 농민을 비롯한 민중은 경제적·신분적 불평등과 차별대우를 철폐하고 외국세력을 몰아냄으로써 생활을 안정시키고 국가를 지키려 했다. 민중종교인 동학과 결합한 농민군은 한때 큰 세력을 떨쳤다(동학농민운동).

청일전쟁과 대한제국 | 동학농민군의 봉기를 계기로 청일전쟁이 발발하였다. 일본은 이 전쟁을 이용하여 조선에서 청의 세력을 몰아내고 지배력을 강화하고자 하였다. 동학농민군은 조선의 주권을 유린한 일본군과 싸웠고 일본군은 그들을 철저히 탄압하였다. 동학농민군의 항일운동 경험은 그 후 민중의 의병투쟁 등으로 계승되었다.

청일전쟁에서 일본이 승리함으로써 동아시아에서 중화제국 중심의 국제관계는 붕괴되었다. 그리고 조선에서는 일본과 러시아가 세력다툼을 벌이게 되었다. 고종은 자주독립을 내외에 보여주기 위하여 황제에 즉위하고 대한제국을 수립하였다. 대한제국은 각종 학교를 세우고 상공업을 장려하였다. 그리고 전국의 토지를 새로 측량하여 조세징수체계를 정비하고, 철도 건설과 시가지 개수改修 등을 시도하였다. 이 때의 개혁은 황실이 앞장서서 진행하였다.

한편 한성의 개명한 지식인과 민중은 독립협회를 조직하고 독립신문을 발행하여 개혁의 신속한 추진, 자주독립의 실현, 자유민권의 향상 등을 요구하는 계몽운동을 전개했다. 만민공동회 등 그들의 대중집회는 수만 명이 모일 정도로 성황을 이루었다. 정부는 처음에는 이 운동을 원호했지만, 그들의 주장이 황제의 권력을 위협할지 모른다는 의심이 갈 정도까지 과격해지자 독립협회를 해산시키고 독립신문을 폐간시켰다.

대한제국의 주권손상 | 일본은 러일전쟁에서 승리하자 본격적으로 대한제국을 침략하기 시작하였다. 일본은 대한제국을 협박하여 전국에서 군사시설을 만들고, 또 경제적 이권을 확보하는 등의 조약을 연이어서 체결하였다. 그리고 통감부를 설치하여, 대한제국의 외교권을 빼앗고, 내정에까지 깊이 간섭하였다. 일본은 주권유린에 항의하는 고종을 퇴위시키고 나이 어린 순종을 즉위시켰다. 또 대한제국의 군대를 해산시키고 경찰권과 사법권도 빼앗았다. 이러한 과정을 거쳐 대한제국은 급속히 식민지로 전락하여 갔다.

의병투쟁과 자강운동 | 일본이 노골적으로 침략해 오자 전국에서 의병이 봉기했다. 의병은 유생, 평민, 군인 등으로 구성되었다. 의병과 일본군의 전투는 1천 5백여 회, 의병의 사망자 수는 약 1만 7천여 명이나 되었다. 일본군의 대대적인 탄압으로 의병은 나라를 지켜내지는 못했지만, 나중에 민족해방운동을 전개하는 데 정신적 기둥의 하나가 되었다.

한편, 개명한 지식인은 전국에서 자강계몽운동을 전개했다. 이들은 학교를 세워 청소년에게 근대교육을 실시했다. 또 신문과 잡지를 발간하여 애국심을 고취하고, 학회와 단체를 조직하여 학문을 장려했다. 이들의 활동은 당장 일본의 침략을 막아내지는 못했지만, 나중에 조선민족의 실력양성운동으로 계승되었다. 일부의 의병과 개명 지식인은 일본이 한국을 강점하자 외국으로 망명하여 독립운동을 전개했다.

근대문물의 수용 | 외국의 압박이 가중되는 가운데서도 한국은 무역과 교역을 확대하고 그 과정에서 근대문물을 수용하여 자신의 생활을 개선해 나갔다. 종래의 무역과 교류는 주로 중국과 일본으로 한정되어 있었지만, 국교가 확대되고 인적·물적 교류가 활발해지자 서양문화를 직접 받아들이는 경우도 많았다.

일본의 영향이 강화되면서 일본의 근대문화가 한국에 유입되는 일이 많아졌다. 특히 일본이 개설한 철도와 도로, 전신과 항만 등의 시설은 한국을 침략하는 데 이용되었지만 한국인을 근대문명으로 인도하는 결과도 가져왔다. 반면 일본인이 대거 이주하여 모든 방면에서 실권을 쥐게 되어, 한국인과의 마찰과 대립도 격화되었다.

이 시기의 **일본**(19세기 중엽~20세기 초)

개항과 메이지 유신 | 19세기에는 서양열강의 아시아 침략이 더욱 강화되어 갔다. 1853년 미국 동인도함대 사령관 페리가 류큐 왕국을 거쳐 일본에 내항, 개국을 요구하였다. 도쿠가와 막부는 이 요구에 굴복하여 미일화친조약(1854), 미일수호통상조약(1858)을 체결하고 개국하였다. 외국무역의 활발화에 따른 생사·차 등의 급속한 수출 증가는 상인의 매점현상과 일본 국내의 물자부족을 불러와 하급무사와 서민의 생활을 곤궁으로 밀어넣었다. 그로 인한 정치적·경제적 혼란 속에서 막부 타도운동이 전개되었다. 동시에 '세상 바로잡기'(요나오시)를 주장하는 농민봉기나 도시폭동(우치코와시)이 일어났고, '얼싸 좋지 아니한가'라고 외치며 새로운 세상을 바라는 민중의 난무亂舞(일본 근대화 과정에서 민중의 불안과 사회변혁의 열망을 반영한 일종의 집단가무)가 확산되었다.

이러한 상황 속에서 1868년 사쓰마 번과 조슈 번 등이 중심이 되어 도쿠가와 막부는 타도되고 천황을 중심으로 하는 새로운 정부가 수립되었다(메이지 유신). 신정부는 에도를 도쿄로 개칭하고 천황을 교토에서 옮겨와 도쿄를 정치의 중심으로 삼았다.

근대국가의 형성과 자유민권운동 | 메이지 신정부는 부국강병과 식산흥업을 슬로건으로 근대국가의 건설을 추진하였다. 전국 각지에 건설된 관영공장은 후에 민간인에게 불하되어 미쓰이·미쓰비시 등 후에 재벌로 성장하는 기업의 기초가 되었다. 1871년에는 전국의 번을 없애고 현을 설치하여 중앙집권체제를 정비하였다(폐번치현). 토지소유권의 확정(지조개정), 피차별 신분의 폐지(사민평등)와 국민개병을 원칙으로 한 징병제, 학교제도의 정비 등 서민생활과 관련된 근대적 시책도 실시하였다. 나아가 홋카이도 개척을 진척시키고, 류큐 왕국을 합병하여 오키나와 현을 설치하는 등 근대국가로서 영토를 확정해 나갔다.

이러한 일련의 조치들로 인해 신분상의 특권을 빼앗긴 사족(구 무사계급)은 각지에서 반란을 일으켰다. 최대 반란은 사이고 다카모리를 중심으로 한 반란이었는데 정부에 패하였다(세이난 전쟁). 이후 무력에 의한 반정부운동은 막을 내리고 언론을 활용하여 입헌정치를 요구하는 자유민권운동이 활발해졌다. 자유민권운동은 도시지역에서는 신문·잡지를 발행하거나 연설회를 개최하고, 농촌지역에서는 학습결사나 정치결사를 결성하는 등 폭넓은 운동을 전개하여 새로운 정치문화를 만들어내는 거대한 사회운동이 되었다. 민권운동에 의한 헌법 제정과 국회 개설 요구를 받아들여 1881년 정부는 국회 개설을 약속했다. 민권운동세력은 정당을 결성하여, 국회 개설에 대비하는 동시에 각지의 결사에서는 많은 민간의 헌법초안을 기초하였다(사의私擬헌법).

대일본제국헌법 | 이토 히로부미 등은 프러시아 헌법을 모범으로 한 대일본제국헌법을 기초하고 1889년 천황의 이름으로 공포하였다. 천황은 이 헌법에서 주권자로서 외교와 사법·행정 전반에 걸쳐 강력한 권한을 가지며, 군대 지휘권도 갖게 되었다(통수권). 1890년에 개설된 제국의회는 황족과 구 다이묘·귀족(화족)·유력지주 등이 의석을 차지한 귀족원과 인구비례 1.1%에도 못 미치는 극소수 유권자가 선출한 의원들로 채워진 중의원으로 구성되었다. 같은 해에 근대 일본국가의 도덕적·정신적 지주가 된 교육칙어가 발표되었다. 여기에는 천황에 대한 경외의 마음을 기초로 하여 사람이 지켜야 할 덕목을 열거하고, 국가에 충성하고 천황을 위해 전장으로 나가야 한다는 내용을 담았다.

정부는 의회 개최 후에도 조슈 번과 사쓰마 번 출신자를 중심으로 내각을 구성하고 부국강병정책을 강력히 추진하였다(번벌정치). 이 때문에 자유민권운동의 흐름을 타고 민중의 부담 경감을 주장하는 입헌자유당·입헌개진당과 정부 사이의 대립이 계속되었다. 그러나 청일전쟁이 발발하자 모든 정당이 정부에 대한 비판을 중지하고, 의회는 전쟁과 관련된 모든 예산·법률안을 승인하였다. 후쿠자와 유키치는 이 전쟁을 '문명을 위한 전쟁'이라고 평가하였는데, 전쟁에 승리함으로써 일본사회에는 아시아의 강국이 되었다는 우월감과 중국에 대한 멸시풍조가 조성되었다.

자본주의의 발전과 사회문제 | 청일전쟁 이후 10년간 일본 경제는 급속히 발전하였다. 청일전쟁의 배상금 중 일부를 준비금으로 하여 금본위체제를

확립하고 금융의 안정과 무역의 발전을 꾀하였다. 또 관영 야와타 제철소를 건설하여 철강업의 기초를 닦았다. 그러나 이 시기 일본산업의 중심은 방적업·제사업과 농업이었다. 방적업·제사업 노동자의 대다수는 가계를 보조하기 위해 농촌에서 올라온 젊은 여성이나 소녀였는데 이들은 저임금과 가혹한 노동에 시달렸다. 농촌에서는 지주제가 발달하여 많은 농민이 소작농이 되었다.

이 시기에는 자본주의의 발달과 함께 사회문제도 발생하였다. 오사카에서는 방적여공이 파업을 일으켰으며, 아시오 동산에서는 광독문제鑛毒問題가 발생하였다. 이러한 움직임에 대해 정부는 1900년 치안경찰법을 제정하고 노동자와 소작농민의 단결권과 쟁의권을 부정하였다. 사회주의자는 1901년 최초의 사회주의정당인 사회민주당을 결성하였으나 곧 금지되었다.

러일전쟁 이후의 일본사회 | 러일전쟁은, 사회주의자와 가인歌人 요사노 아키코의 창작활동 등 반전적인 주장도 있었으나, 신문을 비롯해 많은 국민의 열광 속에서 치러졌다. 민중은 전쟁에 승리하였음에도 불구하고 배상금을 받지 못한 것과 전시 하의 부담에 대한 불만으로 강화반대집회를 각지에서 열었는데 도쿄에서는 폭동까지 일어났다(히비야 방화사건). 이러한 움직임은 러일전쟁 후에 내각을 타도할 정도로 성장하였다(호헌운동).

식민지 보유국이 된 대일본제국은 국내체제의 정비를 추진하고 국가를 적극적으로 짊어지고 나갈 국민과 정촌町村을 만들고자 각지에 청년단과 재향군인회 등을 조직하고, 정촌 내에서 대립의 근원이 된 신사와 산림 등의 재산을 통합했다. 1910년 정부는 천황암살사건을 날조하여 사회주의자를 체포·처형하고(대역사건) 사회운동을 엄히 단속하였다.

개항과 불평등조약의 체결

> 서양 자본주의 제국의 세계 진출은 19세기 중반에 동아시아까지 영향을 미쳐
> 중국·일본·조선은 연이어 개항을 강요 당했다. 중국의 개항은 영국 주도로,
> 일본의 개항은 미국에 의해 이루어졌다. 일본은 강화도사건을 일으키고 조일수호
> 조규를 밀어붙여 조선을 개항시켰다. 개항에 의해 이들 지역은 자본주의 세계시장
> 에 편입되었다.

서양열강과 동아시아

19세기 중반 영국의 산업혁명을 계기로 시작된 서양 자본주의 제국의
세계진출은 동북아시아에도 영향을 미치게 되었다. 인도를 거점으로
시장을 확대한 영국은 청과 벌인 아편전쟁에서 승리하여 중국침략을 개시하였다. 1842년 난징 조약으로 홍콩 할양, 상하이 등 5개 항구의 개항, 배상금 지급 등을 인정하도록 하였다. 이것을 계기로 서양 열강은 중국·조선·일본 등 동아시아 세계에 본격적으로 진출하였다.

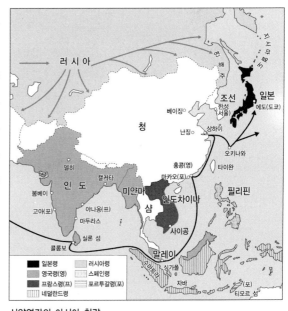

서양열강의 아시아 침략

일본은 페리가 내항한 다음 해인 1854년 미일화

척화비 | 서양 오랑캐가 침범하는데 싸우지 않고 화약하는 것은 나라를 파는 것이라는 내용이 새겨져 있다.

친조약을 맺어 개국하였고, 1858년에는 미일수호통상조약을 체결하였다. 중국은 애로우호 사건으로 베이징 조약을 맺었다(1860). 이들 조약은 중국이나 일본에게는 불리한 불평등조약이었다. 그 후 일본에서는 1868년 에도 막부가 무너지고 메이지 신정부가 성립되었다.

조선에서는 18세기부터 상품경제가 발달하기 시작하여 서민 중에서도 지주가 등장하였다. 문란한 정치에 대한 대응으로 민란1도 활발히 전개되고 있었다. 18세기 말에는 천주교(크리스트교)가 확산되어 극심한 탄압을 받았다.

조선정부는 국왕 고종의 아버지 흥선대원군2이 실권을 장악하고 있었다. 사상통제를 목적으로 '사교'를 배척하고 '정학'인 주자학을 옹호하는 위정척사론3을 내세워 천주교와 동학을 혹독하게 탄압하였다. 일본에 대해서도 강한 경계심을 보였다. 1866년에는 수천 명의 천주교도를 체포 · 처형하고, 프랑스인 선교사도 처형하였다. 이에 항의한 프랑스 군함과 인천 앞바다에서 전투를 벌였다. 또 미국 상선이 무력으로 통상을 요구하였으나 반격을 받아 불에 타 침몰하는 사건도 발생했다. 1871년 5월 주청駐淸 미국공사는 미국 상선 방화사건의 책임을 추궁한다는 구실로 군함을 이끌고 한강에 침입하여 통상조약의 체결을 요구하였다. 조선정부가 이를 거부하였기 때문에 전투가 벌어졌는데, 미군은 강화도 포대를 점령했으나 7월에 물러갔다. 두 차례에 걸친 프랑스 · 미국의 침공을 물리친 조선정부는 "화친을 주장하는 것은 매국"이라고 새겨넣은 비석을 전국에 세우고 통상조약 체결을 거부하는 결의를 보였다.

정한론

부산의 초량 왜관[4]은 쓰시마 상인에게만 출입을 허가하고 있었다. 1873년 5월 조선의 동래부[5]는 다시 쓰시마 상인 외에는 왜관 출입을 금하였다. 이 문제를 계기로 일본 국내에서도 조선문제가 부각

이와쿠라 도모미의 서양사절단 | 1871년 11월 요코하마에서 미국으로 갔다.

되어 정한론이 고조되었다. 에도 시대 일본인의 조선관에는 조선의 문화와 학문을 존경하는 마음도 있었지만 동시에 일본의 건국신화나 전설에 뿌리내린 우월의식도 존재하였다. 에도 시대 말기에는 국학[6]의 보급과 더불어 조선멸시관이 강해져 서양 여러 나라로부터 외압이 가해지자 존왕론 · 양이론이 고양되는 가운데 정한론이 주창되었다.

당시 일본의 유수정부[7]는 정한론으로 들끓었는데 참의[8] 사이고 다카모리[9] 등이 조선에 사절을 파견할 것을 주장하여 같은 해 8월 유수정부는 사이고 다카모리를 사절로 조선에 파견하기로 결정했다. 일본 국내에서 일기 시작한 신정부에 대한 사족의 불만과 반정부 움직임을 외부로 향하게 하기 위함이었다. 같은 해 9월, 1년 9개월 만에 구미 시찰에서 돌아온 이와쿠라 도모미[10] 등은 서구문명의 압도적 우위를 실감하였다. 후진국인 일본이 나아갈 길은 식산흥업과 국민교육으로, 조속히 구미문명을

섭취하는 것에 있다고 주창하였다. 그리하여 이와쿠라 등은 조선으로 사절단을 파견하는 것에 반대하여 같은 해 10월 사절파견 결정은 번복되었다. 이 때문에 사이고 등 5명의 참의가 사임하였다(메이지 6년의 정변). 이와쿠라 등의 입장은 국제정세에 대응한 내치우선론으로서 정한征韓 그 자체를 반대한 것은 아니었다.

강화도사건과 조일수호조규

1873년 12월 조선에서는 대원군이 실각하고 국왕 고종과 왕비 민씨를 중심으로 신정권이 성립되었다. 이 무렵 박규수 등의 통상개화론자가 개항의 필요성을 주장하여 지지 기반을 넓혀 갔다. 일본 외무성은 조일 교섭의 교착 상태를 타개하기 위해 1874년 8월부터 정식으로 교섭을 시작하였으나 국서 양식과 자구 등을 둘러싼 대립으로 교섭은 다시 교착 상태에 빠졌다.

일본 군함 운요 호

초지진 포대 | 당시의 포대가 복원되어 사적으로 지정되어 있다.

일본정부(메이지 신정부)는 군함을 파견하여 압력을 가하기로 방침을 세우고 1875년 5월 군함 운요 호를 부산에 입항시켰다. 조선정부는 이에 항의하였으나 일본은 무시하고 다시 군함 다이니테이보를 입항시켰다. 9월에 군함 운요 호는 강화도와 본토 사이의 염하塩河를 따라 북상하다가 강화도 초지진 포병부대와 교전하였다. 강화도는 수도 한성의 입구를 지키는 국방상의 요지로서 국교를 맺지 않은 일본 군함이 침입하면 포격을 받을 것으로 예측할 수 있는 곳이었다. 일본군은 또 인천 건너편의 영종도에 상륙하여 영종진 포대를 파괴하였다(강화도사건·운요 호 사건).

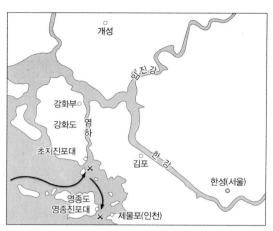

강화도사건 | 1875년 9월

일본정부는 강화도사건을 조선이 공격한 사건이라고 하면서 포격의 책임을 묻는다는 구실로 조선정부에 개항을 강요하였다. 일본정부의 전권(대사) 구로타 기요타카黑田淸隆는 6척의 군함과 260명의 병사를 이끌고 교섭에 임하여, 조선의 접견대관 신헌에게 무력을 배경으로

강화도에서 진행된 조약체결 모습

조인을 강요했다. 조선정부는 전쟁을 피하고 조약안을 일부 수정하는 선에서 동의했다. 1876년 2월 조일수호조규(강화도조약)가 체결되었다.

조약 제1관에는 조선은 '자주국가'이며 일본과 '평등한 권리'를 지닌다고 쓰여 있다. '자주국가'라는 것은 조선과 청의 전통적인 조공·책봉관계를 부정하여 일본세력을 조선에 진출시키기 위함이었지 일본이 조선의 주권을 존중한다는 의미가 아니었다. 후에 일본정부는 이 조문을 근거로 청의 개입을 배제하려고 하였다. 이 조약과 부속 통상장정을 통해 일본정부는 조선 세 항구(부산·원산·인천)의 개항, 영사재판권,

개항장에서 일본 화폐의 사용, 해안조사의 자유 등을 받아들이도록 하고, 일본의 수출입 상품에 대한 무관세 특권과 조선 쌀을 자유로이 수출할 권리 등을 획득함으로써 조선에 대한 경제침략의 발판을 마련했다.

조선정부는 조일수호조규는 변칙적이기는 하지만 에도 시대 이래 일본과의 국교를 재개한 것이라며 위정척사파의 강한 반대를 제압하였다.

개항 후 조선의 상황

개항 후 부산 등지의 일본인 무역상은 불평등조약에 의지하여 조일무역을 확대하였다. 일본은 주로 영국 면제품을 수출했고, 조선은 쌀·콩·금 등을 수출했다. 곡물 수출은 조선 국내의 쌀 부족과 쌀값 앙등을 가져와 민중의 생활을 압박하였다.

조선정부는 1876년 제1회 수신사 김기수에 이어 1880년에는 제2회 수신사로서 김홍집을 일본에 파견했다. 김홍집은 일본정부와 주일 청국 공사관을 방문하여 일본과 세계 정세를 상세히 조사하고 청국 공사관원으로부터 『조선책략』을 입수하였다. 『조선책략』에는 조선은 국내개혁을 추진할 것, 청과의 관계를 긴밀히 하면서 일본과도 연계할 것 등이 적혀 있었다. 이러한 정보는 조선정부에 커다란 영향을 미쳐 근대적인 군비와 기술, 제도를 도입하는 개화정책으로의 전환을 촉진하였

일본에 파견된 수신사 | 1876년 제1차 수신사로 파견된 김기수 일행. 일본 시찰 후 보고서에서 일본의 부강정책은 바로 통상에 있다고 주장하여 조선의 개화정책을 옹호했다.

다. 또 근대기술을 시찰하기 위해 일본에 조사시찰단朝士視察団[11]을, 청에는 영선사領選使[12]를 파견했다. 조사시찰단은 3개월에 걸쳐 일본의 산업시설을 시찰하고 그 후의 개화정책 추진에 기여하였다.

1882년에는 조선에 대한 종주권을 국제적으로 승인 받고자 기회를 노리고 있던 청의 알선으로 조미수호통상조약이 체결되었다. 이 조약은 조선정부가 서양 제국과 맺은 최초의 조약으로서 영사재판권, 치외법권, 최혜국 대우 등을 규정한 불평등조약이었다. 조선은 이어 영국, 독일, 러시아, 프랑스 등 여러 나라와도 외교관계를 맺었다. 이로써 1880년대 중반에는 구미제국에게도 항구를 개방하였다.

일본의 불평등조약 개정

한편 일본에서는 에도 시대 말기에 맺은 불평등조약의 개정이 커다란 외교적 과제였다. 일본정부는 극단적인 구화주의[13] 정책을 취하며 조약을 개정하고자 하였으나, 1887년에 작성한 개정안에는 외국인 재판관의 임용 등을 포함시켰기 때문에 반대에 부딪혀 교섭이 중지되었다.

이 때 자유민권파는 정부의 외교방침이 연약하다고 비난하였는데, 고토 쇼지로[14] 등은 민권파의 결집을 위해 삼대사건건백운동[15]을 전개하였다. 이에 대해 일본정부는 보안조례를 발포하고 민권운동가에게 천황이 거주하는 황거에서 3리(한국의 30리에 해당) 밖으로 퇴거하도록 명하였다. 그리고 고토를 체신대신으로 입각시켰기 때문에 대동단결운동은 곧 분열되었다.

그 후 1894년 무쓰 무네미쓰 외상 때 영일통상항해조약이 조인되어 일본은 영사재판권 철폐와 최혜국 대우[16]를 획득하고 수입관세 일부를 인상시키는 데도 성공했다. 남아 있던 관세자주권은 1911년 고무라 주타로 외상 때 조인된 미일수호통상조약에 의해 완전히 회복되었다.

용어 해설

1_민란 : 조선시대 말기 각지에서 일어난 농민봉기. 일본의 햐쿠쇼잇키百姓一揆처럼 관리의 부정 등에 항의하였다.

2_대원군 : 조선왕조에서는 재위중인 국왕의 부친을 대원군이라고 하는데, 그 가운데 가장 유명한 인물이 제26대 왕 고종의 아버지 이하응으로서 보통 대원군이라고 하면 그를 가리킨다. 별칭으로 흥선대원군 혹은 대원위대감이라고 한다. 고종이 어릴 때 10년간 섭정을 하였고 조선왕조의 재건에 힘썼으나 후에 고종의 왕비(명성황후)와 격렬한 권력투쟁을 벌였다.

3_위정척사론 : 조선의 개항 전후 시기에 대외적 위기에 대하여 보수적인 유교지식인이 조선정부의 개화정책에 반대하여 주장한 사상. 일본의 양이사상과 유사하다.

4_초량 왜관 : 부산 초량에 설치된 일본인 사절을 접대하기 위한 객관·거류지역. 부산 동래부사의 관할 하에 있었다.

5_동래부 : 조선 경상도 동남에 있던 기관으로 부산포를 포함하는 지역을 관할한 지방행정기구. 관할지역 내에 왜관이 있었고, 동래부사는 왜관과 외교 절충을 담당하였다.

6_국학國學 : 일본 고대사회에는 중국문화의 영향을 받기 전부터 일본 고래의 정신문화가 있었다고 주장하는 학문.

7_유수정부留守政府 : 1871년 이와쿠라 도모미를 전권대사로 하는 일본 사절단이 구미를 시찰하는 동안 사이고 다카모리·오쿠마 시게노부大隈重信 등이 이끈 메이지정부를 말한다.

8_참의參議 : 일본 메이지 초기 정부에서 내각의 의관으로서 국가의 정책결정에 참가할 수 있었던 관직.

9_사이고 다카모리西鄕隆盛 : 구 사쓰마 번(지금의 가고시마 현)의 하급무사 출신으로 존왕양이운동에서 활약하였다. 정한론이 실현되지 못하자 하야한 후 세이난 전쟁에서 정부군에게 패하고 자살하였다.

10_이와쿠라 도모미岩倉具視 : 귀족公家 출신으로 메이지 정부의 우대신이 되었고, 1871년에는 전권대사로서 구미를 시찰하고 귀국한 후 정한론에 반대하였다.

11_조사시찰단朝士視察團 : 1881년 5월부터 10월까지 조선이 일본에 파견한 60명의 시찰단. 일본의 근대화한 모습을 견문하고 돌아와 조선의 개화정책 추진에 기여했다. 일본에서는 신사유람단 紳士遊覽團이라고 불렀다.

12_영선사領選使 : 1881년에 조선이 청에 파견한 사절로서 40여 명의 유학생을 인솔했다. 미국과 조약을 체결하기 위한 사전교섭의 임무도 띠었다. 유학생은 청의 근대문물을 배우고 돌아와 조선의 개화정책 추진에 도움을 주었다.

13_구화주의歐化主義 : 서양의 제도, 생활양식을 도입하거나 신축한 로쿠메이칸鹿鳴館에서 서양식 무도회를 개최하는 등 일본이 문명국임을 서양 제국에게 보임으로써 조약개정을 추진하고자 한 과도한 서구화정책.

14_고토 쇼지로後藤象二郎 : 도사 번(지금의 고치 현) 출신의 무사로, 참의가 되었지만 정한논쟁에 패하여 하야하였다. 그 후 자유당의 유력한 멤버로 활약하였다.

15_삼대사건건백운동三大事件建白運動 : 지조경감, 언론집회의 자유, 외교실책의 만회 등 세 가지 정책의 실현을 목적으로 한 운동. 이것을 정부에 건의서建白書로 제출하였는데, 그 중에서도 조약개정 교섭에 대한 비판에 중점이 두어져 있었다.

16_최혜국 대우 : 일본과 서양 제국 사이의 조약체결 시에는 없었던 특권으로서, 타국과의 조약에서 새롭게 설정된 특권을 자동적으로 인정하는 권리.

조일관계의 전개와 마찰

조선정부는 외국과 통상조약을 맺고 개화정책을 추진했다. 그러나 보수적인 유학 지식인(유생)은 전통을 고수하고 서양문물을 거부하는 운동을 전개했다. 조선에서 개화정책을 둘러싸고 지배층이 반목하는 가운데 임오군란과 갑신정변이 일어났다. 청과 일본은 이 틈을 노려 조선에서 세력다툼을 벌이고, 조선은 청과 일본의 압박을 받아 어려운 처지에 놓이게 되었다.

조선의 개화정책

조선정부는 개명한 지식인들을 기용하여 개화정책을 추진해 나갔다. 개화정책은 조선의 전통을 바탕으로 서양의 실용적인 과학기술을 도입하려는 동도서기론東道西器論에 의거하고 있었다. 이것은 에도 막부 말기 이래 일본에서 주장한 화혼양재론和魂洋才論, 즉 일본정신을 근간으로 하여 서양의 과학기술을 채용하자는 논리와 비슷했다.

조선정부는 종래의 행정기구를 청과 일본에 따라 개편하고 개화정책을 실행했다. 그리고 신식군대를 창설하고, 일본인 교관을 불러들여 훈련시켰다. 조선정부가 일본에 파견한 조사시찰단은 정부기관과 산

조선의 근대문물 | 조선정부는 전신(왼쪽), 전화, 전기, 자동차(오른쪽) 등 근대적인 문물을 도입하였다.

업·군사 시설 등을 둘러보고 돌아와 개화정책을 추진하였다. 또 청에 파견한 영선사는 화약·기계 제조법 등의 과학기술을 배우고 돌아와 한성에 병기공장을 설립하는 데 기여했다. 조선정부는 서양 여러 나라와 수호조약을 맺고 미국과 유럽에 사절단을 파견하여 세계 사정을 견문하도록 했다. 조선정부는 나라의 힘을 길러 일본을 비롯한 외국의 압박에서 벗어나려 했지만, 근대화정책을 과감하게 추진하지는 못했다.

위정척사운동

조선정부가 개화정책을 추진하는 가운데 외국세력이 몰려오자 보수적인 유학지식인은 위정척사운동을 일으켰다. 이 운동은 주자학을 바른 학문으로 받들고 다른 학문은 배척했다. 그리고 유교문화를 꽃피운 조선을 청에 버금가는 문명국으로 인식하고 다른 나라는 야만국으로 여겼다. 이에 서양의 사상과 문물을 수용하는 것에 대해 강하게 반발했다.

보수적인 유학지식인은 1860년대 중반 프랑스와 미국의 침략에 결연히 저항함으로써 흥선대원군의 통상거부정책을 뒷받침했다. 또 1870년대 중반에는 조선정부가 일본정부와 수호조약을 체결하는 데 대해서도 힘껏 반대했다. 일본은 이미 서양과 통교하고 있으므로 과거의 일본과 같다고 볼 수 없다는 것이었다. 1880년대 전반에는 미국 등과의 수교에 대해서도 저항했다. 위정척사운동은 조선정부의 강력한 탄압으로 수그러들었지만, 1890년대 이후 일본의 침략이 심해지자 의병운동으로 전환되었다.

임오군란

조선정부의 개화정책은 민중의 조세부담을 증가시켰다. 또 쌀·콩 등이 일본으로 유출되어 곡물가격이 폭등하자 조선민중의 생활은 매우

조선의 신식군대 | 조선은 별기군이라는 신식군대를 조직하고 일본인 장교를 초빙하여 훈련시켰다.

어려워졌다. 그리하여 민중은 정부의 개화정책과 통상확대에 불만을 품게 되었다.

한편 조선에서 군제개혁의 일환으로 신식군대가 창설되었는데 신식 군대가 우대를 받은 반면에 구식군대는 녹봉조차 받지 못했다. 이에 불만을 품은 구식군대가 한성에서 난을 일으키자 빈민들도 삽시간에 이에 가담했다(임오군란, 1882). 이들은 정부고관과 일본인 군사교관을 습격하여 살해했다. 일본공사는 나가사키로 도피한 후 이 급박한 상황을 일본정부에 보고했다. 조선정부는 청에 원병을 청하는 한편, 민중의 지지를 받던 흥선대원군에게 전권을 주어 군란을 수습하도록 했다.

청과 일본의 개입

일본은 조선에 거류하는 자국민을 보호한다는 구실로 군대를 파견하였다. 그리고 조선이 청의 독점적 영향 아래 들어가는 것을 막기 위해 조선정부의 책임을 추궁하였다. 그러나 청이 신속하게 군대를 파견하고, 군란을 지원했다는 이유로 흥선대원군을 청으로 압송하자 일본은 무력

임오군란 그림 | 일본에서는 임오군란을 폭도들의 난동으로 묘사하는 그림이나 서적을 많이 출판하여 조선에 대한 적개심을 부추겼다.

개입의 구실을 잃게 되었다. 청은 군란에 가담한 군인과 민중을 탄압하여 원성을 샀다.

조선은 임오군란을 조기 수습하기 위해 일본과 제물포조약(1882. 8.)을 체결했다. 이 조약은 조선이 군란 책임자를 엄벌하고 일본에 보상금을 지불하도록 규정했다. 일본은 이 조약을 계기로 한성에 군대를 배치하고 상인을 침투시켰다. 당시 일본은 조선에서 청

흥선대원군

의 간섭을 배제하고 실질적 권한을 확보하는 정책을 취하였다.

군대를 파견하여 임오군란을 진압한 청은 조선과 조청상민수륙무역장정¹을 체결하여 조선을 압박했다. 청이 한성 일원에 3,000여 명의 군대를 배치한 가운데 맺어진 이 조약은 청 상인의 한성 등지에서의 영업과

기선의 내하 운항을 인정하는 등 조선에 매우 불리한 내용을 담고 있었다. 이를 계기로 청이 조선의 내정과 외교에 깊이 간섭하자, 청에 반발하는 움직임이 나타났다. 일본은 청에 대항하기 위해 군사력을 강화하고 조선에서 세력을 확장하기 위해 개화세력에 접근했다.

갑신정변

김옥균

1880년대 들어 조선의 개화세력이 정치계 전면에 등장했다. 이들은 개화정책의 실시방법을 둘러싸고 두 갈래로 나뉘었다. 온건개화파는 청과의 조공책봉관계를 현실로 인정하고 양무운동[2]과 같은 점진적 개혁을 꾀했다. 급진개화파는 청과의 조공책봉관계를 청산하고 메이지유신[3]과 같은 개혁을 꾀했다.

급진개화파의 김옥균[4] 등은 임오군란 이후 청의 영향력이 강화되자 곤경에 처했다. 그리하여 정변을 일으켜서라도 정권을 장악하고 개화정책을 추진하기로 결심했다. 때마침 청이 베트남 문제로 프랑스와 전쟁을 벌여 조선주둔군의 절반 정도가 빠져나갔다. 또 일본공사가 군사적·재정적으로 급진개화세력을 지원하겠다고 나서는 등 정변을 일으키기에 유리한 분위기가 조성되었다.

급진개화세력은 우정국 개국 축하연을 틈타 정부 요인을 살해하고 신정부를 수립한 뒤 개혁정강을 발표했다(갑신정변, 1884). 이 정강의 주요 내용은 청에 대한 조공허례朝貢虛禮의 중지, 신분제도 폐지, 토지에 부과되는 각종 조세의 개혁, 국가재정과 왕실재정의 분리, 내각제도의

갑신정변의 현장에 복원된 우정국 건물(서울시 종로구) | 우편의 역사와 우표 등을 전시하고 있다.

확립 등이었다.

청과 일본의 대립

청은 군대를 동원하여 갑신정변을 탄압했다. 급진개화세력은 청군에 밀려 살해되거나 일본으로 망명했다. 그리하여 갑신정변은 불과 3일 만에 실패로 끝나고 온건개화세력이 다시 권력을 잡았다.

조선정부는 갑신정변에 관여하여 주권을 침해한 일본에 대해 엄중 항의했다. 그러나 일본은 조선의 주장을 일축하고 오히려 조선이 일본인 을 살해하고 공사관을 훼손한 것에 대해 사죄하고 배상금을 지불하라고 요구했다. 조선정부는 일본정부의 압력에 밀려 한성조약(1885. 1.)을 체결하고, 피해보상과 관련자 처벌을 약속했다.

갑신정변을 계기로 청·일의 대립은 더욱 격화되었다. 양국은 충돌을

후쿠자와 유키치(1834~1901)의 탈아론脫亞論

"우리나라는 이웃 나라의 개명을 기다려 함께 아시아를 일으킬 여유가 없다. 오히려 그 대오를 벗어나 서양의 문명국과 진퇴를 함께하고, 지나支那·조선을 대하는 방법도 이웃 나라라고 해서 특별히 배려할 필요가 없다. 정말로 서양인이 이들을 대하는 대로 따라해야 할 뿐이다. 나쁜 친구를 사귀는 자는 함께 악명을 벗지 못한다. 우리는 마음으로부터 아시아 동방의 나쁜 친구를 사절하는 것이다." (『시사신보時事新報』 1885. 3.)

메이지 시기의 계몽사상가 후쿠자와 유키치福澤諭吉는 처음에는 일본이 구미열강에 대항하기 위해 청·조선과 협력해야 한다고 주장하고, 조선의 개화세력을 자신이 세운 학교에 유학시키는 등의 편의를 제공했다. 그러나 조선의 개화정책이 지지부진하고 조선에서 일본이 청에게 밀리게 되자 일본도 구미열강과 같은 자세로 전환할 것을 촉구했다. 갑신정변 이후 그가 주창한 탈아론은 아시아멸시관으로 연결되었다.

피하기 위해 톈진 조약(1885. 4.)을 체결했다. 조약은 양국이 조선에서 군대를 철수하고, 다시 군대를 파견할 경우에는 사전에 문서로써 상대방에 통고할 것을 규정했다.

열강의 세력다툼

갑신정변 직후 영국은 러시아의 남하를 막는다는 구실로 제주해협의 길목에 있는 거문도를 점령했다(1885. 4.~1887. 2.). 당시 러시아는 미국이 대륙횡단철도를 완성하고 태평양으로 진출할 것에 대비하여 시베리아철도의 건설을 구상하고 있었다. 청·일 양국의 압박에서 벗어나기 위해 조선은 러시아에 접근하였고, 청은 조선정부를 견제하기 위해 청에 연금되어 있던 흥선대원군을 귀국시켰다.

일본은 대일본제국헌법의 제정, 교육칙어의 반포, 국회의 개설 등을 착착 추진하여 국민국가의 면모를 갖춰 나가면서, 조선을 둘러싼 세력다툼에서 뒤지지 않기 위해 대대적으로 군비를 확장했다. 일본 자유민권파의 일부 세력은 조선에 결사대를 파견하여 조선정부를 무너뜨리려는 계획을 세우기도 했다(오사카 사건, 1885).

청·일본·러시아·영국 등이 조선을 둘러싸고 각축을 벌이자, 조선 주재 독일부영사 부들러(Buddler)는 조선을 스위스와 같이 중립국으로 만들자고 제안했다. 미국유학에서 돌아온 유길준도 조선이 열강의 침략으로부터 안전을 보장받고 아시아의 평화를 유지하기 위해서는 불가리아나 벨기에와 같은 중립국이 되어야 한다고 주장했다.

청과 일본 상인의 활동

문호개방 이후 일본과의 무역이 증가하고 일본인의 이주가 늘어나자 조선에서는 여러 가지 폐해가 발생했다. 조선에 몰려온 일본상인은 일확천금을 노리고 거칠게 행동하는 경우가 많았다. 이들은 일본정부의 정책적 지원을 받는데다가 불평등조약에 의해 치외법권을 보장받고 있었으므로 마음껏 활동할 수 있었다.

한편, 청상인은 조청상민수륙무역장정이 체결된 1882년 이후 조선에서 활발하게 활동했다. 그 결과 청일전쟁 직전에는 청과 일본이 조선에 대한 수출액에서 거의 비슷한 수준에 이르렀다.

조선상인은 상인조합이나 상회사商會社 등을 조직하여 청·일 상인의 활동에 저항했다. 그리고 철시 등의 집단행동을 통해 외국상인의 퇴거를 요구했다. 조선상인은 외국상인의 상권침투에 밀려 몰락하는 경우가 많았지만, 경쟁을 통해 체질을 강화하며 성장해 가는 경우도 있었다.

곡물수출을 둘러싼 조선과 일본의 대립

일본상인이 조선의 곡물을 대량으로 사들여 일본으로 가져가자 조선의 곡물 값이 치솟아 가난한 사람들의 생활은 어려워졌다. 흉작으로 식량이 부족한 해에는 인심이 흉흉해져 민란이 일어나기도 했다. 그리하여 각 지역의 지방관은 곡물이 다른 지역으로 흘러가는 것을 막기 위해 방곡령을 내렸다.

조선의 지방관은 조일통상장정의 규정에 따라 방곡령을 내릴 경우 1개월 전에 일본공관에 통고했다. 그 건수는 1880년 이후 20여 년간 100여 회에 달했다. 그렇지만 일본정부는 통보를 늦게 받았다는 구실로 조선정부에 압력을 가해 자주 방곡령을 철회시켰다. 특히 1889~90년에는 조선정부로부터 11만 원에 달하는 막대한 배상금을 받아내기도 하였다. 일본의 이러한 시책은 조선인의 원한을 사서 반일운동을 촉발시키는 배경이 되었다.

용어 해설

1_조청상민수륙무역장정朝淸商民水陸貿易章程 : 1882년 5월부터 조선과 청이 맺은 통상조약. 조선에서 청의 치외법권과 연안어업권, 내지항행권 등을 인정한 불평등조약으로 청의 내정간섭과 경제침략을 강화하는 계기가 되었다. 조약 전문에서 조선은 청의 속방이라는 사실을 명기하고 열강의 다툼 속에서 청이 조선에서 우월한 권리를 지니고 있다는 것을 내외에 알렸다.

2_양무운동洋務運動 : 1860~90년대까지 청이 서양의 근대기술을 도입하여 자강을 도모하고자 추진한 근대화운동. 태평천국운동을 진압한 청궈판曾國藩, 리훙장李鴻章 등이 중심인물이었다.

3_메이지 유신 : 일본에서 1868년을 전후하여 에도 막부를 타도하고, 천황을 정점으로 한 중앙집권적인 통일국가를 수립하고, 자본주의적 사회경제체제를 구축한 변혁운동.

4_김옥균 : 1851~1894. 조선왕조 말기 개화파 관료의 중심 인물. 박규수 등에게

개화사상을 배우고, 박영효·서광범 등과 급진개화파를 형성하여 조선의 부국강병을 겨냥한 개혁운동을 추진하였다. 임오군란 이후 민씨들이 추진한 온건한 개화정책과 대립하자 일본공사 다케조에 신이치로竹添進一郎와 함께 갑신정변을 일으켰으나 청의 개입 등으로 정권은 3일 만에 막을 내렸다. 일본에 망명한 후 상하이에서 암살되었다.

청일전쟁과 대한제국의 성립

19세기 말 동아시아에서는 서양열강의 진출에 더하여 조선을 둘러싼 일본과 청(중국)의 대립이 격화되었다. 조선에서는 동학농민운동이 발생하였고, 일본과 청이 출병하여 청일전쟁이 시작되었다. 일본에서는 반정부운동을 제압할 호기가 되었으며, 조선에서는 이 기간에 근대화를 겨냥한 여러 개혁이 진전되었다. 이러한 가운데 대한제국이 성립되었다.

동학농민운동의 전개

동학의 창시자 최제우

동학은 경상도 태생의 최제우가 1860년에 만든 종교로서, 인간 평등 사상과 사회개혁 사상은 새로운 사회변화를 강하게 바라고 있던 농민들의 요구에 들어맞았다. 조선정부는 '사교邪敎'나 '사설邪說'을 배제하고 '정학正學'인 주자학을 옹호하고 있었기 때문에 최제우를 체포하여 처형하였다.

제2대 교주인 최시형의 지도에 따라 동학은 경전의 편찬과 교단의 조직화를 추진하여, 그 가르침은 삼남지방(충청도·전라도·경상도)을 중심으로 확산되었다.

동학신자는 최제우에게 죄가 없다는 것을 주장함과 동시에 교단의 합법화를 지향하는 교조신원운동敎祖伸寃運動을 시작하였다. 특히 1893년

3월 충청도 보은 집회에는 동학교도와 농민이 2만 명이나 참가하여 부정한 관리의 숙정, 일본과 서양세력의 추방 斥倭洋倡義이라는 정치적 요구를 내걸었다. 이 때문에 동학을 중심으로 한 종교운동은 농민을 중심으로 한 정치운동으로 전환되어 갔다.

1894년 2월 전라도 고부군에서 군수의 강제적 수리세 징수에 반대하는 천여 명의 농민이 동학교도인 전봉준2의 지도 아래 봉기하였다. 조선정부가 이를 탄압하자 농민군은 "왜이倭夷를 축멸逐滅한다"는 반일·반침략과 "권귀權貴를 멸하라"는 반봉건의 요구를 내걸고 봉기하여 각지에서 정부군을 무찌르고 전라도 전주를 점령하였다. 농민군의 싸움은 본격적인 농민전쟁으로 발전하여 조선정부는 심각한 위기에 직면하였다.

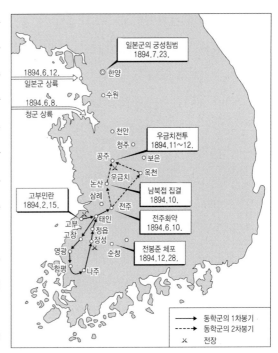

동학농민운동의 전개

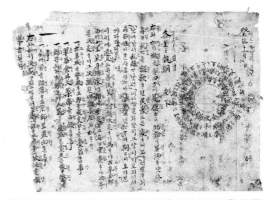

사발통문 | 동학농민운동 때 농민들에게 관청을 습격하여 부정한 관리를 처단할 것을 호소한 격문. 원형으로 이름을 적어 주동자를 구별하지 못하게 하였다.

일본의 초기의회에서의 대립

일본에서는 1889년 대일본제국헌법이 공포되었고 다음 해에 제1회 제국의회가 열렸다. 초기의회[3]에서는 자유민권운동의 계보를 잇는 '민당'이라 불리던 입헌자유당과 입헌개진당 등이 의회의 다수를 점하여, '민력휴양民力休養·정비절감政費節減'을 요구하며 번벌정부[4]를 공격하였다.

1894년 5월에 소집된 제6의회에서는 서양세력과의 불평등조약 개정이 중요한 쟁점이 되었는데, 민당은 이토 히로부미 내각의 외교정책을 비판하고 중의원에서 내각 탄핵상주안을 가결했다. 그러자 일본정부는 반정부 여론을 억압하기 위해 의회를 해산하였다. 당일 조선정부는 농민군을 진압하기 위해 청에 출병을 요청했다. 일본정부는 톈진 조약의 규정을 들어 청에 대항하여 곧바로 출병을 결정했다. 대청·대조선 강경외교를 통해 조약개정문제로 인한 정부비판을 피해 나가면서 국내 정치의 혼란을 수습하고자 했던 것이다.

청일전쟁의 개전

청국 군대 2천여 명은 아산만에 상륙하여 충청도 일대에 주둔하였다. 일본정부는 전쟁을 지도할 대본영[5]을 설치하고 공사관과 거류민 보호를 명목으로 출병하였다. 농민군은 청군과 일본군의 충돌을 피하고자 정부와 '전주화약'을 맺어 전주에서 철수하였고 조선정부는 양국 군의 철수를 요구하였다.

일본정부는 청국에 양국이 공동으로 농민군을 진압하고 조선 내정을 개혁하자고 제안하였다. 동시에 일본정부는 영국과 조약개정 교섭을 추진하여 치외법권의 철폐를 주 내용으로 하는 영일통상항해조약英日通商航海條約을 조인하였다. 그리고 일본정부는 경복궁을 점령하고 조선국왕에게 일본군으로 하여금 청군을 축출하라는 명령을 내리도록 하였다.

일본군은 1894년 7월 25일 풍도 앞바다에서 청군을 공격하고 8월 1일 청에 선전포고함으로써 조선지배를 목적으로 한 청일전쟁을 일으켰다. 전쟁의 개전은 일본 국내의 정부비판을 피하고자 무리하게 추진한 것이었다.

청일전쟁 관계도

조선인민의 항일투쟁

개전 후 일본에서는 국민의 사기를 고양시키고자 특별히 대본영을 히로시마로 옮겼다. 천황이 출석하는 임시제국의회는 히로시마에서 개최되었는데, 임시군사예산과 정부를 격려하는 건의를 만장일치로 가결하였다. 많은 국민도 전쟁에 협력하였고 전쟁수행을 위한 거국일치체제가 만들어졌다.

전쟁은 시종 일본의 우위 속에서 치러졌는데, 일본군은 평양과 황해전투에서 승리하고 마침내 랴오둥 반도의 뤼순·다롄을 점령하였으며, 다음 해 2월에는 웨이하이웨이威海衛를 점령하여 전쟁은 일본의 승리로 끝났다.

청일전쟁 전반기의 주된 전쟁터는 한반도였다. 한성의 점령과 아산, 성환, 평양에서의 전투를 비롯하여 부산, 인천, 원산에 일본군이 상륙하였기 때문에 한반도는 전쟁터가 되거나 일본군의 통로가 되었다.

한편 일본군은 조선의 식량, 물자, 인마를 징발하고 도로와 군용전선을 정비하였다. 조선민중은 이에 대하여 일본군 시설과 일본군에 협력하는 지방관청을 습격하고 군용전선을 절단하는 방식으로 일본군에 저항했다.

조선정부와 화약을 맺은 농민군은 전라도 일대에 집강소[6]를 설치하고 「폐정개혁 12조」에 따라 노비를 해방하거나 부패한 지방관, 향리, 횡포한 양반을 처벌하여 양반중심의 지배체제를 크게 뒤흔드는 개혁을 시행하였다. 그리고 청일전쟁이 시작되자 일본세력의 구축과 일본이 옹립한 정부의 타도를 목표로 10월 중순 다시 봉기하였다.

봉기는 조선 각지로 확산되었는데 전봉준이 거느린 농민군은 공주 부근에서 조선 정부군·일본군과 격전을 벌였다. 그러나 근대적 병기로 무장한 일본군에 패하고 전봉준도 붙잡혀 처형되었다. 일본에게 청일전 쟁은 청과의 전쟁이었을 뿐만 아니라 조선민중과의 전쟁이기도 하였다.

청일강화조약과 조선

청일전쟁에서 승리한 일본은 청의 조선에 대한 종주권을 배제하기 위해 강화조약(시모노세키 조약) 제1조에서 청이 조선의 독립을 승인하 도록 하였다. 그리고 청에게 랴오둥 반도와 타이완을 양도하도록 하였고 3억 엔의 배상금을 지불하도록 하였다. 이 배상금은 청일전쟁 후 군비확 충 등에 사용하였다. 그러나 그 직후 러시아·독일·프랑스 삼국이 일본 에게 랴오둥 반도를 청에 반환하라고 요구하였고 일본은 이에 응하였다 (삼국간섭).

청일전쟁과 삼국간섭에 의해 일본인들 사이에는 일본이 아시아의 강 국이 되었다는 우월감과 중국과 조선에 대한 차별의식, 그리고 유럽제국 에 대한 열등감이 생겨났다.

갑오개혁과 을미개혁

일본군에 의한 경복궁 점령으로 대원군을 집정으로 하는 김홍집[7] 내각이 성립되었다. 김홍집 내각은 행정, 사법, 군사 등에 막대한 힘을 지닌 군국기무처를 설치하고 내정개혁에 착수하였다(갑오개혁). 이 시기 일본은 청일전쟁 중이어서 방관자적 태도를 취했기 때문에 조선정부는 개혁을 주도적으로 추진하였다.

갑오개혁에서는 내각에 총리대신을 두는 등 의정부를 개혁하고 궁내부를 내각에서 분리하였으며, 과거제를 폐지하고 관리등용제도를 개정하였다. 또한 세제와 화폐제도의 개혁을 실시하였다. 이로써 정치의 실권을 내각이 지니게 되어 국왕의 전제적 권한을 제한하였다. 사회면에서는 양반과 평민 사이의 신분차별과 노비제도를 폐지하는 등 신분제도를 개혁하였다. 또 미망인의 재혼을 인정하고, 조혼을 금지하는 등 가족제도의 개혁을 실시하였다.

그 다음에 들어선 김홍집과 박영효[8]의 연립내각은 국정개혁의 기본강령인 「홍범 14조」를 반포하여 자주권·행정·재정·교육·관리 임용·민권 보장을 규정하였다. 그리고 의정부를 내각으로 바꾸었으며 재판소를 설치하여 사법제도를 정비하였다. 또 영은문[9]을 철거하고 지방제도와 군제도 개혁하였다. 이 시기는 삼국간섭기로서 사실상 내무대신 박영효의 주도 하에 개혁이 실시되었다.

그리고 명성황후(민비의 시호) 시해사건 뒤에 추진된 을미개혁에서는 개편된 김홍집 내각이 군제를 개혁하고 우편사업을 재개하였으며 태양력[10]을 채용하고 단발령[11]을 실시하였다.

갑오개혁과 을미개혁은 농민군이 요구한 토지개혁 등이 포함되지 않는 등 불충분한 측면도 있었다. 또 일본이 김홍집 내각을 이용하려고 하였기 때문에 일본에게 개혁을 강요 당했던 측면도 있었다. 그럼에도 불구하고 이것들은 봉건적 전통질서를 타파하기 위해 조선정부가 주체적으로 추진하고자 한 근대적 개혁이었다.

독립문(오른쪽)과 독립관(가운데) | 왼쪽의 두 기둥은 헐어버린 영은문의 초석이다.

명성황후 살해와 항일의병

삼국간섭 후, 러시아는 조선정부에 큰 영향력을 지니게 되었다. 일본 공사 미우라 고로[12](예비역 육군중장)는 대원군을 옹립하여 친일정권을 만들고자 일본군 수비대와 대륙낭인[13] 등을 경복궁에 난입시켜 명성황후를 살해하였다(을미사변).

이 사건은 미국인과 러시아인에게 목격되어 국제문제가 되었다. 일본 외무성은 미우라 공사 등을 소환하여 재판과 군법회의에 회부하였지만 '증거 불충분'으로 전원 무죄가 선고되었다. 조선에서는 반일감정이 극도로 고조되었고, 위정척사를 주장하는 지방 유학지식인들의 주도 아래 의병이 봉기하여 친일개화파 군수와 일본인 상인·어민 들을 공격하고 일본군 수비대와 각지에서 교전하였다(초기의병).

독립협회의 활동

명성황후 살해사건 후 조선정부 내에서 친러정책을 추진하고자 하였던 이완용[14] 등은 러시아군과 함께 고종을 러시아 공사관으로 옮겼다(아관파천).

이 때 미국에 망명 중이던 서재필이 귀국하여 1896년 최초의 한글신문『독립신문』을 창간하고 독립협회를 창설하였다. 독립협회는 서재필을 비롯한 근대사상과 개혁사상을 지닌 진보적 지식인이 지도했다. 이들은 영은문 자리에 자주독립의 상징으로 독립문을 세우고, 모화관을 독립관으로 개수하여 강연회와 토론회를 개최하는 등 국민의 자주독립의식을 고취하기 위한 계몽운동을 전개하였다. 그 후 독립협회는 국권수호운동과 자유·민권의 확장을 요구하는 운동을 전개하는 정치단체로 전환해 갔다. 독립협회는 한성의 중심지에서 대중집회인 만민공동회를 개최하고, 관민이 함께 선출하는 의회를 설립할 것 등 국정 전반의 개혁을 정부에 요구하였다.

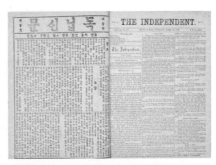

독립신문 | 서재필이 발행한 최초의 한글 신문

서재필 동상 | 서울 서대문구 독립공원 안에 있다.

대한제국의 성립

정치개혁에 대한 내외 여론이 고조되는 가운데 고종은 1897년 경운궁(현재의 덕수궁)으로 돌아왔다. 그는 연호를 광무, 국호를 대한으로 바꾸

원구단 전경 | 조선국왕 고종이 1897년 대한제국을 선포하고 황제로 즉위한 곳(현재 서울 조선호텔의 북쪽)

고 황제에 즉위하여 자주독립국임을 내외에 선포하였다. 대한제국은 급진적인 개혁을 비판하며 점진적인 개혁을 추구하고 구제도를 통해 왕권의 복권과 강화를 꾀하고자 하였다. 또 대한국 국제를 제정하여, 대한제국이 황제에 의한 전제정치국가이며 황제의 권한이 무한하다는

조선과 한국의 국호

조선과 한국은 역사적 근거를 가지고 있는 나라 이름이다. 조선이라는 국명은 건국의 시조로 일컬어지는 단군이 세운 조선(보통 고조선이라고 부른다)에서 유래한다. 1392년 이성계가 새 나라를 세우면서 조선이라는 국명을 다시 사용함으로써, 이 국명은 오랜 역사와 뛰어난 문화를 상징하게 되었다.

한편, 한국은 1897년 고종황제가 수립한 대한제국에서 유래하는 국명이다. 한韓은 일찍이 고조선을 형성한 수장을 가리키는 용어였으나, 고조선이 무너진 후에는 한반도 남부에서 성립한 3한(마한·진한·변한)을 통칭하는 용어로 사용되었다. 대한제국이라는 국명은 1919년 3·1독립만세운동을 계기로 대한민국 임시정부가 수립되면서 대한민국으로 바뀌었다. 정치체제가 주권재황主權在皇에서 주권재민主權在民으로 전환되었기 때문이다. 일본은 대한제국을 멸망시킨 후 한국인의 독립의식을 약화시키기 위해 조선이라는 호칭을 사용하도록 했다.

현재 한반도 남측에는 대한민국, 북측에는 조선민주주의인민공화국이 존재한다. 한국은 대한민국을 줄여서 부르는 국명이고, 조선민주주의인민공화국은 북한으로 줄여 부르기도 한다.

점을 강조했다. 경제정책으로는 국가재정을 안정시키고자 토지를 측량하여 토지소유자에게는 그 증명서인 지계를 발급하는 양전사업을 실시하였다. 또 상공업의 진흥을 장려하여 전기, 철도, 섬유 등의 분야에서 근대적 공장과 회사가 설립되었다.

그러나 대한제국의 여러 정책은 입헌군주제와 의회주의를 지향한 독립협회의 운동과 대립했다. 그리하여 대한제국 정부는 보부상[15]을 중심으로 한 황국협회원을 동원하여 독립협회운동을 탄압했다. 이로써 입헌군주제로의 이행을 지향하던 독립협회운동은 좌절되고 말았다.

열강의 경제이권 침탈과 저항

아관파천 중 러시아·미국·영국·일본은 조선의 광산채굴권, 금광채굴권, 삼림벌채권, 철도부설권 등의 이권을 빼앗았다. 독립협회는 이권수호운동을 전개하여 부산 절영도의 러시아 저탄소 건설을 철회시키고, 화폐발행권을 빼앗으려던 한러은행도 폐쇄시켰다.

일본은 청일전쟁 중에 체결한 조일잠정합동조관을 통해 조선에서 일본의 군용 전신선과 철도부설권을 확보한 바 있

열강이 조선에서 장악한 이권

다. 그 후 일본은 1900년에 경인선을 개통시키고, 다음 해에는 경부철도

주식회사를 설립했다. 그리고 러일전쟁을 계기로 경의선과 경원선의 부설권을 장악했다. 일본의 제일은행은 조선의 해관세 취급은행이 되었고, 후에는 제일은행권을 발행하여 이를 한국에 유통시켰으며 차관을 제공하기도 하였다.

일본의 경제적 침투에 대해 농민과 도시 하층민이 한국 각지에서 봉기하였다. 특히 중남부에서는 활빈당[16]이 양반과 부호, 일본인 광산주, 철도관계자, 상인 등을 습격하는 사건도 빈발했다. 대한제국 정부는 철도건설과 중앙은행 설립을 시도하여 세원의 확대를 꾀하였다. 그러나 그 시도는 열강의 이권침탈을 막을 만큼 성공하지는 못했다.

용어 해설

1_동학 : 동학은 유교, 불교, 크리스트교 등의 교리와 장점을 받아들인 종교로, 그 이름은 서학=크리스트교에 대항한다는 의미가 담겨 있다.

2_전봉준 : 1855~1895. 전라도 고부에서 군주의 폭정에 농민과 함께 봉기하여 그 지도자가 되었다. 농민의 존경을 받아 '녹두장군'으로 불렸다.

3_초기의회 : 일본의 1890년 제1의회에서 청일전쟁 직전인 제6의회까지를 말한다. 부국강병을 지향하며 군비 증강정책을 추진하는 정부와 야당인 민당이 격렬하게 대립하였다.

4_번벌정부藩閥政府 : 메이지 유신의 중심세력이었던 사쓰마·조슈·도사·히젠 등 4개 번 가운데 특히 사쓰마 번과 조슈 번 출신자가 정부 요직을 독점한 정부를 말한다. 폐번치현廢藩置縣 후에 시작되었는데, 제국의회 개설 후에도 삿초(사쓰마와 조슈의 두 번) 출신들이 수상과 대신에 취임하였다.

5_대본영 : 일본에서 전쟁 때만 설치된 천황 직속의 최고 통수기관으로서 강력한 전쟁지도를 수행하기 위한 기관. 일본에서는 청일전쟁, 러일전쟁, 중일전쟁에서 아시아태평양 전쟁까지 세 차례 설치되었다.

6_집강소 : 농민군이 각 군에 조직한 자치기관. 관리의 부정을 추궁하거나 잡세를 폐지하는 등의 개혁을 행하였다.

7_김홍집 : 1842~1896. 온건개화파의 중심인물. 명문 출신으로서 청일전쟁 중에

총리대신이 되어 개혁을 추진하였으나 아관파천 때 살해 당했다.

8_박영효 : 1861~1939. 개화파의 중심인물. 갑신정변 후 일본으로 망명하고 귀국 후 김홍집 내각의 내부대신이 되어 개혁을 추진하였다. 병합 후 친일파가 되었다.

9_영은문 : 중국에서 보낸 칙사를 환영하기 위한 문으로서 중국으로 통하는 의주로에 있었다. 여기에는 모화관이라는 영빈관도 있었다.

10_태양력 : 일본이나 조선에서는 음력을 사용하였는데, 일본에서는 메이지 5년 (1872) 12월 3일을 메이지 6년(1873) 1월 1일로 정하였고, 조선에서는 개국 504년 (1895) 11월 17일을 개국 505년(1896) 1월 1일로 정하면서 태양력(양력)을 사용하였다. 이 책에서는 제9장부터 태양력을 사용하여 날짜를 표기하였다.

11_단발령 : 1895년 백성들에게 머리를 깎게 한 명령으로 정부는 '위생에 이롭고 작업을 편리하게 하기 위해서'라고 그 이유를 말했다. 그러나 당시 한국인들은 두발을 신체의 일부로서 극히 소중히 여기는 전통을 갖고 있었기 때문에 '내 목은 자를지언정 두발을 자를 수는 없다'며 분개했다. 이에 정부의 단발령 강행에 완강히 반대하였으며 의병항쟁이 일어나는 한 원인이 되었다.

12_미우라 고로三浦梧樓 : 1846~1926. 조슈 번 출신의 군인으로 육군중장. 귀족원 의원이 되어 이노우에 가오루의 후임으로 한국공사가 되었다. 명성황후 시해사건을 일으켰으나 무죄가 되었고 후에 추밀고문관이 되었다.

13_대륙낭인 : 조선이나 중국에서 활동한 일본인으로 국권팽창주의자가 많아 일본 정부의 대조선·대중국 정책의 비밀공작 등에도 종사하였다.

14_이완용 : 1858~1926. 친일파 정치가로서 을사조약(제2차 한일협약)과 병합조약에 조인하고 식민지배에 협력하였다.

15_보부상 : 조선 재래의 행상인. 조선시대 말기에는 정부의 통제 아래서 운송업을 담당했을 뿐만 아니라 큰 조직력이 정치적으로 이용되는 경우도 있었다.

16_활빈당 : 조선시대 말기 침략과 생활 파탄이 진행되는 가운데 활동한 농민집단. 악법 폐지와 외국상인의 활동금지 등을 주장하며 민중구제활동을 하였다.

러일전쟁과 통감정치

> 러일전쟁은 한국·만주[1]의 권익을 둘러싼 일본과 러시아의 싸움이었다. 그 결과 서양열강에게 한국 지배를 인정하도록 한 일본은 한국에게 수차례에 걸쳐 조약을 강요하고, 통감(보호국) 정치에서 한국 '병합' 쪽으로 실질적 지배를 확립해 갔다. 한국에서는 독립을 유지하기 위해 중립선언이나 헤이그 특사파견, 애국계몽운동과 의병운동 등 다양한 저항을 시도하였다.

러일의 대립과 대한제국의 중립 선언

청일전쟁 후 일본은 동아시아에서 군사적 역할의 중요성을 열강에게 인식시켰으며 제국주의 열강의 반열에 오르게 되었다. 일본은 러시아와 '만한교환론滿韓交換論'[2]을 기초로 하는 외교를 벌였는데, 러시아와의 대결까지 예상하고 대규모 군사확장정책을 추진하였다. 러시아는 중국에서 의화단[3]을 진압한 후에도 만주에서 철병하지 않고 사실상 점령하고 있었다. 일본은 이에 대항하여 1902년 1월 영일동맹을 체결하고 러시아를 견제하며 한국을 독점적으로 지배하고자 하였다. 그리고 일본은 만주로 경제적 진출을 꾀하였다. 이리하여 한국·만주를 둘러싼 러일의 대립이 격화되어 갔다.

이러한 러일 양국의 대립 속에서 한국정부는 전쟁시 '중립'을 주창하였다. 한국이 중립국으로서 국제적 승인을 얻으면 한국 내에서 러일 양국의 교전을 막는 동시에, 전쟁에 휘말리는 것을 피하여 독립을 유지할 수 있을 것이라고 예상했다. 한국정부는 일본정부에 중립 보장을 요구했으나 일본은 이를 거부하였다. 한국의 중립을 승인하면 러일전쟁의 전장으로 예상되는 한국 내에서 일본군의 군사행동에 장애를 받기 때문이었다.

그럼에도 불구하고 한국정부는 서양 여러 나라에 특사를 보내 중립국으로 승인받기 위해 노력하였다. 각 국이 이를 승인해줄 것이라는 전망 하에서 고종황제는 1904년 1월 한국의 전시 중립을 선언하였다.

한일의정서의 체결

1904년 2월 일본은 육군을 인천에 상륙시켰다. 일본 해군이 뤼순 항을 밤에 공격하고 인천 연안에서 러시아 함대를 습격한 후 일본은 러시아에 선전을 포고하였다. 한국정부의 전시 중립선언을 무시한 일본은 한성을 군대로 제압하였다.

같은 해 2월 하순에 일본은 군사력을 배경으로 한국정부에 한일의정서를 조인시켰다. 이를 통해 한국정부에게 한국 내 군사거점을 확보하기 위한 토지 수용과 편의 제공 등의 군사협력을 인정하도록 하였다. 그리고 한국 내정에 간섭할 권리도 확보함으로써 한국제압의 첫발을 내디뎠다.

한성에서는 의정서를 조인한 이지용[4] 외상外相 집에 폭탄이 투척되는 등 의정서에 반대하는 목소리가 높아졌다. 의정서 체결에 반대한 탁지부 대신 이용익[5]은 일본으로 끌려갔으며, 다른 반대파도 한성에서 추방되었다.

일본은 병참을 수송한다는 명목으로 부산에서 한성을 거쳐 신의주에 이르는 한반도 종관철도를 단시일에 건설했다. 그리고 전략적 요충지에는 군사기지를 설치했다. 이를 위해 일본군은 강제로 철도용지와 군용지를 수용하고, 농번기에도 인마와 식량을 징발하였다. 한국 민중은 각지에서 봉기하였고, 전신선을 끊거나 철도 건설을 방해하였다. 일본군은 이러한 방해 행위에 대해 사형을 적용하는 군법을 제정하여 사형이나 감금·구류, 태형 등으로 엄하게 단속하였다.

제1차 한일협약과 고문정치

1904년 5월 일본정부는 한국을 보다 확실히 제압하는 정책을 각의에서 결정하고, 군사·외교·재정·교통·통신·산업 분야에서 이권을 확대하기로 방침을 세웠다. 이에 따라 러일전쟁이 한창이던 8월, 일본정부는 한국정부에 제1차 한일협약을 승인하도록 강요하였다. 이에 따라 일본정부는 재정과 외교 고문을 한국정부에 보내어 외교와 재정의 권한을 장악하였다. 재정고문은 대장성 주세국장主税局長 메가타 다네타로目賀田種太郎[6], 외교고문에는 일본공사관 고문을 지낸 미국인 스티븐스였다. 스티븐스는 외국이 일본의 한국 개입을 감시하는 것을 따돌리는 역할을 하였으며, 을사조약(제2차 한일협약)의 체결에도 협력하였다. 러일전쟁을 수행하면서 일본은 착실히 한국의 지배권을 확보해 갔다.

러일전쟁과 열강의 대응

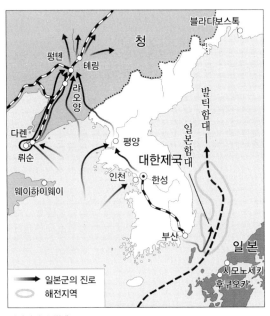

러일전쟁의 전개

러일전쟁은 청일전쟁과는 비교가 되지 않을 정도의 대규모 전쟁이었다. 양군의 승패는 좀처럼 가려지지 않았다. 일본군은 재정상의 한계로 전쟁을 계속하기 어려워져 미국 대통령에게 조정을 의뢰하였다. 한편 러시아도 발틱 함대가 패하고 국내의 혁명운동이 격화되었기 때문에 그 조정을 받아들였다. 러일강화회의는 미국 포츠머드에서 개최되었다.

서양열강은 세계분할과 관련된 러일전쟁에 중대한 관심을 보였다. 그래서 일본은 가쓰라·태프트 협정[7]으로 미국의 필리핀 지배를 인정하고, 제2차 영일동맹에서는 영국의 인도지배를 인정함으로써 일본의 한국지배를 양국이 승인토록 하였다. 일본은 한국 제압을 기정사실화함으로써 러일강화조약(포츠머드 조약)에서는 일본의 한국지배가 명기되었다. 일본의 한국지배는 열강의 승인 하에 이루어진 것이다. 러일전쟁의 결과 일본은 한국 외에도 사할린 남부, 랴오둥 반도, 만주 남부로 세력을 넓혀 제국주의 국가로서의 지위를 확립하였다.

을사조약(제2차 한일협약)과 통감부의 설치

　　일본정부는 영·미·러에게 한국지배를 승인토록 한 후, 1905년 11월에는 한국정부와 을사조약(제2차 한일협약)을 체결하였다. 다음 해 2월에는 통감부가 설치되어, 초대 통감으로 이토 히로부미[8]가 취임하였다. 이로써 이토 통감은 한국 황제를 자유롭게 만날 권리를 지니게 되었다. 또 일본은 한국의 외교권을 빼앗아, 한국정부는 일본정부를 거치지 않고는 타국과 조약을 맺을 수 없게 되었다. 통감은 일본정부를 대표하여 외교를 관리하여 한국에서 외국영사관에 관한 사무를 처리하였다. 그리

통감부 건물 | 서울의 남산 북쪽 기슭에 있었다.

을사조약(제2차 한일협약)의 '체결' 과정(1905년 11월)

1905년 방한한 특사 이토 히로부미는 보호국화에 저항하는 한국황제 고종에 대해 "일본정부는 이 조약안을 확정안으로 제출하므로 변경의 여지는 전혀 없다"며 승낙할 것을 재촉하였다. 그리고 한국주재 일본군 사령관을 대동하고 한국정부 각의에 출석한 이토는 이미 황제가 임석하는 회의에서 조약안 거부라는 결론이 나왔음에도 불구하고, 각의에서 대신들 한사람 한사람에게 조약체결의 찬부를 물었다. 참정대신과 탁지부대신은 "절대로 불가하다"고 대답하였다. 외부대신은 아무말도 없었으나 이는 승낙으로 간주되었고, 다른 4명의 대신은 마지못해 동의하였다. 그리하여 이토는 다수의 찬성 위에 을사조약(제2차 한일협약)을 강요하였다. 이 협약에 의해 일본정부는 한국의 외교권을 박탈하고 한국을 보호국화하였다.

을사조약(제2차 한일협약)을 맺은 5명의 대신은 '을사오적'이라 불리며 '친일파'의 대표적 존재로서 한국사회에서 비판의 대상이 되고 있다.

고 한국주둔 일본군 사령관에게 병력 사용을 명령할 권한을 지니고 있었다. 또 일본인 고문을 지휘하고 한국정부와 '한국 시정 개선에 관한 협의회'를 열어 중요 법안·정책을 사실상 결정함으로써 한국의 내정 전반을 지배하였다.

고종황제의 퇴위와 정미7조약(제3차 한일협약)

1907년 6월 고종황제는 황제의 전권 위임장을 소지한 이준[9] 등 3명의 특사를 네덜란드 헤이그에서 열리는 제2회 만국평화회의[10]로 보내 을사조약의 무효를 참가국에게 호소하도록 하였다(헤이그 특사사건). 일본정부는 이것을 협약 위반이라며 7월 중순 한국의 내정 전권을 장악할 방침을 각의에서 결정하였다. 그리고 이토 통감은 이완용 내각을 통해 반대하는 고종을 물러나게 하고 황태자(순종)를 황제로 즉위시켰다.

고종의 강세퇴위에 반대하여 한성에서는 수만 명의 항의집회가 열렸고 이완용의 집을 불태우는 등의 반일운동이 일어났는데 한국군대 중

조약 이름	체결일	주요 내용
한일의정서	1904. 2.23	한국에서 일본군 군사행동의 자유. 이에 대한 한국정부의 '편의' 제공. '시설개선'에 관한 '충고'라는 명목으로 일본의 한국에 관한 내정간섭권
제1차 한일협약	1904. 8.22	일본정부가 추천한 재정고문과 외교고문의 수용
을사조약 (제2차 한일협약)	1905.11.17	한국 외교권이 일본 외무성 관리 하에 들어감. 통감의 설치와 통감의 한국황제 알현권
정미7조약 (제3차 한일협약)	1907. 7.24	통감의 내정지배권 확립. 한국정부 내에서 일본인 관리 고용. 재판소 신설과 일본인 판검사 임명. 한국군 해산
'한국병합'에 관한 조약	1910. 8.22	한국의 주권을 빼앗음

일부도 이에 동참하였다.

이토 통감은 7월 하순 정미7조약(제3차 한일협약)을 한국정부에 강요하였다. 한국정부는 법령 제정과 중요한 행정처분, 고급 관료의 임면 등을 통감의 승인·동의 없이는 행사할 수 없게 되었다. 또 협약에 부속된 비밀각서에서 한국군대의 해산이 결정되었다. 통감은 한국정부의 주요 관료인 각부 차관과 각 도 등의 지방 관료 자리에 일본인을 등용하여 이들을 통해 중앙과 지방의 내정을 직접 파악할 수 있는 체제를 마련하였

고종(앞)과 순종(뒤)

다(차관정치). 통감의 내정지배권이 확립된 것이다.

'한국병합'의 추진

일본에 의해 해산당한 한국군대의 병사들은 의병운동에 가담하여 반일운동을 전국적으로 전개하였다. 이것을 진압하고자 한국 내에서는 일본의 군대·헌병·경찰이 증강되었다. 1909년 10월에는 '한국병합'

초대 통감 이토 히로부미

후 '무단통치'의 가장 큰 특징인 헌병경찰제도[11]가 정비되었고, 다음 해에는 한국인 헌병보조원제도가 신설되었다. 1906년 이후 한국의 지식인이 중심이 되어 확산된 애국계몽운동에 대해서는 「학회령」, 「사립학교령」 등을 시행하여 통제를 강화하였다. 이러한 정책에 반발하는 반일운동은 날로 격화되어 통감정치는 더욱 불안정해졌다.

한편 일본정부 내에서는 '한국병합'을 요구하는 강경론이 대두하였다. 이토 통감은 1909년 4월에 가쓰라 다로[12] 수상이 제시한 '한국병합' 방침을 인정하고 통감직을 사임하였다. 7월에 일본정부는 '한국병합'을 실행할 새로운 대한방침을 각의 결정하였다.

이토는 1909년 10월 하얼빈 역에서 안중근에게 암살되었는데, 이미 그 전에 '한국병합' 방침은 결정되어 있었다.

용어 해설

1_만주 : 중국 동북지방의 옛 명칭. 청나라 때부터 사용된 이름으로 중국인은 동삼성 혹은 동북삼성이라고 부른다.

2_만한교환론 : 일본이 한국을, 러시아가 만주를 세력권으로 삼는 것을 상호 승인한다는 정치적 주장. 이 시기 일본의 외교방침은 이토 히로부미 등의 원로가 '만한교환론'을 주장함으로써 '만한불가분'을 주장하는 가쓰라 다로, 고무라 주타로小村壽太郞 등과 대립하였다.

3_의화단 : 미륵보살을 믿는 중국의 한 종교단체. 1900년 중국 하북성에서 대규모

의 농민반란(의화단사건)을 일으켰다.

4_이지용 : 1870~?. 한일의정서에 외부대신 임시대리로서 직접 조인하였다. 을사조약 체결시 내부대신(내상)으로서 소위 '을사오적' 중 한 명이다.

5_이용익 : 1854~1907. 광무개혁의 중심이 된 정치가. 황실재정과 정부재정을 담당하였고 메가타 재정고문과 대립하였다. 러일전쟁 직전 전시중립책을 주도하였다. 한일의정서의 체결에 반대하였기 때문에 일본으로 연행되어 약 10개월 간 구류되었다.

6_메가타 다네타로目賀田種太郎 : 1853~1926. 일본 대장성 관료로서 제1차 한일협약에 의해 한국정부의 재정고문에 취임하여 화폐정리사업을 실시하고, 한국의 재정·금융을 일본의 세력 하에 편입시키는 정책을 실시하였다. 후에 일본 귀족원의 추밀고문관 등을 지냈다.

7_가쓰라桂**·태프트 협정** : 1905년 러일강화 직전에 내일한 미국 대통령 특사 태프트 육군장관과 가쓰라 다로 수상의 비밀각서. 미국은 조선에서 일본의 우선적 지배를, 일본은 미국의 필리핀 지배를 상호 인정하였다. 극동의 평화유지는 미·영·일 삼국의 협력을 통해 추구할 것을 규정하였다. 한국에서는 '밀약'이라고 부른다.

8_이토 히로부미伊藤博文 : 1841~1909. 메이지 신정부 성립 후 메이지 정부에서 핵심적인 역할을 하였다. 러일전쟁 후 한국 통감이 되었으나 1909년에는 사임하고 대러관계 조정을 위해 중국 하얼빈에 갔다가 안중근에게 저격되어 죽었다.

9_이준 : 1859~1907. 네덜란드 헤이그 만국평화회의에 파견된 특사 중 한 명. 독립협회운동과 애국계몽운동에 종사하였다. 을사조약(제2차 한일협약)의 무효를 주장하고 고종의 특사로서 평화회의에의 참가 요청이 거부되자 낙담하여 헤이그에서 병사하였다. 다른 두 명의 특사는 원정부 고관 이상설과 외교관 이위종이었다.

10_만국평화회의 : 러시아 황제 니콜라이 2세의 제창으로 개최된 국제회의. 제1회는 1899년 26개 국, 제2회는 1907년 44개 국의 대표가 네덜란드 헤이그에서 모여 군비축소와 평화유지책을 협의하였다.

11_헌병경찰제도 : 헌병이 경찰업무를 겸하는 제도로 한국에서 민족운동을 억압하는 데 기여하였다. 1919년 3·1독립운동 후 보통경찰제도로 전환하였다.

12_가쓰라 다로桂太郎 : 1847~1913. 군인·정치가. 타이완 총독, 육군대신 역임. 야마가타 아리토모山縣有朋의 후계자로서 군부·번벌관료 세력의 유지에 노력하였다. 세 차례 수상을 역임하였다.

항일투쟁과 대한제국의 주권 상실

러일전쟁을 계기로 한국에 대한 일본의 침략이 본격화되자, 각계 각층으로부터 다양한 저항이 일어났다. 보수적인 유학지식인(유생)과 농민들은 의병을 일으켜 일본의 침략에 대한 무력투쟁을 강력하게 벌였다. 개명한 지식인들은 애국계몽운동을 통해 한국민족의 실력을 양성함으로써 국권을 회복하려 하였다. 그러나 일본은 이러한 민족운동을 탄압하면서 1910년 마침내 한국의 주권을 완전히 빼앗았다.

을사조약(제2차 한일협약) 반대운동

을사조약(제2차 한일협약) 체결 소식이 알려지자 대한제국의 국민은 반대운동을 전개하였다. 시민들이 집단시위를 벌이자 상인들은 일제히 상점 문을 닫았다. 여러 애국자와 관료가 스스로 목숨을 끊었다. 전직 고관과 수많은 유생들이 황제에게 조약의 취소를 요구하는 상소를 올렸으며, 전국적으로 일본 배척의 기운이 한층 높아졌다.

『황성신문』은 「이 날을 목 놓아 통곡하노라」라는 사설을 실어 일본의 침략 사실과 조약 체결에 앞장선 대신들을 강력히 비판하였다. 친일파 대신들을 처단하기 위한 암살단이 만들어져 활동하기도 하였다.

고종의 헤이그 특사 파견

을사조약(제2차 한일협약)에 대한 반대운동이 거세게 일어난 가운데, 조약 무효를 주장하던 고종은 1907년 네덜란드 헤이그에서 제2회 만국평화회의가 열리자, 일본의 침략 사실을 세계에 알리기 위해 3명의 특사를 파견하였다.

헤이그에 도착한 특사들은 회의 참석을 요청하였으나 한국이 일본의 보호국이라는 이유로 회의 참석을 거부 당하였다. 특사들은 숙소에 태극기를 내걸어 독립국가의 대표임을 나타내고, 이 때 개최된 국제협회 회의에서 일본의 침략행위를 고발하고 을사조약(제2차 한일협약)의 무효를 주장하는 연설을 하였다. 그러나 당시 일본은 유럽의 열강과 같은 강대국의 위치에 있었기 때문에 어느 나라도 일본의 반대를 무릅쓰고 한국의 독립을 지원하려고 하지 않았다.

고종이 헤이그에 파견한 특사 | 왼쪽부터 이준, 이상설, 이위종

일본은 헤이그 특사 파견에 대해 협약 위반이라며 그 책임을 물어 고종을 위협하고 퇴위를 강요하였다. 일본군이 무력시위를 시작한 가운데 1907년 7월 황제 고종을 강제로

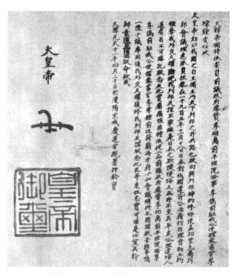

고종이 특사에게 준 위임장 | 첫 줄에 위 특사 3인의 이름이 나온다.

퇴위시키고 대한제국의 마지막 황제가 된 순종을 즉위시켰다. 한성에서는 고종의 강제퇴위에 반대하여 수만 명이 참가한 항의집회가 열렸고, 이완용 집을 방화하는 등 반일운동이 일어났다.

이후 일본은 정미7조약(제3차 한일협약)을 강요하여 통감이 대한제국의 내정을 일일이 간섭할 수 있는 권한을 가지게 되었다. 대한제국 정부의 각 차관에는 일본인을 임명하여 이른바 차관정치가 실시되었다. 그리고 대한제국의 군대를 강제로 해산시켰다.

항일의병전쟁의 전개

의병 활동은 일본의 침략에 대한 가장 적극적인 민족항쟁이었다. 고종의 비인 명성황후 살해와 단발령을 계기로 시작된 항일의병은 을사조약(제2차 한일협약)을 계기로 다시 거세게 일어났다.

민종식[2]은 의병을 일으켜 충청도를 무대로 큰 전과를 올렸다. 유생의 대표격이었던 최익현은 제자들을 이끌고 전라도에서 봉기하였다. 특히 평민 출신의 의병장 신돌석[3]은 3천여 명의 의병과 함께 태백산 일대를 무대로 일본군과 끈질기게 싸웠다.

일본이 대한제국의 군대를 강제로 해산시키자, 많은 군인들이 의병에 가담하였다. 그리하여 의병에 의한 항쟁은 양반 유학자에서 이름 없는 농민에 이르기까지 범국민적인 대일전쟁이 되었다. 의병의 무기와 전술도 이전보다 훨씬 향상되었으며, 의병의 활동지역도 전국적으로 확산되었다.

의병의 전력이 강화되고 의병전쟁이 전국적으로 확대되자, 의병장들은 한성으로 진격하여 일본군을 몰아내기 위한

의병투쟁의 전개 | 전국 거의 대부분 지방에서 의병이 일어나 일본군과 치열한 전투를 벌였다.

지도 범례:
- 500인 이상 봉기의 중심지
- 1000인 이상 봉기의 중심지
- 기타 의병 봉기지역
- 의병장

지도 지명: 홍범도·차도선, 삼수, 갑산, 이소응, 금강산, 해주, 양주, 인제, 이강년, 강화, 한성춘천, 강릉, 삼척, 13도창의군의 서울진공작전, 여주, 원주, 제천, 유인석, 충주, 소백산, 일월산, 민긍호, 홍성, 평해, 신돌석, 태인, 영주, 정용기, 민종식, 순창, 진주, 최익현·임병찬, 장성, 광주, 나주, 노응규, 기우만, 전해산, 제주도

연합작전을 계획하였다. 그리하여 전국 연합부대가 조직되고, 전국의 의병장들이 이끄는 1만여 명의 의병들이 한성 근교에 모여 진공을 시도하였다. 이 때 의병은 한성에 있는 각국 영사관에 서신을

처형당하는 의병 | 일본의 침략에 항거하여 철도를 파괴한 의병들이 일본인 경찰에게 총살 당하고 있다.

보내 의병을 국제법상의 교전단체로 승인해줄 것을 요구하기도 하였다. 그러나 선봉부대가 한성 가까이까지 진격하였을 때 사전에 정보를 알아차린 일본군의 선제공격으로 물러나고 말았다.

한성 진공작전이 실패한 뒤 전라도 지역을 중심으로 의병운동이 가장

안중근의 유언

"나는 대한 의병 참모중장으로서 적국의 우두머리를 처단했을 뿐이다. 내가 죽거든, 시체는 하얼빈 공원 부근에 묻어 두었다가 우리 나라가 독립이 되거든 고국으로 옮겨 달라. 나는 죽는 게 아니라, 천국에 가서 대한 독립을 위해 일할 것이다."

유언을 남기는 안중근 의사 | 사형 집행 전 두 동생과 신부 앞에서 유언을 하고 있다.

치열하게 전개되었다. 전라도 의병은 민중들의 광범한 지원 속에서 유격전을 적극 활용하여 일본군에게 커다란 타격을 가했다.

의병전쟁이 장기화되자 일본은 대한제국을 병합하기 위해서는 전라도 의병을 완전히 진압하는 일이 시급하다고 판단하고 대규모 군사작전을 단행하였다. 그리하여 전라도 지방은 일본군에 의해 1909년 9월 이후 약 두 달 동안 의병장 100여 명, 의병 4,000여 명이 체포·처형되는 등 막대한 피해를 입었다. 국내에서의 의병항쟁은 점차 약해져 갔고, 의병부대들은 새로운 항쟁의 근거지를 찾아 만주나 연해주로 이동하여 독립군 활동을 전개하였다.

한편, 의병으로 활동하던 안중근은 1909년 만주 하얼빈에서 대한제국 초대 통감을 지낸 이토 히로부미를 사살하였다.

안중근은 재판 과정에서 일본의 침략을 규탄하고 한국의 독립을 주장

> ### '한국 병합'인가 '한국 강점'인가?
>
> 1910년 일본에 의한 한국의 식민지화를 일본에서는 '일한병합' 또는 '한국 병합'이라고 하며, 한국에서는 '국권 피탈' 또는 '강점'이라고 한다.
>
> 「한일병합조약」에서 사용된 '병합'이란 용어는 일본이 치밀한 계산 아래 만든 용어다. 즉 1909년 일본정부가 각료회의에서 한국을 식민지로 삼겠다는 방침을 결정하였을 때의 문서에서 사용된 용어인 것이다. 당시 일본에서는 '합방'이나 '합병'이란 용어가 '일한 양국이 대등하게 합일'하는 것처럼 이해되었다. 따라서 한국이 일본제국 영토의 일부로 된다는 점을 분명히 하면서도, '식민지'와 같은 노골적인 용어를 피하기 위해 고심 끝에 만들어낸 용어가 '병합'이었던 것이다.
>
> 그러나 「한일병합조약」은 비준서에 순종 황제의 서명도 없는 등 절차상·형식상의 문제가 많아 근본적으로 무효이기 때문에 일본의 식민지 지배는 군사력에 의한 불법적인 강제점령 즉 '강점'이었다고 보는 것이 당시부터 지금까지 한국의 견해다.

하며 자신은 전쟁포로로서 국제법에 의해 재판해줄 것을 주장하였다. 일본은 안중근을 암살자로 규정하여 사형시켰으나, 일본인 중에는 안중근의 의연한 태도에 감복하는 사람도 있었다.

애국계몽운동

개화운동과 독립협회로 맥을 이어오던 지식인들은 을사조약(제2차 한일협약) 체결을 전후로 활발한 애국계몽운동을 벌였다. 이들은 무력항쟁에 의한 즉각적인 독립 달성이 어렵다고 판단하고, 국권을 회복하기 위해서는 국민을 계몽하고 산업을 육성하여 민족의 실력을 길러야 한다고 생각하였다. 그리하여 애국적 지식인들은 대한자강회, 신민회와 같은 단체들을 만들어 국권회복운동에 나섰다. 애국단체의 회원들은 학교를 세우고, 교육과 언론활동을 통해 민족의식을 고취시켰다.

신민회는 비밀결사단체로 실력 양성을 위해 교육과 산업진흥운동을

제9장_서양의 충격과 동아시아의 대응 | **227**

전개하는 한편, 전쟁을 통해 독립을 달성할 수 있다고 믿어, 국외에 독립운동의 근거지를 마련하기 위한 활동도 전개하였다.

민족지도자들이 특히 역점을 둔 것은 교육운동이었다. 이들은 민족의 실력을 기르기 위해서는 국민을 계몽하고 2세 교육에 힘써야 한다고 생각하였다. 그리하여 을사조약(제2차 한일협약) 이후 전국적으로 3,000 여 개의 사립학교를 세워 학생들에게 애국심을 고취하였다. 통감부는 이에 대해 대한제국을 통해 통제를 강화하고 탄압하였다.

언론의 활동도 활발히 일어났다. 황성신문, 제국신문, 대한매일신보 등이 발간되어 일본의 침략을 규탄하는 한편, 국민을 계몽시키고, 민족 의식을 일깨우는 데 앞장섰다.

또 이들은 산업의 진흥과 경제적 자립에도 힘을 기울여 일본으로부터 빌린 빚을 갚자는 국채보상운동을 전개하였다. 당시 한국정부는 일본에

'한국병합'을 자랑하는 데라우치와 아쉬워하는 이시카와

데라우치 마사타케寺內正毅 통감(후에 초대 조선총독이 됨)은 병합조약 조인 날 밤 잔치를 열고 "고바야카와/ 가토 고니시가/ 이 세상에 있다면/ 오늘 밤에 뜬 저 달을/ 과연 어떤 마음으로 바라보았을까?"라고 읊조렸다. 고바야카와 다카카게小早川隆景, 가토 기요마사加藤淸正, 고니시 유키나가小西行長는 도요토미 히데요시가 조선을 침략했을 때 출정한 장수들이다. 데라우치 총독은 옛 장군들이 조선을 지배하려 하였으나 실현하지 못하였던 꿈을 바로 자신이 이루었다고 자랑하며 이 말을 되뇌었던 것이다.

한편, 조선침략에 반대하였던 사회주의자들이 천황을 살해하려 하였다는 이유로 탄압을 받고(대역사건) 수많은 지식인들이 침묵할 수밖에 없었던 상황에서, 병합 이듬해에 가인(시인 혹은 전통가요 작가) 이시카와 다쿠보쿠 石川啄木는 "지도 위/ 조선국에/ 새카맣게/ 먹을 칠하며/ 가을바람 소리를 듣노라."고 읊었다. 조선이 식민지가 되어 없어지는 것을 '먹을 칠한다'고 표현하고, 그 아쉬움과 허무함을 '가을바람 소리를 듣는다'고 읊조리며 조선 의 식민지화를 비판한 것이다. 이시카와는 일본인 가운데 조선의 식민지화를 비판한 보기 드문 예다.

서 약 1천만 원의 차관을 들여와 도로 확장과 상수도 시설, 관청 보수와 봉급 지불 등 주로 한국에 거주하는 일본인의 생활조건을 개선하고 일본의 침략을 위한 시설을 만드는 데 사용하였다. 당시 국채 1,300만 원은 대한제국의 1년 예산과 맞먹는 액수였다. 이러한 상황에서 애국적 지식인들은 일본에게 진 빚을 갚는 것이 경제적 자주권을 유지하는 길이고, 그것이 곧 국권을 되찾는 길이라고 생각하였다. 대구에서 시작된 국채보상운동은 전 국민의 참여 속에 전국 각지에서 약 600만 원의 성금이 모아졌다. 국채보상운동을 계기로 일본을 반대하는 기운이 높아지자 통감부가 국채보상운동을 탄압하여 실패로 끝나고 말았다.

애국계몽운동은 일본의 국권침탈에 무력으로 맞서 투쟁하지는 못했으나, 국민을 계몽하고 민족의 독립의식을 키워 나가는 데 기여하였다.

대한제국의 주권 상실

대한제국의 군대를 해산시켜 군사력을 무력화한 일본은 1909년 각 서를 통해 대한제국의 사법권을 빼앗았다. 이를 통해 일본은 재판과 감옥의 사무를 담당하게 되어 항일세력에 대한 감시와 탄압을 더욱 강화시킬 수 있었다. 이어 일본은 한국 식민화의 마지막 단계로서 경찰권을 빼앗아 일본군이 한국의 치안을 담당하는 헌병경찰제도를 실시하였다.

순국한 황현 | 과거에 장원 급제하였으나 부패한 관직을 떠나 고향에서 지내던 중 일본이 나라를 빼앗자 통분하여 유언시를 남기고 스스로 목숨을 끊었다.

1910년 8월 22일 한국병합조약이 체결되면서 한국은 일본의 식민 상태로 떨어지게 되었다. 국권 상실 소식에 한국인들은 분노하였으며, 황현과 같은 많은 애국지사들이 슬픔을 이기지 못해 자결하였다. 조약 체결은 마치 비상계엄령 아래와 같은 매우 삼엄한 경계 상태 하에서 이루어졌다. 병합 소식이 전해지지 않도록 일본 신문의 수입을 금지하였기 때문에 한국인들은 이 정보를 입수하지도 못했다. 따라서 강력히 싸울 수도 없었다.

'한국병합'이 발표되자 일본의 신문들은 기념호를 발행하여 이를 축하하였다. 도쿄에는 집집마다 일장기가 내걸렸으며, 거리에는 꽃으로 화려하게 장식한 전차가 내달리며 축제 분위기를 자아냈다.

용어 해설

1_상소 : 유생들이 왕에게 자신의 의견을 정리하여 올리는 것을 말한다.

2_민종식閔宗植 : 1861∼1917. 20세에 과거시험에 합격한 후 정부의 여러 요직에 올랐으나, 을미사변에 분노하여 관직에서 물러나 고향으로 내려갔다. 1905년 을사조약(제2차 한일협약)이 체결되자 이에 반대하는 상소를 올렸으나 뜻을 이루지 못하였다. 1906년 의병부대를 편성하여 큰 전과를 올렸으나 결국 체포되어 종신유배형을 받고 풀려난 후 56세로 일생을 마쳤다.

3_신돌석申乭石 : 1878∼1908. 농민 출신으로 의병장이 되었던 기념비적인 인물. 1906년 당시 그의 부대는 3천여 명에 이르렀고, 가는 곳마다 큰 전과를 올려 '태백산 호랑이'라고까지 불렸다. 통감부가 내건 현상금을 탐낸 옛 부하에 의해 살해당했다.

제10장 일본 제국주의와 한국인의 민족독립운동

1910. 8	일본, 한국에서 토지조사사업 개시
1911. 4	한국인에게 교육칙어에 의거한 교육 개시
1914. 7	제1차 세계대전 일어남
1918. 8	일본, 쌀값 앙등으로 인해 쌀소동 일어남
1919. 2	도쿄에서 재일한국인 학생들 「2·8독립선언」 발표
3	한국, 3·1독립운동 일어남
4	상하이에서 대한민국 임시정부 수립
11	김원봉 등이 만주에서 의열단 조직
1920. 6	대한독립군, 북간도 봉오동에서 일본군 격파
10	김좌진 등이 북간도 청산리에서 일본군에 승리
12	조선총독부, 산미증식계획 실시
1922. 9	야나기 무네요시, 잡지 『개조』에서 광화문 철거 비판
1923. 9	일본에서 간토 대지진 직후 재일한국인 학살사건 일어남
1926. 6	조선왕조 최후의 황제 순종의 장례식을 계기로 6·10만세운동 일어남
1927. 2	한국에서 민족협동전선 조직인 신간회 결성
5	한국에서 민족협동전선 조직인 근우회 결성
1929. 1	한국 원산의 노동자들이 총파업 결행
11	한국 광주에서 항일학생운동 일어남
1931. 9	일본군, 중국 펑톈 교외에서 열차 폭발(류탸오후 사건)
1932. 1	한국인 이봉창, 도쿄 사쿠라다몬에서 일본 천황에게 폭탄 던짐
4	한국인 윤봉길, 상하이의 천황생일축하 행사장에 폭탄 던짐
1936. 8	한국 『동아일보』, 손기정 선수의 일장기 삭제사진 게재
1937. 6	김일성 부대, 함남 보천보에서 주재소 등을 공격
7	일본, 중일전쟁 시작(루거우차오 사건)
10	일본, 조선에서 황국신민의 서사 제창 개시
1938. 4	일본, 한국에서 육군특별지원병 모집
1940. 2	일본, 한국에서 창씨개명 실시
9	대한민국 임시정부, 충칭에서 한국광복군 창설
1941.12	일본, 아시아태평양전쟁을 일으킴
	대한민국 임시정부, 일본에 선전포고
1942.10	조선총독부, 조선어학회 회원을 치안유지법 위반으로 검거
1944. 4	일본, 한국에서 징병제 실시하고 한국인을 대상으로 징병검사 시작
8	한국에서 여운형 등이 비밀결사 건국동맹 결성
1945. 8	일본 패전, 한국 해방(광복)

무단지배 │일본은 대한제국을 멸망시키고 조선총독부를 설치하여 무력으로 한반도를 지배하였다. 일본은 한국에 제국헌법을 적용하지 않고 의회도 설치하지 않았다. 조선총독은 행정·입법·사법·군사에 대해 막강한 권한을 행사하였다. 일본은 현역 대장을 총독에 임명하고 말단에까지 일본인 관리를 파견하여 지배체제를 구축하였다. 일본은 한국인을 천황에게 충성을 바치는 진짜 일본인으로 만들기 위해 동화정책을 실시하였다. 이에 대한 한국인의 반발과 저항도 강고하게 지속되어 일본의 한국 지배는 뜻대로 진척되지 않았다.

조선총독부는 처음 10년간은 헌병이 경찰업무까지 담당하도록 하였고, 교사들도 칼을 차고 수업을 하였다. 또 토지소유와 조세제도를 개선한다는 명목으로 토지조사사업을 실시하였다. 그 결과, 조세수입은 두 배로 증가하였고, 일본인이 소유한 토지도 큰 폭으로 늘어났다. 한편 조선총독부는 한국에서 회사를 설립할 때 총독의 허가를 받게 함으로써 한국인에 의한 상공업의 자유로운 발전을 억압하였다. 이에 따라 한국인의 경제활동은 크게 위축되었다.

문화통치 │일본은 3·1독립운동에 충격을 받아 한반도지배정책을 소위 '문화통치'로 전환하였다. 이를 계기로 한국인은 제한적이나마 집회를 열고 단체를 조직하며, 한글로 쓴 신문과 잡지를 발행할 수 있게 되었다. 그러나 '문화통치' 기간에도 경찰관의 수가 대폭 늘어나고 일본과 동시에 치안유지법을 시행하는 등 지배의 정도는 보다 강화되었다. 일본은 식량부족을 메우고자 한국에서 쌀을 증산하는 정책을 실시하였다. 그러나 증산된 양보다 훨씬 더 많은 양의 쌀이 일본으로 반출되어 한국인의 1인당 쌀 소비량은 많이 줄어들었다.

농촌대책 │1929년에 발생한 세계대공황은 만성적 불황에 시달리던 일본에 큰 타격을 주었다. 일본정부는 만주를 장악함으로써 위기를 극복하고자 하였다. 조선총독부는 이에 편승하여 일본의 대자본을 유치하는 한편, 농가의 생활수준을 향상시키려는 정책을 실시하였다. 소위 '농촌진흥운동'은 극도로 궁핍한 농민이 사회주의사상 등에 물들어 체제를 무너뜨리는 운동에 참여하는 것을 방지하려는 목적을 지닌 것이었다. 조선총독부는 또 농지령 등을 발포하여 지주와 소작인의 첨예한 대립을 완화시키려 하였다.

전시동원 │ 일본은 1937년에 중일전쟁을 도발하고 한반도를 대륙침략을 위한 병참기지로 삼으려는 정책을 추진하였다. 이를 위해 한국에서 광업생산의 대폭적 증가를 꾀하고 중화학공업의 신속한 육성을 독려하였다. 1940년대 들어 전쟁이 아시아·태평양전쟁으로 확대되자 한국은 일본제국 내에서 물적 자원과 인적 자원을 공급하는 핵심지역이 되었다. 이를 위해 조선총독부는 물자의 생산·유통·소비는 물론, 노동자의 모집·배치·노동까지 엄격히 통제하는 전시동원체제를 구축하였다. 그리고 한국인을 천황을 위해 모든 것을 희생하고 전쟁에 적극적으로 참가할 수 있는 황국신민으로 개조하는 운동을 대대적으로 추진하였다. 신사참배, 일본어 상용, 창씨개명 등의 강요는 이를 추진하기 위한 수단의 일환이었다.

민족해방운동 │ 한국인은 무단통치 하에서도 민족운동을 계속 전개하여 1919년에 3·1독립운동을 일으켰다. 조선총독부는 경찰과 군대로 이를 탄압하여 7,500여 명의 사망자와 수만 명의 부상자를 발생시켰다. 이 운동을 계기로 한국에서는 노동자와 농민의 운동이 활발히 전개되었고, 만주 등지에서는 독립군의 무장투쟁이 광범위하게 일어났다. 그리고 중국 상하이에서는 대한민국 임시정부가 수립되어 국내외의 민족운동을 지도하였다. 대한민국 임시정부는 광복군을 조직하고 연합국과 함께 일본군에 대항하였다. 만주에서 활약한 동북항일연군과 화북에서 활약한 화북조선독립동맹 등 사회주의세력도 무장투쟁을 전개하였다. 미국 등에 이주한 한국인도 민족운동을 전개하였다. 국내에서는 비밀리에 건국동맹 등이 조직되어 해방의 날에 대비하였다. 국내외의 민족운동은 스스로의 힘으로 일본의 지배에서 벗어나 자주독립 국가를 수립하려는 목표를 가지고 있었다.

일본문화의 범람 | 일본의 지배가 지속되자 한국에서는 일본색이 가미된 근대문화가 확산되어 갔다. 일본인이 많이 모여 사는 대도시에서는 카페·극장·유곽 등이 많이 들어섰다. 일본에 의한 학교교육의 보급도 일본식 문화와 생활을 확산시키는 데 기여하였다. 1930년대 후반 이후 전시동원체제 아래 황국신민화정책이 강력히 추진되자 국수적인 일본문화가 한국의 구석구석까지 침투했다. 일본영화가 자주 상영되고 일본어로 쓴 문학작품 등이 널리 읽혔다. 생활 전반에서 군대식 집단행동이 강요된 것도 그 한 예다.

민족문화운동 | 한국인은 일본문화에 물들어 가면서도 그 해독에서 벗어나기 위해 여러 가지 민족문화운동을 전개하였다. 민족의식이 강한 지식인과 문화인들은 한글로 쓴 신문과 잡지 등을 발행하고 고전을 간행하였으며 한글 보급에 힘썼다. 그들은 한국인의 민족정신을 표현한 역사서와 문학작품을 간행하고, 영화와 음악 등을 만들어 보급하였다. 그리하여 일본문화가 범람하는 가운데서도 한국민족의 문화와 의식은 명맥을 유지할 수 있었다. 그러나 1930년대 후반 이후 황국신민화 정책이 기승을 부리자 민족문화의 보전은 위기에 처하게 되었다. 한글로 쓴 대부분의 신문과 잡지가 폐간되고, 한국어도 사용할 수 없게 되었다. 한글학자들은 이에 대항하여 한글사전을 편찬하는 작업을 시도하였으나 심한 탄압을 받아 옥사하기도 하였다. 그리하여 민족문화는 심각한 위기에 직면하게 되었다.

제1차 세계대전과 일본사회의 변동 | 제1차 세계대전을 통해 일본 사회는 미증유의 호경기를 맞이하였다. 일본은 유럽 제국이 아시아에서 물러간 기회를 틈타 일본제 면직물 등을 아시아에 수출하였고, 특히 조선업과 해운업이 급성장하였다. 도쿄·오사카·나고야 등지에서는 급속한 도시화와 공업화가 진행되어, 취학과 취직을 위해 많은 청년들이 농촌에서 도시로 이동하였다. 일본은 중국에 「21개조」를 강요하여 반발을 샀는데, 강화조약을 통해 남양군도를 위임통치 하에 두고 영국·프랑스 등과 함께 국제연맹 이사국이 되었다.

1918년 러시아혁명에 대한 간섭전쟁(시베리아 출병)으로 쌀값이 상승한 것을 계기로 전국적인 민중폭동이 일어났다(쌀소동). 1920년에는 일본에서 최초의 메이데이 데모가 일어났고 다음 해에는 일본노동총동맹이 결성되었으며, 1922년에는 소작농민의 지위향상을 목적으로 한 일본농민조합, 피차별 부락의 평등한 권리를 요구하는 전국수평사가 결성되었다. 여성들도 부인참정권 획득운동을 추진하였고 보통선거를 요구하는 운동이 확산되어 지지를 얻어 갔다.

다이쇼 데모크라시로 불리는 이러한 움직임은 신문기자나 샐러리맨 등의 도시 시민층을 주축으로 하였으며 점차 노동자나 소작농민, 농촌의 청년단 등으로도 확산되어 갔다. 요시노 사쿠조의 정치학이나 야나기 무네요시 등의 시라카바 파白樺派 등, 학문이나 문학·사상에도 자유주의적 동향이 나타났다.

정치·사회·문화의 대중화 | 1918년 초 본격적인 정당내각인 하라 다카시 原敬 내각이 등장하였다. 그 후 1925년 보통선거요구운동과 정당을 배경으로 가토 다카아키加藤高明 내각이 등장하여 보통선거법(25세 이상의 남성에게 선거권 부여)을 제정하였다. 동시에 천황제와 자본주의에 반대하는 운동을 탄압하고자 치안유지법을 제정하였다. 정당내각은 1932년 5·15사건으로 이누카이 쓰요시 내각이 붕괴될 때까지 지속되었는데 민정당과 정우회가 교대로 내각을 조직하였다.

1920년대에는 워싱턴체제 속에서 구미열강과 협조하여 군축에도 적극임했다(민정당). 동시에 중국 내의 일본 권익을 위해서 군대를 파견하였다(정우회, 산둥 출병). 1923년 간토 대지진은 일본사회를 크게 바꾸어 놓았다. 도쿄와 요코하마가 큰 피해를 입었고 그 가운데 한국인과 중국인 학살사건도 발생하였다. 이 무렵부터 사철私鐵 연선에는 도시 샐러리맨의 주택지와 유원지가 만들어졌고 '문화생활'이라는 말이 생겨났다. 도심부에서는 터미널 역과 환락지가 번성하였고 영화와 신문·라디오 등의 미디어가 발달하여 대중문화가 확산되었다.

경제공황과 만주사변 | 일본경제는 1927년 금융공황에 이어 1930년부터는 세계적인 공황에 휩쓸려 들어갔다(쇼와 공황). 도시에서는 많은 기업이 도산하고 실업자가 거리에 넘쳐났다. 농촌에서는 생사와 미곡 가격이 하락하여 양잠농가를 비롯해 많은 농가가 궤멸적 타격을 받았다. 소작쟁의와 노동쟁의가 전례 없이 격렬히 전개되었다. 도시에서는 '음란하고, 어둡고, 비상식적'이라는 뜻의 '에로, 구로, 난센스'라는 퇴폐적 문화가 생겨났으며 도시와 농촌의 대립이 빈번히 문제가 되었다.

1931년 9월 관동군은 만주에서 류탸오후 사건을 일으켰고 1932년에는 괴뢰국가 '만주국'을 만들어냈다. 국내에서는 매스미디어가 배외주의를 선동하여 불황 속에서 전쟁지지 열기가 고조되었다. 국방부인회가 조직되어 여성도 전쟁을 담당하게 되었다. 사회운동은 탄압을 받았고 언론·사상 통제가 가해졌다. '만주국'을 둘러싸고 일본은 서양열강과 대립하여 1933년 국제연맹을 탈퇴하고 협조외교에서 고립화의 길로 돌아섰다.

전쟁의 확대와 패전 | 1937년 7월 루거우차오 사건을 계기로 일본은 중일전쟁에 돌입하였다. 12월에는 수도 난징을 함락시키고, 포로를 포함한 다수의 민간인을 살해하였다(난징 사건). 중국 측은 국민당과 공산당이 통일전선을 결성하여 저항하였고 영국·미국도 중국을 원조하였기 때문에 전쟁은 장기화되었다.

일본은 난국을 타개하고자 독일·이탈리아와 삼국동맹을 맺고 국제적인 파시즘체제를 구축하는 한편 프랑스령 인도차이나를 침략하였다. 일본은 일소중립조약도 체결하고 있었으나, 소만국경에서는 군사적인 긴장이 계속되었다. 일본은 전략물자를 획득할 목적으로 대동아공영권을 제창하며 동남아시아를 침략하였다. 그로 인해 미국과의 대립이 격화되어 1941년 12월 일본군에 의한 말레이 반도 상륙과 진주만 공습을 계기로 아시아태평양전쟁이 시작되었다.

일본은 당초 유리하게 전세를 이끌었으나 1943년 이후 패배를 거듭하고 1945년에 들어서자 일본 본토가 본격적인 공습을 받았다. 4월부터는 오키나와에서 일본군에 의한 오키나와 주민의 '집단사' 강요 등을 포함해 참혹한 지상전이 전개되었다. 8월에는 미국이 히로시마와 나가사키에 원자폭탄을 투하하고 소련이 참전하면서 일본정부는 결국 포츠담 선언의 수락을 결정하고 천황의 방송('옥음방송')을 통해 패전을 사람들에게 알렸다.

전시하의 민중생활 | 일본정부는 국내의 물적·인적 자원을 최대한으로 동원하고자 국가총동원법을 공포하였다. 중일전쟁기에는 국민정신총동원운동을 전개하였고, 1940년에는 정당을 해산시키고 대정익찬회를 만들었으며, 노동자를 조직한 산업보국회, 지역주민에 의한 정내회·부락회 등을 산하에 두었다. 전쟁이 장기화되자 생필품의 쿠폰제·배급제가 실시되어 민중의 생활을 압박하였다. 일본의 파시즘체제는 '건강' 우선정책도 채용하여 장애자나 한센 병 환자는 가혹한 생활을 강요당했다.

아시아태평양전쟁이 개시되자 학생·여성을 공장에 동원하였고 점령지 각지에서도 많은 이들을 강제적으로 동원하였다. 일본의 전쟁체제는 패전을 맞기 전에 이미 붕괴하고 있었다.

조선총독부의 무단통치

대한제국을 식민지로 삼은 일본은 조선총독부를 신설하고 육군대장을 총독에 임명하였다. 무단통치로 불리는 군사지배를 실시하고, 한국 민중에 대해서는 헌병경찰에 의한 폭력적 지배를 행하였다. 그리고 토지조사사업을 실시하여 일본인 지주를 우대하고, 많은 한국인을 소작인으로 전락시켰다. 회사령을 공포하여 한국인의 산업 발달을 억제하고, 금융과 철도 등을 정비하여 수탈의 기반을 닦았다.

조선총독부

일본정부는 1910년 8월 '병합조약'에 의해 한국을 일본의 식민지로 삼았다. 대한제국이라는 국호는 '조선'으로, 수도 한성은 '경성'으로 부르도록 하였다. 이에 따라 1392년 이래 500년 이상 지속된 조선왕조와 이를 계승한 대한제국은 멸망하였다.

1910년 일본정부는 조선총독부를 설치하고, 일본의 육군대신으로 제3

조선총독부 구청사 | 서울 남산 북쪽 기슭의 왜성대라 불리는 곳에 있었다.

대 한국통감이 된 데라우치 마사타케寺
內正毅[1]를 조선총독에 임명하였다. 조선
총독은 일본의 총리대신 등과 마찬가지
로 천황이 직접 임명하는 관직으로서 육
해군 대장만이 취임할 수 있었다(총독
무관제). 조선총독은 정무 전반을 총괄
하고 육해군을 통솔하며, 법률 대신 제
령制令을 발포하는 등, 행정·입법·사
법의 모든 분야에 걸쳐 절대적 권한을
가지고 한국사회에 군림하였다.

데라우치 마사타케 | 초대 조선총독으로 일본 육군대신을 겸임하였다.

한국 황제와 귀족에 대한 대우

일본정부는 한국 황제를 이왕전하[2]로 바꾸고, 그 일족과 근친자를
일본의 황족과 같이 대우하였으며 왕가에는 연간 150만 엔을 지급하도
록 하였다. 또 명문 가문의 출신자와 친일파 정치가를 귀족으로 삼아
작위와 다액의 은사금을 주었다. 그리고 조선총독의 자문기관으로 중추
원을 설치하고, 의장에는 정무총감을, 부의장에는 '병합' 당시 한국의
내각총리대신을, 고문과 참의에는 한국 귀족 등을 임명하였다. 그러나
중추원은 3·1운동 때까지 한 번도 열리지 않았던 데서 알 수 있듯이
전혀 실권이 없었다.

조선총독부는 천황의 이름으로 제공된 임시자금 3,000만 엔을 귀족
등 유력자에게 나누어 주기도 하고, 한국인의 취업과 교육 비용으로
사용하기도 하였다. 이러한 방법을 통해 일본에 대한 협력자를 육성하거
나 한국인을 회유하고자 했던 것이다.

무단통치

일본은 한국에 일본의 육군 2개 사단을 '조선군'으로 파견하고, 헌병이 경찰업무를 겸임하는 헌병경찰제도를 시행하는 등 노골적인 군사지배를 실시하였다 (무단통치). 헌병경찰은 통감부 시대에 설치된 것으로서 한국주

헌병과 경찰의 수

시 기	헌병 ( ) 안은 한국인	경찰 ( ) 안은 한국인
1911년 말	2,019 (1,012)	7,978 (4,607)
1918년 말	5,693 (3,428)	5,402 (3,271)

한국인은 헌병보조원(전원)과 순사보(대부분)였다.
출전 : 조선총독부 편, 『시정25년사』, 1935 ; 다케다 유키오 편, 『조선사』, 야마카와 출판사, 2000.

둔헌병대 사령관이 경무총감을, 각도 헌병대장이 각도 경무부장을 겸임하였다. 각지에는 경찰서와 주재소를 설치하고 헌병이나 경찰관이 주재하였다. 헌병경찰은 본래 군사경찰을 담당하는 헌병이 보통경찰사무도 담당한 것으로, 재판을 거치지 않아도 되는 즉결처분권을 가지고 구류나 무거운 벌금을 부과할 수 있었다. 이 시기에 헌병 수가 약 4배로 증가하였다. 한국인도 헌병보조원[3]으로 다수 채용되어 첩보활동 등에서 중요한 역할을 담당하였다. 헌병경찰에 의해 민족운동은 철저히 탄압받았다.

조선총독부는 '병합' 후 얼마 지나지 않아 대일 협력단체를 포함해 모든 단체의 해산을 명하고, 『대한매일신보』, 『황성신문』 등 한국인이 발행하는 신문을 폐간하였으며, 많은 계몽서와 민족적 서적의 발행을 금지시켰다. 또한 한국에서는 일본 법률 중에서 통치에 필요한 것만을 개변시켜 시행하였다. 그래서 헌법을 비롯하여 참정권이나 징병령도 시행되지 않았다. 이처럼 한국인은 언론, 집회, 출판, 결사의 자유를 박탈당하였고, 민족운동의 지도자는 체포, 투옥, 처형되었다.

동화정책

조선총독부는 한국 지배의 기본방침으로 동화정책을 내세웠다. '천황

폐하의 일시동인[4]'이라는 명목 하에 천황
의 신민으로서 일본에 동화되는 것은 한국
인의 '행복'으로 이어진다고 설명하였다.
그 때문에 교육을 중시하여 1911년에는 조
선교육령을 공포하고, 일본의 교육칙어를
바탕으로 황실을 받들고 국가에 충성하도
록 하였으며, '국어=일본어'의 보급에 힘을
쏟았다. 그리고 한국인이 다니는 4년제 보
통학교를 설립하였다. '병합' 3년 후에는
366개 교(당초는 100개), 취학아동은 5만
명에 달해 1 부군府郡에 1 교 이상이 설립되

조선총독부가 1923년에 발행한 교과서 |
복각판

었다. 보통학교에서는 일본인 교장을 중심으로 한국인 교원을 배치하고,
총독부에서 편찬한 교과서인 수신, 국어(일본어)를 중심으로 한문과 한
국어 등을 가르쳤다.

'병합' 이전 한국 민중의 주된 교육기관은 한국인과 외국인 선교사에
의해 설립된 수많은 사립학교와 전통적 교육기관인 서당이었다. 조선총
독부는 이들 기관의 역할을 '병합' 후에도 부정할 수 없었기 때문에,
서당은 1916년 말에도 21,800여 개나 존속되었다. 한국어를 비롯해 한국
역사·지리, 애국창가 등을 가르쳐 민족교육의 중심이 되었다. 그 때문에
조선총독부는 사립학교에 대한 통제감독을 강화하고 서당에서도 일본
어를 가르치도록 강요하였다.

토지조사사업의 실시

일본인의 한국 내 토지소유는 통감부 시절부터 합법화되었는데, '병합'
직후부터 조선총독부는 근 10년간에 걸쳐 토지조사사업을 실시했다.

토지조사사업 모습 | 조선의 토지를 실측하고 있다.

그 목적은 한국의 전 토지를 측량하여 면적과 소유자를 확정하여 대장을 만들고 지가를 정하여 토지에 부과할 세금을 걷기 위한 기초를 확립하는 것이었다. 토지조사사업에 의해 농민이 독자적으로 개간한 토지 등도 과세 대상이 되었다. 그 때문에 조선총독부는 지세수입을 증가시켜 재정의 기초를 확립하였다. 또한 일본인은 토지매매가 확실하게 가능해짐으로써 소유지를 대폭 확대시켜 나갈 수 있게 되었다.

토지조사사업의 특징은 민유지 조사에서 소유자에게 신고하게 한 데 있다. 조사는 소유자의 신고와 관청의 토지문서를 대조하면서 추진되었다. 토지소유자를 결정할 때에는 서류 작성 등의 사무를 담당했던 면장과

행정구획 대조표

한 국	일 본
도道	도도부현 都道府縣
부府	시市
읍邑	정町
면面	촌村
동洞 · 리里	대자大字 · 자字

주 : 엄밀한 의미에서 정확히 대응하는 행정구획은 아니지만 간단히 표시하자면 위와 같다.

일본인 지주의 토지소유

연도	일본인 지주(명)	논 (정보)	밭 (정보)	합계
1909	692	42,880(기간지旣墾地)		42,880
1910	2,254	42,584	26,727	69,311
1911	3,839	58,004	35,337	93,341
1912	4,938	68,376	39,605	107,981
1913	5,916	89,624	60,403	149,927
1914	6,049	96,345	63,517	159,862
1915	6,969	108,742	62,311	171,053

고바야카와 규로 편저, 『조선농업발달사-발달편』, 592쪽.

측량으로 증가한 동척의 소유지

동양척식주식회사(동척)는 일본정부와 한국정부로부터 자금과 토지를 받아 1908년에 설립된 특별한 회사로서, 일본인 농민을 한국으로 이민시켜 한국인 농민에게 농업의 모범을 보이려고 하였다.

한국정부는 출자금 300만 엔, 6만 주에 상당하는

서울의 동양척식주식회사 건물 | 본사는 원래 서울에 있었으나 후에 도쿄로 이전하였다.

토지, 전답 각 5,700정보를 동척에 제공하였다. 토지는 4회에 걸쳐 동척이 희망하는 경지가 제공되었으며, 동척은 1913년 4월 전답 합계 9,931정町 7반보步를 인수하였다. 그러나 이 면적은 실측이 아니라 장부상의 면적으로서, 인수 후에 실측해 보니 7할 8푼 3리가 증가하여 17,714정보나 되었다. 또한 동척은 사유지에 인접한 토지를 1913년까지 46,017정 2반보나 매수했다. 이들 토지는 토지조사사업 결과 4푼 2리나 증가하였다. 그 후에도 회사소유지를 늘려 1917년도에 소작지는 75,150정보, 직접 소작계약을 맺고 있는 소작인은 15만 명에 달하였으며, 소작료 수입은 173만 엔이나 되었다. (『동척 10년사』에서)

지주총대에게 유리한 경우도 있었다. 또 전통적 토지제도에 입각한 왕실 등의 토지나 촌락의 공유지 등은 신고자가 불명확했기 때문에 신고절차 없이 국유지로 편입되었다. 그리고 토지조사사업에 협력하지 않았다는 이유로 토지를 잃은 농민도 있었다. 이 때문에 그 때까지 실제로 토지를 경작하던 한국인 농민은 토지를 빼앗기고 소작인[5]이 되어 버렸다. 한편 토지조사사업이 끝난 1918년 말에 국유지는 27만 정보(1정보≒1ha)나 되었고, 조선총독부는 마치 거대지주와 같은 존재가 되었다.

일본인 지주의 증가

토지조사사업에 의해 일본인 지주의 수는 1915년에는 1910년의 3배 이상으로 증가하였는데, 주로 수전의 소유 면적이 증가하였다. 그리고 소수의 일본인 지주가 약 24만 정보(1918년 말, 전체의 5.5%)의 토지를 소유하였다. 이들 지주는 전라도, 경기도, 충청도, 황해도 등 한국의 곡창지대에 집중되었다.

토지조사사업에 의해 국유지가 된 토지는 일본인 이민 송출을 위해 설립된 동양척식주식회사(동척) 등에 싼 가격으로 불하되었다. 특히 동척은 1919년 일개 회사로서 7만 8천 정보 이상의 토지를 소유함으로써 민간인과 회사 중 한국에서 가장 넓은 토지를 이용하여 많은 한국인을 소작인으로 지배하는 회사가 되었다.

조선총독부는 한국에 일본의 농법과 품종을 보급시키는 등 일본의 식량·원료 공급지로 삼기 위한 정책을 실시했다. 벼농사에서는 일본 품종을 강제적으로 보급시키고 미곡 검사를 시작하였다. 이러한 농사개량, 증산 정책의 보급은 헌병경찰 등이 담당하였기 때문에 '무단농정' 혹은 '사벨 농정'(sabel은 지휘도 혹은 지휘검을 뜻하는 네덜란드어로서 강압적 농정을 비유한 것이다)으로 불렸다.

토지조사사업에 대한 저항

토지조사사업에서는 조사결과에 불만이 있을 경우 소송을 제기할 수 있었다. 분쟁지 건수를 보면 경계를 둘러싼 분쟁이 아니라, 소유권을 다투는 분쟁이 99.7%로서 압도적으로 많았고, 또 국유지인가 민유지인가를 둘러싼 분쟁이 65%를 차지하고 있었다. 이러한 소송은 한국인에 의한 것이 다수를 점할 것으로 추측할 수 있다. 한국인은 토지조사사업에서 이렇게 저항했지만 이러한 소송은 정당한 사유가 없다는 이유로 농민

들의 패소로 끝나는 경우
도 있었다.

토지조사사업에 의해
한국인들은 토지를 잃고
소작인이나 화전민[6]이
되었다. 어쩔수없이 고향
을 떠나 만주의 간도지방

토지조사사업에서 일어난 분쟁

건수	필지수	분쟁별 구분		필지수	%
33,937 (11,648)	99,445 (26,423)	소유권 및 경계선	소유권 분쟁	99,138	9.7
			경계선 분쟁	307	0.3
		분쟁 대상	대 국유지 분쟁	64,570	65
			민유지 상호분쟁	34,875	35

출전 : 박경식, 『일본제국주의의 조선지배』, 아오키 서점, 1973.
숫자는 1918년 말의 것(건수 난과 필지수 난의 괄호 안 숫자는 화해한 건수), '화해'란 토지조사위원회 등의 주선에 의해 당사자들이 의논하여 해결한 것을 의미한다.

이나 일본으로 이주한 농민도 증가하였다. 1910년대 말, 간도지방에서는
40만 명 가까운 한국인이 살고 있었다.

회사령과 금융 · 철도 지배

조선총독부는 1911년 「회사령」을 실시하여 회사 설립을 허가제로
하였다. 회사령은 일본인에게도 적용되었지만, 한국인은 회사의 설립이
불허되는 경우가 많았다. 그리하여 한국인에 의한 산업은 발전이 저지되
었고, 일본인 회사가 정미나 양조, 방적 등 한국인의 생활과 직결되는
분야까지 진출하였다. 총독부는 쌀, 면화, 누에고치 등의 생산을 장려하
고 한국을 일본을 위한 식량과 원료의 공급지로 변화시켜 나갔다.

또 러일전쟁 중에 체결된 제1차 한일협약에 의해 한국정부의 재무고
문에 취임한 메가타 다네타로가 한국화폐 대신 일본화폐를 유통시키는
화폐정리사업을 실시하였다. 일본의 제일은행이 그 실무를 담당하였다.
그리고 통감부는 중앙은행으로서 한국은행을 설립하였고, 조선총독부
는 그것을 조선은행으로 계승하였다. 조선은행은 일본 대장성의 감독을
받으며 조선은행권이라는 지폐를 발행하고 총독부의 재정을 운영하였
다. 또 조선은행이 일본의 국책에 따라 영업범위를 확대하였기 때문에
한국 내에서 금융활동을 보강하려는 목적에서 1918년에는 조선식산은

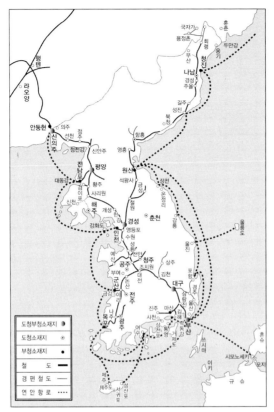

1920년대 말 한반도 철도와 연안항로 | 『조선명승기행』 1929에서

행을 설립하고 주로 농업부문의 융자를 행하였다. 그리고 한국인 농민을 조합원으로 하여 예금·대부사업을 행하는 금융조합을 각지에 만들었다. 이리하여 한국의 금융은 일본자본에 종속되었고, 한국인은 일본 은행자본에 의해 지배되었다.

철도는 군사용뿐만 아니라 사람과 물자 수송에 중요한 역할을 하였다. 1900년 시부사와 에이이치澁澤榮—[7] 등 일본의 자본가들은 경인선(한성 – 인천)을 개통시켰다. 또 러일전쟁 중에는 군사적인 목적을 위하여 한반도를 남북으로 관통하는 철도인 경부선(한성 – 부산)과 경의선(한성 – 신의주)도 거의 완성시켰다.

'병합' 후에는 경원선(경성 – 원산), 호남선(대전 – 목포), 평남선(평양 – 진남포) 등이 개통되었다. 철도의 확장은 부산항 등의 항만 정비와 함께 이루어져, 한국의 중요한 지역을 일본 경제에 직접 연결하는 역할을 하였다. 특히 1911년 압록강 철교공사가 끝나 한반도의 철도(경의선)와 남만주의 철도(안봉선)가 접속되고, 1917년에는 한반도 철도의 경영이 만철에 위탁됨으로써 일본의 만주진출을 위한 동맥이 형성되었다.

용어 해설

1_데라우치 마사타케 寺內正毅 : 일본의 육군대장. 육군대신 신분으로 제3대 한국통감이 되었고, 이어서 초대 조선총독이 되었다. 무단통치로 불리는 군사지배를 실시하였다.

2_이왕전하 李王殿下 : 최후의 한국 황제 순종은 이왕전하가 되었고, 그의 아버지 고종은 태왕전하 太王殿下가 되었다. 이들은 거주하던 왕궁의 이름을 따 창덕궁 이왕전하, 덕수궁 이태왕전하로 불리게 되었다.

3_헌병보조원 : 헌병경찰제도가 정비되는 가운데 헌병의 조수로 채용된 한국인. 경찰에도 한국인이 주로 순사보 등으로 채용되었다. 일본인과 함께 각지의 주재소 등에 배치되어 치안유지 등을 담당하였다.

4_일시동인 一視同仁 : 한국인에게도 일본인과 마찬가지로 천황의 인애仁愛를 베푼다는 뜻.

5_소작인 : 자신의 토지를 전혀 소유하지 않은 농민. 자소작농은 자신의 토지와 지주에게 빌린 소작지를 함께 경작하는 농민. 1918년 말에는 자작농 19.7%, 자소작농 39.4%, 소작농 37.8%의 분포를 보였고, 수전의 64.6%, 밭의 42.6%가 소작지였다.

6_화전민 : 산림과 초지 등을 태워 밭을 만들고 잡곡 등을 재배하는 농민을 말한다. 토지조사사업과 산미증식계획에 의해 토지를 잃은 한국 북부지역의 농민이 화전민이 되어 생계를 유지하였다. 1933년 순화전민은 8만 명 정도였는데, 보통 전답도 경작하는 겸화전민을 포함하면 100만 명을 넘어섰다.

7_시부사와 에이이치 澁澤榮一 : 일본의 제일은행을 중심으로 한 시부사와 재벌을 만든 실업가. 일본만이 아니라 식민지를 포함해 폭넓은 산업분야의 회사 창립에 관여하였는데, 그 수가 500에 이를 정도였다. 한국에서 경인 · 경부 철도 이권을 획득하고 그것의 건설에도 관여하였다.

3·1독립운동과 문화통치

1910년대에 한국인들은 한국 내외 각지에서 민족운동을 전개하였고, 여기에서 축적된 역량은 3·1독립운동으로 분출되었다. 3·1독립운동은 비록 실패로 끝나고 말았지만, 이후 민족운동이 활발하게 전개되는 계기가 되었다. 한편 일본은 3·1독립운동 이후 지배체제를 재확립하기 위하여 문화통치를 도입하였다. 문화통치는 본질적으로 한국인들을 이간·분열시켜 독립 역량을 약화시키는 데 목적을 두었다.

1910년대 국내의 민족운동

조선총독부는 행정조직과 헌병경찰·군대 등을 통해 한국인의 정치활동을 엄격히 규제하였다. 각종 정치·사회 단체는 친일단체인 일진회[1]까지도 강제적으로 해산시켰다. 또한 신문지법·출판법 등을 동원해 민족적 성향을 띤 언론·저술 활동도 모두 금지시켰다.

일본은 한국을 식량·원료 공급지와 일본상품의 판매시장으로 재편시켜 나갔다. 또 토지조사사업의 결과, 토지에서 쫓겨난 농민의 생활은 매우 어려워지게 되었다. 농민들 가운데에는 농촌을 떠나 도시의 노동자가 되거나 만주나 연해주, 일본 등지로 이주하는 이들도 많았다.

조선총독부의 무단통치 아래에서 민족운동은 전반적으로 약화될 수밖에 없었다. 그러나 한국인들은 일본의 감시와 탄압에도 불구하고 독립운동의 새로운 활로를 열기 위해 노력하였다. 당시 공개적인 조직의 결성이나 활동은 사실상 불가능하였기 때문에 1910년대 국내의 독립운동은 대부분 비밀결사 형태로 전개되었다. 비밀결사 가운데 대표적인 단체는 대한광복회[2]였다. 대한광복회는 군대식 조직을 갖추고 군자금

모금, 친일파 처단 등의 활동을 하였다. 조선총독부가 그 활동을 알게 되자 주요 인물들은 만주로 망명하여 운동의 맥을 이어나갔다.

비밀결사가 아니더라도 한국인들은 자신들이 처한 조건에 따라 다양한 형태로 민족운동을 전개하였다. 어떤 이들은 자발적으로 사립학교, 서당, 야학 등을 설립하여 학생들에게 민족의식을 고취시키기 위해 노력하였다. 노동자들은 자본가를 상대로 파업을 벌였는데, 당시 자본가들은 대부분 일본인이었기 때문에 파업운동은 반일적 성격을 띠는 것이 보통이었다. 농민들 가운데에는 토지조사사업을 방해하거나, 납세를 거부하는 이들도 많았다.

국외 독립운동 기지의 건설

1910년대 독립운동은 한국 내보다 한국 외에서 더욱 활발하게 전개되었다. 만주와 연해주 지역은 한국인들이 다수 거주하고 있었을 뿐만 아니라 일본의 직접적인 탄압을 피할 수 있어서 민족운동의 새로운 중심지로 부각되었다. 이들 지역에는 국내에서 망명한 인사들이 곳곳에 독립운동 기지를 건설하였다. 만주 유하현의 삼원보에는 이회영 형제3가 독립운동 기지를 세웠다. 이회영 형제는 전 재산을 정리하여 여러 독립운동 단체를 설립하였는데, 그 가운데 신흥 무관학교는 3,000여 명의 독립군을 배출하여 무장독립운동에 크게 기

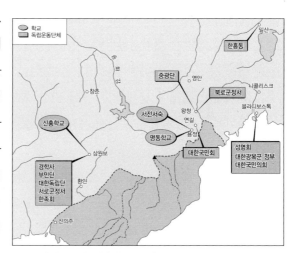

만주와 연해주에 세워진 한국인 독립운동 기지

여하였다.

한국 밖의 독립운동은 대개 국내에서 망명한 의병운동가와 애국계몽
운동가들이 주도하였다. 대한제국시기에 의병운동과 애국계몽운동은
민족운동의 방향에 대하여 서로 다른 입장을 취하고 있었으며, 때로는
갈등을 빚기도 하였다. 그러나 두 계열은 당시 민족이 처한 현실을 직시
하면서 보다 효과적인 독립운동 방략을 모색해 나갔다. 그 가운데 주목되
는 주장은 인적·물적 자원을 확보하여 독립운동 기지를 건설하고, 이를
기반으로 적당한 시기에 일본과의 전쟁을 통해 국권을 회복한다는 독립
전쟁론의 등장이었다. 독립전쟁론은 당시 한국인들의 역량을 고려하였
을 때 즉각적인 항일무력항쟁으로 이어지기는 어려웠지만 의병운동 계열
이나 애국계몽운동 계열 모두 서로의 역량을 필요로 한다는 인식을 가지
고 양자가 상호 보완적으로 결합하고자 하였다는 점에 의의가 있었다.

3·1독립선언과 독립운동의 확대

러시아에서 사회주의 혁명이 일어나고 제1차 세계대전이 종결되면서
국제사회에는 새로운 기류가 형성되었다. 프랑스 파리 베르사유 궁전에
서 강화회의가 개최되었는데, 여기에서 승전국들은 국제평화와 상호협
력을 증진시키기 위해 국제연맹을 창설하였다. 또 미국 워싱턴에서는
동아시아 문제와 군비제한 등에 관한 회의가 열렸다. 이로써 열강들
사이에는 베르사유[4]·워싱턴 체제[5]라고 불리는 국제 협조체제가 형성되
었다.

이 과정에서 러시아 혁명정부와 미국 윌슨 대통령은 민족자결주의를
제창하였다. 민족자결주의란 "각 민족은 정치적 운명을 스스로 결정할
권리가 있으며, 다른 민족의 간섭을 받을 수 없다"는 주장으로서, 제국주
의 국가의 식민지배 하에 있던 약소민족들에게 독립에 대한 희망을 불러

3·1 운동의 여러 모습들 | (왼쪽 위부터 시계방향으로) 3·1 독립선언서, 3·1운동을 보도한 해외 신문들, 서울 종로에서 시위하는 여성들, 서울 덕수궁 앞의 시위군중

일으켰다.

　민족운동가들은 그 때까지 축적된 독립운동의 역량과 국제정세의 변화를 바탕으로 더욱 효과적인 독립운동을 계획하였다. 만주의 길림지역과 일본의 도쿄에서는 독립선언서가 발표되었다. 국내의 민족운동가들도 대규모 시위운동을 통해 한국인들이 독립을 갈망하고 있음을 보여주고, 국제사회와 일본정부에 독립을 요구하는 청원서를 보내기로 하였다. 천도교·기독교·불교계 대표로 구성된 33인과 학생 조직은 비밀리에 독립선언서와 태극기를 마련하였으며, 이를 서울과 지방 곳곳으로 운반하여 대규모 시위운동을 준비하였다.

　1919년 3월 1일, 서울과 평양에서 독립선언서가 낭독됨으로써 3·1독립운동은 시작되었다. 이틀 뒤인 3월 3일은 고종의 장례식이 예정되어 있었는데, 당시 한국인들 사이에는 고종이 독살되었다는 소문이 퍼져나가면서 반일감정이 크게 고조된 상태였다. 한국인들은 태극기를 들고

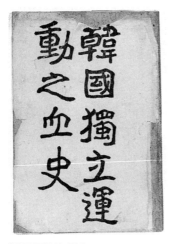

'대한 독립 만세!'라고 외치며 거리로 쏟아져 나왔다. 시위운동은 전국으로 확대되었다. 참여계층도 시간이 지날수록 학생·종교인 중심에서 노동자·농민·상인 등으로 확산되어 전 민족적인 운동으로 발전하였다. 3·1독립운동은 만주·연해주·미국 등 해외 각지로 확대되었는데, 한국인이 살고 있는 지역에서는 거의 예외 없이 시위운동이 일어났다.

3·1독립운동에 앞장섰던 33인은 애초 평화적인 시위운동을 내세웠지만 시위가 확대되면서 점차 폭력운동의 양상을 띠었다. 한국인들 가운데에는 일본의 탄압에 맞서 곡괭이, 삽 등으로 무장한 이들도 있었으며, 일부 지역에서는 행정기관을 직접 접수하려고 하였다. 이와 같은 양상은 조선총독부의 무단통치와 경제수탈에 대한 거부감이 컸기 때문이다. 또한 대부분의 한국인은 독립청원 같은 소극적인 자세에서 벗어나 스스로의 힘으로 일본을 물리쳐야 한다는 의식을 지니고 있었다.

3·1독립운동이 일어나자 일본은 시위군중을 향해 총격을 가하는 등 강경하게 대응하였다. 수원 제암리 등에서는 민간인들이 많이 피살되기도 하였다. 일본의 주요 언론도 한국의 시위운동을 일부 종교인의 선동에 의한 '폭동'이라고 보도하면서 무력탄압은 피할 수 없었다고 주장하였다. 일본 헌병대 자료에서는 3·1독립운동 당시 한국인 사망자가 500여 명으로 기록되어 있다. 그러나 박은식의『한국독립운동지혈사』[6] 등에는 적어도 7,500여 명 이상이 사망한 것으로 기록되어 있어서 큰 차이를 보이고 있다.

세 달여 동안 계속된 3·1독립운동은 결국 일본의 무력탄압으로 인하여 한국의 국권 회복을 이루지 못하였다. 민족자결주의도 제1차 세계대전의 패전국 식민지에만 해당되었기 때문에 한국의 독립에 큰 도움을 주지는 못하였다. 그러나 한국인들은 3·1독립운동을 통해 국권회복에 대한 뚜렷한 전망을 갖게 되었다. 특히 민중들은 자신들이 민족운동의 주

3·1운동 순국기념탑 | 경기도 화성시 제암리

체가 되어야 한다고 생각하였다. 그에 따라 1920년대 이후 민족운동의 기반은 크게 확대되었다.

식민지 지배방식의 전환

3·1독립운동을 통해 일본은 더 이상 억압적인 방식으로는 한국을 식민지로서 지배할 수 없다고 판단하였다. 1919년 9월, 새로 조선총독이 된 사이토 마코토齋藤實[7]는 "한국인의 문화와 관습을 존중하고 생활수준을 향상시키기 위해 노력한다."는 취지의 시정방침을 발표하였다. 여기에 맞춰 조선총독부는 한글신문의 간행을 허용하고, 한국인에게 집회·

조선총독부 신청사 | 1925년 준공. 경복궁의 광화문과 근정전 사이에 세웠다. 이를 위해 많은 전각이 헐리고 광화문이 다른 곳으로 옮겨졌다.

결사의 자유를 부분적으로 인정하는 등의 조치를 취하였다. 한국인들의 반발을 크게 샀던 헌병경찰제도 역시 보통 경찰제도로 개편하였다. 당시 조선총독부가 추진한 이러한 일련의 유화적인 식민 지배방식을 문화통 치라고 부른다.

조선총독부가 식민지 지배방식을 전환한 것은 1910년대 후반 일본의 정치적 상황과 관련이 깊었다. 1918년 일본에서는 최초의 평민 재상[8]인 하라 다카시가 내각 수상이 되었다. 이 무렵 하라 내각을 중심으로 한 정당세력은 몇 차례에 걸친 전쟁을 통해 급성장한 군부와 정치적 주도권 싸움을 하고 있었다. 정당 세력과 군부는 한국의 지배방식에 대해서도 입장을 달리하였다. 일본에서는 1910년대 후반기에 접어들면서 무단통 치에 대해 비판적인 견해가 대두되기 시작하였는데, 3·1독립운동이 일어나자 하라 내각은 자신들의 정치적 입지를 강화하기 위하여 군부가 주도한 무단통치를 폐기하기에 이르렀다. 앞서 사이토 총독이 내세운 문화통치는 하라 수상의 방침에 따른 것이었다.

일본의 경제적 변화는 새로운 지배방식을 필요로 하고 있었다. 일본 자본주의는 제1차 세계대전 중에 호황을 누리면서 막대한 자본을 축적하였다. 이에 따라 일본 정부와 재계는 한국에 대한 자본투자를 확대하고자 하였는데, 무단통치는 이 같은 정책방향과 어울리지 않았다. 일본의 언론도 3·1독립운동 초기와는 달리 무단통치의 결함을 지적하거나 식민지 지배방식을 바꾸어야 한다고 주장하였다. 더 나아가 한국에 자치를 실시하라고 요구하는 의견도 있어서 식민지 지배방식의 전환에 큰 영향을 미쳤다.

문화통치는 한국인의 민족운동의 요구를 일부 인정했다는 점에서 종래의 무단통치와는 크게 달랐다. 이를 통해 조선총독부는 자신들과 협력이 가능한 세력을 확보하는 한편, 계속 저항하는 세력에 대해서는 더욱 철저한 탄압을 가하였다. 경찰의 수를 대폭 늘리고 각종 통제법률들을 강화한 것은 이와 같은 조선총독부의 정책방향을 잘 보여주고 있다.

한편 문화통치는 한국인들의 민족운동에 유리한 측면도 있었다. 1920년대에 활발하게 전개된 한글 깨우치기 운동이나 한국인의 고등교육을 위한 민립대학 설립운동, 민족자본 육성을 위한 물산장려운동 등은 문화통치 하의 합법성을 잘 활용한 것이었다. 3·1독립운동을 전후로 보급된 사회주의 사상도 청년운동, 여성운동, 노동운동, 농민운동 등 여러 방면의 민족운동을 전개하는 데 큰 역할을 하였다. 그러나 민족주의자와 사회주의자들은 이념적 차이로 인하여 갈등을 빚기도 하였다. 1920년대 후반에는 이와 같은 민족운동의 혼선을 극복하기 위하여 신간회가 결성되어 단일화된 민족운동을 추진하기 위해 노력하였다.

산미증식계획

토지조사사업에 이어 조선총독부는 산미증식계획(1920~1933)을 실

일본으로 실어가기 위해 군산항에 쌓아놓은 한국산 쌀

조선에서의 쌀의 생산 · 반출 · 소비량

연도	생산량(천석)	일본으로 반출된 양(천석)	한국인 1인당 소비량(석)	일본인 1인당 소비량(석)
1912	11,568	2,910	0.7724	1.068
1917	13,933	1,296	0.7200	1.126
1920	12,708	1,750	0.6301	1.118
1925	13,219	4,619	0.5186	1.128
1930	13,511	5,426	0.4508	1.077

출전 : 조선총독부, 『조선미곡요람』, 1934, 30쪽.

시하였다. 당시 일본은 1918년 쌀소동으로 인해 쌀 부족 현상이 뚜렷하였고 자본주의가 발전함에 따라 도시생활자가 증가하여 식량소비량이 증가해 갔다. 이에 조선총독부는 산미증식계획을 통해 한국에서의 쌀 생산량을 늘려 일본의 식량 부족문제를 해결하고자 하였다.

조선총독부는 산미증식계획을 통해 수리시설 확보, 종자개량, 토지개량 등을 실시하고 식량생산을 대폭 늘려 한국인들의 삶의 질을 향상시키겠다고 설명하였다. 실제로 산미증식계획이 추진되면서 한국의 쌀 생산량은 어느 정도 늘었다. 그러나 증산된 양보다 더 많은 쌀이 일본으로 유출되었기 때문에 한국인들은 식량난을 겪게 되었다. 특히 농민은 무거운 수리조합비 부담 등으로 부채가 늘어 토지를 포기하는 자도 많았다. 경제적 기반을 상실한 농민들은 도시로 나가 새로운 일자리를 찾아야 했으며, 해외로 이주하는 이들도 많았다. 그 가운데 일부는 일본으로 건너가 노동자나 도시빈민이 되었다. 반면 지주들은 쌀 판매 이익금을 바탕으로 토지를 더욱 확대할 수 있었는데, 조선총독부는 이들을 비호하면서 친일세력으로 포섭해 나갔다.

일본의 친일세력 육성

문화통치에서 조선총독부가 가장 중점을 두었던 것은 친일세력의 육성이었다. 3·1독립운동을 계기로 조선총독부는 친일세력 곧 자신들의 정책에 협조적인 한국인들을 폭넓게 양성할 필요성을 느꼈다. 한국인의 불만을 무마하고, 더욱 안정적인 지배를 행하기 위해서는 친일세력의 협력이 절실하다고 판단한 것이다.

조선총독부는 한국인들 가운데 저명인사나 부유층, 종교 지도자 등을

친일 한국인 유력자의 이용 및 보호
조선군 참모부 보고서 1919. 7.

… 병합 공로자로서 친일한 자를 지금 귀족으로 앉혀 놓았으나 그 대우에서는 유감스런 감이 있다. 이들에 대해서는 귀족원 의원의 자리를 약간 마련하여 공로를 보상해 주면서 보호하여 우리 정치의 일부에 관여하게 해도 굳이 안 될 것은 없다. 그리고는 이들을 이용하여 조선인 유력자를 회유하는 데 노력한다면 효과는 클 것이다. 그 밖에 진실한 친일자로서 전력을 다하고 있는 자는 크게 보호하고 우대해 주는 방도를 강구할 필요가 있다. 요컨대 진정한 친일자에 대한 보호·이용은 앞으로 더욱 더 향상시킬 필요가 있다.

노골적으로 회유·협박·매수하여 친일세력으로 끌어들였다. 1920년 지방에 도평의회와 부협의회, 면협의회 등의 자문기구를 두고, 그 임원을 선거 등을 통해 선출하도록 지방제도를 개정한 것도 이러한 목적 때문이었다. 여기에 실질적으로 참여할 수 있었던 이들은 지방의 상류층으로서, 조선총독부는 이들을 지배기구의 일부에 참가시킴으로써 한국인들의 저항을 완화시키고자 하였다.

조선총독부는 또 사회 각 분야에 걸쳐 친일단체를 조직하였다. 민족운동의 흐름을 면밀하게 분석하여 조선총독부와 정치적 연대가 가능한 세력을 육성하고자 노력하였다. 당시 일부 한국인들 사이에서 제기되었던 자치운동은 그 대표적인 예였다. 자치운동은 일본으로부터 곧바로 독립하기는 어렵기 때문에 협상을 통해 자치권을 얻어내자는 타협적인 민족운동이었다. 조선총독부는 정책적으로 자치운동을 지원하였으며, 이에 편승하여 최린[9], 이광수[10] 등이 공공연하게 자치운동의 필요성을 역설하기도 하였다. 자치운동은 자문기관에 불과했던 도평의회·부협의회·면협의회를 도회·부회·면회의 의결기관으로 개편하는 등 한국인의 참정권을 신장시키는 데 부분적으로 기여한 측면도 있었다. 그러나 한국인의 독립 능력을 스스로 부정하였다는 점에서 근본적인 한계를 안고 있었다. 또한 전체 민족운동에 혼란과 분열을 초래함으로써 결과적으로 일본의 문화통치를 도와주는 역할을 하고 말았다.

결국 문화통치란 한국인들을 이간·분열시킴으로써 민족운동의 역량을 약화시키려는 교묘한 통치방식이었다. 특히 한국인 상층계층을 친일세력이 되도록 회유하여 3·1독립운동으로 약화된 지배체제를 재확립하려는 데 그 목적이 있었다.

용어 해설

1_일진회 : 송병준, 이용구 등이 주도한 친일단체. 순종 황제에게 일본과의 병합을 수차례 건의한 바 있다.

2_대한광복회 : 1915년 일부 의병 운동가들과 애국계몽 운동가들이 결성한 혁명적 비밀결사로서, 국권회복과 공화제의 실현을 목표로 하였다.

3_이회영 형제 : 이회영 가문은 8대에 걸쳐 고관을 배출한 명망 높은 집안이었는데, 국권을 빼앗기자 이회영을 포함한 6형제가 50여 명의 일가를 이끌고 만주로 이주하여 독립운동에 참가하였다.

4_베르사유 체제 : 1919년 베르사유 조약에 의해 만들어진 제1차 세계대전 후 유럽의 국제질서. 영·프·미·일 등 제1차 세계대전의 전승국들이 독일 등의 패전국을 약화시키고 러시아혁명에 대항하고자 전승국의 이익을 우선시한 1920년대의 국제협조체제.

5_워싱턴 체제 : 1921년 워싱턴 회의에 의해 만들어진 아시아·태평양 지역의 새로운 국제질서. 극동지역의 식민지체제를 유지하고 민족운동을 억제하는 것을 목적으로 한 1920년대 열강의 국제협조체제.

6_『한국독립운동지혈사韓國獨立運動之血史』 : 1920년 박은식이 중국 상하이에서 쓴 독립투쟁사로서, 국내에 비밀리에 반입되어 민족의식과 독립투쟁의 의지를 높이는 데 공헌하였다.

7_사이토 마코토齋藤實 : 1858~1936. 일본의 유력한 해군대장으로서 데라우치 마사타케寺內正毅와 하세가와 요시미치長谷川好道의 뒤를 이어 조선총독이 되었다. 그러나 1936년 일본군부의 급진파 청년장교들이 일으킨 2·26 사건 때 암살되었다.

8_평민 재상 : 이전의 일본 내각 수상이 모두 작위를 가지고 있었던 데 반해, 하라 다카시는 작위가 없었기 때문에 붙여진 말이다.

9_최린 : 1878~1958. 3·1독립운동 당시 천도교 대표로 독립선언서에 서명한 바 있다. 1930년대 이후에는 친일활동을 전개하다가 해방 후 6·25전쟁 중에 납북되었다.

10_이광수 : 1892~?. 근대소설의 선구자로서 『무정無情』 등의 작품을 남겼다. 일제 말기에 친일활동에 나섰다가, 해방 후 반민족행위처벌법에 의해 구속된 바 있다.

대한민국 임시정부와 여러 갈래의 독립운동

3·1운동은 독립운동 방식에 많은 변화를 가져왔다. 한국인들은 보다 조직적인 활동을 위해 대한민국 임시정부를 수립하였고, 만주와 연해주에서 본격적으로 무장투쟁을 전개하였다. 한국에서는 사회주의 사상이 들어와 여러 운동에 많은 영향을 끼쳤다. 민족의식이 강했던 학생은 독립운동의 주역으로 성장하여 갔다. 생활을 위해 전개한 노동운동과 농민운동도 차츰 항일투쟁으로 전환되어 갔다.

대한민국 임시정부의 수립

3·1운동에서 표출된 독립의지를 결집하고 독립운동을 더욱 고양시키기 위해서는 중심 역할을 할 조직이 필요하였다. 3·1운동을 전후하여 국내, 중국, 연해주 등지에 각각 정부 수립이 선포되었다. 그러나 각지에 세워진 몇 개 정부의 존재는 오히려 항일독립투쟁을 분산시키고, 혼란을 초래할 가능성이 높았다. 이 문제를 해결하기 위해 단일정부 수립운동을 전개한 결과 상하이에 통합정부로서 대한민국 임시정부를 수립하고,

---

대한민국 임시헌장(발췌)

제1조 대한민국은 민주공화제로 한다.
제2조 대한민국은 임시정부가 임시의정원의 결의에 의하여 이를 통치한다.
제3조 대한민국 인민은 남녀 귀천 및 빈부의 계급이 없고 일체 평등하다.
제10조 임시정부는 국토 회복 후 만 일 개 년 내에 국회를 소집한다.

(1919년 4월 중국 상하이 프랑스조계에서 한국의 민족대표 29명이 모여 임시의정원을 구성하고, 민주공화정체의 정부 형태를 담은 11개 조의 「대한민국 임시헌장」을 발표하였다.)

이승만을 대통령으로 선출하였다.

대한민국 임시정부는 입법기관으로 임시 의정원, 사법기관으로 법원, 행정기관으로 국무원을 둔 한국 최초의 3권 분립에 입각한 민주공화제 정부였다. 대한민국 임시정부는 8·15 때까지 한국인의 해방을 위해 투쟁하였다.

무장독립전쟁의 전개

한국인들은 3·1 운동을 계기로 비폭력적인 만세운동으로는 독립을 쟁취할 수 없다는 것을 자각하였다. 민족지도자들은 간도를 비롯한 만주와 연해주 일대에 살고 있는 100여 만 명의 동포들의 협

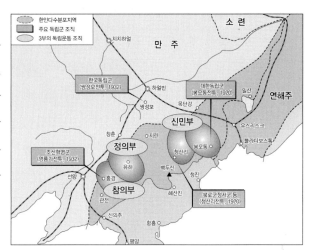

독립군의 항일전쟁

조를 받아 무장독립전쟁을 본격적으로 추진하였다. 이들은 일본 군대·경찰과 전투를 하면서 군자금 모금, 일본 밀정 처단, 친일파 숙청 등의 활동을 벌였다. 그 중에서 홍범도[2]가 이끈 대한독립군이 중심이 되어 승리를 거둔 봉오동 전투와 김좌진이 이끈 북로군정서군이 중심이 되어 승리를 거둔 청산리 대첩이 대표적인 전투였다. 청산리 대첩은 한국 독립군이 6일간 10여 차례의 전투를 벌인 끝에 일본군 수백 명을 살상한 사건이었다.

이에 대한 보복으로 일본군은 대부대를 동원하여 독립군은 물론 만주

에 살고 있는 한국인을 무차별 학살하고 마을을 초토화시켰다(간도참변).

또한 1925년에는 조선총독부와 만주 군벌 장쭤린[3]은 공동으로 독립군을 소탕하고 체포된 독립군을 일본 측에 인도한다는 협정(1925)을 체결하여 독립군의 활동을 어렵게 하였다. 그렇지만 한국인들은 그 이후에도 조선혁명군, 한국독립군을 조직하여 일본군과 전투를 벌였다.

의열단 활동

3·1운동을 계기로 한국 밖의 민족운동가들 중에는 독립청원운동이나 만세운동으로는 독립을 달성하기 어렵기 때문에 일본의 무력에 맞서기 위해서는 더욱 강력한 조직이 필요하다고 생각하는 이들이 나타났다. 김원봉[4]은 1919년 만주 길림성에서 의열단을 조직하였다.

의열단은 일본의 천황과 관료를 암살하고, 통치기관을 파괴하는 폭력활동을 통해 조국해방의 대업을 달성하려고 하였다. 의열단의 투쟁대상은 식민통치기관과 조선총독부에 근무하는 고관, 친일파 등이었다. 대표적인 투쟁으로는 조선총독부에 폭탄을 던진 김익상, 동양척식회사와 식산은행에 폭탄을 던진 나석주의 투쟁이 있다.

1920년대 중반 이후 의열단은 자신들의 폭력투쟁에 한계가 있다고 판단하여 계획적인 혁명 훈련과 간부 양성에 착수하였다. 이에 따라 의열단 단원들은 중국의 황포군관학교[5]에 입교하여 군사교육과 간부교육을 받았다. 이들은 후에 조선의용대와 조선의용군에서 중심적인 역할을 하였다.

6·10만세운동과 광주학생운동

1926년 일부 사회주의자들과 학생들은 순종 황제의 장례식을 기회로

한국의 혁명가와 뜻을 같이한 일본인 여성

가네코 후미코

박열

가네코 후미코(1903~1926)는 1920년대 이른바 '박열·가네코 후미코 사건'으로 세상에 널리 알려졌다. 가네코 후미코는 가난한 가정에서 태어나 일찍 부모를 여의고, 친척집에서 모진 구박을 받으며 자랐다. 10대 소녀기에는 한국에 살면서, 한국인이 일본인에게 차별을 받으며 고생스럽게 살아가는 것을 보았다. 가네코 역시 혹독한 취급을 받았는데, 주변의 한국인들은 그녀에게 친절하게 대해주었다. 일본에 돌아온 가네코는 한국인과 자신의 처지가 비슷하다는 사실을 알게 되었고, 당시 한국인 혁명가 박열과 사상적 동지가 되어 같이 활동을 벌이면서 동거하였다.

1923년 간토 대지진이 발생하자 일본 경찰은 혼란 예방을 구실 삼아 요시찰한국인으로 지목하고 있던 박열과 가네코를 체포하여 천황살해 음모죄로 기소했다. 물증도 없이 체포된 박열과 가네코는 사형 판결을 받았다가, 곧 무기징역으로 감형되었다. 그러나 가네코는 감옥에서 변사체로 발견되었다. 그 때 나이 23세였다. 그녀의 시신은 박씨 가문에서 수습하여 한국 충청북도에 있는 박씨 가문의 선산에 안치되었다. 짧았지만 열렬하게 살다 간 가네코의 생애는 지금 한일관계사에서 새롭게 주목받고 있다. 한편, 일본의 패전 이후 감옥에서 풀려나온 박열은 민족운동을 전개하였고, 한국으로 돌아온 후 6·25전쟁 때 북한으로 끌려가 생을 마쳤다.

3·1운동 때처럼 대규모적인 시위를 계획하였다. 그러나 조선총독부는 3·1운동과 같은 항일시위를 우려하여 서울에 비상경계령을 내리고 요시찰 한국인 1만 명을 사전에 검거하였다. 순종의 장례식 날인 6월 10일, 조선총독부의 경비가 삼엄한 가운데 학생들은 군중 사이에서 격문을 뿌리고 독립만세를 외치며 산발적으로 가두시위를 벌였다. 이 때 1,000

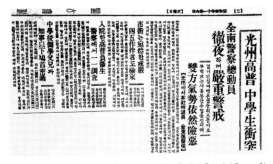

광주학생항일운동 신문 보도 | 광주지역 중학교 학생의 충돌사건을 보도한 동아일보 기사(1929년 11월 6일)

여 명의 부상자가 발생하고, 200여 명의 학생들이 검거되었다. 조선총독부의 치밀한 봉쇄작전으로 3·1운동만큼 크게 확산되지는 못하였다. 그러나 이를 계기로 학생들은 항일민족운동의 구심체로서 자신들의 역할을 자각하였다.

1929년 11월 광주에서는 학생항일운동이 일어났다. 민족차별과 일본의 식민지 교육에 반대하여 광주에서 시작된 항일운동은 곧 인접한 목포와 나주로 확산되었으며, 12월에는 서울에서 시위가 일어났다. 이듬해 1930년 1월 학생들의 시위는 전국으로 퍼져나갔다. 전국 각지의 학생들은 가두시위를 하거나 동맹휴학으로 일본의 탄압에 맞섰다. 학생들은 식민지교육 철폐와 더불어 '일제 타도', '민족 해방'을 부르짖었다. 광주학생운동에 참여한 학교는 194개 교, 참여 학생수는 5만 5천여 명에 달하였

광주학생항일운동의 전개

1929년 10월 30일 광주를 떠난 통학열차가 나주역에 도착하였을 때 광주중학교 3학년 후쿠다 슈조 등 일본인 학생이 광주여자고등보통학교 3학년생인 박기옥 등을 희롱하였다. 이를 목격한 박기옥의 사촌동생 박준채 등이 후쿠다를 후려쳤다. 이윽고 한국인 학생들과 일본인 학생들 사이에서 편싸움이 벌어졌다. 싸움은 11월 1일에도 계속되었으며, 3일 오전 11시경 광주중학교의 일본인 학생과 광주고등보통학교의 한국인 학생 간에 또 충돌이 일어났다. 이 사건은 전 호남 일대의 한국인 학생과 일본인 학생과의 충돌로 발전하였다. 경찰은 광주고등보통학교와 광주농업학교 학생들을 구속하였다. 이에 대응하여 광주의 신간회 지부, 청년단체, 사회단체 등은 힘을 합쳐 이 운동을 전국으로 확대시키기 위해 노력하였다.

다. 더 나아가 이 운동은 만주의 민족학교 학생이나 일본 유학생으로까지 확대되었다.

해방 후 한국에서는 광주학생항일운동이 일어난 11월 3일을 학생의 날로 지정하여 기념하고 있다.

신간회 활동

3·1운동을 전후하여 사회주의 사상이 한국에 유입되기 시작하였다. 약소민족의 독립을 지원한다는 소련의 약속에 고무되어 사회주의 사상은 연해주에서 활동하고 있던 민족 지도자들 사이에 확산되었다. 한국에는 일본 유학생들과 연해주에서 활동하고 있던 인사들에 의해 본격적으로 소개되었다. 1925년에는 조선공산당이 결성되어 사회주의 운동을 강화시켜 나갔다. 사회주의 사상은 노동운동, 농민운동, 청년운동, 여성운동 등을 활성화시키는 데는 기여하였지만, 민족운동을 둘러싼 이념 대립을 낳기도 하였다.

이에 민족해방을 위해 협동해야 한다는 주장이 등장하여 1927년까지 여러 단체나 조직들 사이에 통합이 이루어졌다. 이러한 협동운동의 일환으로 창립된 단체가 신간회와 여성단체인 근우회다.

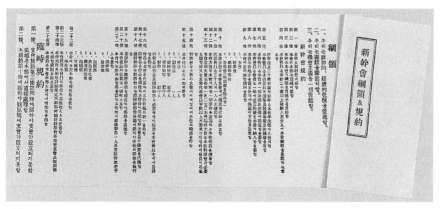

신간회의 강령과 규약

신간회는 1927년 2월 창립대회를 열어 회장에 이상재, 부회장에 홍명희를 선출하고, 정치적·경제적 각성, 기회주의자의 배격 등을 강령으로 내걸었다. 신간회는 141개 지회와 4만 명의 회원을 거느린 조직으로 발전하였다. 일본 도쿄에서도 1927년 5월에 지회가 창립되어 활동을 벌였다. 신간회는 순회강연회 실시, 노동야학 참여, 교양강좌의 개최 등 민중계몽활동을 벌였다. 또한 노동운동과 농민운동을 지원하고, 청년·여성·형평 운동[6] 등과도 조직적으로 연계하여 활발한 활동을 벌였다. 신간회는 광주학생운동이 일어나자 진상 보고를 위한 민중대회를 열어 3·1운동과 같은 전국적인 항일운동으로 발전시킬 계획을 세우기도 하였다.

한편, 여성계에서도 협동운동이 전개되어 김활란, 주세죽 등이 중심이 되어 근우회를 조직하였는데, 여성노동자의 권익 옹호와 새생활 개선을 행동강령으로 내걸고 활발한 활동을 벌였다.

노동운동

3·1운동을 통해 정치적·경제적으로 각성된 노동자, 농민은 1920년대에 한국의 민족운동에서 큰 역할을 하기 시작하였다. 1920년에 회사령이 철폐되면서 한국인과 일본인의 기업활동이 활발해졌다.

이에 따라 노동자의 수가 증가하였다. 그러나 장시간 노동, 값싼 임금, 불완전한 설비로 인한 사고의 위험, 일본인 감독의 횡포, 민족차별 등으로 노동자들의 생활은 열악하였다. 그 과정에서 1920년에 최초로 본격적인 노동운동조직으로서 조선노동공제회가 만들어지고, 농민·노동 단체의 중앙조직인 조선노농총동맹이 결성되었다. 1921년 부산의 부두 노동자들이 처음으로 대규모 연대파업을 일으킨 것을 비롯해 파업투쟁이 곳곳에서 일어났다.

1920년대 중반을 넘어서면서 노동자들의 파업투쟁은 참가 인원도 늘고 점차 전국으로 확산되었다. 이러한 노동운동은 1929년 원산 총파업[7]에서 절정을 이루었다. 원산 총파업은 비록 경찰을 동원한 조선총독부의 무력에 의

원산 총파업

해 진압되어 실패로 끝났지만, 노동자와 시민들이 일본과 일본인 자본가를 상대로 벌인 반일운동이었다는 점에서 그 의미가 컸다.

농민운동

일본 통치하에서 농민은 한국 인구의 80% 이상을 차지하였다. 그러나 조선총독부가 1920년대에 산미증식계획을 추진하면서 농민들의 생활은

1920년대 일본의 농민, 노동자의 상황

제1차 세계대전 후의 사회·경제 변동을 배경으로 노동운동이 정착하기 시작하였다. 1921년 일본노동총동맹이 발족하였다. 높은 물가와 불황 속에서 아시오, 가마이시, 히타치 광산의 쟁의와 고베의 미쓰비시 조선소, 가와사키 조선소의 파업이 일어났다. 1920년대에 들어서서 만성적 불황이 계속되면서 농산물 가격이 하락하였을 뿐만 아니라 도시에서 농촌으로 돌아오는 실업자들이 증가하여 농촌경제는 더욱 큰 타격을 받았다. 불황의 여파는 소작인들에게 가장 큰 영향을 미쳤다. 이런 와중에 1922년 일본농민조합이 결성되어 소작인의 지위 향상을 위해 노력하였다. 1924년에는 일본정부도 소작조정법을 제정하여 지주와 소작인 사이의 분쟁을 해결하고자 하였다.

매우 어려워졌다. 소작료를 비롯하여 세금, 대출금 상환, 비료 대금, 수리 조합비 등을 부담하게 된 농민들은 극도로 어려운 생활을 하게 되었다. 자작농은 갈수록 줄어들었고, 소작지도 얻지 못한 농민들이 속출하였다.

농민들은 이러한 상황에 대해 소작쟁의로 대응하였다. 농민들은 지주들에게 소작권의 이전 반대, 고율소작료의 인하, 지세 및 공과금의 지주 부담, 강제부역 금지, 횡포가 심한 마름의 처벌 등을 요구하였다. 전라남도 암태도[8]와 황해도 재령의 동양척식주식회사 농장에서 일어난 소작쟁의가 규모가 컸다. 이러한 소작쟁의는 농민들의 생존권 투쟁이었으며, 나아가 일본의 수탈행위에 항거하는 항일민족운동의 성격을 띠었다.

용어 해설

1_이승만 : 독립협회의 간부로 활동하였고, 미국에서 철학박사 학위를 받았다. 대한민국 임시정부 수립 후 워싱턴에 구미위원부를 설치하여 외교활동을 벌였다. 해방 후 대한민국의 초대 대통령이 된 뒤 독재체제를 구축하여 1960년 네 번째 대통령에 당선되었으나 4·19혁명으로 하야하였다.

2_홍범도 : 사냥꾼 출신으로 갑산, 삼수 등지에서 일본군과 유격전을 벌이다가 간도로 이주하였다. 3·1운동이 일어나자 대한독립군 총사령이 되어 한국 내 진입작전을 전개하였고, 1920년 봉오동 전투와 청산리 전투에서 일본군에 크게 이겼다.

3_장쭤린 : 1919년 이후 중국의 만주를 지배한 군벌로, 1925년 일본과 미쓰야 협정을 체결하여 한국독립군을 탄압하였다. 1928년 일본 관동군의 철도 폭파로 사망하였다.

4_김원봉 : 1919년 의열단을 조직하여 활동하고, 1938년에 조선의용대를 만들어 항일투쟁을 전개하였다. 이후 대한민국 임시정부에 참여하였으며, 1948년 이후 북한에서 활동하다가, 1958년 숙청되었다.

5_황포군관학교 : 제1차 국공합작 이후 중국국민당이 국민혁명군의 중핵 부대를 육성하기 위해 만든 육군사관학교. 김원봉이 이끄는 의열단이 여기에서 군사훈련을 받았다.

6_형평운동 : 한국의 피차별민인 백정이 전개한 신분해방운동으로서 1923년에 형평사를 결성하여 운동을 전개하였다. 이 형평사는 1922년에 결성된 일본의 수평사에 자극을 받아 결성되었는데 자제 교육, 파벌 규탄 등의 운동을 추진하였다. 해방 후에는 소멸하고 형평운동도 부활하지 못하였다.

7_원산 총파업 : 1929년 1월부터 4월 6일까지 4개월에 걸쳐 원산의 전 노동자가 파업을 단행한 사건이다.

8_암태도 소작쟁의 : 1923년 9월부터 1924년 9월까지 전라남도 무안군 암태도에서 소작인들이 지주인 문재철에 대항하여 벌인 소작쟁의다.

제10장 제4절 일본인의 한국인식과
한국인의 일본인식

근대의 일본인 중에는 한국과 한국인에 대해 우월의식을 지녀 '탈아' 사상에 공감하는 사람이 많았다. 그러한 가운데 소수기는 하지만 한국인의 처지를 생각하여, 한국의 자치나 식민지의 포기를 주장한 일본인도 있었다. 또 한국인 중에는 일본의 근대화와 국력 강화를 보고 배워야 한다고 주장하는 사람이 있었는가 하면 친일파가 된 사람도 나타났다. 그러나 민족운동에 뛰어든 사람들은 일본의 침략과 지배의 본질을 간파하고 해방과 독립을 소리 높여 주장하였다.

'탈아론'을 주장한 후쿠자와 유키치

메이지기 일본을 대표하는 계몽사상가였던 후쿠자와 유키치는 일본의 근대화 모델을 유럽에서 구한 '탈아입구脫亞入歐'라는 생각을 지니고 있었다. 그는 서양열강의 아시아 침략에 대항하여 문명개화의 추진을 통해 일본의 식민지화를 저지하면서 한국과 중국 등지의 분할에 일본도 관여해야 한다고 주장하였다. 청일전쟁을 문명진보의 시비를 묻는 싸움이라고 본 후쿠자와의 주장은 그 후 일본인의 대국大國 의식에 큰 영향을 미쳤다.

일본인의 '탈아입구'적 관점에서 생겨난 한국인에 대한 민족차별 의식은 일본의 한국침략에 이용되었고, 또 일본인의 한국관 그 자체를 형성해왔다. 아시아 여러 민족에 대한 침략의식과 탈아의식은 표리관계에 있었다. 이후 탈아의식은 정책 차원에서만이 아니라 일본국민의 의식 속으로 깊이 침투하여 오늘에 이르게 되었다.

한국의 자치를 주장한 요시노 사쿠조[1]

1919년 3월 1일 서울을 비롯해 한국의 주요 도시에서는 독립선언서가 발표되었고, '대한 독립 만세'를 외치는 시위가 전개되었다. 당시 일본의 여론은 3·1독립운동을 민족적 자각에 기반한 운동으로 이해하지 않고, 기독교 선교사 등의 선동에 의한 일부 사람들의 폭동이라고 비난하는 견해가 대부분이었다. 동시에 3·1독립운동은 일본인 가운데 극히 소수기는 하지만 일본의 식민지 지배

요시노 사쿠조

에 대한 비판자를 만들어 내는 계기가 되었다.

도쿄 제국대학의 교수였던 요시노 사쿠조는 잡지 『중앙공론中央公論』에 정치평론을 발표하고 민본주의[2]를 주장하며 한국과 중국에서 일어난 민족주의운동에 관한 이해를 표명하였다. 요시노는 1916년 한국을 시찰하고 일본에 의한 한국의 식민지 지배를 기정 사실로 인정한 위에 지배방식 중 개량해야 할 점들을 언급하였다. 그 후 요시노는 3·1독립운동의 충격과, 독립을 지향하며 일본에 있던 한국인 학생과의 교류를 통해 동화정책을 부정하는 방향으로 자신의 견해를 크게 전환하였다.

3·1독립운동 후 요시노는 일본의 한국지배를 강하게 비판하고 동화정책을 포기하라고 호소하였다. 민족자결주의에 공감하여 일본정부의 식민지배를 비판한 요시노는, "국민의 대외적 양심이 현저히 마비되어 있는 것", "국민들이 전혀 '자기반성'이 없는 것" 등을 들어 일본인의 식민관 그 자체를 고발하였다.

요시노 사쿠조를 비롯해 민본주의를 주장한 학자와 사상가들이 결성한 여명회黎明會는, 3·1독립운동이 일어나자 즉시 3월 월례회에서 일본에 있던 한국인 학생의 의견을 듣고 정례 강연회에서 이 문제를 다루었다. 여명회는 제암리 교회사건 등 일본군의 잔혹한 행위를 비난하고 민족차별과 동화정책을 비판하였다. 6월에 열린 여명회 주최의 강연회에서 요시노는 「조선통치의 개혁에 관한 최소한도의 요구」라는 제목하에, 동화주의를 일본인과 똑같이 되라는 것이 아니라 일본인이 시키는 대로 하라는 요구라며 비판하였다. 요시노는 한국의 즉시 독립을 주장하지는 않았지만, 장래에 독립을 전망하면서 당면 과제로서 한국의 자치실현을 강하게 주장하였다.

소일본주의를 주장한 이시바시 단잔[3]

이시바시 단잔

제1차 세계대전 후 일본에서는 구질서를 '개조'하여 시민적 평등의 실현을 지향하는 다양한 민중운동이 고양되었다. 다이쇼 데모크라시[4] 시기에 전개된 보통선거권 획득운동, 부녀자 해방운동, 노동운동, 농민운동, (피차별)부락 해방운동 등은 차별을 철폐하여 인권의 확립을 요구한 보편적 민주주의를 바라는 운동이었다.

그러나 일본 민중의 에너지는 민족차별과 동화정책에 반대하여 식민지의 해방과 독립을 요구하는 운동으로는 이어지지 않았다. 일본 식민지 지배에 대한 비판은 극히 미약하였고, 신문과 잡지의 논조도 조선총독부의 무단통치 방식을 비판하는 정도에 지나지 않았다.

그러한 가운데 한국에 '독립자치'를 부여하자고 주장한 동양경제신보사의 경제저널리스트 이시바시 단잔은 1920년대에 들어서자 '소일본주의'에 기초한 식민지포기론를 전개하였다. 이시바시는 1921년 「모든 것을 버릴 각오」라는 글을 통해, 워싱턴 회의 개최에 즈음하여 당시 국책이었던 '대일본주의'(즉 제국주의)를 비판하면서, 일본은 식민지를 버리고 '소일본주의'를 견지하여 국제적 지위를 확립하면 경제적으로도 큰 발전을 이룰 수 있다고 주장하였다. 이시바시는 그 후 「조선문제의 열쇠」(1922)에서, "문제의 열쇠는 문화정책도 그 무엇도 아닌 실로 조선의 독립, 조선의 자치라는 것을 알게 될 것"이라고 하였다.

광화문 철거를 반대한 야나기 무네요시[5]

3·1독립운동이 일어난 3년 뒤인 1922년 조선총독부는 총독부청사 건설과 함께 경복궁의 정문인 광화문 철거 계획을 발표하였다. 이 계획에 반대의 목소리를 낸 사람은 민예운동[6]을 추진하고 있던 야나기 무네요시였다. 야나기는 한국 도자기에 관심을 갖게 되면서 차츰 한국문화에 대한 이해를 심화시켜 갔는데, 이때 「이제 막 사라지려 하는 한 조선 건축물을 위해」를 집필하여 광화문을 잃는 것은 동양예술의 일대 손실

야나기 무네요시

구조선총독부 건물과 복원된 광화문 | 1991년 촬영. 광화문은 경복궁의 정문으로 박정희 대통령 때 재건되었다. 구총독부 건물은 정부청사와 국립박물관으로 사용되다가 1995년에 철거되었다.

이며 귀중한 문화재의 파괴행위라고 호소하였다. 만일 일본의 황거皇居 앞에 조선 건축물이 들어서면 일본인은 이것을 어떻게 생각할 것인가 라며 한국인의 입장에서 이 문제를 생각해 보아야 한다고 주장하였다.

광화문의 보존을 요구하는 야나기의 글은 한국어와 영어로 번역되어 한국 각지와 세계 각 국에서 널리 읽혔다. 결국 광화문은 경복궁 동쪽으로 옮겨져 간신히 철거를 면할 수 있었다. 그 후 광화문은 6 · 25전쟁으로 소실되었으며 현재의 광화문은 1968년 원래 장소에 복원된 것이다.

일본을 본받아 조선을 개혁하려고 한 윤치호

개항기에 조선의 정치를 담당한 개화파는 중국중심의 화이관에서 벗어나 서양의 제도와 문물을 적극적으로 받아들이려는 자세를 지녔다. 개화파 가운데에는 문명화된 일본을 모델로 하여 조선을 근대국가로 개혁하고자 노력한 이도 있다. 개화파는 일본의 힘을 이용하여 조선을 근대화하고자 하였기 때문에 일본의 침략적 행동에 대한 경계의식은 매우 희박하였다. 개화파는 일본인이 주장하는 문명개화론이나 아시아연대론이 조선에도 도움이 될 것으로 생각하였다. 그러나 일본이 조선의 독립과 영토를 보전할 것이라는 약속을 깨고 오히려 침략을 지향하자 일본에 대한 반감과 불신을 나타냈다.

윤치호

윤치호는 러일전쟁 후에 "나는 일본이 러시아를 무찌른 것을 기쁘게 생각한다. 이 섬나라 사람들은 황색인종의 명예를 지켜주었다. 나는 황색인종의 일원으로서 일본을 사랑하고 존경한다. 그러나 일본에게 모든 것을, 즉 독립까지도 빼앗긴 조선인으로서는 일본을 증오한다"고 하였다.

개화파가 일본에 의존하여 내정과 외교를 개혁하고자 한 시도는 실패로 끝났다. 그 결과 한국인은 나라까지 일본에게 빼앗기는 굴욕을 경험하게 되었다. 이리하여 개화파에 대한 민중의 지지는 급락하였다. 이러한 상황에서 개화파는 친일파(대일협력자)가 되거나 독립운동가로 변신하는 등 각자의 주의주장에 따라 다양한 방향으로 나뉘어져 갔다.

일본의 침략에 강렬히 저항한 최익현

재야의 보수적 유학지식인(유생)이 주류를 형성한 위정척사파는 유럽에 굴복한 중국을 대신하여 조선이 중화문명의 정통을 계승하고 있다는 자부심을 강하게 지녔다. 반면에 고대 이래 조선을 침략한 바 있는 일본

최익현

을 야만적이라고 업신여기며 경계하였다. 그들은 개항 이후 서양과 교류하는 일본을 짐승 같은 존재로 보고 조선이 일본과 수호통상조약을 맺는 것에 강하게 반대하였다. 위정척사파는 국제정세와 일본의 변화에 대해 충분히 이해하지 못하였다. 그러나 타국을 침략하고 지배하고자 한 일본에 대해 강렬한 저항의식을 지니고 있었다.

1895년 이후 일본의 압박이 강해지자 위정척사파 계열의 유생은 의병부대를 조직하여 일본과 싸웠다. 일찍이 일본과의 조약체결 반대에 앞장선 최익현은 러일전쟁 이후 일본이 대한제국의 주권을 유린하자 의병을 이끌고 항전하였으나 일본군에게 잡혀 쓰시마로 유폐되었다. 그 곳에서 그는 일본이 주는 것이라면 물 한 모금도 마시지 않겠다는 자세로 저항하다가 결국 아사하였다.

개항기 위정척사파의 주장은 조선정부의 정책에 그대로 반영되지는 않았지만 일본의 침략에 고통을 겪던 민중들로부터는 많은 지지를 받았다.

농민의 반일 내셔널리즘을 대변한 전봉준

개항 이후 일본 상인의 진출로 물가가 등귀하는 등 생활이 어려워지자 조선 민중의 일본에 대한 시각은 매우 부정적이 되었다. 일본이 조선의 주권을 유린하는 사태가 빈발하자 이들의 위기의식과 저항의식은 점차 고양되어 갔다. 동학농민운동이 전개될 때 농민군은 '척양척왜'7를 외쳤다. 당시 전봉준은 다음과 같은 포고문을 발표하였다. "일본은 오래 전부

터 조선을 괴롭혀 왔는데 통상조약을
체결한 이후에는 개화파와 결탁하여 군
주를 위협하고 국권을 맘대로 유린하였
다. 그리하여 백성은 도탄에 빠졌고, 나
라는 위험에 직면하였다. 이에 동학군
은 충군우국의 뜻에서 왜를 배척하고
조선이 왜국이 되지 않도록 할 것이다."

전봉준

일본군의 개입으로 동학농민운동이
좌절하자 그들은 의병부대에 대거 참가
하여 항일투쟁의 주력을 형성하였다.
나라를 빼앗긴 후 민중은 일본의 직접 지배를 받았다. 그들은 자신이
처한 상황에 따라 일본의 지배에 굴복하거나 민족의식을 체득하면서
한국사회의 중추세력으로 성장하였다.

일본제국주의 타도를 부르짖은 신채호[8]

신채호

일본에게 나라를 빼앗긴 한국인은
세계 각지에서 독립운동을 전개하였
다. 특히 일본과의 타협을 부정하고
무력에 의한 항일투쟁을 외친 독립
운동가의 일본인식은 매우 단호하였
다.

독립운동가 신채호는 『조선혁명
선언』(1923)에서 조선인이 일본의
강도정치를 혁명적 수단으로 타도하
는 것은 정당한 권리라고 주장하였다. 독립운동가는 이러한 선언에 따라

조선총독부나 동양척식주식회사 등의 식민지통치기구에 폭탄을 투척하고 만주나 중국 관내지방 등지에서 독립군을 조직하여 일본군과 싸웠다.

차별로부터 벗어나기 위해 일본인이 될 것을 주장한 이광수

이광수

한편 한국인 중에는 일본의 회유와 협박에 굴복하거나 자신의 영달을 위해 일본의 식민지 지배에 협력한 이들도 있었다. 특히 일본이 중일전쟁 이후 내선일체를 주장하며 황국신민화정책을 추진하자 한국의 지식인들 중에는 이에 적극적으로 협력하는 사람들이 나타났다. 이들은 친일파라고 불렸다.

친일파는 한국인이 일본인에게 받는 민족적 차별에서 벗어나는 길은 완전히 일본인이 되는 수밖에 없다고 생각했다. 한국의 대표적 작가인 이광수는 한국인이 영원히 살아남을 방법은 한국인의 피와 살, 그리고 뼈가 일본인이 되지 않으면 안 된다고 주장하였다. 그러나 이들의 희망과는 달리 식민지 지배가 끝나는 순간까지 한국인에 대한 일본인의 차별은 계속되었고, 일본은 한국인을 철저히 전쟁의 도구로 이용했을 뿐이었다.

일본의 패전을 예견하고 반전의식을 고취한 박인섭

일본의 식민통치 하에서도 한국 민중은 좌절과 극복을 반복하면서 스스로 생활방도를 개척해 나갔다. 그들은 일본의 식민지 지배와 침략전쟁이 자신의 생활에 직접적으로 영향을 줄 때에는 매우 예민하고 적극적으로 반응을 보였다. 한국 민중은 오랜 역사적 경험을 기반으로 일본에 대해 불신감과 적대감을 지니고 있었다. 일본에 의한 생활 파괴가 심하면 심할수록 반일의식과 전쟁을 기피하는 의식이 한층 확산되었다.

보안법 위반으로 징역형을 선고받은 박인섭은 다음과 같은 소문을 퍼뜨리고 다녔다는 혐의를 받았다. "일본은 현재 중일전쟁에서 대승을 거둔 것처럼 보도하고 있지만, 결국은 일본이 패하고 이에 따라 가까운 장래에 한국이 독립할 것이다. 일본이 패전하면 국채는 반환 받을 수 없으므로 국채 등을 사면 안 된다."

일본 지배에 대한 한국 민중의 갈등과 대립은 일본의 패전과 한국의 독립에 의해 일단 해소되었다. 그러나 식민지 시기에 형성된 일본에 대한 한국 민중의 불신과 원망은 오늘날도 꺼지지 않는 불씨로 남아 있다.

용어 해설

1_요시노 사쿠조吉野作造 : 정치학자로서 도쿄 대학 교수. 민본주의를 제창하고 정치·외교·사회의 민주화를 요구하여, 학생과 지식인뿐만 아니라 노동운동에도 영향을 미쳤다.

2_민본주의 : 주권재민의 민주주의와 구별하여, 천황주권의 제국헌법 틀 내에서 민중의 정치 참여를 주장한 사상.

3_이시바시 단잔石橋湛山 : 동양경제신보 기자로서 철저한 자유주의의 입장에서 보통선거의 실시 등을 주장하였다. 그 후 정치가로서 자유민주당에 가담하였고, 1956년 수상이 되었으며 일중 국교의 회복에 주력하였다.

4_다이쇼 데모크라시 : 러일전쟁 이후부터 다이쇼 말까지 정치, 사회, 문화 각 방면에서 일어난 민주주의적·자유주의적 경향.

5_야나기 무네요시柳宗悦 : 잡지 『시라카바白樺』의 창간에 가담하였고 후에 민예운동을 제창하였다. 한국의 도자기와 각지의 민요民窯에 주목하고 한국문화를 평가하는 논문을 발표하여 큰 영향을 미쳤다.

6_민예운동 : 일용잡품 속의 미에 눈을 돌려 민예로서 평가하려는 운동.

7_척양척왜 : 구미 제국과 일본 세력을 한국에서 몰아내고자 한 슬로건.

8_신채호 : 『대한매일신보』의 주필로서 항일운동 정보를 전달하고 민족정신의 앙양에 힘썼다. 후에 상하이·베이징 등지에서 독립운동을 지속하였는데 체포되어 뤼순 형무소에서 옥사하였다.

제10장 제5절

한국에 살았던 일본인과
일본에 살았던 한국인

식민지 지배 하 한국에서도 다수의 일본인이 살고 있었다. 그들은 한국인과 별도로 일본인 사회를 형성하였는데 이것에는 일본 식민지 지배의 실태가 명확히 반영되어 있다. 한편 일본의 식민지 지배가 계속되는 가운데 일본에 사는 한국인도 증가해 갔다. 그들은 열악한 생활조건과 민족차별로 고생하였는데 자신들의 정체성을 잃지 않도록 노력하면서 재일한국인 사회를 형성해 갔다.

1920년대 말의 서울지도 | 시내의 도로와 동네 이름이 일본식으로 되어 있다.

재한일본인의 증가

메이지 정부는 1875년 강화도사건을 계기로 조선에게 개국을 강요하여 다음 해 2월 조일수호조규를 체결하고, 부산·인천·원산의 3항을 개항하도록 하였다. 그리고 치외법권을 인정하도록 하고 부속문서를 통해 무관세무역을 규정하였다.

일찍부터 일본인이 진출해 있던 부산에서는 개항 후

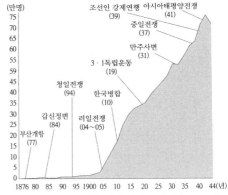

재한일본인의 인구추이

출전 : 모리타 요시오, 『숫자가 말하는 재일한국·조선인의 역사』, 아카시 서점, 1996 ; 다카사키 소지, 『식민지조선의 일본인』, 이와나미 신서, 2002.

일본인 무역상들이 불평등조약에 힘입어 조·일 무역을 확대하였다. 에도 시대에 조일무역의 창구가 된 부산 초량의 왜관 부지는 그대로 일본인 거류지가 되어 그 중심에 영사관 등이 설치되었으며, 그 주변은 민간인이 임차하여 광대한 매립지를 조성함으로써 세관이나 철도용지로 삼았다.

거류지에 사는 일본인은 거류민이라고 하였는데, 한국과 가까운 야마구치 현과 후쿠오카 현 출신자가 많았다. 거류민이 증가하고 거류지가 확대되자 각지에서 거류민단과 거류민회 혹은 일본인회가 설치되었다. 특히 한성(현재의 서울)을 포함하는 경기도와 부산을 포함하는 경상남도에는 일본인 전체의 40~50%에 달하는 사람들이 살고 있었다. 당시 거류민은 관리나 무역상뿐만 아니라 일용품·식료품 상인이나 목수 등 다양한 직업을 가진 사람들이 혼재하였고 여성도 상당한 비율을 차지하였다.

거류지에서는 독자적으로 일본인 거리를 형성하고 한국인과 거의 접촉하지 않는 생활을 하였고, 그 곳에는 일본식 지명을 붙였다. 한성에는 본정本町·황금정黃金町·욱정旭町·명치정明治町 등이, 부산에는 금평정琴平町·변천정辨天町 등이 있었다. 거류민단은 각지에 신사²를 새로 지었다. 부산에서는 에도 시대 초량 왜관에서 받들던 고토히라노 오카미金刀比羅大神와 스미요시노 오카미住吉大神를 용두산 신사神社에서 받들며 식민지 시기에도 신앙을 뒷받침하였다. 신사는 식민지 도시에서 일본인 사회의 정신적 통합의 핵으로서 없어서는 안 될 것으로 여겨졌다.

재한일본인은 러일전쟁을 계기로 증가하였다. 일본은 러일전쟁에서 승리하여 한반도에서 독점적인 지위를 확보하게 되자 더욱 확고한 지배체제를 확립하기 위해 일본인의 이주를 적극 장려하였다. 빈번히 한국으로의 농업이민을 제창하고 황무지 개척과 이주어촌의 건설을 장려하였다. 1908년 일본정부는 동양척식주식회사(동척)를 설립하고 일본인 농민을 한국으로 이주시키고자 하였다. 동척은 한국에서 광대한 이주용 농지를 확보하였는데 토지를 매수하는 과정에서 한국 농민의 격렬한 반대에 직면하였다.

농업이민정책은 일본의 '과잉인구의 배출구'를 한국에서 구한 것이었다. 또한 일본세력을 한국의 구석구석까지 침투시키고자 한 것이기도 하였다. 일본인의 한국이민은 안정적인 지배체제를 구축하고 치안을 유지하는 데 진짜 목적이 있었다.

재한일본인의 생활

1910년 8월에 '한국병합'조약이 조인되었다. 그 후 서울³·부산·평양·대구·인천을 중심으로 재한일본인의 수는 계속 증가하여 1936년에 60만 명, 1942년에는 75만 명을 넘어섰다. 한국의 전 인구와 대비할 때 약 3%에 불과하였던 일본인은 2,500만 명의 한국민족을 계속 지배하

1930년 무렵의 서울 충무로 | 일본 상점가의 중심지로 당시에는 본정本町으로 불렸다.

었다.

'병합' 후 한국에 거주하는 일본인은 계속 증가하였는데, 이들 중 대다수는 조선총독부 관료나 경찰관, 상인 등이었다. 재한일본인의 직업 중 40%를 차지하는 '공무' 종사자는 조선총독부의 각종 행정기관에서 일하던 사람들이었다. 이들은 지배자라는 의식을 가지고 있어 한국인을 멸시하는 언행을 종종 하였다. 따라서 한

한국내 한국인 · 일본인의 직업 분포

직 업	한국인	일본인
농 업	17,396,888(68.2%)	29,216(3.9%)
수산업	505,083(2.0%)	9,093(1.2%)
광 업	537,806(2.1%)	23,265(3.1%)
공 업	1,171,094(4.6%)	141,063(18.7%)
상 업	1,749,938(6.9%)	136,801(18.2%)
교통업	348,678(1.4%)	53,874(7.2%)
공 무	1,007,360(3.9%)	297,263(39.5%)
기 타	2,266,404(8.9%)	32,651(4.3%)
무 직	542,158(2.0%)	29,661(3.9%)
총 수	25,525,409(100%)	752,887(100%)

1942년 말 현재. 단위 : 명. 괄호 안의 %는 한국인 총수, 일본인 총수에 대한 비율이다.
출전 : 히구치 유이치, 『일본의 조선·한국인』, 도조샤, 2002.

국인의 심각한 빈곤, 열악한 생활환경 등이 일본의 식민지배에서 나왔다는 것은 생각지도 않았다.

행정 말단에서 한국인과 접하고 있던 자들은 경찰관으로서 주요 읍 ·

면 등에 배속되어 농민의 생활을 통제하였다. 한국인이 일본에 도항할 때에는 주재 경찰관으로부터 도항증명서를 받아야 하였고, 한국인이 한국 내의 지역을 오갈 때에도 마찬가지여서, 경찰관의 권한은 막대하였다. 학교에서도 교장·교원은 대부분 일본인이어서 일본어 보급과 한국인의 동화교육에 커다란 역할을 하였다.

한국에 살고 있던 일본인 가운데 소수에 불과했던 농민은 수산업 종사자와 함께 감소 추세를 보였다. 한편 광공업 종사자가 중일전쟁기 이후 급증하였다. 이것은 '대륙병참기지'화 정책 때문이었다. 상업과 교통업은 이상할 정도로 비대화하여 늘 광공업보다도 많았다. 이러한 현상은 한국에 사는 일본인 사회가 조선총독부를 정점으로 한국인 사회 위에 군림하는 식민자 사회[4]였음을 말해준다.

재일한국인의 증가

일본이 대한제국을 병합할 때까지 일본에 살고 있던 한국인은 그리 많지 않았고, 그 대부분은 유학생이거나 단기 노동자였다. 재일한국인의 수는 1910년대부터 늘어나기 시작하여 1930년대 중엽에는 재한일본인의 수를 넘어섰다. 계절노동자로서 일본으로 건너간 사람들 중에는 서서히 일본으로 가족을 불러들여 일본에서 눌러 살

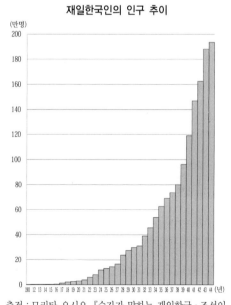

재일한국인의 인구 추이

출전 : 모리타 요시오, 『숫자가 말하는 재일한국·조선인의 역사』, 아카시 서점, 1996.

아사카와 다쿠미 | 한국의 흙이 된 일본인

아사카와 다쿠미淺川巧는 1891년 야마나시 현에서 태어나 야마나시 현립 용왕농림학교를 졸업한 후 1914년 형 노리타카伯教가 있는 한국으로 건너왔다. 조선총독부 농공상부 산림과의 임업시험소에 하급기사로 근무하면서 민둥산이 많은 한국의 산을 녹화하기 위해 토양에 맞는 수목의 연구·육성에 노력했다. 한국의 미술공예에도 조예가 깊어 한국민족미술관 설립에도 힘썼다. 그는 1922년 6월 4일 일기에서 다음과 같이 적고 있다. "조금 내려가면 조선신사(뒤에 조선신궁) 공사를 하고 있다. 아름다운 성벽을 파괴하고 장려한 문을 떼어내 가면서까지 굳이 숭경崇敬을 강제하는 신사 따위를 거액의 돈을 들여 지으려는 관리들의 속내를 도대체 알 수가 없다. 산 정상에서 경복궁 안의 신축청사(조선총독부 건물) 등을 내려다보면 어이가 없어 화가 치밀어오른다. 백악, 근정전, 경회루, 광화문 사이에 무리하게 비집고 들어앉아 있는 모습이 너무나도 뻔뻔하다. 게다가 기존 건축의 조화를 완전히 깨뜨려 정말이지 볼썽사나워 보인다. 백악산이 존재하는 한 영원히 일본인의 수치로 남게 될 것이다."

아사카와는 1931년에 40세로 생을 마감하고 서울 교외의 망우리 공동묘지에 매장되었다. 기념비에는 "한국의 산과 민예民藝를 사랑하고, 한국인의 마음 속에 살아 있는 일본인, 여기 한국의 흙이 되다"라고 새겨져 있다.

(다카사키 소지, 『조선의 흙이 된 일본인－아사카와 다쿠미의 생애－』, 소후칸, 2002)

게 된 사람들도 증가하였다.

재일한국인의 증가는 일본의 식민지배와 밀접한 관련이 있다. 1910년대에 조선총독부는 토지조사사업을 실시하였다. 그 영향으로 농촌을 떠나지 않을 수 없었던 농민들이 급격히 증가하였다. 같은 무렵, 조선총독부는 회사령을 제정하여 한국 내의 상공업 발전을 억제하는 정책을 폈다. 그 때문에 한국에서는 노동력을 흡수할 만한 곳이 없어 생활난에 허덕이던 한국인은 일을 찾아 일본으로 건너갔다.

제1차 세계대전을 거치면서 일본 경제는 급성장하였다. 오사카, 도쿄 등에 대규모 공장들이 건설되어 노동력 부족 현상이 나타났다. 이러한 사정은 자연히 한국인의 일본이주를 자극하여 1920년에는 재일한국인이 약 3만~4만 명에 달하였다.

산미증식계획도 재일한국인이 급증하는 원인의 하나가 되었다. 일본은 산미증식계획을 실시하여 한국에서 쌀을 증산하고, 그것을 값싸게 사들여 일본의 식량부족을 메우고 외화유출을 줄이려고 하였다. 그러나 일본은 증산된 쌀보다도 훨씬 많은 쌀을 한국에서 반출해 갔기 때문에 한국에서는 쌀 부족으로 쌀값이 등귀하여 서민 생활은 한층 더 어려워졌다. 생활난에 허덕이던 한국인 중에는 일본으로 건너간 이들도 증가하여 1930년 말 재일한국인의 수는 90만 명을 넘어섰다.

재일한국인의 생활

재일한국인이 익숙하지 않은 일본 땅에 적응하는 것은 쉽지 않았다. 말도 잘 통하지 않는데다가, 한국인에게는 취업차별, 거주차별 등 일본인에 의한 민족차별이 있었다. 1920년대까지 한국인은 공사 현장의 육체노동자, 방적공장의 직공이 되는 경우가 많았다.

1920년대에 들어오면, 오사카 등 대도시에 한국인이 집거하는 지역이 형성되기 시작하였는데, 그 환경은 열악하였고 하천부지河川敷地·임해부근臨海部近을 비롯하여, 일본인이 거의 살지 않는 지역이 많았다.

이러한 집거지에는 한국요리점이나 식재점食材店, 한국 의류·잡화 등을 취급하는 가게가 서고, 또 볼트나 나사 같은 금속의 제조, 고무가공 등, 가내공업적인 제조업에 종사하는 자도 생겨났다. 그러나 1930년대에도 한국인 가운데 압도적인 다수는 하루벌이 육체노동자나 직공이었고, 일본인과의 임금 격차는 매우 컸다. 폐품회수업 등에 종사하는 사람도 많았다.

재일한국인의 민족운동

재일한국인은 열악한 환경 속에서도 한국 독립을 실현하기 위한 민족운동을 전개하였다. 재일한국인 유학생은 다양한 단체를 결성하였는데 1919년 2월 8일에는 도쿄의 유학생이 중심이 되어 독립선언서를 발표하였다. 이것은 한국에서 3·1독립운동이 일어나는 도화선이 되었다. 또 재일한국인은 일본인 노동자와 함께 노동운동을 전개하였다. 전쟁 중의 일상 생활에서 정부가 추진하는 동원정책에 적극적으로 협력하지 않거나 일본인과 함께 침략전쟁에 반대하는 운동을 전개한 사람들도 있었다.

간토 대지진과 한국인 학살

1923년 9월 1일 낮, 일본의 간토 지방에서 진도 7.9의 대지진이 발생하였다. 대지진은 도쿄·요코하마 일대를 거의 폐허로 만들고 그 여파는 주변 지역으로 확대되었다. 전소된 가옥이 약 57만 호, 사망자 및 행방불명자는 약 14만 명, 피해 총액은 60억 엔에 달하였다.

대혼란 속에서 "조선인이 폭동을 일으켰다", "조선인이 우물에 독약을 넣었다"는 등의 근거 없는 유언비어가 퍼져 군대·경찰과 민중이 약 6,700명의 한국인을 학살하였다. 당시 도쿄에 있던 재일한국인은 약 12,000명, 가나가와에는 약 3,000명이 거주하고 있었다. 정부는 '조선인 폭동'이라는 유언비어를 이용하여 계엄령을 공포하고 청년단·재향군인회·소방단 등으로 자경단을 조직하여 무고한 한국인을 살해하였다. 그 배경에는 한국을 식민지로 지배하고 있는 데서 생겨난 한국인에 대한

멸시관이 숨어 있었다. 그리
고 3·1독립운동 등, 일본의
식민지배에 대한 한국민중의
저항을 보고 느낀 공포심이
작용하였다. 많은 일본인은
한국인에 대한 차별의식과
편견으로 인해 한국인 폭동
이라는 악선전을 그대로 믿
고 공포와 증오에 사로잡혀
한국인 살해에 가담하였다.

간토 대지진에서 살해된 조선인 위령비 | 도쿄 도 스미다 구 요코아미조 공원

반면에 학살될 뻔한 한국인을 보호한 소수의 일본인도 있었다.

일본정부와 매스컴은 진상을 규명하려 하지 않았고 피해자를 방치하
였다. 일부 중의원 의원 등이 정부의 책임을 묻고 '인도상 서글픈 이
대사건'의 진상을 밝히고 사죄할 것을 호소하였으나 정부는 이를 무시하
였다. 다만 정부는 이 사건으로 국제적 비판을 받는 것에는 두려움을
느꼈고, 또 조선총독부는 만약 이것이 한국 내에 널리 알려지면 재차
3·1운동 같은 것이 일어나지 않을까 하여 긴장을 높였다.

'내선융화' 정책을 통한 한국인 관리

간토 대지진 후 한국인 대책을 협의하는 가운데 한국인의 보호·구제
를 명목으로 한국인 교화를 꾀하려고 한국인 집거지에 내선협화회, 내선
협회가 만들어졌다. 그러나 일본사회 일반에는 뿌리 깊은 한국인 차별이
있고, 그에 따라 '내선융화' 정책에 대한 비판도 강하여, 주거 개선이나
임금격차의 시정은 진행되지 못하고, 각지에서 분쟁은 계속 일어났다.

또 이전부터 일본정부는 '내선융화'를 실현한다는 명목 하에 재일한국

인에게 참정권을 부여하였는데, 1925년 보통선거법의 제정과 함께 납세 요건이 없어짐으로써 실질적으로 재일한국인도 참정권을 행사할 수 있게 되었다. 그러나 거주 요건에 의해서 실제로 한국인들 가운데 투표를 할 수 있는 사람의 비율은 대단히 적었다. 선거에 입후보한 한국인도 노동자를 관리하는 입장에 선 사람이거나 지식인 계층이 많았다. 이들은 일본정부의 의도대로 재일한국인의 이익을 대변하기보다는 일본인과 융화친목을 주장하는 경향이 강하였다.

그 후 일본의 중국침략이 진행되는 가운데 '내선융화' 사업은, 한국인의 교화를 보다 강화하고, 한국인 조직을 관리 통제하는 방향으로 나아가게 되었다. 경찰서를 단위로 협화회[5]가 만들어지고, 1939년에는 중앙협회회가 설립되어 재일한국인의 황민화와 전시동원을 한꺼번에 담당하는 기관이 되었다.

총동원체제 아래의 재일한국인

중일전쟁이 시작되고 국가총동원법이 제정되는 가운데, 한국인도 전시동원의 대상이 되었다. 이로 인해 일본으로 건너간 사람도 급증하여, 1945년 재일한국인의 수는 약 200만 명에 달하였다. 일본인의 출병으로 인한 노동력 부족을 해소하기 위하여 한국인 노동자의 일본 이입이 모집 · 알선 · 징용이라는 국가정책의 일환으로 추진된 것을 비롯하여 징병제, 여자근로정신령 등을 적용하여 일본으로 동원된 사람도 있었다. 강제로 전시동원된 사람의 수는 정확하게 파악하기 어렵지만, 한국에서 일본으로 동원된 수는 적어도 67만 명으로 추정된다. 계약기간이 끝난 후에도 그대로 징용으로 간주되어 노동을 계속해야 했던 경우도 적지 않았다. 나아가 일본에서는 재일한국인도 일본인과 마찬가지로 징용되었다.

이러한 전시동원정책에 의하여 일본으로 건너간 한국인은 일본 각지의 탄광·광산·토목공사 현장·공장 등에서 중노동을 할 수밖에 없었다. 이들 직장에 배치된 사람들은 열악한 시설에 수용되어 집단생활을 하는 것이 보통이었다.

노동현장에서 한국인의 생명은 매우 경시되었다. 한국인 중에는 산악지대 댐건설이나 철도 부설 현장에서 목숨을 잃거나 부상당하는 자도 많았다. 강제노동에서 벗어나고자 도망하는 자도 있었는데 익숙지 않은 타지에서 일본인의 감시망을 뚫기란 여간 어려운 일이 아니었다.

아시아태평양전쟁[6] 말기 미군의 공습을 받았던 것도 일본인만이 아니었다. 전후 후생성은, 한국인 전재자를 약 24만 명으로 추산하였다. 원폭의 투하로 희생된 한국인도 많았다. 원폭으로 사망한 사람은 히로시마에서 13만~15만 명, 나가사키에서 6만~8만 명이었는데 그 중에는 수만 명의 한국인도 포함되어 있었다. 겨우 살아남아 한국이나 북한으로 귀국한 피폭자도 있었으나 적절한 치료를 받지 못하여 여전히 육체적·정신적 고통에 시달리고 있는 사람도 많다.

일본의 패전과 일본인의 귀환

일본의 패전은 조선총독부에게도 커다란 사건이었다. 한국지배의 실태를 나타내는 증거를 없애는 작업이 시작되었다. 한국지배의 종언을 깨달은 행위였다.

일본이 아시아태평양전쟁에 패배하고 한국이 해방된 직후 아마테라스 오미카미[7]와 메이지 천황의 신위를 받들던 관폐대사官幣大社인 조선신궁은 일본인 신관이 직접 '승신식昇神式'을 집행하고 본전 등을 소각하였다. 현재 서울의 신라호텔 영빈관이 들어서 있는 곳은 일찍이 이토 히로부미의 위패를 모시는 슌보산春畝山 하쿠분지博文寺(슌보는 이토 히로부미의 호)라는 절이 있었으나 일본 패전 후에는 이 곳에 안중근의 위패가 모셔졌다.

1945년 8월 시점에 해외에는 약 353만 명의 군인과 약 306만 명의 민간인, 도합 약 660만 명의 일본인이 있었다. 당시 한반도 남부에는 약 50만 명, 북부에는 27만 명의 일본인이 있었고, 여기에 만주에서 온 피난민 약 12만 명이 더 있었다.

한반도 남부에 진주한 미군은 9월 20일 미군정청을 발족하고 군인, 신관 등 식민지 지배의 첨병 역할을 하던 일본인의 송환을 서둘렀다. 이리하여 조선에 살았던 일본인에 의한 식민지 지배는 종말을 고하였다.

용어 해설

1_거류민단 : 거류지에 사는 일본인의 호적·토목·교육·위생·소방·신사 등에 관한 업무를 보던 조직. 그 후 개항장과 각 개시開市에 차츰 설치되었는데, 1914년에 폐지된 시점에는 서울, 부산, 인천, 평양 등 11곳에 설치되어 있었다.

2_신사 : 일본 신도神道의 신을 제사지내는 곳. 제2차 세계대전 패전까지 정부의 대대적인 보호를 받았다.

3_서울 : 서울은 조선시대에는 한양·한성으로, 1910년 10월부터는 조선총독부령

에 의해 경성으로 불렸다. 1910년 서울에 거주한 일본인은 38,397명, 한국 전체에 서는 171,543명을 넘어섰다.

4_식민자 사회 : 1930년 시점에서 동아시아 각지에 거주하고 있던 일본인의 동향을 보면, 한국에 53만 명, 랴오둥 반도의 일본 조차지인 관동주를 중심으로 한 중국에 29만 명, 타이완에 23만 명, 사할린 남부에 28만 명이 거주하고 있었다.

5_협화회 : 재일한국인을 동화하기 위해 만들어진 관제 단체. 1936년 내무성은 각 부현에 협화회를 조직하고, 1939년에는 중앙협화회를 발족시켜 군사동원에 이용하였다.

6_아시아태평양전쟁 : 1941년 12월 일본군이 영국식민지 말레이 반도와 미국의 하와이 진주만을 공격한 것을 계기로 시작되어 1945년 8월 일본이 패전할 때까지 지속된 전쟁. 당시 일본정부는 대동아전쟁이라고 불렀고 전후 일본을 점령한 미국 은 태평양전쟁이라고 불렀다. 그러나 전쟁은 미국만이 아니라 중국을 비롯한 아시 아 각국을 휩쓸었고, 전장은 태평양지역만이 아니라 동아시아에서 남아시아까지 확대되었다는 점에서 전쟁의 실태를 표현하고자 아시아태평양전쟁이라고 부르게 되었다.

7_아마테라스 오미카미天照大神 : 일본 황실의 조상신. 이세 신궁에 모셔졌으며 황실 과 일본국민의 숭배와 존경을 받는 중심적 존재가 되었다.

일본의 만주침략과 한국사회의 동향

세계대공황의 영향 아래 일본은 아시아에서 권익을 확대하기 위해 중국을 침략하고, 한국지배를 재편 강화하였다. 이에 대항하여 한국인은 농민운동·노동운동, 문화운동, 무장투쟁 등의 다양한 형태의 민족운동을 전개하였다. 일본은 이를 철저히 탄압하고 한국에서도 언론·사상의 통제를 강화해 갔다.

세계대공황과 블록경제의 형성

1929년 뉴욕의 주가폭락으로 시작된 세계대공황은 세계경제의 블록화를 촉진하였다. 영국, 독일, 프랑스, 미국 등의 열강은 앞다투어 폐쇄적이고 배타적인 경제권(블록)을 형성해 갔다. 세계대공황은 일본에도 파급되었다(쇼와 공황¹). 공황 타개를 위해 일본은 일본·만주·중국을 연결하는 경제블록의 형성을 지향하였는데, 한국도 그 구상의 한가운데 놓이게 되었다. 이와 같은 세계적인 블록화 경향은 1920년대의 국제질서였던 베르사유·워싱턴 체제를 붕괴시켜 나갔다.

세계대공황의 영향

쇼와 공황으로 일본의 쌀값이 하락하자 일본에서는 값싼 한국쌀이 들어오는 것에 반대하는 운동이 벌어졌다. 일본정부는 본국의 농촌구제를 위해 한국으로부터의 쌀 이입을 규제하고 1934년에는 한국에서 산미증식계획을 중지하였다.

한국에서는 쌀, 보리, 콩의 가격이 큰 폭으로 하락하였다. 또 매년 봄이 되면 식량부족으로 기아에 허덕이게 되었는데(춘궁, 보릿고개), 1930년에는 춘궁 농가가 전체 농가의 약 반수에 달했다. 한국에서도 농가경제가 파탄하자 농민이 몰락하여 소작농이 증가하고, 1920년대 말부터 1930년대에 걸쳐 소작쟁의가 더욱 격화되어 갔다. 1930년대 전반의 소작쟁의는 1920년대 후반에 비해 소규모였지만 쟁의 건수는 증가하고 있었다.

조선총독부는 소작쟁의의 격화에 대응하고자 1933년에는 소작조정령, 1934년에는 농지령을 공포하고 지주와 소작농의 대립 완화를 꾀하였다.

한국의 소작쟁의(1930년대)

연도	건수	참가인원	1건당 참가 인원수
1929	423	5,419	12.8
1930	726	13,012	17.9
1931	667	10,282	15.4
1932	300	4,687	15.6
1933	1,975	10,000	5.06
1934	7,544	22,454	2.98
1935	25,834	58,019	2.25
1936	29,975	72,453	2.42
1937	31,799	77,515	2.43
1938	22,596	51,535	2.28
1939	16,452	37,017	2.25

출전 : 조선총독부 농림국, 『조선농지연보』 제1집, 1940.

만주사변과 한국

1931년 9월 18일 관동군²은 펑톈奉天 부근의 류탸오후柳條湖에서 만철 선로를 폭파하고 이를 중국군에 의한 소행이라 하여 다음 날 펑톈을 점령했다(류탸오후 사건). 조선군³도 단독으로 한중 국경을 넘어 진군하였다. 그리하여 개전 반년 후에는 중국 동북부의 주요 지역을 점령하였다(만주사변). 일본에 의한 15년 전쟁의 서막이었다. 1932년 3월 일본은 푸이⁴를 원수로 내세운 괴뢰국가 만주국을 건국하였다. 국제사회는 '만주국'을 인정하지 않았고, 일본은 국제연맹을 탈퇴하여 극동의 국제질서인 워싱턴 체제를 적대시하였다. 이후 일본에서는 5·15사건⁵과 2·26사건⁶을 계기로 군 주도의 국가를 건설하고 아시아에서 권익 획득을 주장하는 군장교들을 중심으로 한 군부가 급속히 대두하게 되었다.

일본의 만주침략은 1920년대 이래 한국 농민의 만주 이주에 의한 한국인과 중국인의 대립도 이용하였다. 1931년 7월 만보산 사건⁷이 발생했을 때는 사건을 과대 보도하였기 때문에 많은 재조 중국인이 한국인에

만보산 사건의 현장

만보산 사건을 보도한 『조선일보』

의해 보복을 당했다. 이 사건은 한국인 이민자들을 만주침략의 첨병으로 이용하려던 일본의 정책과 그러한 한국인을 일본침략의 첨병으로 간주한 중국의 정책에서 비롯된 것이었다. 한국인 이민자들과 재조 중국인들은 일본과 중국의 대립에 휘말려든 존재이기도 하였다.

만주사변이 시작되자 한국은 만주침략의 기지이자 일본과 만주를 잇는 중계지로서 중요성을 띠어 갔다. 1933년에는 신징新京(창춘)-도문을 잇는 경도선 철도가 개통되어 함경북도 북부의 한반도 철도와 접속되었다. 그리고 한국의 청진과 웅기 양 항을 경유하여 니가타나 쓰루가 항 등을 잇는 '일만 신교통로日滿新交通路'가 만들어졌다. 또 경도선 전통全通에 의해 청진 이북의 한국철도는 남만주철도로 경영이 이관되어 한국과 만주의 경제적 결속이 강화되었다.

농촌진흥운동

1931년 6월 조선총독에 취임한 육군대장 우가키 가즈시게[8]는 농촌진흥운동과 공업화정책이라는 농공병진정책을 추진하였다. 농촌진흥운동은 한국농촌의 부흥을 위해 한국농촌을 자립적으로 재건할 것이라는

재만한국인

만주국과 간도성(1937)

조선과 청은 국경지대에 대해 서로 자국민의 거주를 금지하였다. 그러나 19세기 중엽 조선 함경도에 기근이 빈발하면서 비옥하고 광대한 만주지역으로 한국인 농민이 정착하기 시작하였다. 간도間島는 한국어로는 발음이 같거나 유사한 '간도墾島' 혹은 '간토墾土'라고도 하였는데, 그 곳은 문자 그대로 신천지를 바라던 농민들이 개간한 토지였다. '한국병합' 후 특히 한국 북부지역의 농민들은 고향을 등지고 대거 이 지역으로 이주하여 간척에 힘썼다.

국내에서 3·1운동이 발발하자 이 지역 한국인들도 국내와 호응하여 반일 독립운동을 전개하였다. 한편 일본은 항일운동을 단속하고자 간도 개항장 이외에 13개 소의 경찰분서를 설치하였다.

한편 간도를 제외한 만주지역으로 이주하는 한국인도 많았다. 1920년에는 재만한국인의 수가 46만여 명이었으나 1931년에는 63만여 명이나 되었다. 1932년 만주국 수립 후 이주가 급증하여 8·15 때는 재만한국인 수가 200여만 명에 달하였다. 이처럼 한국인의 수가 많았기 때문에 큰 규모의, 장기적인 재만 항일무장투쟁이 가능했던 것이다.

1949년에 중화인민공화국이 성립되자 1952년 9월 간도의 한국인 거주지역은 중국에서 처음으로 소수민족 자치주인 연변 조선족 자치주가 되었다. 자치주는 군사·외교를 제외한 모든 권한을 지녀 민족의 전통문화를 보존하고 교육을 독자적으로 행하고 있다.

슬로건을 내걸었다. 조선총독부는 한국에서 식량의 공급을 충실히 하고, 농가가계를 안정시킴으로써 농가부채를 상환시키겠다는 목표를 내세웠다. 그 때문에 운동의 실시를 위해 선정된 촌락에서는 농가의 가계까지 상세히 지도하였다.

그러나 농촌진흥운동이 충분한 성과를 올리지 못하였기 때문에, 다시 교화단체·종교단체를 동원해 한국농민의 '근면성' 함양을 겨냥한 운동(심전개발운동心田開發運動)을 전개하였다. 조선총독부는 한국에서도 천황을 중심으로 하는 정치를 가일층 추진한다는 슬로건을 내걸고 신과 선조의 은혜에 감사하는 마음을 철저히 지니도록 함으로써 한국농민의 '근면성'을 양성하고자 하였다. 이러한 극히 정신주의적인 방법으로 농촌의 불황을 극복하려 하였지만, 지주제를 온존시킨 채로는 농촌의 진흥에는 한계가 있었고, 농민의 불만을 해소시킬 수 없었다.

공업화정책

우가키 총독은 공업화를 추진하는 정책을 취했다. 조선총독부는 공업의 통제와 노동자의 보호정책을 한국에서는 행하지 않고 일본자본을 한국으로 진출하게 하였다. 공업화정책은 농촌의 피폐로 인해 농촌을 떠난 사람들을 노동력으로 고용하기 위한 것이었다. 압록강 수계에서는 일본질소콘체른[9]이 대규모 댐과 발전소를 만들어 값싼 전력을 대량으로 공급하였고, 함경남도 흥남에 화학비료공장과 유지·화약·경금속 공장을 다수 설립하였다. 이들 건설공사는 많은 노동력을 필요로 하였기 때문에 한반도 남부에서 북부로 많은 노동자가 이동하였다. 이에 대응하여 조선총독부는 한국 북부의 개발을 추진하였다. 이 공업화는 일본자본의 진출과 한국인 노동자의 저임금 장시간 노동을 바탕으로 추진되었다.

일본질소콘체른의 흥남비료공장

지방제도의 개편

1930년대에 들어 한국의 지방제도가 개편되었다. 도와 부, 읍에 의결권을 지닌 도회, 부회, 읍회를 두었다. 각 의원은 각종 제한은 있었지만 선거에 의해 선출되었다. 예를 들어 도회의원의 3분의 2는 부회, 읍회 등의 의원이 선거하고, 3분의 1은 도지사가 직접 임명하였다. 그러나 부회, 읍회 등의 한국인 유권자(남성) 총수는 1935년에 30만 6천 명으로서, 당시 한국인 총인구의 2퍼센트에도 못 미치는 것이었다.

이러한 지방제도 개편은 한국인 지방 유력자나 자본가를 지방정치에 참여시킴으로써 조선총독부에 협력하게 만든 것이고 한국인에 대한 민족분열정책을 재편 강화한 것이었다.

1930년대의 민족운동

1930년대 전반에는 사회주의자의 지도로 적색조합운동이 전개되었다. 이것은 노농대중을 기반으로 공산당의 재건을 꾀하라는 코민테른의 지시에 따라 비합법 조합으로 조직되었다. 적색노동조합은 도시를 중심

이봉창·윤봉길 의거

이봉창

윤봉길

이봉창은 1926년 일본에서 중국 상하이로 건너가 김구의 영향을 받고 한인애국단에 들어갔다. 한국 독립의 기운을 고양시키기 위해서는 천황을 암살해야 한다고 생각한 그는 1931년 말 일본으로 잠입하여 다음 해 1월 8일 도쿄 사쿠라다몬 밖 관병식觀兵式에서 돌아오는 천황의 마차에 수류탄을 던졌다(사쿠라다몬 사건). 그는 대역죄로 사형판결을 받고 이치가야 형무소에서 처형되었다.

윤봉길은 1930년 한국에서 중국 상하이로 건너가 한인애국단에 들어갔다. 1932년 상하이 홍커우 공원에서 열린 일본군의 상하이 점령과 천황생일을 축하하는 자리에서 폭탄을 던져 상하이 파견군 사령관 시라카와 요시노리白川義則와 일본거류민 단장을 사망시키고, 상하이 주재 공사 시게미쓰 마모루重光葵와 제3함대 사령관에게 부상을 입혔다. 윤봉길은 그 자리에서 체포되어 상하이 파견군 군법회의에서 사형판결을 받은 뒤 일본 가나자와에서 처형되었다. 그의 유해는 가나자와의 구육군 군인 묘지로 가는 통로 밑에 매장되었으나 1946년 발굴되어 현재는 서울 효창공원 묘지에 안장되어 있다.

이들은 대한민국 임시정부의 한인애국단에 소속된 애국주의자였다. 현재 한국 사람들이 그들을 의사義士로서 높이 평가하는 이유는 그들이 한국의 독립을 위해 자신의 생명을 버렸고, 민중들에게 희망을 주었으며, 일본의 중국침략에 대해 중국 국민정부와 대한민국 임시정부의 연계를 강화하는 효과를 주었기 때문이다.

으로, 적색농민조합은 농촌에서 군단위로 조직되었다. 특히 함경도에서는 강력한 조합이 조직되어 소작료 감면, 소작쟁의권 획득을 요구하고 경찰서와 면사무소 등을 습격하는 등의 실력을 행사하였다. 총독부는 이러한 행위를 엄격히 탄압하였다.

　1925년에 창립된 천도교계의 조선농민사는 1930년대에는 한국 북부 지역에 많은 지부를 두고, 소비조합과 야학을 중심으로 활동하였다. 또 1930년대 전반에는 조선일보나 동아일보 같은 신문사가 농촌계몽운동을 전개하였다. 이것은 학생이 여름방학 중에 농촌으로 가 농민들에게 한글을 가르치는 등 문자의 보급을 꾀한 것이었다. 1930년대 중반 이후 조선총독부의 탄압으로 이 활동들은 차츰 쇠퇴해 갔다.

　만주에서는 만주국에 반대하는 반만항일 무장투쟁이 전개되었다. 재만한국인은 장쉐량[10] 지휘하의 동북군東北軍, 혹은 중국인 비밀결사나 사회주의자가 지도하는 적색유격대, 한국인 민족주의자가 지도하는 독립군에 참가하여 중국인과 다양한 공동전선을 조직하였다. 이러한 민족운동·사회운동은 일본의 만주침략과 한국지배에 대항하는 무력투쟁으로 나아갔다.

한국의 문화와 사회

　식민지 시기 한국에서는 한국의 고유문화와 서구에 기원을 둔 근대문화가 융합되어 독특한 근대문화가 형성되었다. 그것은 식민지 하에서도 민족적 독자성을 유지 발전시키려는 의식이 지탱해 온 문화이기도 하였다. 역사에서는 박은식이 『한국독립운동지혈사』를 상하이에서 저술하여 독립운동의 궤적을 그려냈다. 또 조선어학회를 중심으로 한글보급운동이 추진되어 한글철자법 통일안과 표준어가 제정되었다. 음악에서는 홍난파의 가곡 「봉선화」가 널리 애창되었다. 영화에서는 「아리랑」(나운규 감독)이 크게 히트함으로써, 이후 1930년대 중반까지 3부작이 만들어졌다. 또 일본문화의 유입으로 대중가요나 영화 등의 오락, 오뎅·우동·다쿠왕 등의 음식문화가 유입되어 생활문화가 변화하였다. 한국민중은 새로운 문화에 대해서도 이를 유연하게 받아들여 소화한 뒤 풍부한 민중 문화를 형성해 갔다.

그러나 근대문화가 발전하는 한편, 이면에는 여전히 빈곤에 허덕이는 사람들도 적지 않았다. 특히 화전민의 생활은 가혹하기 그지없었다. 이들은 감자나 나무열매를 먹거나, 옥수수나 밤 등의 잡곡으로 죽을 쑤어 먹고, 겨울이 되면 점심을 거르는 빈궁한 생활로 겨우 목숨을 이어가는 상황이었다.

1934년 4월에는 조선방송협회(JODK, 1927년 개국)에 의해 한국어 라디오 방송(제2방송)이 시작되었다. 한국인이 발행한 동아일보, 조선일보의 발행부수는 1937년 당시 도합 12만 부 이상이었다. 그러나 이들 수용자 층은 사회 상층인 지식인 계층으로 한정되어 있었다. 또한 조선총독부에 의한 검열로 인해 한국인에 의한 언론활동은 극히 제한되었다. 그러나 그러한 제약 속에서도 한국인들은 스스로 사회문화를 발전시키고자 모색하였다.

1936년 8월 베를린 올림픽에서 마라톤 종목에 일본대표로 출전한 손기정 선수는 금메달을 획득하여 한국민중에게 커다란 용기를 안겨주었다. 동아일보는 손 선수의 사진에서 가슴에 그려진 일장기를 지운 채 보도하여 한국인들의 마음을 대변했다. 이에 대해 조선총독부는 동아일보를 무기한 정간시켜 한국인의 민족의식을 말살하려 하였다(일장기 말소사건).

손기정의 사진 | 동아일보(1936년 8월 25일) 제1판에 게재된 일장기를 가슴에 단 사진(오른쪽). 왼쪽은 같은 날 동아일보 제2판에 게재된 일장기가 말소된 사진

1930년대 중반 일본의 만주침략이 가져온 국제적 고립 하에서 한국사회의 언론과 사상에 대한 통제도 강화되어 갔다.

용어 해설

1_쇼와昭和 공황 : 1930년대 초 일본경제는 정부의 긴축재정과 세계공황의 영향으로 현저한 불황에 빠졌다. 많은 기업이 조업단축과 도산에 직면하였고, 노동강화와 임금인하 그리고 해고가 이어졌다.

2_관동군 : 중국 동북부에 주둔한 일본군. 원래는 남만주철도를 경비하기 위해 설치하였으나, 제1차 세계대전 후에는 관동군이 되었고, 만주사변 후에는 만주국을 사실상 지배하였다.

3_조선군 : 한국에 주둔한 일본군. 2개 사단이 서울과 함경북도 나남에 사령부를 두고 있었다.

4_푸이溥儀 : 1906~1967. 청나라 마지막 황제. 1911년 신해혁명으로 퇴위하였지만 만주사변 후 관동군에 의해 추대되어 만주국 집정에 취임하였고 1934년에는 만주국 황제가 되었다.

5_5·15사건 : 1932년 5월 15일 해군 청년장교가 일으킨 쿠데타. 수상관저 등을 습격하고 이누카이 쓰요시犬養毅 수상을 사살하였다. 이 사건으로 해방 전 일본의 정당정치는 종말을 고했다.

6_2·26사건 : 1936년 2월 26일 육군 청년장교가 일으킨 쿠데타. 수상관저와 경시청을 습격하여 사이토 마코토齋藤實 내대신 등을 살해하였다. 계엄령 하에서 이를 진압한 도조 히데키東篠英機 등을 중심으로 한 군부가 대두하였고, 사건 후에는 준전시체제가 형성되었다.

7_만보산 사건 : 장춘 교외의 만보산에서 200명의 한국인 이민과 중국인이 수리권·경작권을 둘러싸고 충돌한 사건. 이것을 계기로 한국인은 평양·인천 등지에서 격렬한 중국배척운동을 일으켰다.

8_우가키 가즈시게宇垣─成 : 1868~1956. 일본 육군대장. 제6대 조선총독. 1925년 육군대신. 1937년 고노에 후미마로近衛文麿 내각에서 외무대신을 지냈다. 일본 패전 후 85세로 일본의 참의원 의원이 되었다.

9_일본질소콘체른 : 질소비료공업의 창설자인 노구치 시타가우野口遵가 설립한 일

본질소비료주식회사를 모태로 한 재벌. 한국의 수력발전·화학공업을 개발하였다.

10_장쉐량張學良 : 1901~2001. 일본 관동군에 의해 아버지 장쭤린이 암살 당한 후 아버지를 이어 만주에서 권력을 장악하였다. 그리고 곧 권력을 국민정부에 합류하였다. 1936년 시안 사변을 일으켜 제2차 국공합작(내전 정지, 일치 항일)의 계기를 만들었다.

제10장 제7절 | 전시체제의 전개와 독립투쟁

중일전쟁 개시 후 일본은 침략전쟁을 수행하기 위해 한국을 병참기지로 만들고, 일본 천황에게 충성을 바치는 한국인을 육성하는 황민화 정책을 실시하였다. 그리고 한국인의 인적 · 물적 자원을 수탈하였다. 한국 내에서의 독립투쟁은 어려움을 겪고 있었지만 한국 밖에서는 독립의 전망을 가지고 한국광복군, 조선의용대 등이 다양한 방식으로 독립투쟁을 전개하였다.

일본의 침략전쟁 확대

일본은 1937년 베이징 교외에서 발생한 루거우차오盧溝橋 사건을 계기로 본격적인 중국 침략을 감행하였지만 중국의 저항으로 전쟁은 장기화되었다. 유럽에서는 제2차 세계대전이 시작되어 일본은 독일, 이탈리아와 군사

아시아태평양전쟁 지도

동맹을 결성하고, 석유, 고무 등의 군수물자를 얻고자 프랑스령 인도차이나로 침략해 들어가자, 미국, 영국 등과의 대립을 피할 수 없게 되었다. 이러한 전황을 타개하기 위해 일본은 1941년 말레이 반도와 하와이의 진주만을 기습 공격하여 아시아태평양전쟁을 일으켰다. 그리고 일본은 전쟁을 수행하기 위해 한국의 지하자원과 식량을 수탈하고, 한국을 군수 공업기지로 재편성하여 대륙침략을 위한 병참기지로 만들었다.

일본의 황민화 정책

'내선일체' 비 | 미나미 지로 조선총독 때 만들어졌다.

일본은 전쟁을 확대하면서 부족한 인력을 한국에서 보충하기 위해 '내선일체'를 내걸고, 이른바 황민화 정책을 추진하였다. 황민화 정책은 한국인은 일본인과 같은 조상, 같은 뿌리에서 나왔으므로, 멸망하거나 독립해야 할 피지배자의 처지가 아니며, 일본인과 한 몸이 되어 모든 면에서 전쟁에 흔쾌히 참여해야 한다는 것이었다. 이러한 황민화 정책은 육군대장 미나미 지로[1]가 1936년에 조선총독으로 부임하면서 본격화되었다.

황민화 정책은 1937년에 본격적으로 시작되었다. 그 과정에서 한국인에게 신사참배를 강요하였다. 그리하여 1 면面에 1 신사를 설치하는 정책을 추진하여 매월 1일을 애국일로 정해 국민총력조선연맹의 하부조직으로 운영되었던 애국반[2] 단위로 각종 신사에 참배할 것을 강요하였다. 기독교도를 비롯한 종교인들조차 이를 실천하지 않으면 안 되었다. 일본은 이에 저항하는 세력을 탄압하여 평양의 숭실학교와 숭의학교를 폐쇄시키고, 주기철 목사[3] 등을 옥사하게 하였다.

일본은 황국신민의 서사誓詞를 일상적으로 암송할 것을 강요하였다. 또한 천황이 사는 도쿄의 궁성을 향하여 절을 하게 하고 묵도하게 하였으며, 황국신민 체조의 시행, 흰옷 금지 및 국민복 착용 등을 강요하였다. 이처럼 일본은 일어나서 잠들 때까지 한국인들의 일거수 일투족을 통제하고 사상적으로도 동화시키는 정책을 집요하게 추구하였다. 학교와 관공서에서는 일본어만 사용하도록 하였다. 한국어를 사용하는 학생과

조선신궁으로 올라가는 계단 | 서울역에서 남산 중턱의 조선신궁으로 올라가는 곳에 만들어졌다.

교사는 벌칙을 받거나 파면되었으며, 일본어를 모르는 민중은 기차표도 살 수 없는 경우도 있었다. 한글을 연구하고 보급한 학자들은 탄압을 받았다(1942년 조선어학회 사건).

일본은 1940년 한국인의 성을 일본식으로 바꾸게 하였다. 6개월 이내에 성을 일본식으로 고치지 않으면 아이들의 학교입학을 거부한다거나, 행정기관에서 사무를 취급해 주지 않는다거나, 징용 대상으로 삼겠다고 위협하며 강제로 성을 고치게 하였다. 그리고 이광수, 윤치호와 같은 저명인사를 본보기로 내세워 이 사업을 추진하였다. 그리하여 6개월 만에 약 317만 호(전체의 75%)의 조선인이 창씨개명을 하게 되었다.

한국인의 전시 동원

황민화 정책의 최대 목적은 한국인을 일본인처럼 안심하고 전쟁에 동원하는 것이었다. 일본은 강한 항일의식을 가지고 독립운동을 전개하는 한국인들이 무기를 소지하는 것을 꺼려하였다. 그렇지만 전쟁이 확대

창씨개명에 대한 한국인의 반응

1. 창씨개명에 적극 호응한 사례 | 이광수

"내가 고야마香山라는 씨氏를 창설하고 미쓰로光郞라는 일본식 이름으로 고친 동기는 황공하고도 위대하신 천황의 이름과 '읽는 법'이 같은 씨명을 가지려고 한 데서부터다. 나는 깊이깊이 나의 자손과 조선민족의 장래를 생각한 끝에 이렇게 하는 것이 당연하다는 굳은 신념에 도달했기 때문이다. 나는 천황의 신민臣民이다. 나의 자손도 천황의 신민으로서 살 것이다." (『매일신보』 1940년 2월 20일자 「창씨와 나」)

2. 창씨개명에 저항한 사례 | 유건영

"슬프다. 유건영은 천년의 고족이다. ⋯ 일찍 나라가 망할 때에 죽지 못하고 30년간의 욕을 당해 올 때에, 그들의 패륜과 난륜 귀로써 듣지 못하고 눈으로써 보지 못하겠더니 ⋯ 이제 혈족의 성까지 빼앗으려 한다. 동성동본이 서로 통혼하고, 이성異姓을 양자로 삼고, 서양자婿養子가 제 성을 버리고 계집의 성을 따르게 되니, 이는 금수의 도를 5천년 문화민족에게 강요하는 것이다. ⋯ 나 건영은 짐승이 되어 살기보다는 차라리 깨끗한 죽음을 택하노라." (문정창, 『조선강점36년사』, 박문당, 1967)

되면서 사상자가 증가하였기 때문에 많은 군인이 필요하였다. 먼저 1938년에 육군 지원병제도를 시행하였다. 그리고 아시아태평양전쟁이 본격화된 1943년에는 해군에서도 지원병제를 실시하여, 학도지원병을 동원하였다. 최종적으로 1944년에는 교육 정도를 불문하고 한국 젊은이 전체를 대상으로 징병제를 시행하였다. 1945년 해방 당시 한국인 일본군이 20여만 명이었는데, 전사자까지 포함하면 훨씬 많은 사람들이 동원되었다.

또한 일본은 국민징용령, 여자정신근로령4으로 한국인을 동원하여 일본, 동남아시아, 사할린 등지에서 일을 시켰다. 한국인들은 임금도 제대로 받지 못하면서 힘들고 위험한 일에 동원되었다. 일본정부에 따르면 1939년부터 1945년까지 약 72만 명이 동원되었다.

또한 일본의 군인, 헌병, 관
리, 사설업자 등이 8만에서
20만 명으로 추정되는 한국
여성을 전쟁터로 끌고 가서,
일본군 '위안부'로 혹사시켰
다.

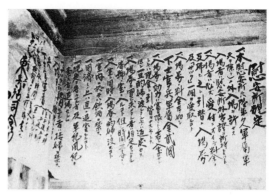
위안소 사용규정

조선총독부는 '내선 불평
등의 철폐'와 '한국인을 대동
아공영권[5]의 중핵적 지도자로 만들자'는 등의 구호를 동원해 한국 지식
층을 끌어들여 한국민중을 전쟁에 협력토록 하였다. 전쟁에 협력한 지식
인은 해방 후에 '친일파'로 비난을 받았다.

조선총독부는 물자에 대한 수탈도 강화하였다. 아시아태평양전쟁이
시작되자 모든 금속제품을 강제로 바치게 하였다. 농기구, 그릇, 제사
용구는 물론 교회와 절의 종까지도 징발하여 전쟁무기의 재료로 사용하

강제로 끌려간 일본군 '위안부'의 증언

"1940년에 나는 만 열여섯 살이 되었다. 그 해 늦가을 무렵이었다. 어느
날 나는 춘자의 집에 놀러 갔었는데 해가 저물었기 때문에 춘자의 집을
나와 나의 집으로 향했다. 얼마 걷지 않았는데 군복을 입은 일본인이 나에게
다가왔다. 그는 갑자기 내 팔을 잡아당기며 일본말로 무어라고 하였다. 당시
는 순사라는 말만 들어도 무서워하던 때라 나는 아무 말도 못하고 그가
잡아끄는 대로 끌려갔다. 그 사람은 한참 팔을 잡고 가다가는, 도망가려는
나를 앞세우고 걸어갔다. 끌려간 곳은 헌병대로 생각된다. … 우리는 당시
중국 동북부 도안성逃安城이라는 곳에서 기차에서 내렸다. … 이 곳에 온지
사흘이 지나자 경영자가 나와 모두에게 각각 방 하나씩을 주었다. 거기에는
이불 하나, 담요 하나, 그리고 베개 둘이 있었다. … 나는 이 날 처음 정조를
빼앗겼다. 눈앞이 캄캄하고 놀라서 까무러치고 울기만 했다." (『증언-강제로
끌려간 조선인 위안부들』, 아카시 서점, 1993)

였다. 군량 확보를 위해 중단하였던 산미증식계획을 다시 시작하였으며, 식량 배급을 실시하고 미곡 공출을 실시하였다. 그러나 식량을 확보하지 못하고 굶어죽을 위기에 처한 한국의 농민들 중에는 배급을 요구하며 주재소나 면장에게 강하게 호소하거나 공출을 거부하는 자들도 나타났다.

대한민국 임시정부의 정비와 한국광복군 창설

1932년에 있었던 윤봉길 의거는 침체 상태에 빠져 있던 대한민국 임시정부의 존재를 세계에 새롭게 인식시켰으며, 중국으로부터 한국 독립운동에 대한 지원을 받는 계기가 되었다. 그러나 이로 인해 임시정부는 일본의 집중적인 탄압을 받아 상하이를 떠나 중국 대륙 각지로 옮겨다녀야 했다.

유럽에서는 1939년 독일이 폴란드를 침공하여 제2차 세계대전이 시작되었다. 이러한 국제정세에 맞추어 임시정부는 대일전쟁을 효과적으로 추진하고자 노력하였다. 중국국민당 정부의 수도 충칭에 정착한 임시정부는 1940년 9월 한국광복군을 창설하고 1941년 11월에는 민족독립국가 건설계획을 담은 「대한민국 건국강령」을 발표하였다. 그리고 1942년에는 조선의용대원 일부를 한국광복군으로 편입시키는 한편, 좌파 단체인 조선민족혁명당(총서기 김원봉)을 끌어들여 독립운동의 역량을 강화하였다.

1941년 12월, 일본이 말레

한국광복군총사령부 총무처 직원 | 1940년 중국 시안에서 촬영

이 반도와 미군의 해군 기지인 진주만을 기습 공격하여 아시아태평양전쟁이 시작되자 임시정부는 일본에 즉각 선전포고를 하였다. 그리고 한국광복군 공작대를 인도·미얀마 전선에 파견하여 연합군을 지원하였다. 나아가 1945년 봄에는 미군과 손을 잡고 한국광복군 대원들에게 한반도 침투훈련을 받도록 하였다. 그러나 훈련 중에 일본이 항복함으로써 한반도로 투입될 기회를 잃고 말았다.

중국 화북지역과 만주의 무력항쟁

한국광복군 창설에 앞서 1938년, 중국 우한에서 좌파 독립운동가들은 100여 명의 청년들을 동원하여 조선의용대(대장 김원봉)를 창설하였다. 이 때부터 조선의용대 대원들은 중국 군대에 배속되어 항일투쟁을 전개하였다. 싸우는 과정에서 대원들 사이에는, 한국인 동포 20여만 명이 이주해 사는 화북지방으로 올라가야 한다는 여론이 형성되었다. 그에 따라 충칭에 있던 의용대 본부 인원을 제외한 대다수의 대원이 1941년 여름 중국공산군이 유격전을 전개하고 있던 화북으로 이동하였다.

북상한 대원들은 곧 조선의용대 화북지대를 조직하고 항일투쟁에 돌입하였다. 1942년 7월 화북조선독립동맹7이 결성되자 조선의용대는 조선의용군으로 이름을 바꾸고 그 산하로 들어가 8·15해방 때까지 항일투쟁을 지속하였다.

만주의 한국인 사회주의자들은 중국인 사회주의자들과 함께 동북인민혁명군을 조직하여 무장항일투쟁을 지속적으로 전개하였다. 양국의 사회주의자들은 1936년 이 부대를 동북항일연군으로 개편하였다. 그 무렵부터 동북항일연군은 한반도 국내 진공작전을 전개하기도 하였다. 특히 한국인 김일성8이 지휘한 군대는 1937년 6월 함경남도 보천보를 습격하여 한국인과 일본인에게 적지 않은 충격을 주었다. 또 김일성이 이끄는 부대는 1940년 3월 간도에서 일본군 토벌대와 싸워 일본인 지휘관을 사살하는 등 큰 전과를 올렸다. 그러나 일본의 공세가 심해지면서 동북항일연군 각 부대들은 활동을 중단하고 점차 소련으로 이동하였다.

일본의 패전과 조선건국동맹의 결성

아시아태평양전쟁은 1943년에 들어와 주도권이 미국으로 넘어갔다. 미군은 1945년 3월부터 도쿄 등 대도시를 공습하고, 6월에는 오키나와를 점령하였다. 그 후, 연합국이 포츠담 선언을 발표하였는데, 미국이 히로시마와 나가사키에 원자폭탄을 투하하고 소련이 참전하자 일본 천황은 8월 14일 포츠담 선언을 수락하여 연

원자폭탄에 의해 파괴된 히로시마 시가 | 사진 속의 건물 잔해는 평화를 염원하는 뜻에서 세계문화유산으로 지정되어 보존되고 있다.

합국에 항복하였다.

일본의 패전을 예견한 여운형[9] 등은 해방 이후의 상황에 대비하기 위해 1944년, 한국 내에서 비밀결사인 조선건국동맹을 결성하였다. 조선건국동맹은 좌우익을 따지지 않고 도시와 농촌에서 세력을 넓혀가는 한편, 화북의 조선독립동맹 측에 사람을 파견하는 등 해외 독립운동 세력과의 연계에도 노력하였다.

박헌영(왼쪽)과 여운형(오른쪽)

용어 해설

1_미나미 지로南次郎 : 일본 육군대장이자 육군대신. 지나주둔군 사령관, 조선군 사령관, 관동군 사령관을 거쳐 1936~1941년까지 제7대 조선총독을 지냈다. 조선총독으로 있던 6년 동안 '내선일체'를 표방하며 한국의 민족문화를 말살하는 정책을 강행하였다.

2_국민총력조선연맹 애국반 : 1938년에 '황국신민화의 실천운동'의 조직으로서 만들어진 국민정신총동원 조선연맹이 1940년에 일본에서 대정익찬회大政翼贊會가 발족한 것에 호응하여 국민총력조선연맹으로 이름을 바꾸었다. 이 하부조직으로 애국반이 있어서 한국인의 일상 생활을 여러 방면에서 통제하였다.

3_주기철 목사 : 1936년 평양 산정현 교회 목사로 활동하던 중 신사참배를 거부하며 항일운동을 계속했지만 1938년 일본경찰에 체포되어 10년형을 선고받고 복역중 옥사하였다.

4_여자정신근로령 : 1944년 8월 일본정부가 공포한 칙령. 14세부터 40세까지의 여성을 일본의 군수공장에 동원하였다. 이 칙령은 조선과 타이완에도 적용되어, 많은 조선여성이 강제적으로 공장 등에 동원되었다. 이 법을 위반할 경우 국가총동

원법에 의거하여 1년 이하의 징역 또는 1,000엔 이하의 벌금을 내야 했다.

5_대동아공영권 : 일본이 아시아태평양전쟁을 정당화하기 위해 서양열강의 지배에서 아시아를 해방시켜서 수립한다고 주장한 공존공영의 신질서다.

6_김구 : 1876~1949. 항일독립운동가, 정치가. 한국이 해방을 맞이할 때까지 대한민국 임시정부의 주석으로서 독립투쟁의 중심적 역할을 하였다. 해방 이후 대한민국 정부 수립까지 분단을 막기 위해 노력하였고 그 일환으로 남북협상을 추진하였다.

7_화북조선독립동맹 : 독립 자유의 조선민주공화국 건설을 목표로 보통선거에 의한 민주정권의 수립, 남녀평등권의 확립, 토지분배와 대기업의 국영화 등을 내세웠다.

8_김일성 : 1912~1994. 일본의 식민지 지배에 대항한 독립운동 지도자. 3·1운동 이후 만주로 이동하여 마르크스·레닌주의를 배우고 항일유격활동을 전개하였다. 후에 조선민주주의인민공화국을 수립하고 지도자가 되었다.

9_여운형 : 독립운동가, 정치가. 1944년 비밀결사 건국동맹을 조직하고, 1945년 8월 15일 엔도 류사쿠 정무총감의 제의를 받아들여 일본이 항복한 후 치안과 질서를 총괄하였다. 이후 안재홍 등과 함께 건국준비위원회를 조직하고, 미군이 주둔하기 이전 9월 6일 조선인민공화국의 수립을 선포하였지만, 미군정은 이를 인정하지 않았다.

제11장 패전·해방에서 한일국교 정상화까지

1945. 8	소련 대일 선전포고, 소련군 북한지역으로 진격
	일본정부, 포츠담 선언을 수락
	일본 천황, 무조건 항복 선언
	우키시마 호, 교토 마이즈루 앞바다에서 침몰
9	일본정부, 항복문서에 조인
1946. 1	일본 천황, 인간선언
11	일본, 신헌법 공포(1947년 5월 시행)
1948. 4	일본, 한신 교육투쟁(민족교육옹호운동)
8	대한민국 정부 수립
9	북한(조선민주주의인민공화국) 정부 수립
1950. 6	6·25전쟁 발발
1951.10	한일회담 예비회담 시작
1952. 3	일본, 출입국 관리체제 정비(외국인지문날인제도 개시)
4	샌프란시스코 강화조약 발효, 일본은 주권 회복
1955	일본, 자유당과 민주당이 합당하여 자유민주당 결성('55년 체제' 성립)
1959	일본, 재일한국인 북한으로의 집단귀국 개시
1960. 1	미일 안전보장조약 개정
4	한국, 4·19혁명 일어남. 이승만 대통령 사임
12	일본 이케다 내각 성립, 국민소득 배가계획 결정
1961. 5	한국, 박정희가 군사쿠데타로 정권 장악
1962	한국, 제1차 경제개발5개년 계획(~1966) 시작
11	한일조약 교섭으로 김종필 중앙정보부장과 오히라 외상 회담
1964.10	일본, 도쿄 올림픽 개최
1965. 6	한일조약 체결

한반도의 분할과 미·소 양군의 진주 | 소련의 아시아태평양전쟁 참전이
임박하자 미국은 한반도를 반으로 나누어 세력균형을 이루면서 소련을 견제
한다는 방침을 정하였다. 실제로 1945년 8월 9일 소련이 참전하여 한반도
북부로 진공해 들어오자 미국은 8월 11일 38선 분할 점령안을 소련에 제안하
였고 소련은 이 안에 동의하였다. 이렇게 하여 미소 양국은 한국인들의
동의 없이 한반도를 38선 이남과 이북의 둘로 나누었으며 38선은 이후
한국인들의 불행의 주요 근원이 되었다.

북한에 진주한 소련군은 일본군의 항복을 받고 일본의 군인·경찰관·행
정관을 억류하는 한편, 사회주의자들이 중심이 되어 자발적으로 결성한
각급 인민위원회에 행정권을 이양하였다. 함경남도 인민위원회 결성(1945.
8. 16.)을 시발로 황해도·평안남도·평안북도·함경북도 등 이북5도 인민
위원회가 결성되었다. 1946년 2월 8일에는 한국인들로 구성된 북조선임시
인민위원회가 성립되어 소련군의 지휘 하에 행정·치안을 담당하였다.

한편 1945년 9월 8일 남한에 상륙한 미군은 조선총독으로부터 항복을
받고 그 다음 날 곧 군정청을 설치하였다. 10월 10일 미군정 장관 아놀드는
성명을 통해 남한에는 미군정이라는 "단 하나의 정부가 있을 뿐"이라고
발표하고 실질적인 통치권을 행사하기 시작했다.

분단정부의 수립 | 1945년 12월 미국·영국·소련의 3국 외상들은 모스크
바에서 회의를 개최하였다. 이 자리에서 한반도에 통일임시정부를 수립하
고, 미·영·중·소에 의해 최장 5년간 신탁통치를 실시하며, 미소공동위원
회(미소공위)를 우선 개최하기로 결정하였다. 이 결정은 한국인들을 둘로
갈라놓았다. 한국인은 신탁통치의 실시를 식민지 통치의 연장으로 파악하
여 결정안에 격렬하게 반대하는 자들과 한반도의 통일독립을 위한 합리적인
방안이라고 하여 적극 환영하는 자들로 나뉘어졌다.

이러한 대립은 1946년 3월에 개최된 미소공위에도 영향을 주어 결국
미소공위는 어떤 합의도 하지 못한 채 같은 해 5월 끝났다. 한 해 후인
1947년 5월에 미소공위는 다시 열렸지만 역시 아무런 성과 없이 끝났다.

이후 미국은 한반도 문제를 유엔으로 이관하고 소련은 이에 반대하여 점차 한반도의 통일정부 수립의 가능성은 멀어졌다.

1948년 남한에서는 5·10총선거가 실시되었다. 그 후 제헌국회가 구성되고 헌법이 제정되었다. 제헌국회에서 대통령으로 선출된 이승만은 정부를 조직하고 대한민국정부의 수립을 국내외에 선포하였다(1948. 8. 15.). 한편 북한에서도 8월 선거를 통해 최고인민회의를 구성하고, 최고인민회의에서 선출된 김일성 수상 중심의 내각이 수립되었다(1948. 9. 9.). 이리하여 남과 북에 각각의 정부가 수립되었다.

6·25전쟁 | 1950년 6월 25일 38선을 넘어 북한인민군이 남한에 공격을 개시하였다. 국군의 방어진지들을 돌파한 인민군은 곧 서울을 점령하고 남진을 계속하였다. 이에 대항하여 미군을 필두로 한 유엔군이 참전하였다. 유엔군이 인천상륙작전에 성공하고 서울을 탈환하자 이에 대응하여 중국은 1950년 10월 군대(지원군)를 한반도에 파견하였다. 그 후 공방전을 거쳐 1951년 7월부터 유엔군 측과 공산군 사이에서 휴전회담이 열렸으며 그로부터 2년 후인 1953년 7월 휴전협정이 조인되었다.

민주주의의 시련 | 이승만 정부는 6·25전쟁이 발발하자 전쟁 상황을 활용하여 독재의 길로 나아갔다. 1952년 임시수도 부산에서 무리하게 대통령 직선제 개헌을 강행하고 이승만은 제2대 대통령에 당선되었다. 또 1954년 9월 이승만은 대통령 3선 금지조항을 철폐하고자 개헌안을 국회에 제출하고 강제로 이를 통과시켰다. 이리하여 이승만은 1956년에 제3대 대통령에 당선되었다. 이에 대해 국민의 불만은 한층 고조되었다.

제4대 대통령 선거에서도 이승만은 부정한 방법(1960년 3·15부정선거)을 동원하였기 때문에 전국에서 항의시위가 발생하였다. 4월 19일에는 학생과 시민 등 수십만 명의 시위대가 서울 중심가를 가득 메웠다. 미국마저 이승만 정권에 등을 돌리자 이승만은 4월 26일 대통령직에서 물러났다(4·19혁명).

이승만 하야 후 과도정부의 주도 하에 내각책임제 개헌이 실시되었다. 1960년 7월 29일 새 정부를 조직하기 위한 총선거가 실시되었으며 여기서 승리한 민주당 정권이 출범하였다. 그러나 민주당 정권은 역량 부족과 내부 분열로 인해 흩어진 민심을 수습하지 못하였다.

1961년 5월 16일 박정희를 비롯한 일부 장교들이 군대를 이끌고 서울로 들어와 민주당 정권을 전복하고 정권을 장악하였다(5·16군사정변). 반공 체제의 강화와 빈곤의 해결 등을 내걸었던 군사정권은 국가재건최고회의를 설치하고 각종 '개혁'을 단행하였다. 그로부터 2년 5개월 후인 1963년 10월 민간인 정부로의 이양을 위한 대통령선거가 실시되었다. 이 때 군사정변을 주도했던 박정희가 대통령에 당선되었고 같은 해 12월 16일 대통령에 취임 하였다(제3공화국).

남한의 경제 | 미군정기 남한에서는 인플레이션이 극심했고, 원자재와 소 비재 그리고 식량이 부족하여 사람들의 생활은 어려웠다. 특히 지하자원과 중공업시설이 주로 북한에 있었기 때문에 경제부흥은 매우 어려웠다.

대한민국정부가 수립된 후 정부는 농지개혁법을 제정 시행하여 농촌경제 의 안정을 꾀하였고 해방과 더불어 정부소유가 된 자산을 불하하여 산업 육성에 기여하였다. 그러나 6·25전쟁으로 남한 생산시설의 42%가 파괴되 고 전비 지출로 인한 인플레이션과 물자 부족으로 국민 생활의 어려움이 더욱 더 극심해졌다.

휴전 이후 경제 복구사업은 본격화되었고 외국의 원조 등에도 힘입어 생산활동도 활발하게 전개되어 갔다. 특히 1950년대 후반기부터 원조물자 에 토대를 둔 제분·제당 공업과 섬유공업이 성장하였고 시멘트와 비료의 생산도 늘어났다. 그러나 소비재 산업이 급속하게 성장한 데 비하여 기계공 업 등 생산재 산업은 발전하지 못하였다. 이로 인하여 한국경제는 매우 취약한 구조를 지니게 되었다. 5·16군사정변으로 정권을 장악한 군부는 1962년 제1차 5개년 경제개발계획을 실시하였고 한국경제는 점차 활기를 띠기 시작하였다.

북한의 경제 | 북한에서는 북조선임시인민위원회가 주체가 되어 1946년 3월 토지개혁을 실시하였다. 5정보 이상의 토지를 소유한 경우 이를 몰수하 여 토지 없는 농민들에게 무상으로 분배하였다. 토지를 몰수당한 다수의

사람들은 월남하였다. 토지개혁 결과 공산당의 인민에 대한 지배력은 공고해졌으나 남과 북 그리고 남한 내부에서 이념대립은 더욱 격화되었다.

이후 1954년부터는 농민들이 자신의 농지를 조합에 출자하고 공동으로 경영하는 농업협동화운동이 시작되었다. 운동의 결과 농민들은 농업노동자가 되었고 농촌 내에서 기득권 세력이 후퇴하였다. 같은 시기 개인기업의 국영화가 단행되었다. 이러한 경제체제 개편을 거쳐 북한은 점차 사회주의 사회로 변화하였다. 그러나 인민의 자발성에 기초하지 않고 위로부터 실시된 이 개혁으로 사회 전체는 관료주의가 깊게 뿌리내렸고 생산성의 저하를 가져왔다.

사람들의 생활 | 오랜 전쟁이 끝나고 일본으로부터 해방되었지만 남한 주민들의 생활 형편은 나아지지 않았다. 엔 블록의 붕괴와 남북분단으로 인해 생산은 감소되었던 반면 해외로부터 대량으로 인구가 유입되어 궁핍은 더 심화되었다. 더욱이 3년에 걸친 6·25전쟁으로 생산 기반시설이 대량으로 파괴되었기 때문에 생활은 더욱 어려워졌다. 서울을 비롯한 대도시 도처에서는 판자촌이 생겨났으며 거리는 실업자들로 넘쳐났다. 농촌에서도 생활은 일반적으로 어려웠다. 농민들 중에는 늦봄에 식량이 다 떨어져 생활에 어려움을 겪는 이들이 상당히 많았다.

이 시기 분단과 전쟁, 가난 속에서도 더 나은 삶을 개척하기 위한 사람들의 노력은 계속되었다. 특히 자식들에 대한 교육열은 식을 줄 몰라, 해방 후 중등학교는 물론이고 대학도 우후죽순 격으로 많이 건립되었다. 매년 많은 사람들이 미국으로 유학을 갔으며 이들에 의해 구미 선진국의 문화와 기술이 도입되었다. 한편 「가거라 삼팔선」, 「굳세어라 금순아」 등 대중들의 정서를 반영하는 가요들이 사람들의 사랑을 받아 애창되었다. 어려움 속에서도 세계무대에서 이름을 떨친 스포츠 선수들은 국민적 영웅이 되었다. 보스톤 마라톤 대회(1947)에서 우승한 서윤복이나 1960년대의 권투선수 김기수는 그 대표적인 인물이었다.

북한에서는 사회주의 문화가 급격히 유입되었다. 해방 직후부터 많은 청년들이 소련으로 유학해 사회주의 문화의 유입에 앞장섰다. 전통적인 유교사상을 대신해 사회주의 도덕이 전 사회에 뿌리를 내렸고, 한민족의 역사는 유물사관 시각에 입각해 체계화되고 보급되었다. 각 종교는 쇠퇴하였는데 특히 서구에서 유입된 기독교는 6·25전쟁 이후 철저히 탄압받아 그 명맥조차 유지하지 못할 정도가 되었다.

미국점령 아래의 일본 | 패전 후 일본은 미국을 중심으로 한 연합군 점령 하에 놓였다. 점령정책을 실시한 것은 연합군 최고사령관총사령부(GHQ) 다. 최고사령관에는 미국 육군원수 맥아더가 임명되었다. 연합군은 일본 본토에 상륙하였으며 1945년 9월 2일 일본정부가 항복문서에 조인을 하였 다. 이로써 15년전쟁은 끝이 났다. 일본은 점령 하에 놓였고 포츠담 선언에 따라 영토는 축소되어 군정이 실시된 오키나와를 제외한 본토에서는 GHQ 가 일본정부에 지령을 내리는 간접통치가 실시되었다.

일본 본토에 대한 초기 점령의 목적은 일본 군국주의를 일소하고 민주화 를 완수하는 것이었다. 이를 위해 GHQ는 자유와 권리를 억압하는 일련의 법제도를 폐지하고 정치적 이유나 사상적 이유로 구류 · 투옥된 사람들을 석방하도록 명령하였다. 또 부인참정권 부여 · 노동조합 결성 · 교육의 자유 주의화 · 인권억압제도의 철폐 · 경제기구의 민주화를 촉진하는 지령을 발 하였다. 그리고 1945년 9월부터 전시중의 각료와 관료 등 39명을 전범용의 자로 체포하였다. 1946년 당초에는 군국주의에 가담한 각료와 고급관료, 귀족원 · 중의원의원 등을 포함해 1,000명 이상의 공직자를 추방하였다. 또 1947년 5월 3일에는 새로운 헌법이 시행되었다. 이것은 주권재민과 기본 적 인권을 존중하는 민주적 이념을 추가하여 군대보유를 금하고 전쟁을 포기하도록 규정하는 등 진보적인 내용을 담은 헌법이었다.

그러나 쇼와 천황의 전쟁책임은 미국정부와 맥아더 등의 의향에 따라 면책되었고 천황제는 신헌법에서 '국민통합의 상징'으로 자리매김 되었다. 이것은 식민지 지배와 침략전쟁에 관한 일본의 가해 책임을 은폐하여 일본 사회에 커다란 화근을 남기게 되었다. 일본정부는 그 사이 재일한국인의 참정권을 정지시키는 등 '국민'으로서의 권리를 빼앗는 한편, '국민'인 이상 일본 법률에 따라야 한다는 명분을 내세워 민족교육을 억압하였다.

경제부흥과 민주화운동 | 패전 후 일본경제는 극도로 혼란하였다. 사람들 의 생활은 패전 직전의 최저수준에도 미치지 못할 정도로 악화되어 도시에 서는 굶어죽는 자들도 속출하였다. 정부의 모든 기능도 마비되었으며 사람

들은 자력으로 생활을 유지하지 않으면 안 되었다.

그러한 가운데 GHQ에 의한 정치활동의 자유와 노동조합운동의 장려정책을 계기로 다양한 정치단체와 민중운동이 조직되었다. 노동단체에 의한 시위와 집회가 전국 각지에서 행해졌다. 식량위기가 심각해지는 가운데 도쿄 도내 곳곳에서는 "쌀을 달라"는 데모가 발생하였고, 1946년 5월 19일에는 천황이 사는 황거 앞 광장에 '식량 데모'(식량 메이데이)가 일어나 25만 명이 모여들었다. 그러나 1947년 2월 1일 노동단체가 연대하여 총파업을 강행하려던 계획은 혼란을 방지하려는 GHQ의 방침에 따라 미수에 그쳤다. 이것은 일본이 점령 하에 놓여 있다는 현실을 생생히 보여준 사건이었다.

한편 극도로 혼란한 경제를 부흥시키고자 일본정부는 석탄과 철강 등의 기간산업에 자금과 원료를 중점적으로 투입하였다. 그 결과 1947년에는 전전의 3할에 불과하던 광공업 생산이 1948년 말에는 거의 7할 정도까지 회복되었고 인플레이션도 안정되어 갔다.

미국의 대일점령정책의 전환 | 1948년에 들어 중국에 공산주의정권이 수립될 가능성이 높아지자, 미국은 동아시아에서 소련과 중국이라는 공산주의 세력에 대한 방위의 거점을 일본열도로 이동시켰다. 그리고 일본의 민주화와 비군사화를 촉구하던 기존 정책에서 기업활동을 지키고 군비를 보유시키

는 정책으로 전환하였다('역코스'). '약육강식'의 경쟁원리가 중시되었고 대기업과 은행 등의 활력이 회복되는 가운데 중소기업의 도산과 인원 해고가 줄을 이었다.

이에 대해 각지에서 미국의 점령정책과 그것에 종속된 일본정부를 비판하는 운동이 전개되었다. 그러나 GHQ와 일본정부는 1949년에는 사회운동을 단속하는 법령을 공포하고 반정부 단체들을 해산시켰다. 또 1950년에는 여러 기관에서 일본공산당 관계자를 포함해 많은 사람들을 해고하였다. 그리고 법 개정에 따라 노동자의 쟁의권을 제한하는 한편, 경영자 측의 권리를 강화하고, 기업 관계자와 정치가의 공직추방도 해제하였다. 6·25전쟁이 한창일 때에는 자위대의 전신이라고 할 수 있는 경찰예비대를 창설하고 재군비를 개시하였다.

6·25전쟁 특수와 샌프란시스코 강화조약 | 이러한 점령정책의 전환으로 점차 회복되어 가던 일본경제는 다시 혼란에 빠졌다. 그러나 1950년에 시작된 6·25전쟁으로 인해 미국으로부터 대량의 군수물자 주문이 이어져 일본경제는 성장을 일정 궤도에 올려놓을 수 있게 되었다.

그 사이 미국정부는 일본을 자본주의진영의 동맹국으로 독립시키기 위해 강화조약의 체결을 서둘렀다. 그리하여 1951년 샌프란시스코에서 강화조약이 조인되었으며, 동시에 일본과 미국을 군사적 동맹관계로 재편하는 미일안전보장조약이 체결되었다. 그러나 강화조약은 사회주의 국가인 소련이 조인을 거부한 외에도, 중국과 남·북한 등 전쟁과 식민지배의 참화를 입은 나라들이 조인대상에서 제외된 극히 불완전한 것이었다. 또 미일안전보장조약과 부속협정은 미국이 일본의 시설과 토지를 군사적으로 자유롭게 사용하는 것을 보장함으로써 독립된 일본은 이후 미국의 군사전략에 가담하면서 미일간 경제협력을 추진하여 갔다.

그리고 미국의 중요한 전략거점으로서 직접통치가 행해진 오키나와는 일본에서 분리되어 미군기지를 건설하기 위해 많은 농지가 강제적으로 접수되었다. 오키나와 주민은 일본 본토의 경제발전과는 대조적으로 방대한 미군기지 하에서 곤란한 생활을 강요당했다.

'55년 체제'와 안보투쟁 | 그러한 가운데 정계에서는 1955년에 보수정당이 합동하여 자유민주당(자민당)이 결성되었다. 자민당은 1990년대에 이르기까지 정권을 독점하였다. 자유민주당은 점령 하에 제정된 일본국헌법을 군대보유를 가능하게 하는 헌법으로 개정하고자 하였다. 한편 야당 측에서도 같은 해 좌우로 분열되었던 사회당이 재통합되어 일본사회당(사회당)을 결성하였다. 사회당을 중심으로 한 야당은 헌법 개정을 저지할 수 있는 1/3 이상의 의석을 유지함으로써 자유민주당의 책략을 방지하는 역할을 하였다. 이처럼 자유민주당(보수)과 사회당(혁신)을 중심으로 양 세력이 대치하는 구도는 이후 40년간 이상 지속되었다('55년 체제').

한편 중국과의 긴장관계가 강화되는 가운데 미국정부는 일본의 국제적 지위 상승을 바라는 일본정부와 1950년대 말부터 미일안보조약을 개정하기 위한 교섭을 시작하여 1960년 1월에 신안보조약을 조인하였다. 이것은 양국의 군사적 관계를 보다 강화한 것이었다.

이에 대해 일본 국내에서는 국회의 조약비준을 저지하기 위해 야당과 노동조합, 시민, 학생 등에 의한 전후 최대규모의 반대운동이 전개되었다(안보투쟁). 신안보조약은 6월에 참의원에서 심의도 거치지 않고 '자연승인'이라는 이례적 형식으로 비준되었다. 그러나 반대운동은 예정된 미국 대통령의 방일을 저지하는 외에도, 당시의 기시 내각을 퇴진시키고 헌법을 개정하려는 자민당의 계획을 단념시키는 등의 결과를 남겼다.

고도경제성장과 국교회복 | 미일안보조약이 강화된 가운데 미국의 동아시아 전략 속에서 미군기지가 집중된 오키나와를 비롯해, 한국과 타이완·동남아시아의 여러 나라들은 주로 군사적인 역할을 담당하게 되었다. 한편 일본은 경제적 역할을 담당하게 되었는데, 군대보유를 금지하는 헌법에 따라 군사비가 적게 책정되었기 때문에 경제를 발전시킬 수 있었다. 동남아시아와 타이완 등 주변 여러 나라와의 경제관계를 이용하면서 일본은 1955년경부터 호경기를 맞이하여 경제규모도 커져 갔다.

그 사이 일본은 강화조약을 맺지 않은 나라들과 국교를 회복해 갔다. 1956년에는 홋카이도 동쪽의 4개 섬을 둘러싼 영토문제를 남겨둔 채로 소련과 국교를 회복하고 UN에 가입하였다. 또 1965년에는 한국과 한일조약을 맺고, 1972년에는 오키나와를 일본 본토로 복귀시켰으며, 동시에 중화인민공화국과도 국교를 수립하였다. 그러나 전후 보상과 일본인 잔류고아 문제, 역사인식의 문제 등 상호 이해를 심화하기에는 여전히 격차가 있었다.

사람들의 생활 | 전후경제가 혼란스러운 가운데 농촌으로 식량을 구하러 가는 사람들의 모습이나 점령군 지프차를 쫓아가며 과자를 달라고 모여드는 어린이들의 모습을 흔히 볼 수 있었다. 전시중에 금지되었던 영어가 붐을 이루어 『일미회화수첩』은 1945년에 베스트셀러가 되었다.

도시지역의 학교에서는 공습으로 인해 교사가 소실되어 옥외에서 수업을 하였다. 전시중의 교과서는 군국주의적인 부분을 검게 지워 사용하였으며 주요 도시의 소학교에서는 1947년부터 물자원조로 주 2회 학교급식이 실시되었다.

이러한 가운데 일본인이 국제 수영대회에서 세계신기록을 수립하거나, 노벨물리학상이나 베네치아 국제영화제에서 그랑프리를 수상하는 등 각 방면에서 활약함으로써 사람들에게 용기를 주었다.

한편 6 · 25전쟁 특수를 계기로 공업화가 진전되어 1950년에는 리코가 국산카메라 생산을 개시하였으며, 1956년에는 토요타 자동차가 대중차 제1호를 완성하였다. 또 이 시기에는 고가였던 세탁기, 냉장고, 흑백 텔레비전 등의 전자제품이 각광을 받았다.

일본의 패전과 한반도의 해방

1945년 8월 15일 일본 천황이 무조건 항복을 선언함으로써 전쟁은 끝났다. 일본 열도는 침울한 상태에 빠졌던 반면 한반도에서는 해방의 기쁨이 넘쳐났다. 종전과 더불어 한반도 거주 일본인들은 본국으로 돌아갔고 일본에 거주하던 많은 한국인들은 귀환하였다. 한편 한반도에서는 식민지 지배가 남기고 간 잔재를 청산하는 작업이 진행되었다.

1945년 8월 15일, 침울한 일본열도

연합국 수뇌들은 1945년 7월 중순 독일의 포츠담에서 회담을 열고 일본의 무조건 항복을 요구하는 포츠담 선언을 발표하였다. 일본정부는 일단 이 선언을 묵살했으나, 히로시마(8. 6.)와 나가사키(8. 9.)에 원자폭탄이 투하되고 소련이 일본에 선전을 포고하자(8. 8.) 더 이상 버티지 못하고 8월 14일 어전회의에서 포츠담 선언을 받아들일 것을 결정하였다. 1945년 8월 15일 정오 일본 천황은 연합국의 포츠담 선언을 수락한다는 사실을 라디오 방송을 통해 내외에 공포하였다.

천황의 항복선언 방송을 듣고 있는 일본인들

천황의 항복선언 소식을 접한 일본 사회는 큰 충격에 휩싸였다. 많은 사람들은 패전에 마음 아파하였으며, 향후 있을 연합군의 상륙에 대해 공포심을 가졌다. 그런가 하면 평화가 도래했다는 사실에 안도하는 사람도 많았다. 그렇지만 전쟁을 통해 아시아 여러 민족을 비롯한 인류에게 재앙을 가져다주었다고 참회하는 일본인은 적었다. 이제 일본의 영역은 혼슈, 규슈, 홋카이도, 시코쿠 등 4개 섬과 연합국이 지정하는 작은 섬들로 축소되었다.

일본의 패전을 계기로 한반도는 일본으로부터 해방되었으며 새로운 한일관계가 시작되었다.

1945년 8월 15일, 환호하는 한반도

한국인들도 8월 15일 정오 일본 천황의 방송을 통해 일본의 무조건 항복 사실을 알았다. 이 날 거리로 뛰쳐나온 서울시민들은 광화문 일대와 종로 네거리를 메웠다. 전국 방방곡곡은 해방을 기뻐하는 사람들의 만세 소리로 진동하였다.

이미 한국인의 보복을 우려한 조선총독부는 한국인 지도자 여운형에게 불상사가 일어나지 않도록 요청해 두었다. 이에 응한 여운형은 그 대신 전 한반도 각지에 구속되어 있는 정치·경제범의 즉시 석방, 3개월간 식량 확보 등 다섯 가지 조건을 제시하였고 조선총독부 측은 이에 동의했다. 여운형은 8월 15일 조선건국준비위원회를 결성하여 건국을 추진함과 동시에 서울에 있는 감옥에서 항일지사들을 석방하였다.

이 날은 한국인들이 일본의 식민지 지배로부터 해방된 날이었다. 그동안 일본인들에 의해 국토는 유린되었고, 많은 문화재가 약탈당했으며, 수십만 명에 달하는 청년들과 여성들이 군인이나 노무자로 혹은 '위안부'로 끌려갔다. 그리고 항일 민족해방투쟁 과정에서 숱한 한국인들이 한반도나 만주 및 러시아에서 피를 흘렸다.

이 날은 독립국가 건설을 향해 발걸음을 내딛는 날이기도 하였지만, 해방이 곧 독립을 의미하는 것은 아니었다. 대한민국 임시정부나, 화북

형무소에서 석방된 항일지사들과 함께 해방을 경축하는 한국인들

조선의용군, 동북항일연군 등의 항일단체들은 지금까지 일본과 싸워왔지만 그 어느 단체도 연합국으로부터 대표성을 승인받지 못하고 있었다. 오히려 연합국은 얄타 회담[2](1945. 2.)에서 한반도의 신탁통치를 잠정적으로 결정해 놓았다. 한국인들은 힘을 하나로 모아, 연합국과의 협조 아래 독립국가를 건설해야 하는 과제를 안게 되었다.

한반도를 떠나는 일본인

전쟁의 종식과 함께 한반도 거주 일본인들의 본국 귀환이 시작되었다. 일본인들이 귀환을 결심하게 된 것은 그들이 당했던 수난과 깊은 관련이 있다. 일본이 항복을 선언하자 일본인에게 적개심을 지녔던 많은 한국인들은 보복공격을 하였다. 경찰서에 대한 습격·점거·접수 요구 등이 빈발하였다. 또 황민화 정책에 대해 마음속 깊이 분개해 왔던 한국인들이 8월 16일부터 8일간 신사나 봉안전을 파괴한 것만 136건이나 되었다.

한반도를 떠나는 일본인

이러한 공격은 일본 군·경이 건재했던 38선[3] 이남보다는 소련군에 의해 일본의 군대와 치안이 붕괴되었던 북한에서 많았다.

　북한에 진격해 들어온 소련군은 일본군이나 일본인 행정관, 사법 간부, 경찰관 등에 대한 억류를 시작하였다. 1945년 9월 5일 이전에 이미 소련군에 억류된 일본군인은 약 6만 3천여 명이나 되었다. 이들 중 일부는 만주 연길을 거쳐 소련으로 압송되었다. 1945년 9월 이후 평양 등 북한 각지에서 연길로 보내진 일본인 총수는 1만 8천여 명이었고 그 중에서는 경찰관과 관리 등이 약 2천 8백 명 포함되어 있었다.

　소련군의 진격과 함께 북한거주 일본인들의 대탈출이 시작되었다. 많은 사람들이 일찌감치 38선 이남으로 남하했으나 소련군이 조기에 38선을 봉쇄하는 바람에 남하의 기회를 놓친 사람도 적지 않았다. 또 굶주림과 추위 그리고 전염병으로 인한 사망자가 많았다. 일본인이 많이 몰려 있었던 함흥에서는 8·15 때부터 1946년 1월 말까지 사망자가 시내의 경우만 해도 5천 4백 명이나 되었다. 미국과 소련 간의 협상이 파행을 겪게 됨에 따라 38선 통로는 좀처럼 열리지 않았으며 그런 가운데 목숨을 건 38선 이남으로의 탈출이 감행되기도 했다. 1945년에서 1946년 사이에 일본으로 귀환한 일본인들 가운데 약 30만 4,500명은 북한에서 귀환한 사람들이었다. 일부의 일본인들은 북한에 억류되어 북한의 국가 건설에 동원되기도 했다.

귀환은 38선 이남지역에서도 이루어졌다. 8·15 직후 소련군이 곧 서울에 입성한다는 소문이 나돌자 우선 재경 일본인들이 크게 동요하기 시작했다. 그들은 다투어 은행예금을 인출하고, 가재도구를 헐값에 내다 팔았으며, 가능한 한 일본으로의 귀환을 서둘렀다. 이미 8월 16일부터 부산을 비롯한 항구로 달려가 화물수송선, 범선, 어선 등 각종 선박을 이용하여 귀환에 나서기 시작하였다.

남한에서의 귀환은 대체로 비교적 평온한 가운데 이루어졌다. 남한에 주둔했던 일본인 군인들은 미군의 손에 의해 1945년 11월 하순까지 평화롭게 송환되었다. 일반 일본인들 역시 미군정의 계획적인 수송에 의해 1946년 3월까지 대체로 일본으로의 귀환을 완료했다. 8·15 직후부터 1946년 사이에 남한에서 귀환한 일본인은 약 57만 2,000명으로 집계되었다.

일본인들이 귀환함으로써 한반도에서 한·일 양 민족의 잡거 현상은 소멸되었고 아울러 일본인들의 영향력도 종말을 고했다.

재일한국인의 귀환

일본이 항복하자 재일한국인들 사이에서는 한반도로의 귀환 열기가 폭발하였다. 이 귀환의 대열에 앞장선 사람들은 강제연행되어 일본에 간 사람들이었다. 8·15 직후에도 일본에서는 여전히 강압적인 통치체제가 유지되고 있었다. 그 속에서 재일한국인에게 다양한 위협이 가해질지도 모른다는 불온한 분위기가 형성되어 있었다. 그러한 상황 속에서

드러내놓고 해방을 기뻐할 수도 없었던 한국인들은 한시라도 빨리 일본에서의 생활을 청산하고 귀환하기를 바랐다. 해방 당시 약 200만 명이었던 재일한국인은 일본정부의 귀환정책을 통해 140여 만

일본에서 부산항으로 귀환한 한국인

명이 귀환하였다. 여기에는 강제연행된 자만이 아니라 1938년 이전에 자발적으로 일본으로 건너가 정주했던 사람들도 포함되어 있었다.

　귀국하고자 했던 한국인들은 하카타, 사세보佐世保, 마이즈루舞鶴, 센자키仙崎 등 일본 내의 각 항구로 쇄도했다. 특히 한국으로 통하는 시모노세키, 하카타, 센자키 등의 항구에는 일본 각지에서 몰려든 수십만의 한국인들로 붐볐다. 그들은 언제 승선할 수 있을지 확실한 전망도 갖지 못한 채 항구 주변의 숙소들을 채우거나 급조한 판잣집 혹은 창고나 마굿간을 임시숙소를 사용하기도 하였으며 심지어 며칠씩 노숙을 하는 사람들도 있었다. 그 중에는 승선할 여비가 없어 귀국을 단념하는 사람들도 있었다. 8·15 직후 연락선 통행을 금지시켰던 연합군 사령부는 이를 해제하여 9월 1일부터는 연락선 흥안호와 덕수호가 하카타－부산 혹은 센자키－부산 간의 왕래를 시작하였다.

　일본 각지 항구에서 조국을 향해 출발했던 사람들 가운데서는 어뢰나 해적 또는 풍랑을 만나 피해를 입는 사례가 적지 않았다. 그 중에 가장 큰 피해는 우키시마 호浮島丸의 침몰에 의한 것이었다. 8월 22일 해군특별수송선 우키시마 호(4,730톤)는 한국인 노동자와 가족 3,735명, 그리고

우키시마 호(왼쪽)가 마이즈루 만에서 침몰하고 있는 모습(오른쪽)

해군 승무원 255명을 태우고 아오모리 현의 오미나토 항을 출항하였다. 이 배는 부산항을 향해 항진할 예정이었으나 기항지에 입항하기 직전 교토 부의 마이즈루 만에서 어뢰 폭발로 침몰하여 한국인 524명과 일본인 승무원 25명이 사망했다. 일본인들이 고의로 배를 자폭시켜 한국인 노동자 7,000여 명을 죽였으며 일본인 승무원들은 모두 도망쳤다는 소문이 나돌았다. 이로 인해 일본인들에 대한 한국인들의 적개심은 한층 증폭되었다.

일본에서만이 아니라 중국에서도 100만 이상의 한국인들이 8·15 직후 한반도로 귀환하였다. 중국이나 미국, 소련 등 해외 각지에서 활동하던 독립운동가들도 새나라 건설을 위해 속속 귀환하였다.

식민지 유산의 청산 시도와 그 좌절

한반도에서 일본 식민지 통치는 끝났고 일본인은 본국으로 돌아갔지만 한반도에서는 식민지 지배 유산을 청산하기 위한 운동이 일찍부터 전개되었다. 각급 학교에서는 일본어 사용이 금지되었다. 또 일본식 지명은 개명되었다. 서울의 명치정은 명동으로, 황금정은 을지로로, 죽첨정은 충정로로 변경되었다. 황국신민의 양성을 위해 사용되었던 교과서는 폐기되었고, 대신 한민족국가의 건설을 위한 교재가 새로 발간되어 보급되었다.

그리고 8·15직후부터 한반도에서는 친일파[4]들을 숙청해야 한다는 여론이 높았다. 이러한 여론을 배경으로 하여 북한에서는 일찍이 친일파가 처벌받았다. 한편 남한에서는 친일파 처벌에 소극적이었던 우익 측이

조사를 받기 위해 끌려가는 친일파

독립국가를 먼저 건립해야 한다고 주장했고, 반면 좌익 측에서는 친일파를 먼저 숙청해야 한다고 주장하였다. 남한에서는 우익이 승리함으로써 친일파들은 사회 각계에서 식민지기에 누렸던 지위를 그대로 유지할 수 있었다.

정부 수립 후 대한민국 국회는 여론을 등에 업고, 친일파 처벌을 위한 반민족행위처벌법을 제정하였다. 이 특별법에 의거하여 반민족행위 특별조사위원회(반민특위)가 설치되었으며, 친일 혐의를 받았던 주요 인사들을 조사하였다. 반민특위는 적극적인 친일행위를 한 사람들에 한하여 처벌과 함께 국민으로서의 권리를 제한하는 조치를 취하고자 하였다. 그러나 행정부나 경찰 곳곳의 주요 자리에 친일행위를 한 인물들을 등용하고 있던 이승만 정부는 친일파 처벌에 소극적이었다. 더 나아가 경찰을 동원하여 반민특위를 습격하고 직원들을 연행하였다. 그리고 반민족행위자의 범위를 크게 좁히고, 친일파 처벌의 기한을 줄임으로써 반민특위의 활동을 사실상 막아버렸다. 이로 인해 친일파 처벌은 이루어지지 못하였으며, 그 부작용은 오랫동안 사회에 악영향을 끼쳤다.

한편 일본에서도 식민지 지배의 유산이 도처에 남아 있었다. 그 중의 하나는 일본정부가 전후, 재일한국인들에 대해서 여러 형태로 관리를 계속해 나가면서 권리를 억압한 점이다.

용어 해설

1_포츠담 선언 : 1945년 7월 독일 베를린 교외의 포츠담에서 미국 대통령 트루먼, 영국 수상 처칠(후에 애틀리), 소련 수상 스탈린이 결정하고 미·영·중 3국이 26일에 일본의 무조건 항복을 요구한 선언.

2_얄타 회담 : 제2차 세계대전 말기인 1945년 2월 4일부터 11일까지 미국 대통령 루스벨트, 영국 수상 처칠, 소련 수상 스탈린이 러시아 크림 반도 얄타에서 독일의 전후처리와 소련의 대일참전을 협의한 회담.

3_38선 : 1945년 8월에 일본이 항복한 후 미·소 양국이 한반도를 분할점령한 경계선으로 '북위 38도선'의 약칭이다. 38선은 처음에는 일본군의 무장해제를 위한 임시적 경계선이었으나, 1948년 38선 이남과 이북에 각각 정부가 수립됨으로써 38선은 실질적인 국경선이 되고 말았다.

4_친일파 : 일본의 식민지 침략에 적극 협조한 한국인들로서, 반민족행위자라고도 부른다. 1949년 9월 대한민국 국회에서 성립된 반민족행위처벌법에서는 친일파를 국권피탈에 적극 협력한 자, 일본으로부터 작위를 받거나 제국의회 의원이 된 자, 독립운동가 및 그 가족을 살상 박해한 자, 직·간접으로 일본에 협력한 자 등으로 규정하였다.

6·25전쟁과 일본

냉전이 동아시아로 파급되는 가운데 6·25전쟁이 발발하였다. 일본에서는 6·25 전쟁을 계기로 재군비가 시작되었고 강화조약이 체결되어 주권회복이 이루어졌으며, 미·일 간에 군사동맹이 성립되었다. 전쟁은 한반도의 분단을 고정화하고, 사람들에게 큰 피해를 입혔지만, 한편 일본은 전쟁특수로 경제성장을 궤도에 올리는 등 한반도와는 대조적인 코스를 밟아가게 되었다.

냉전의 진행과 동아시아

제2차 세계대전 말기가 되자 미국과 소련의 대립이 표면화되어 전후 세계는 미국을 중심으로 하는 자본주의 진영과 소련을 중심으로 하는 공산주의 진영으로 나뉘어졌다 (냉전).

남북을 나눈 38선 | 강원도 양양

미국은 동아시아에서도 소련의 영향력을 배제하고자 일본의 점령정책에서 소련에게 발언권을 주지 않았고, 중국에서는 친미적인 국민당 정권을 지지하였다. 한편 소련은 중국공산당을 지원하는 등 동아시아에서 세력권 확대를 꾀하였다. 그러나 소련에게 당초 중요한 것은 유럽에서의 안전보장 확보였다. 그 때문에 동아시아에서 미국과의 충돌을 피하여, 1945년 8월 시점에는 미국이 제안한 한반도의 군사분계선을 엄수하며 부대를 경계선 위로 철수하였다. 또 중국에 대해서는 국민당 정권을 중국의 대표로 승인하였다.

한편 일본의 패전과 유럽 식민주의의 약체화를 계기로 아시아 각지에서는 독립을 향한 움직임이 가속화되었다. 베트남에서는 일본군이 철수하자마자 프랑스와의 독립전쟁이 시작되었다. 인도와 미얀마, 필리핀, 인도네시아 등지에서도 식민지 지배로부터 벗어나기 위한 독립운동이 활발해졌다. 또 중국에서는 국공 내전이 격화되었는데 당초 우세하였던 국민당에 대해 1947년 7월부터 공산당의 반격이 치열하게 전개되었다. 그리고 국민당이 타이완으로 쫓겨가는 가운데 1949년 10월에 중화인민공화국이 건국되었다.

이러한 아시아의 정세는 대국들의 당초 의도를 파탄시켰다. 미국은 소련세력의 확대와 신중국의 탄생을 경계하여 일본을 반공의 거점으로 삼게 되었다. 소련도 1950년 2월에 중국공산당과 우호조약을 맺었다. 그리하여 동아시아에서도 냉전[1]의 영향이 강하게 반영되게 되었다.

6 · 25전쟁 전야

냉전이 심화되는 가운데 한반도에서는 미 · 소 간의 회담이 결렬되었고, 1947년 가을에는 한반도의 독립문제가 유엔에서 심의되었다. 소련은 미 · 소 양군의 철수와 한반도의 자주독립을 주장하였지만, 미국은 유엔 감시하의 총선거를 통해 정부를 수립하기를 원했다. 1948년 초 미국의 제안을 수용한 결정이 유엔에서 내려졌으나, 소련과 북한의 정치세력은 선거감시원의 입국을 거부하였기 때문에 유엔은 38선 이남에서 단독선거를 후원하게 되었다.

이 총선거를 둘러싸고 이남의 정치세력은 크게 둘로 나뉘었다. 이승만을 지지하는 세력은 남한만의 선거라 할지라도 빨리 총선거를 치러야 한다고 주장한 반면, 김구를 중심으로 한 세력은 남북 총선거 실시를

제주 4·3사건에 대한 재평가

제주 4·3평화공원 내의 희생자를 기리는 위령제단

수많은 민중이 희생된 제주 4·3사건은 공산주의자들의 폭동으로만 알려져, 그 피해상은 오랜 기간 입에 담을 수 없었다. 한국의 민주화가 진전되고 문서공개가 이루어지면서 근년 들어 겨우 이 사건에 대한 재평가작업이 시작되었다.

2000년 8월 한국 국회에서는 제주 4·3사건의 진상규명과 희생자의 명예회복에 관한 특별법을 제정하였다. 특별법 제2조에서는 제주 4·3사건을 다음과 같이 규정하고 있다. "1947년 3월 1일을 기점으로 1948년 4월 3일에 발생한 소요사건과 1954년 9월 21일까지 제주도에서 발생한 무력충돌과 진압 과정에서 주민들이 희생된 사건."

이에 따라 제주 4·3사건을 공산주의자의 폭동으로 보아 왔던 종래의 견해가 수정되고 재평가 작업이 공적으로 추진되게 되었다. 2000년 10월에는 4·3사건 진상위원회가 사건발생의 배경, 진행과정, 피해상황 등을 종합적으로 조사하고, 「4·3사건 진상조사 보고서」를 간행하였다. 이것은 주민의 희생 등 인권침해의 규명에 역점을 두고 편찬된 것이었다.

2003년 10월 노무현 대통령은 위원회의 건의를 받아들여 제주 4·3사건에 대한 공식입장을 다음과 같이 표명하였다. "국가권력이 저지른 과거의 과오에 대해 유족과 제주도민 여러분에게 마음 깊이 사죄와 위로의 말씀을 올립니다. 무고하게 희생된 영령들을 추모하며, 진심으로 명복을 빕니다. 앞으로 우리들은 4·3사건의 귀중한 교훈을 승화시켜 평화와 인권이라는 인류보편의 가치를 확산시켜 가야 합니다."

그리하여 55년간이나 유족과 제주도민을 짓눌러 온 4·3사건의 상처를 치유하고 희생자의 명예를 회복할 길이 열리게 되었다.

주장하였다. 4월에 평양에서 개최된 남북협상회의에서는 김구와 김일성이 남한의 단독정부 수립에 반대하며 미소 양군의 철수를 결의하였다.

그리고 1948년 4월 3일 제주도에서는 단독정부 수립 반대와 미군 철수를 주장하며 일부 주민이 무장봉기하여 도내의 관공서와 경찰서를 습격하였다. 미군정은 이것을 공산주의자의 폭동으로 간주하고 대규모 부대와 경찰을 동원하여 유격대를 진압하였다(제주 4·3사건). 이 초토화 작전은 1954년까지 계속되었으며 그 과정에서 다수의 민중이 희생되었다.

그 사이 5월 10일에 남한만의 총선거가 실시되었으며, 1948년 8월 15일에는 대한민국정부가 수립되었다. 이에 대해 북에서는 최고인민회의 대의원선거를 거쳐 9월 9일 조선민주주의인민공화국이 수립되었다.

분단정부의 수립은 한반도 전체의 긴장을 고조시켰고, 38선 부근에서는 크고 작은 군사적 충돌이 빈번히 일어났다. 1949년에는 남북통일을 주장하던 김구가 암살되는 사건도 발생하였다.

6·25전쟁의 전개

파괴된 대동강 철교를 건너 남하하는 피난민들

1950년 6월 25일 북한군이 38선에서 급진격함으로써 전쟁이 시작되었다. 갑작스런 침공에 한국 측은 충분히 대응하지 못하였고, 북한군의 침공과 점령 지역은 확대되었다. 이에 급작스레 열린 유엔 안전보장이사회는 소련이 결석한 가운데 북한의 행동을 침략으로 규정하였다. 그 자리에서 한국군을 지원하기 위해 미군을 주력으로 하는 유엔군이 편성되었다. 여기에는 재일한국인 의용병도 참가하였다. 유엔군은 1950년 9월 인천상륙작전[2]을 감

행하여 북한군을 38선 이북
으로 몰아냈다. 그리고 그대
로 조·중 국경 근처까지 진
격하여 10월에는 중국군이
참전하게 되었다.

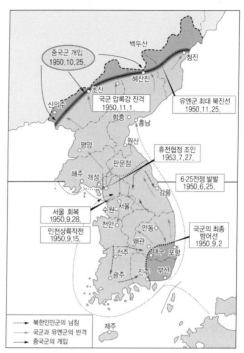

그 후 전황은 38선 부근에
서 교착 상태에 빠져 1951년
7월부터 휴전회담이 시작되
었다. 그러나 전투가 그치질
않았으며 공중에서는 무차
별 폭격이 이루어져 그 후로
도 다수의 민간인이 목숨을
잃었다.

6·25전쟁의 전개

휴전회담에서의   협의는
군사경계선과 포로교환을 둘러싸고 난항을 거듭하였는데, 1953년에 휴
전을 공약으로 내세운 아이젠하워가 미국 대통령에 취임하여 휴전의
분위기가 고조되었다. 끝까지 '북진'을 주장하던 이승만은 휴전협정에
반발하여 서명도 거부하였으나, 1953년 7월 27일 판문점에서 중국·북
한·미국에 의해 휴전협정이 조인되었다. 이로써 휴전선을 경계로 남북
이 대치하면서도 일단 전투는 종결되었다.

일본의 병참기지화와 반전운동

일본정부는 6·25전쟁이 발발하자 재일 미군에 대해 전면적인 협력을
표명하였다. 이에 1950년 7월 맥아더는 7만 5천 명 규모의 경찰예비대
창설을 지시함으로써 일본은 재군비화의 길이 열렸다. 경찰예비대는

재일미군의 출동 후 일본의 치안유지 등 미군의 역할을 대신하였는데 1954년에는 자위대로 개조되었다.

일본 각지의 미군기지와 군항은 전투기와 군수물자 수송의 발진기지, 비행훈련장으로서 정비되었다. 미군의 요청을 받아들인 일본정부는 물자의 거출 외에도 해상보안청의 소

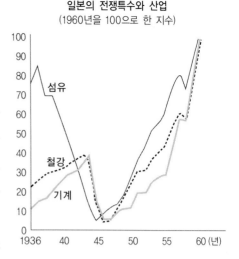

일본의 전쟁특수와 산업
(1960년을 100으로 한 지수)

해정을 직접 전장에 파견하였다. 소해정은 한반도 연안과 항만 등에 설치된 기뢰를 철거하는 작업을 맡았다. 그 과정에서 기뢰가 폭발하여 목숨을 잃거나 부상을 당한 일본인도 있었다.

그러나 전쟁에 필요한 군수물자의 생산과 판매(특수)는 일본의 경제 회복을 가속화하여, 1960년대 고도경제성장의 계기가 되었다. 이것은 국토가 초토화된 한국이나 북한과는 대조적인 결과였다. 6·25전쟁으로 인한 특수 속에서 많은 일본인들은 이웃 나라의 사태에 무관심하였고, 일본의 재군비를 용인하는 의식이 고조되었다.

물론 그러한 가운데에도 전쟁에 반대하는 움직임도 있었다. 예를 들어 1951년 7월에는 헌법 제9조의 '전쟁포기' 정신을 계승하는 관점에서 노동조합이 비무장·중립, 군사기지 제공 반대를 주장하며 「전쟁반대 성명」을 발표하였다. 또 재일한국인을 중심으로 반전운동이 조직되었고, 이에 호응하는 일본인도 다수 나타났다. 그리고 원·수폭 금지를 호소하고자 1950년에 도쿄에서 시작된 '스톡홀름 어필서명운동'[3]도 6·25전쟁에서 핵 사용을 억지하는 힘 중의 하나가 되었다.

대일강화조약의 체결과 한일조약 체결 교섭의 개시

6·25전쟁은 일본의 강화문제에도 큰 영향을 미쳤다. 미국정부 내에서는 대일강화 방식을 둘러싸고 의견이 대립되고 있었다. 그런데 6·25전쟁의 긴장 속에서, 강화 후에도 미군기지가 남는다는 전제 하에 교섭을 개시하게 되었다.

미국이 주도하는 강화에 대해 소련과 중국은 반발하였고, 일본에서도 강화방식과 재군비에 대한 비판이 거세게 일어났다. 그러나 결국 1951년 9월 샌프란시스코에서 강화조약[4]이 조인되었고, 같은 날 미일안전보장조약[5]도 체결되었다. 조약에 반대한 인도와 미얀마는 강화회의에 결석하였고 소련 등은 조인을 거부하였다. 그리고 중국과 남북한은 강화회의에 초대받지 못함으로써 강화조약은 극히 불완전하게 체결되었다.

특히 한국은 대한민국 임시정부가 일본에 선전포고하였던 것을 근거로 강화회의에 참가해야 한다고 주장하였다. 일본정부는 이에 대해 한국과 교전 상태에 있었다는 사실 자체를 부인하고, 또 한국을 연합국으로 인정할 경우 재일한국인에게도 전후보상을 하지 않으면 안 된다는 구실을 들어 강화회의에의 참가에 반대하였다.

결국 연합국 측은 한국을 참가국으로 인정하지 않았고, 한일 간의 문제에 대해서는 개별적 교섭을 행하도록 하였다. 한국정부는 일본이 주권을 회복하기 전에 한일 간의 현안을 해결하는 것이 유리할 것으로 판단하였다. 그리하여 1951년

> **일본평화추진국민회의[6] 결성대회의 성명(1951. 7.)**
>
> 우리들은 서로 대립하는 양대 진영의 어느 쪽에도 가담하지 않고, 어떤 나라와도 군사협정을 맺지 않으며, 일부 국가들과 적대관계에 빠질 수도 있는 일방적 강화조약을 절대적으로 배격하고, 모든 교전국들과 동등하게 화해의 조약을 체결함으로써 끝까지 일본의 비무장을 엄수한다. (노동성 편, 『자료노동운동사』, 노동행정연구소, 1951년판)

10월 회담을 거부한 일본정부를 미국의 중개로 끌어들여 한일 예비회담을 가졌다. 여기서는 재일한국인 문제가 첫 번째 의제였는데, 불충분한 준비와 상호간의 입장 차이로 인해 이렇다 할 성과도 없이 결렬되었다. 이 때문에 한국 측은 어업자원의 보호와 국방을 이유로 한반도 주변 수역에 '평화선'(이승만 라인)[7]을 선포하고 일본정부가 적극적으로 교섭에 임하도록 유도하였다. '평화선' 안에는 독도가 포함되어 영토문제가 제기된 이상 일본도 한일회담을 거부할 수만은 없었다. 그리하여 1952년 2월에 한일회담이 시작되었으나 대일강화조약이 발효되어 일본이 주권을 회복하게 된 1952년 4월 28일까지 한일관계는 정상화되지 못하였다.

6 · 25전쟁이 남긴 것들

6 · 25전쟁 후 미국정부는 동아시아정책의 전환을 꾀하였다. 일본에 대해서는 오키나와를 떼어내 동아시아의 군사적 요충지로 삼았고, 일본 국내에도 많은 미군기지를 배치하였다. 그러나 다른 한편으로 일본에 대해서는 경제적인 성장과 안정을 요구하였으며, 분단국가인 한국과 타이완에게는 군사국가로서의 역할을 요구하였다. 1955년 이후 일본은 미국의 경제적 비호 아래서 급속한 경제성장을 이루어 갔다. 이러한 미국의 동아시아 정책으로 인해 이후 일본과 한국 · 타이완 · 오키나와는 대조적인 코스를 밟아가게 되었다.

또 6 · 25전쟁은 공방을 주고받으면서 한반도 전역이 전쟁터가 됨으로써 많은 상처를 입게 되었다. 한반도 전체의 피해를 살펴보면 건축물의 40%, 생산설비의 30~70%가 파괴되었고, 사망자는 100만 명이라고도 하고 많게는 200만~300만 명에 달한다고도 한다. 또 생이별과 사망, 고아 발생 등으로 인해 남북한에서 가족이 생이별을 한 이산가족은 약 1,000만 명이나 되었다.

한국 및 UN군 측의 전쟁피해자 추계

	전사자	부상 및 행방불명자	계		전사자	부상 및 행방불명자	계
UN군	36,772	115,257	152,029	한국군	130,000~140,000	760,000	987,000
미국	33,629	102,899	136,528	한국민간인			1,410,000
영국	670	2,692	3,362	적군 점령지역에 잔류, 학살된 자			123,000
호주	265	1,387	1,652	전투에 휘말려 사망한 자			244,000
벨기에	97	355	452	동 부상자			229,000
캐나다	309	1,235	1,544	북한에 납치된 자			84,000
콜롬비아	140	517	657	의용군으로 적군에 강제징용된 자			400,000
에티오피아	120	536	656	행방불명자			330,000
프랑스	288	836	1,124				
그리스	169	545	714	* 한국군 부상 및 행방불명자의 내역은 각각 71만7천 명, 4만3천 명. 이 밖에 게릴라토벌 등으로 종군한 경찰관 1만7천 명의 사상자를 냈다.			
네덜란드	111	593	704				
뉴질랜드	31	78	109	* 남아프리카는 민간인을 포함한다.			
필리핀	92	356	448	* UN군은 미국방성 추계, 한국민간인은『북한30년사』에 의거하였다.			
남아프리카	20	16	36				
타이	114	799	913				
터키	717	2,413	3,130				

출전 : 빌 신,『38선은 언제 열리나』(사이마르 출판회, 1993)를 일부 수정하여 작성

군의 공격에 따른 도시 파괴와 민간인 학살 등으로 민중이 받은 피해는 이루 다 헤아릴 수 없었다고 한다. 그러나 6·25전쟁 후 고착화된 분단체제는 오랜 세월 동안 이러한 피해자의 목소리를 듣기조차 어렵게 만들었다. 근년 들어 한국에서는 민주화가 진전되는 가운데 종래 터부시 되어 온 이러한 수많은 사건의 진상이 밝혀지기 시작하였다. 미군 등에 의한 한국 민간인 학살사건(1950년 7월 노근리 사건[8])도 그 중 하나다.

6·25전쟁은 냉전 속에서 벌어진 전쟁이었다. 그리고 동시에 강대국과 남북 위정자들의 민중 한 사람 한 사람의 생명과 기본적 인권에 대한 경시, 한국인에 대한 강대국의 민족차별이라는 측면이 배어 있는 전쟁이었다.

6·25전쟁은 한반도와 주변 지역에 다대한 상처를 남겼다. 무엇보다도 한반도가 남북으로 분단된 채 군사적으로 대치하는 긴장상태가 지속되었다는 것은 한반도 및 재일 한국인들에게 큰 고통을 안겨주었다.

그것을 극복하는 것은 남북 양 측에게 최대의 정치적 과제로 오늘날까지 남아 있다.

용어 해설

1_냉전 : 제2차 세계대전 후 초강대국 미국과 구소련이 각기 자유주의 진영(서측)과 공산주의 진영(동측)을 거느리고 대립한 국제관계. 서측은 1949년에 북대서양조약기구를, 동측은 1955년에 바르샤바 조약기구를 조직하였다.

2_인천상륙작전 : 북한군의 격렬한 공격에 의해 부산까지 밀려간 연합군과 한국군은 북한군의 보급로 차단과 서울탈환을 목표로 1950년 9월 15일에 인천상륙작전을 감행하여 9월 28일에 서울을 수복하였다.

3_스톡홀름 어필(appeal) 서명운동 : 1949년 4월 파리에서 발족한 사회주의 진영중심의 세계평화옹호운동. 다음 해 3월 스톡홀름 회의에서 원폭반대 서명운동을전 세계에 호소하기로 결정하였다. 일본에서는 587만 명, 전 세계에서는 5억 명이서명하였다.

4_샌프란시스코 강화조약 : 일본과 연합국 측의 전쟁 상태를 종료하고자 1951년9월에 일본정부가 미국을 비롯한 자유주의 진영 48개 국과 체결한 조약. 소련,중국, 한국, 북한 등과는 체결하지 않았다.

5_미일안전보장조약 : 샌프란시스코 강화조약과 함께 일본과 미국이 맺은 조약.강화조약 발효로 연합군이 일본국내에서 철수하는 대신 미군의 계속적 주둔을인정하였다. 1960년 조약 개정 때 학생, 시민에 의한 격렬한 반대운동이 전개되었다. 조약은 현재도 유효하다.

6_일본평화추진국민회의 : 일본의 강화조약 체결을 둘러싸고 일본사회당은 공산권국가를 포함하는 전면 강화방침을 주장했다. 특히 사회당계가 중심이 된 일본평화추진국민회의는 비무장 중립, 군사기지 제공 반대, 재군비 반대, 전면강화 등 4대슬로건을 제시하며 서측 국가들과만의 강화에 반대하였다.

7_평화선(이승만 라인) : 1952년 1월 한국대통령 이승만이 한반도 주변의 광대한수역에서 천연자원, 광물, 수산물 점유를 주장하며 일방적으로 설정한 해역. 이에따라 해역에 들어온 일본 어선이 한국 측에 나포되는 사건이 반복되었다. 1965년6월 한일조약에 의해 소멸되었다.

8_노근리 사건 : 6 · 25전쟁이 시작된 지 1개월 후인 1950년 7월 25일 한국의 한 농촌(충청북도 영동군 노근리)에서 주민 300여 명이 북한군의 남하에 따라 피난을 가던 도중에 미군 병사에 의해 학살된 사건. 미군 병사의 공포심과 북한군의 잠입을 두려워한 결과 발생하였다고 한다.

제11장 제3절 │ **한일조약의 체결**

> 1965년에 체결된 한일조약은 과거를 청산하고 양국 사이의 관계를 새롭게 재정립하고자 해방 이후 최초로 맺은 조약이다. 이로써 한국과 일본은 국교를 맺게 되었으나, 양국 정부는 자국민에 대한 충분한 설득 과정 없이 경제협력을 매개로 조약을 무리하게 추진하였다. 그 결과 과거사를 둘러싼 양국의 역사인식 차이를 좁히지 못함으로써 갈등의 불씨를 남기게 되었다.

회담의 경과

한일회담은 1965년에 한일조약이 체결되기까지 무려 15년이란 세월을 필요로 했다. 이 회담은 그만큼 팽팽한 대립과 갈등 속에서 진행되었다.

1~3차에 걸친 초기의 한일회담은 과거 식민지배에 대한 양국의 역사인식 차이를 가장 극명하게 드러냈다. 한국은 일본의 식민지배에 대하여 사죄와 배상을 요구하였다. 그러나 일본은 오히려 패전으로 인해 한반도에 두고 온 일본인의 사유재산 청구권 문제를 거론하였다. 특히 제3차 회담의 일본 측 수석대표였던 구보타 간이치로久保田貫一郎는 대일강화조약 체결 이전에 수립된 한국정부는 불법적 존재이며, 일본의 식민통치는 한국인에게 유익하였다는 등의 발언(망언)[1]을 하여 한국 측을 자극했다. 이에 한국은 평화선을 침범한 일본 어선과 어민을 나포하고, 일본도 밀입국한 한국인들을 강제수용소에 억류함으로써 양국 관계는 날로 악화되었다.

제4차 회담에서 일본은 미일안보조약 협상을 유리하게 이끌고자 일본인 재산 청구권 문제와 구보타 발언을 철회하였다. 또 일본 중의원 선거

한일회담의 교섭 경과

회담차수	회담기간	회담의 주요 내용
예비회담	1951.10.20~ 1952.2	양국의 입장 차이를 확인, 본회담의 토의과제 검토
제1차	1952.2.15~ 1952.4.21	양국 사이의 청구권 문제
제2차	1953.4.15~ 1953.7.23	재일동포의 법적 지위, 어업문제
제3차	1953.10.6~ 1953.10.21	평화선의 합법성, 일본의 대한청구권 문제(구보타 발언)
제4차	1958.4.15~ 1960.4	구보타 발언의 철회, 문화재 반환, 억류 일본인 어부와 한국인 밀항자의 상호 석방, 대일청구권의 법적 근거, 평화선의 합법성
제5차	1960.10.25~ 1961.5.15	한국 측이 제시한 청구권 항목, 어업문제
제6차	1961.10.20~ 1964.4	김·오히라 메모를 통한 청구권 총액 타결, 한국측 전관수역안 검토, 문화재 반환 항목 토의
제7차	1964.12.3~	기본조약의 가조인 내용 협의

에 나쁜 영향을 미칠 것을 우려하여 한국에 억류된 일본 어선과 어민의 석방을 위해 유화정책을 취하였다. 그러나 한국의 반대에도 불구하고 한반도 출신자의 북한 송환('귀국운동')을 용인함으로써 한일회담은 다시 결렬되었다.

한편 그 사이, 1950년대 말에는 미국 경제가 구소련과의 경쟁 과정에서 과도한 군사비 지출과 '제3세계' 원조로 인해 적자로 돌아섰다. 그 결과 미국이 한국에 대한 원조를 급격히 줄임으로써 한국정부는 전후복구에 필요한 재원 마련에 곤란을 겪게 되었다. 반면 일본정부는 6·25전쟁 특수를 바탕으로 안정적인 경제성장의 궤도에 올라섰고, 소련을 비롯한 공산권 국가들과 관계 개선을 도모하면서 북한에 대해서도 민간의 경제·문화 교류를 용인하고 있었다. 이러한 정치·경제적 상황은 제5차 한일회담을 교착 상태에 빠뜨렸다.

경제협력론의 대두와 조약 체결

쿠데타를 일으킨 박정희(가운데) | 1961년 5월 18일 서울 시내에서 쿠데타를 지지하는 육군사관학교 생도들의 시가행진을 바라보고 있다.

1960년을 기점으로 약 1년 사이에 한국과 일본, 그리고 미국에서 새로운 정부가 들어서고 경제협력론이 대두됨으로써 정체 상태에 있던 한일회담은 급진전되었다.

한국 측은 1961년에 박정희가 정변을 통해 집권에 성공하자 제6~7차 한일회담에 적극적으로 임하였다. 박 정권은 외자 도입을 통한 경제발전으로 국민의 지지를 얻고자 하였으며, 동시에 비민주적 정부라는 국제사회의 비난을 모면하기 위해 주변국과의 외교를 강화하고자 하였다. 한편 일본의 이케다 하야토池田勇人 정부는 미국의 안보체제 속에서 지속적인 경제성장과 국민의 소득증대를 꾀하고 있었다. 또 일본은 당시 국내자본의 해외 진출을 모색하고 있었기 때문에 경제협력을 바탕으로 한 국교수립에 굳이 반대할 이유가 없었다.

당시 한일회담이 급진전된 데에는 미국의 중재가 중요한 역할을 하였다. 1961년 미국의 케네디 정부는 한일 양국에 동아시아 안보론[2]을 제기하며 회담에 더욱 적극적 자세로 임할 것을 요구했다. 이 때 미국은 한일 간의 경제협력을 강화함으로써 공산국과 대치하고 있는 한국경제의 발전을 꾀하는 것이 결과적으로 일본의 안전과 경제발전을 위해서도 도움이 된다는 논리를 전개했다.

이로써 한일회담은 과거 식민지 지배문제를 어떻게 해결할 것인가라는

명분 싸움에서 벗어나 경제
협력을 통한 국교수립이라는
실리론에 근거하여 전개하게
되었다. 특히 1962년 11월 김
종필·오히라 회담으로 양측
은 처음으로 청구권 금액에
합의함으로써 교착된 협상의
돌파구를 마련하였다. 그 후
양국은 어업문제 등 여타 현

김종필(왼쪽)·오히라 회담 | 1962. 11. 12.

안 문제에 대한 의견 조정을 거쳐 마침내 1965년 6월 도쿄에서 한일조약을
체결하였다.

일본의 한일조약체결 반대운동

1964년에는 미국이 베트남 전쟁에 본격적으로 개입하였고, 핵실험에
성공한 중국의 발언권이 국제사회에서 강화되었다. 한편 동아시아에서
는 공산주의의 확산을 방지하기 위한 한·미·일 협력체제의 정비가
긴급한 과제로 대
두되었다.

이 시기를 전후
하여   양국에서는
반공을   중시하는
정계와 경제교류
를 조속히 실현하
고자 하는 재계인
사들의   영향력을

한일조약비준 및 베트남전 반대집회 | 1965. 9. 12. 도쿄

한일회담에 대한 각국 지도자들의 견해

A | "일본으로서는 어떤 의미에서 중국문제보다도 한국문제가 중요하다. … 부산이 적화될 경우 일본의 치안에 큰 영향을 미칠 것이다. 그러므로 한국의 반공체제에 대하여 일본이 중대한 관심을 가지지 않을 수 없다. 아마 미국도 같은 견해일 것이다. … 개인적으로는 하루라도 빨리 (한국에) 민주적 정권이 수립되는 것을 희망하지만 마냥 그것을 기다리는 것도 사태에 좋지 않으므로 현 상황에서 한국을 원조하고 싶다. 그러기 위해서라도 한일교섭을 재개하고 싶다." (이케다, 1961년 6월 21일 이케다·케네디 2차 회담중)

B | "나의 복안은 당신과 전적으로 같다. … 일본이 앞서 말한 바와 같은 태도로 한국에 임하는 것은 정말로 기쁜 일이다. 미국으로서도 한일 국교정상화를 서두르도록 한국에 권할 생각이다." (케네디, 1961년 6월 21일 이케다·케네디의 2차 회담중)

C | "우리 혁명정부는 이 호기를 놓치지 말고 회담이 조속히 타결되기를 희망하고 있다. 일본이 진심으로 한일문제의 해결에 성의를 보인다면, 가령 청구권 문제에 성의를 보여준다면 우리는 자유당(이승만) 정부와 같은 막대한 금액의 청구권을 요구하지 않겠다. 그뿐 아니라 경우에 따라서는 정치적인 배상 등도 요구하지 않을 작정이다." (박정희, 1961년 11월 12일 이케다·박정희 회담중)

이원덕, 『한일과거사 처리의 원점』, 서울대출판부, 1996, 134~135, 150쪽.

등에 업고 양 정부는 급속히 한일회담을 추진하고자 하였다. 그러나 이에 반대하는 세력들도 적지 않았다.

일본에서는 1950년대 이래 미국과의 동맹관계를 비판하는 전면강화운동[3]이나 핵무기의 철폐를 주장하는 원·수폭 금지운동[4] 등 평화와 민주주의를 요구하는 시민운동이 활발히 전개되어 왔다. 특히 1960년에는 미일 간의 군사관계를 더욱 강화한 신안보조약이 체결되자 이에 반대하는 반정부운동이 대대적으로 전개되었다(안보투쟁).

일본의 한일조약체결 반대운동은 평화헌법에 입각하여 일본의 재무장, 베트남 참전, 동아시아 군사동맹 참여 등을 반대하는 안보투쟁의 연장선에서 부수적으로 전개되었다. 그 결과 일본 내에서 과거 식민지

지배 유산의 청산과 양국 간의 전후처리라는 관점에서 조약체결에 반대
한 세력은 일부 구 한반도 출신자를 중심으로 한 소수단체에 불과하였다.

한국의 한일조약체결 반대운동

한국의 반대운동은 하나의
독립된 운동으로 전개되었으
며 보다 광범위한 세력이 참
여하였다. 1964년 3월 정부
가 협상의 조기타결방침을
발표하자 당시 야당의원들은
한국정부의 협상 자세를 '굴
욕외교'로 비판하였고, 대학
가에서는 '한일 굴욕외교 반
대투쟁 학생총연합회'가 결
성되었다.

6·3항쟁

같은 해 6월 최고조에 달한
반대운동은 조약 체결에 앞서 일본정부의 사죄와 반성을 촉구하였다.
그러나 정부가 이러한 여론을 무시하고 교섭을 진행시키려 하자 반대투
쟁 세력은 급기야 박정희의 퇴진을 주장하게 되었다(6·3항쟁). 게다가
조약의 정식 조인을 앞두고 야당·학생들 외에 일반 시민과 종교인·대
학교수 등 사회 각층의 지식인이 동참하게 되자 정부는 이를 강제로
진압하였다.

북한의 한일조약체결 반대

북한정부는 1950년대 초 예비회담이 시작될 무렵부터 일관되게 이에

반대하는 입장을 표명하였다. 조약 체결에 즈음하여 북한정부는 식민지배의 또 다른 피해당사자인 북한을 도외시한 채 남한이 한반도를 대표하여 일본과 조약을 체결할 자격이 없으며, 구 '조선인' 전체가 공유해야 할 배상금을 남한정부가 단독으로 처리할 수 없다고 주장했다. 또 배상명목도 식민지배에 대한 피해보상을 의미하는 청구권에 입각한 것이 아니라, 이를 경제협력으로 변질시켜 일본의 책임을 애매모호하게 만들었다고 비판하며, '통일 전에 체결한 한일조약은 무효'라고 주장했다.

조약의 내용과 국교수립의 의의

한일조약은 7개 조로 된 기본조약과 4개의 부속협정, 그리고 25개의 부속문서로 구성되었다. 특히 기본조약은 '구조약'을 무효화하고 한국정부를 한반도의 유일한 합법정부로 승인하여 새롭게 국교를 수립함으로써 양국 간의 인적·물적 교류를 정상화했다는 점에 의의가 있다. 이로써 양국은 과거의 산적한 문제들을 포괄적으로 처리하였고, 향후 양국 간에 문제가 발생하였을 때 이를 해결하기 위한 공통된 논의의 틀을 마련하였다.

특히 한일조약의 체결은 양국의 경제발전에 중요한 역할을 하였다. 해외시장을 모색하던 일본의 경우는 한국 측이 제공한 각종 특혜조치와 값싸고 질 좋은 노동력을 활용하여 유리한 조건에서 생산활동을 지속할 수 있었다. 반면에 한국은 미국의 원조가 줄어들면서 차단된 외자도입 창구를 새로이 마련하여 산업화의 기틀을 마련할 수 있었고, 일본의 앞선 기술과 경험을 받아들여 국제경쟁력을 갖추게 되었다.

조약이 남긴 과제

그럼에도 불구하고 이 조약은 자국민에 대한 충분한 설득과 합의 과정 없이 양 정부가 서둘러 문제를 처리함으로써 조약의 체결 절차와 내용을 둘러싸고 많은 이론의 여지를 남겼다.

먼저 이 조약은 중요한 내용들을 모호한 문구로 처리함으로써 향후 조문의 해석을 둘러싼 갈등을 유발하였다. 특히 기본조약 제2조에서 '구조약'의 무효시점을 둘러싼 논쟁은 일본 식민지배의 합법성 여부와 결부된 중요한 문제였다. 한국 측은 체결 당시부터 구조약이 무효였다고 본 반면, 일본 측은 이것을 당시에는 합법적이었으나 한국정부 수립 이후에 무효화된 것이라고 보았다.

또한 한국을 한반도의 유일한 합법정부로 명기한 기본조약 제3조에 대한 해석도 한국정부의 대표성을 어느 선까지 인정할 것인가 하는 문제를 낳았다. 이에 대해 한국 측은 자국의 통치권이 한반도 전역에 미치는 것으로 해석한 반면, 일본 측은 1948년 「국제연합 총회의 결의」[5]를 강조하며 해석의 여지를 남겼다.

그리고 이 조약은 일본의 식민지배에 대한 책임과 사죄를 의미하는 '청구권'이라는 명목을 '경제협력' 문제로 모호하게 처리하였다. 그 결과 일본이 한국에 제공한 자금을 일본에서는 '독립축하금' 혹은 '경제협력금'이라고 부르는가 하면 한국에서는 이를 '배상금'이라고 부르게 되었다. 이것은 양 국민의 역사인식 차이를 심화시키는 계기가 되었고 양국의 다양한 교류를 저해하는 걸림돌이 되었다.

그 밖에도 이 조약은 어장 등 해양자원을 포함하는 어업권 문제, 독도로 상징되는 영토 문제, 문화재 반환 문제, 사할린 미귀환 한국인 문제, 한국인 강제동원 피해자의 민간보상 문제, 재일한국인의 법적지위 문제 등 중요한 현안들에 대해서도 충분한 토의를 거치지 않았거나 거론조차 하지 않는 문제점을 남겼다.

그 결과 한일조약의 세부협정은 국교수립 이후에도 각 문제를 대상으로 여러 차례에 걸쳐 재교섭이 이루어졌다. 한일조약은 양국 간의 역사인식 문제, 영토 문제, 북일수교 문제 등이 제기될 때마다 문제의 원점으로 거론되었다.

용어 해설

1_구보타 발언 : 한국에서는 흔히 '구보타 망언'이라고 한다. 1953년 10월 15일 제3차 회담 석상에서 구보타 간이치로가 행한 발언을 말한다. 일본의 식민지배가 "조선인에게 유익하였다"라든가, 대일강화조약 체결 이전에 한국이 독립한 것이나, 연합국이 일본국민을 한반도에서 본국(일본)으로 송환한 것은 '국제법 위반'이라고 한 그의 발언에 대해 한국 측은 철회와 해명을 요구하였다.

2_동아시아 안보론 : 한일 양국의 안보와 경제발전이 서로 밀접히 관련되어 있음을 강조함으로써 양국의 국교수립을 촉구한 논리다.

3_전면강화운동 : 소련과 중국 등을 제외한 미국 주도의 강화(편면강화)가 아니라

모든 교전국과의 강화(전면강화)를 요구한 운동.

4_원·수폭 금지운동 : 핵무기의 전면적 폐지를 요구한 운동. 1954년 미국의 비키니 섬 수폭실험으로 일본 어선이 피폭된 것을 계기로 도쿄 스기나미 구의 주부들이 일으킨 서명운동에서 시작되어 전 세계로 확산되었다.

4_국제연합 총회의 결의 : 1948년 12월 소련 등 6개 국이 불참한 가운데 개최된 제3차 총회에서 유엔이 대한민국을 '유엔 감시하에 선거를 치른 합법정부'로 인정하겠다고 결정한 것. 이를 두고 한국에서는 자국의 통치권이 한반도 전역에 미치는 것이라고 해석하였고, 일본 측은 유엔 감시하의 선거가 38선 이남에서만 치러졌다며 논란을 피하면서 해석의 여지를 남겼다.

일본의 한국인(한일조약 체결까지)

> 한반도가 일본의 통치에서 해방된 후에도 수많은 한국인이 일본에 남게 되었다. 재일한국인은 한국인으로서 생활할 권리의 보장을 요구하며 패전 후 일본 땅에서 살아왔다. 그러나 냉전이 진행되는 가운데 재일한국인은 일본에 거류할 자격조차 법적으로 충분히 보장받지 못한 채 일본에서 생활하게 되었다.

한반도 귀환과 일본 잔류

일본의 패전, 한반도의 해방 이후 일본 각지의 귀환 항은 아시아·태평양지역 일대에서 돌아오는 일본인뿐만이 아니라 한반도의 고향으로 돌아가고자 일본 각지에서 속속 모여든 한국인들로 북새통을 이뤘다. 그러나 일본정부는 전시동원으로 일본에 끌려온 한국인의 송환은 실시하였지만, 그 밖에 일본에서 생활해 온 한국인에 대해서는 그다지 송환정책을 강구하지 않았다. 1946년에 접어들어 겨우 정책이 궤도에 오를 무렵에는 역으로 한국인들 사이에 귀환과 잔류 여부를 놓고 저울질하는 분위기가 생겨났다.

그렇게 된 주된 이유 중의 하나는 미소 점령 하에 있던 한반도의 정황이 불안정하였기 때문이다. 또 다른 이유는 송환정책이 확립되면서 귀환 시의 소지금과 수하물이 제한되었기 때문이다. 이것은 특히 일본에서 오랜 기간 생활한 이들에게는 심각한 문제였다. 그리고 얼마 지나지 않아 한반도로 일단 귀환하였으나 고향에서 일을 구하지 못하여 생활이 불안정해지자 다시 일본으로 되돌아오는 한국인도 눈에 띄기 시작하였다. 또 일본인과 결혼하여 일본인 가족과의 문제로 그냥 일본에서 생활하기로 결정한 이들도 있었다.

결국 60만 명 이상의 사람들이 일본에서 계속 생활하게 되었다. 이들 대부분은 한반도로 돌아가고 싶어했지만 현실적으로 당장은 귀국이 어렵다고 판단한 사람들이었다.

'해방민족' 한국인과 패전국의 일본인

일본에 남게 된 한국인들에게 패전 직후 일본에서의 생활도 결코 쉬운 일은 아니었다. 그들 중 대다수는 패전 이전의 열악한 생활을 계속하였는데, 그나마 이전부터 종사해 온 폐품 회수나 일용노동직조차 잃거나 전쟁터에서 돌아온 일본인들에게 빼앗기기도 하였다. 도시에서는 살기 위해 암시장에서 조그만 장사를 하는 한국인도 증가하였다. 당시 많은 일본인도 마찬가지로 이러한 암시장을 이용하지 않으면 생활이 불가능하였다.

GHQ는 일본에 있는 한국인들을 기본적으로 군사상의 안전이 허락하는 한 '해방민족'으로 취급하도록 하였다. 그러나 패전으로 의기소침해진 많은 일본인들은 전전 이래 자신들보다 열등한 존재로 내려다보던 한국인들이 해방의 기쁨에 들떠 있는 모습을 "마치 승전국민과 같은 태도"라며 불쾌하게 여기기도 하였다.

일본인 중에는 자신의 생활 불안과 답답한 마음을 한국인에 대한 편견·차별로 풀고자 하는 이들도 있었다. 그리고 한국인에 대한 이러한 의식은 '제3국인'이라는 차별적 표현을 낳았다. 이 용어는 국회에서도 사용되어

태극기 악용 방범포스터(1946. 10.) | 태극기가 연상되어 한국인은 범죄자라는 인상을 심어주고 있다.

‘암시장’을 장악한 ‘제3국인’들이 치안과 일본경제까지도 교란시키고 있다는 편견이 유포되었다.

재일한국인의 국적과 권리

GHQ는 1946년에 접어들어 한반도로 돌아가는 귀환자가 감소하는 가운데 재일한국인이나 한반도로부터 반발을 샀기 때문에 재일한국인의 국적문제에 대해서는 구체적 언급을 회피하면서도, 일본에 거류하는 이상 재일한국인도 일본 법령을 지켜야 할 의무가 있다는 말만 되풀이하였다.

한편 일본정부는 일관되게 강화조약 체결까지 재일한국인은 일본국적을 계속 유지하게 된다고 주장했다. 그러나 일본정부가 일본국민으로서의 권리를 한국인에게 인정한 것은 아니었다. 일본정부는 1945년 말 선거법 개정을 계기로 타이완 인과 한국인의 참정권을 정지시켰다. 또 1947년 일본국헌법 발효 전날에는 마지막 칙령으로 「외국인등록령」을 시행하고, 재일한국인을 "당분간 외국인으로 간주한다"고 하여, 재일한국인에게도 외국인등록이나 강제퇴거 등의 규정을 적용하였다. 이렇게 일본정부는 재일한국인을 일본국적자로 규정하면서 외국인으로 관리하였다.

이러한 일본사회에서 재일한국인은 한국인으로서 생활할 권리의 보장을 요구하였다. 재일본조선인연맹(조련)[1]은 당시 재일한국인 최대의 상호부조단체로서 이러한 문제들에 적극적으로 대응하였다.

조련이 특히 주력한 것은 민족교육이었다. 전전戰前의 황민화 교육으로 재일한국인 가운데는 자신이 한국인이라는 사실조차 부담스럽게 여기거나 한국어를 구사할 수 없는 아이들도 있었다. 또한 일본의 패전과 한반도의 해방 속에서 당혹감을 느낀 청소년들도 있었다.

민족교육옹호운동

1948년 4월 24일 효고 현 현청 앞의 한국인과 경찰대

GHQ의 재일한국인에 대한 경계심은 민족교육을 둘러싼 문제로 뚜렷하게 드러났다. 1948년이 되자 GHQ의 방침을 받들어 문부성은 새로운 교육법규를 근거로 한국인학교에 대해 한국어 등의 교과를 정규과목에서 제외하지 않으면 학교를 폐쇄하겠다고 통고하였다. 재일한국인은 이에 항의하며 전국 각지에서 민족교육옹호운동을 일으켰다.

그러한 가운데 4월에 효고兵庫 현에서는 현지사가 학교 폐쇄령을 철회하였다. 그러나 GHQ는 이를 무효화하고 한신阪神 지역에 「비상사태선언」을 발령하고 다수의 재일한국인을 검거하였다. 오사카에서는 모여 있던 한국인들에게 일본경찰이 발포하여 재일한국인 고교생이 사망하는 사건까지 일어났다. 이러한 GHQ와 일본에 의한 민족교육 탄압에 대해 남북한으로부터도 항의의 목소리가 고조되었다.

재일한국인의 입장에서 보면 이것은 자신들이 쌓아올린 민족교육의 장을 졸지에 빼앗기는 것에 대한 저항이었으나, 미국은 이것을 남한에서 5월 10일에 치러질 총선거에 대한 반대운동으로 경계하면서, 공산주의자가 일으킨 폭동으로 인식하였다.

대부분의 한국인학교는 그 후 폐쇄되거나 개조되었다. '도립조선인학교'(1949~1955) 등 과도적으로 공립 형태를 취한 학교도 있었으나 한국인학교 중에서 1955년 시점에서 존속해 온 학교는 70개 교 정도에 불과하였다. 그리하여 한국인으로서의 정체성을 자연스럽게 기를 수 있는 기회가 부족해져, 차별과 멸시에 시달릴 것을 두려워하며 살아가는 아이들이 다수 생겨났다.

재일한국인은 잃어버린 모국어와 민족문화를 회복하기 위해 각지에 국어(한국어)강습소와 학교를 설치하였다. "돈 있는 자 돈으로, 힘 있는 자 힘으로, 지식 있는 자 지식으로"라는 구호 아래 말 그대로 직접 손으로 만든 학교가 해방 후 불과 1년 사이에 500교 이상이나 탄생하였다.

냉전의 진행과 재일한국인

재일한국인은 한반도의 정세에도 강한 관심을 보였다. 그러나 미소 대립이 심화되고 한반도 독립이 지연되는 가운데 재일한국인 사이에도 견해차가 발생하였다. 1945년 12월 모스크바 삼상회의에서 미·영·소·중에 의한 신탁통치의 실시가 결정되자 신탁통치 반대를 호소하는 사람들이 새로운 민족단체로서 재일본조선인거류민단(민단)[2]을 결성하였다.

1948년에 접어들어 유엔 감시하에 총선거를 치르기로 결정되자, 많은 재일한국인은 분단정부의 수립을 가져오게 될 이 선거에 이의를 제기하였다. 그리고 미소 양군의 철퇴를 통한 자주독립, 통일국가 수립을 열망하였다. GHQ는 그러한 재일한국인의 독립에 대한 생각을 공산주의적 동향으로 간주하고 재일한국인 전반에 대한 경계의 태도를 강화했다.

한반도에는 두 개의 정부가 탄생하였다. 이것은 재일한국인들에게 한반도와의 관계와 일본에서의 생활에 큰 영향을 미쳤다. 민단은 한국정부를 지지하고, 한국정부로부터 자신들의 권익 보장을 기대하였다. 그러나 이승만 대통령은 이에 대해 깊은 관심을 보이지 않았고 주일대표부(후에 대사관)와 민단의 관계도 혼란을 거듭하였다.

한편 조련은 북한정부를 지지하였다. 조련에는 김구가 출석한 남북연석회의 결의를 지지하는 사람들도 합류하였다. 1949년 일본정부는 조련

을 「단체등규정령」(후에 파괴
활동방지법)을 위반하였다는
이유로 강제로 해산시켰다. 조
련의 해산은 남한을 지지하는
사람들에게조차 재일한국인
전체에 대한 일본의 민족적 탄
압으로 받아들여졌다.

외국인 등록 '국적'난의 추이(1950~55)

연 월	한 국		조 선	
	사람수	%	사람수	%
1950년 3월 말	39,418	7.4	495,818	92.6
1950년 말	77,433	14.2	467,470	85.8
1951년 말	95,157	17.0	465,543	83.0
1952년 9월 말	116,546	20.4	454,462	79.6
1953년 말	131,437	23.6	424,653	76.4
1955년 1월	138,602	24.6	425,620	75.4

6·25전쟁 하의 재일한국인

1950년 6·25전쟁이 시작되자 재일한국인의 고향 친족과 친구에 대한
생각이 한층 고조되었다. 그 중에서도 해방 후 급속히 민족적 자각을
한 청년들은 직접 전쟁에 관여하였다. 일본의 전쟁협력에 반대하고 무기
제조에 협력하지 말 것을 호소하는 청년이 있었다. 심지어는 군수물자의
수송을 직접 몸으로 막은 청년도 있었다. 또 남측을 지지하여 재일학도의
용군으로 지원하여 전장에 간 청년도 있었다.

한편 6·25전쟁 하에서는 관혼상제 등으로 재일한국인이 모여 있다는
이유만으로도 경관의 감시가 따라붙었다. 전쟁 반대를 호소하는 청년을
검거하기 위해 밀주제조를 적발한다는 명목으로 무장한 경찰이 재일한
국인 집거지역에 돌입하는 일도 있었다. 대다수의 재일한국인은 전쟁의
향방에 관심을 기울이면서도 이처럼 더욱 어려워진 사회 상황 속에서
자신의 생활을 필사적으로 꾸려나갔다.

또 전쟁 속에서 일본정부는 출입국관리법제를 정비하였다. 전쟁피난
민을 비롯하여 일본에 있던 가족을 의지하여 오는 사람들을 해방 이전에
일본에서 살았던 사람들조차 불법입국자로 취급하여 강제 송환한 경우
가 적지 않았다.

프로레슬러 역도산 | 역도산의 본명은 김신락. 출신지는 함경남도로서, 1920년경 씨름 실력으로 주목을 받게 된 후 일본으로 건너가 스모 선수로 활약했다. 이후 프로레슬러로서 일본의 영웅이 되었다. 그의 이야기는 일본은 물론 한국이나 북한에서도 잘 알려져 있다. 하지만 그는 일본에서 자신이 한국인이라는 사실을 결코 공개적으로 밝히지 않았다.

그러한 가운데 1951년 샌프란시스코에서 강화조약이 체결되었다. 그러나 한국이 강화회의 참가국으로 인정받지 못함으로써 한일회담이 시작되었고, 강화조약이 발효될 때까지 양국 관계는 정상화되지 못했다. 패전 이전부터 일본에서 살아온 사람들까지 재일한국인들은 법적인 거류자격조차 보장받지 못한 채 일본에서 생활하게 된 것이다.

게다가 일본정부는 1952년 4월 강화조약이 발효되자 재일한국인이 조선국적을 회복하였다는 이유를 들어 이들의 일본국적을 일률적으로 박탈하였다. 그러나 한국에 국민등록을 한 사람은 당시 소수에 불과하였고, 외국인 등록행정에서는 국적으로서의 '조선'적[3]을 인정하지 않았기 때문에 대부분의 재일한국인은 사실상 무국적자가 되었다.

그리하여 재일한국인은 일반 외국인과 마찬가지로 지문날인제도를 포함하여 출입국관리에 관한 법규를 적용받게 되었다. 사회보장과 전쟁 희생자 원호에 관한 법규는 국적이 다르다는 이유로 거의 적용을 받지 못하였다.

불안정한 거류권과 차별 속의 생활

6·25전쟁 후 일본경제는 부흥의 조짐을 보였지만 재일한국인의 생활은 더욱 어려워졌다. 민족차별로 인해 재일한국인들은 거의 일자리를 구할 수 없었고, 실업대책사업[4]에 의지하여 겨우 일자리를 얻든가 생활보호를 받을 수밖에 없게 된 이들이 급증하였다. 그런데 대다수의 재일한국인이 생활보호를 받게 되자 일본정부는 보호행정의 '적정화'를 꾀한다는 명목으로 생활보호비를 대폭 깎아버렸다. 재일한국인은 일본의 은행에서 융자를 받는다든가 보험에 가입하는 것도 매우 어려웠다.

'귀국사업'에 의해 북한으로 돌아간 귀국자 수

연도	한국인	동반 일본인	연도	한국인	동반 일본인
1959	2,717	225	1973	704	
1960	45,094	3,937	1974	479	
1961	21,027	1,773	1975	379	
1962	3,311	186	1976	256	
1963	2,402	165	1977	180	
1964	1,722	99	1978	150	
1965	2,159	96	1979	126	
1966	1,807	53	1980	38	2
1967	1,723	108	1981	34	4
1968	중 단		1982	25	2
1969			1983	0	0
1970			1984	30	
1971	1,260	58	누계	93,334	
1972	981	22			

그 때문에 재일한국인은 서로의 생활을 도왔다. 독자적으로 금융기관을 설립하고 마을공장 등의 동포기업을 지원하였다. 또 겨우 살아남은 민족학교를 기초로 민족교육을 확산시켜 갔다. 일본정부에 대해서도 기본적 인권과 민족적 권리들의 보장을 요구하는 운동을 이어 갔다. 그러나 개중에는 극빈한 생활 속에서 장래의 희망을 잃어버리거나 민족차별을 피하고자 일본에 동화되어 가는 사람들도 늘어갔다.

그러한 상황에서 북한의 부흥 소식이 알려지자 북한에 기대를 거는 재일한국인도 나오게 되었다. 생활비와 학비를 무상으로 제공한다는 북한정부의 성명은 빈곤과 차별 속에 살던 재일한국인의 마음을 사로잡았다. 어차피 일본에서 고생할 것이라면 조국건설에 이바지하는 일에 참여하여 고생하는 편이 낫다고 생각하는 사람도 있었다. 그리하여 북한으로 집단귀국을 요구하는 운동이 고조되었다. 이에 일본과 북한적십자 사이에 협정이 맺어짐으로써, 1959년부터 재일한국인의 귀국이 시작되었다.

이들의 북한 귀국에 대해 일본정부는 '인도상'의 견지에서 이를 인정한다고 표명하였다. 그러나 일본정부는 대다수가 빈곤자인 이들의 귀국이 생활보호비의 삭감을 가져올 것이며 치안을 위해서도 바람직하다고 생각하였다. 한편 이 귀국사업은 일본의 재일한국인 추방정책과 북한의 정치적 목적이 합치된 결과라며 여기에 격렬히 반대한 이들도 있었다. 한국정부도 이 사업에 반대는 하였으나 그렇다고 해서 한국정부가 이들 동포에 대해 다른 보호정책을 강구한 것은 없었다.

북한으로 귀국한 자들의 수는 일본에서 고도경제성장이 시작되고 역으로 북한 경제성장이 정체되어 가자 점점 감소하였다. 이들의 총수는 1980년대 중반까지 약 9만 명을 넘었다. 그러나 일단 귀국한 한국인들은 공식적으로 일본에 재입국할 길이 봉쇄되었는데, 일본인 처와 함께 귀국하는 것조차 1997년부터 겨우 미미하게 실현되게 되었다.

한일조약과 재일한국인의 법적지위

1952년에 시작된 한일회담에서는 재일한국인에 대해 일본인과 동등한 대우 보장을 요구하는 한국정부와, 특별한 대우는 불가능하다는 일본정부 사이의 대립이 지속되었다. 영주권에 대해서는 한국정부가 후손까지 부여할 것을 요구한 데 반해, 일본정부는 패전 이전부터 거주한 자로 한정하고자 했다.

1965년에 한일조약이 체결되고 「법적지위협정」이 체결되자 해방 전부터 일본에서 살아 온 한국적자와 그의 자손(2세)에 한해 일본은 영주권을 인정하게 되었다. 이 '협정영주자'에게는 강제퇴거명령의 적용을 완화하였고, 국민건강보험 가입을 인정하였다. 이를 통해 일본에서의 거류조건은 '조선'적 거류자들과 구별되었다. 이에 따라 한국적을 취득하는 사람들이 늘어나 그 수는 '조선'적 거류자들을 넘어서기 시작하였다.

물론 '협정영주자'가 된다 해도 강제퇴거 대상에서 제외된 것이 아니었으며, 공적 사회보장제도의 틀 밖

외국인등록 '국적'난의 추이(1958~70)

연 도	한 국		조 선	
	사람수	%	사람수	%
1958	170,666	27.9	440,419	72.1
1959	174,151	28.1	444,945	71.9
1960	179,298	30.8	401,959	69.2
1961	187,112	33.0	380,340	67.0
1962	194,054	34.0	375,124	66.0
1963	215,582	37.6	357,702	62.4
1964	228,372	39.5	350,173	60.5
1965	244,421	41.9	339,116	58.1
1966	253,611	43.3	331,667	56.7
1967	267,261	45.2	324,084	54.8
1968	289,551	48.4	308,525	51.6
1969	309,637	51.0	297,678	49.0
1970	331,389	54.0	282,813	46.0

에 놓인 상황도 변함이 없었다. 또한 3세 이하 후손들의 영주권은 협정 발효 후 25년 이내(1991년까지)에 다시 협의하기로 미루어 두었다.

용어 해설

1_재일본조선인연맹(조련) : 1945년 10월~1949년 9월. 해방 직후 각지에서 생겨난 다양한 단체가 전국적으로 조직화하여 결성되었다. 8·15해방 후 모든 재일한국인 단체의 원점이라고 볼 수 있으며, 특히 이를 계승한 단체가 재일본조선인총연합회(조선총련, 1955년 5월~현재)이다.

2_재일본조선인거류민단(민단) : 1946년 10월 결성. 1948년에 재일본대한민국거류민단, 1994년에 재일본대한민국민단으로 개칭하여 현재에 이르고 있다.

3_'조선'적 : 일본의 외국인등록 행정에서는 국적난의 '조선'은 한반도 출신자라는 것만을 의미한다. 즉 출신지를 나타내는 것으로만 취급할 뿐으로, 조선민주주의인민공화국의 국적으로 간주하고 있지 않다.

4_실업대책사업 : 국가나 지방공공단체가 실업자의 일자리를 확보하기 위해 벌이는 사업.

제12장 교류확대와 새로운 한일관계의 발전

1967. 8	일본, 공해대책 기본법 제정
1968	일본 하기 시와 한국의 울산시, 자매도시 결연(일본과 한국에서 최초)
1970	일본에서 미일안보조약의 자동연장 반대운동(1970년 안보투쟁)
1972. 3	일본에서 한일의원간친회 조직, 1975년 한일의원연맹으로 확대
5	오키나와가 미국으로부터 일본에 반환됨
7	한국·북한, 「7·4남북공동성명」
10	한국, 10월유신, 국회해산, 비상계엄령 선포
1973. 7	한국, 포항종합제철소 준공
10	일본과 한국에서 오일쇼크 발생
1974. 6	일본, 재일한국인 박종석이 취직차별재판에서 승소
8	한국, 재일한국인 문세광 사건(박정희 대통령 저격사건)
1976. 6	한국, 한미군사훈련(팀스피리트) 개시
1978.11	일본, 「미일방위협력을 위한 방침」(가이드 라인) 결정
1979.10	한국, 박정희 대통령이 암살됨
1980. 5	한국, 광주민주화운동 일어남
1982. 6	일본, 역사교과서 왜곡 판명
1983. 1	일본 수상 나카소네 한국 방문
1984. 9	한국 대통령 전두환 일본 방문
1987. 6	한국, 6월항쟁 발발
1988. 9	한국, 서울올림픽 개최
1991. 8	한국, 전 일본군 '위안부'가 처음으로 실명으로 증언
9	한국과 북한, 유엔에 동시 가입
1993. 8	일본, 비자민당 연립내각 탄생('55년 체제' 붕괴)
1995. 8	일본 수상 무라야마, 과거 식민지 지배에 대해 사죄
2000. 4	일본, 지문날인제도 폐지
6	남북한 정상회담
2001. 3	일본, '새로운 역사교과서를 만드는 모임'에서 편찬한 새 역사교과서, 검정 통과
2002. 5	한일 월드컵(축구경기) 공동개최
9	일본 수상 고이즈미 북한 방문, 북일 정상회담이 처음으로 개최됨

경제성장기의 한국정치 | 박정희 정부(1961~1979)는 경제개발에 중점을 두고 전후 부흥과 조국의 근대화를 달성한다는 목표를 명확히 하였다. 대외적으로는 한일조약 체결(1965)과 베트남 파병을 통해 공업화를 추진할 자금을 마련하고 우방국으로부터 기술을 도입하고자 노력하였다. 한편 국내에서는 유신체제를 확립(1972)하여 국민의 기본권을 제한하고 국회를 무력화함으로써 대통령의 영향력을 강화하였다.

그러나 경제성장을 바탕으로 행해진 강압적 통치는 1970년대 말 오일쇼크로 불황기에 접어드는 상황에서 심각한 위기를 맞이하였다. 결국 이 정부는 국민들의 저항과 지배층의 분열로 인해 대통령이 측근에 의해 살해됨으로써 막을 내렸다(1979).

민주화의 진전과 정권교체 | 박정희 대통령 사망 후 민주화를 요구하는 대규모 시위가 전국적으로 확산되어 갔다. 이러한 혼란 속에서 전두환 등 군부세력은 1980년 민주화를 요구하는 학생들과 광주시민들의 시위(5·18 광주민주화운동)를 무력으로 진압하고 권력 장악에 성공하였다. 그러나 1980년 민주화운동이 꾸준히 성장하면서 1987년에 한국국민은 마침내 대규모 시위를 통해 직접 대통령을 선출할 수 있는 제도를 쟁취함으로써 선거를 통한 정권교체의 가능성을 열었다.

1987년에는 국민의 직접선거를 통해 노태우 정부가 탄생하였다. 그리하여 광주민주화운동에 대한 군부의 학살사건 등의 사실이 일부나마 밝혀지는 등 민주화운동이 더욱 진전되었다. 그리고 1992년 선거에서는 마침내 '문민'대통령(김영삼)이 탄생하였다.

새로운 정치문화의 대두 | 1990년대에 접어들면서 한국에서는 새로운 정치문화가 대두하였다. 먼저 김영삼 정부(1993~1998)가 등장함으로써 직업군인 출신의 대통령 시대가 막을 내리고, 전두환·노태우 두 전직 대통령이 재직중의 비리혐의로 구속되었다. 그리고 1997년 대통령선거에서 야당 후보 김대중이 당선됨으로써 해방 이후 처음으로 선거를 통한 여야의 정권교

체가 실현되었다.

한편 2002년 대통령선거에서는 인터넷 매체가 중요한 역할을 하였다. 한국의 유권자들은 이제 후보자의 옥외연설이나 텔레비전 토론 등을 통해 일방적으로 전달되는 정보에 의존하는 수동적 모습에서 탈피하였다. 유권자들은 인터넷을 통해 후보자에 대한 정보를 공유하고 적극적으로 자신의 의견을 개진하는 능동적 존재로 탈바꿈하였다.

고도경제성장의 진전 | 박정희 정부는 외국의 자본·기술과 국내의 값싼 노동력에 기반을 둔 수출주도형 경제개발을 추진하였다. 이 과정에서 한일 국교정상화에 따른 '경제협력자금'과 베트남 특수, 그리고 미국 등이 제공한 차관이 경제개발의 주요 재원이 되었다.

한일조약 체결 이후 본격화된 경제개발은 경공업 부문에서 시작되어 1967년부터는 기간산업 부문으로 확대되었다. 이 과정에서 정부는 공업단지·수출자유지역을 조성하고 관련 법제를 정비하여 국내기업의 생산과 수출을 지원하였다. 그 결과 1960년대 말에는 연 10% 이상의 경제성장과 40% 이상의 수출증가를 보였다.

1970년대에는 농어촌 개발을 위한 새마을운동이 본격화되었고 한편으로는 철강·자동차·조선·기계·전자 부문이 발전함에 따라 산업구조도 고도화되어 세계로부터 아시아의 4대 신흥공업국으로 불리게 되었다.

1980년대 중반 이후 국제적으로 조성된 저유가·저달러·저금리라는 호조건 속에서 한국은 1990년대 중반까지 안정된 경제성장을 지속하였다. 그리고 미국 등 선진자본주의 국가의 시장개방 압력에 대응해 나갔다. 그 결과 2000년대에는 GDP 기준으로 세계 10위권 규모의 무역대국으로 성장하였으며, 특히 IT산업, 반도체, TFT-LCD 등 차세대 가전과 자동차 부문에서 두각을 나타내었다. 또한 최근에는 영화·드라마 등이 해외에서 호평을 받아 '한류'라는 신조어가 생겨나는 등 문화 면에서도 국제적 평판을 높여가고 있다.

고도경제성장의 문제점 | 단기간에 이루어진 한국의 경제성장은 많은 문제를 안고 있었다. 핵심 기술과 자본을 주로 미국과 일본에 의존하였기 때문에

경제규모가 커질수록 이들 나라에 대한 의존도 또한 높아졌다. 그리고 공업을 우선시한 반면 농업을 등한시하여 농촌인구가 대거 도시로 몰려들어 심각한 도시문제와 지역간 불균형을 초래하였다. 그 밖에도 특정 대기업에 대한 정부의 우대, 난개발로 인한 환경오염, 정부의 강력한 노동운동 탄압으로 인한 노동권 침해, 빈부격차의 확대 등이 문제가 되었다.

그 결과 경제성장이 주춤하게 되었다. 1980년대 초에는 박정희 정부 시기에 과잉 투자된 산업부문과 부실기업의 정리가 시급한 과제로 대두되었다. 또한 국제수지가 악화되면서 물가가 치솟아 국민들의 생활을 압박하기도 하였다.

1990년대 중반에는 고도경제성장의 문제점을 상징하는 충격적인 사건들이 연이어 발생하였다. 1994년에는 부실공사로 인해 서울의 한강 위에 건설된 다리가 내려앉았고, 이듬해에는 서울 도심의 한 백화점이 붕괴되어 다수의 사상자를 내었다.

또한 이 무렵부터 한국인들이 '어렵고, 힘들고, 위험한 3D(difficulty, dirty, danger) 업종'을 기피하면서 이들 사업장에 외국인 노동자가 유입되기 시작하였으며, 한편으로는 국내기업의 해외진출이 러시를 이루었다. 그 과정에서 한국인 고용주에 의한 인종차별, 부당노동행위가 국내외에서 문제가 되어 새로운 인권문제로 대두되기도 하였다.

'외환위기'와 구조개혁 | 1997년 아시아 전역을 강타한 금융위기로 인해 한국사회는 전례 없는 대혼란을 겪었다. 이 금융위기에 잘못 대처한 한국정부는 나라를 '국가부도' 직전으로까지 몰고 감으로써 한국은 국제통화기금(IMF)의 관리를 받으면서 경제를 재건해야 하였다.

그로 인해 수많은 이들이 일자리를 잃게 됨으로써 중산층이 붕괴되어 사회에 어두운 그림자를 드리웠다. 그러자 한국정부는 불량기업을 정리하는 한편, 정보통신·생명공학 등의 미래형 첨단산업을 육성하고 벤처기업을 지원하여 손쉽게 창업을 시도할 수 있도록 유도하였다. 또한 실업자 구제를 위한 다양한 프로그램들을 추진하였으나 고용불안은 증가하고 퇴직연령도 낮아졌다. 반면 중소기업과 '3D산업' 현장에는 외국인 노동자가 고용되고, 해외로의 대규모 공장이전이 이루어짐으로써 산업의 공동화 현상이 새로운 사회문제로 대두되었다.

일상생활의 변화 | 급속한 사회변화와 함께 사람들의 생활양식도 빠르게 변화하였다. 주거 형태를 보면 산업화 시기인 1975년에는 단독주택에 거주하는 비율은 92%에 달했지만, 2000년에는 고층아파트 등 다세대 공동주택 거주비율이 55%에 달했다.

또한 1965년도에 17,500대에 불과했던 승용차도 국산자동차가 대량생산 체제로 들어간 1980년대에 급증하였다. 그 결과 2004년에는 1천만 대를 돌파하여 산술적으로는 거의 모든 가구가 '마이카'를 보유하게 되었다.

한편 일상생활의 모습도 정치와 경제의 변화에 따라 급변하여 갔다. 1960 ~1970년대에는 정부가 대중가요의 가사까지 검열하였다. 크리스마스와 설날을 제외하고는 일반인들의 야간통행을 금지하였으며, 남성의 장발과 여성의 미니스커트를 단속하는 등 국민들의 '사생활'까지도 규제하였다. 당시 '청바지와 통기타'로 대표되는 청년문화는 이러한 권위주의적인 정치 체제를 비판하는 간접적 저항의 의미를 지녔다.

1980년대에는 국민들의 일상생활에도 자유의 바람이 불기 시작했다. 1981년에는 야간통행금지가 해제되었고, 이듬해부터는 중등학교의 두발과 교복이 학교별 혹은 지역별로 자유화되었다. 그로 인해 학생들 사이에는 고가 브랜드의 운동화나 의복이 인기를 끌었고, 패스트푸드가 보급되어 식문화의 변화를 가져왔다. 또한 프로야구와 프로축구가 출범하였고, 1986 년에는 서울아시안게임이, 1988년에는 서울올림픽이 개최되었다. 그에 따라 국제화가 촉진되고 이듬해부터 해외여행이 자율화되자 많은 사람들이 해외로 나가게 되었다. 한편 이 시기에는 현실정치를 정면으로 비판하는 노래가 젊은이들을 중심으로 애창되었고, 노동·농민·환경·인권·남북 통일 등의 사회운동이 급속히 성장하였다. 또한 창작의 자유가 신장되면서 이데올로기나 정치문제 등 그동안 금기시되어 온 소재들이 속속 활용되었다.

아울러 1980년대에는 입시일변도의 교육이 온존된 상황에서 학원·과외 등의 사교육 시장이 다시 허가됨으로써 교육비의 부담이 늘게 되었다. 특히 1980년대에 일부 부유한 가정에서 시작된 아이들의 해외 조기유학은 1990

년대 들어 일반 서민가정으로까지 파급되었다. 이것은 공교육을 크게 뒤흔들어 한국에서 커다란 사회문제가 되었다.

남북관계의 변화 | 3년에 걸친 6·25전쟁을 경험한 남과 북은 1960년대에 들어서도 여전히 대립과 반목을 반복하였다. 이 시기 북한은 남한에 무장간첩을 파견하거나 제3국을 통한 공작을 강화하였다. 남한은 이에 대응하고자 국민들에게 반공이데올로기를 주입하였다. 또 1968년 북에서 남파한 공작원들에 의한 박정희 대통령 암살미수 사건이 발생하자 퇴역군인들로 향토예비군을 창설하였다. 학생들에게도 일정 시간의 군사훈련을 받도록 하였다. 1970년대 초 동서간의 긴장이 완화되면서 1972년 남과 북은 '자주·평화·민족대단결'이라는 3대 통일원칙을 담은 「7·4남북공동성명」을 발표하였다. 하지만 남·북 양 정부는 각기 이를 정권 강화에 이용할 뿐 본래의 합의정신을 충분히 살리지 못하였다.

1980년대 후반부터 세계냉전체제가 붕괴되면서 남한 내에서도 남북간의 자유로운 민간교류를 주장하는 목소리가 대두하였다. 당시 북한은 사회주의 국가들의 몰락과 함께 교역부진으로 경제난에 처해 있었다. 반면, 남한은 경제적 우위를 바탕으로 서울올림픽 개최 이후 구 사회주의 국가들과 국교를 수립하는 등 대북 관계에 여유를 가질 수 있었다. 그 결과 양국 정부는 1991년 유엔에 동시가입하고 남북기본합의서를 채택하는가 하면, 이듬해에 한반도 비핵화 선언에도 합의하여 새로운 교류와 협력의 가능성을 열었다.

그 후 북한 핵문제 등으로 굴곡이 있기는 하였지만 1998년 이래 남한정부는 일관되게 북한과의 협력을 중시하는 '햇볕정책'을 취하였다. 이에 따라 남한기업이 북한 개성지역에 공단을 건설하는가 하면, 금강산 등 북한의 일부 지역으로 민간인들이 육·해로 관광을 갈 수 있게 되었다. 특히 2000년에는 분단 후 처음으로 남과 북이 정상회담을 실현함으로써(6·15정상회담), 양국이 협력을 통한 동반자 관계로 발전할 수 있는 중요한 계기를 마련하였다.

'55년 체제'의 동요 | 1960년대부터 70년대에 걸쳐 자민당 주도의 '55년 체제'에 동요가 일어났다. 1963년 지방선거에서는 오사카·요코하마·기타 큐슈·센다이 등의 시장에 사회당 추천 후보가 선출되었고, 1967년에는 도쿄 도지사에 각종 민주단체가 지원하는 혁신계 후보가 선출되었다. 이후 오키나와를 비롯해 6대 도시에 혁신자치체가 탄생하고, 1977년에는 총인구의 40%에 달하는 주민이 혁신자치체 하에서 생활하게 되었다. 그리고 1974년 총선거에서는 보수와 혁신이 우열을 가리기 힘든 '보혁백중'의 상황이 벌어졌으며, 1979년 중의원 총선거에서는 자민당 의석이 과반수를 밑돌게 되었다.

사회운동의 확산 | '55년 체제'가 동요된 배경에는 이 시기 크게 고양된 사회운동이 있었다. 일본의 경제성장과 함께 사람들의 생활이 유복해지고 노동조합 등 기존 운동의 결집력이 감퇴한 반면, 인권의식과 시민적 권리 등 급격한 경제발전에 따른 모순을 비판하는 관점이 육성되었다. 그 때문에 환경파괴에 반대하는 운동과 베트남 반전운동, 대학운영의 민주화를 요구하는 대학분쟁, 미일안보조약의 지속에 반대하는 70년 안보투쟁 등이 확산되었다. 또 가사·육아·노인 봉양 등이 여성에게 강요되는 가운데 그에 대한 불만이 여성해방운동으로 이어졌다.

그리고 미국의 직접통치 하에 있던 오키나와에서는 반미운동과 함께 일본 복귀를 요구하는 운동이 크게 고양되었다. 운동이 일본 본토와 연합하는 가운데 1972년 5월 오키나와는 일본에 반환되었다.

고도경제성장의 모순 | 고도경제성장 하에서는 기업을 우선시하는 사회로 변모하여 생활과 인간관계가 곳곳에서 파괴되었다. 경제발전의 이면에서는 환경파괴에 따른 공해문제나 공장·원자력발전소 등의 유치를 둘러싼 지역사회 내부의 대립, 혹은 수험경쟁과 과도한 업무로 인한 과로사 등이 사회문제로 대두하였다. 또 고도성장의 진행 과정에서 일본에서는 남성 중심의 기업사회가 정착되어 갔다. 많은 여성은 사회진출의 길을 봉쇄당하였고

기업에서 일하는 여성들도 낮은 지위에 머물러야 했다. 한편 '기업전사'로서 일하게 된 남성은 전업주부가 존재하는 가정에서 위안을 찾았다. 그러한 가운데 70년대 이후 일본사회에서는 남편에 의한 가정폭력이 증가하는 동시에 성산업이 번창하였다.

사람들의 생활 | 한편 고도경제성장을 거치면서 국민의 생활양식도 크게 변화하였다. 텔레비전·전기세탁기·냉장고 등의 가전제품이 도시를 중심으로 보급되었다. 또 부모와 자식만이 함께 생활하는 핵가족화가 진전되었고 여가생활을 즐기는 가정도 늘어갔다. 그 사이 1964년에는 아시아에서 처음으로 올림픽이 도쿄에서 개최되었고, 이에 맞추어 도카이도 신칸센이 개통되었다. 그 결과 도쿄~신오사카 구간 550km가 4시간에 연결되었다. 또 1970년에는 세계 각국의 문화와 산업을 전시하는 만국박람회가 오사카에서 개최되었는데 77개 국이 참가하고 6,422만 명이 입장하였다. 이 무렵 냉동식품과 인스턴트 식품이 개발되는 외에도 맥도날드나 패밀리레스토랑 등의 외식산업도 생활 속으로 침투하여 갔다.

오일쇼크 | 1973년 제4차 중동전쟁기에 아랍의 여러 나라들이 석유가격을 대폭 인상하였기 때문에 에너지원을 석유에 의존하던 선진공업국 경제는 큰 타격을 입었다(오일쇼크). 그 후 일본을 포함한 선진공업 제국의 경제성장은 둔화되었다. 그 때문에 1980년대에는 경제를 부흥시키기 위해 신자유주의라 불리는 경제정책을 도입하였다. 이것은 시장의 경쟁원리를 중시하고, 국민복지를 억제함으로써 경제의 활력을 회복하려는 정책이었다.

보수적 경향의 침투 | 이러한 동향을 이어받아 일본에서도 80년대 이후 기업활동을 우대하고 경쟁원리를 강화하고자 하는 움직임이 강해졌다. 대기업의 노동조합이 고용안정에 안주하는 가운데 야당 측에서 자민당과 손을 잡으려는 정당도 나타나 보수와 혁신이 호각을 다투는 '보혁백중'의 상황은 다시 자민당 우위의 상황으로 전환되어 갔다. 그러한 가운데 1982년에 탄생한 나카소네 내각은 미국과의 동맹관계를 강화하고 방위비를 증가시키는 등 군사대국을 지향하는 현저한 움직임을 보였다. 그리고 전범을 합사한

야스쿠니 신사를 공식 참배하여 전쟁을 정당화하곤 하였다. 또 사회보장제도의 축소와 국유철도(국철)와 일본전신전화공사의 민영화 등을 추진하여 그 때까지 국민생활의 유지에 사용된 재정 지출을 대폭 줄이게 되었다.

경제불황과 일본문화 | 1980년대 후반 일본에서는 물자생산이나 서비스업의 성장과 관계없이 금융시장에서 자금이 유통되는 버블(거품) 경기가 형성되었다. 수도 도쿄를 중심으로 땅값이 치솟는가 하면 고급차나 해외여행, 유명 브랜드 상품이 유행하였다. 그러나 그 이면에서는 경제성장은 정체되고, 또 경제파탄이 뚜렷해지면서 버블기의 은행이나 기업의 불건전한 경영이 드러나, 일본은 일시에 장기 불황시대를 맞이하게 되었다.

그 사이 일본의 만화와 애니메이션이 일본문화를 대표하는 것의 하나로서 각광을 받게 되었다. 미야자키 하야오宮崎駿의 작품 「이웃집의 토토로」(1989), 「원령공주」(1997), 「센과 치히로의 행방불명」(2002) 등은 국제적으로도 호평을 받았다.

남한 · 북한과의 관계 | 1980년대에는 한일의 수상 · 대통령이 서로 상대국을 방문하는 등 정부간의 관계가 현저히 접근하였다. 그러나 한국의 민주화운동과의 연계나 민간차원의 교류는 이 시기에 그다지 진전을 보지 못하였다. 그러한 가운데 1982년 일본의 역사교과서 기술을 둘러싸고 중국 · 한국을 비롯한 아시아 각국으로부터 엄중한 비판의 목소리가 고조된 것은 양국간의 현격한 역사인식의 차이를 부각시켰고, 양국의 관계를 되돌아보게 하는 계기가 되었다.

또 국제사회에서 고립된 북한과의 관계개선은 그보다도 더욱 지연되었다. 일본과의 국교정상화 교섭은 1990년대에 착수되었지만 납치문제와 핵문제를 둘러싸고 난항을 거듭하였는데, 2002년 9월에 겨우 북일 정상회담이 실현되었으나, 여전히 해결을 보지 못하고 있다.

격변하는 세계와 기로에 선 일본 | 1980년대 말 냉전이 종결되고 국제관계의 틀이 변화하는 가운데 일본의 정치상황도 유동하였다. 자민당에서 야당으로의 정권교체가 실현되는 한편 헌법 개정을 요구하는 세력이 힘을 얻었

다. 한편으로는 미국에 의한 세계질서 재편에 가담하여 일본의 군대 보유를 당연시하는 풍조가 강해졌으며, 다른 한편으로는 국가의 틀을 넘어 보다 넓은 연대와 네트워크로 21세기의 전망을 찾아보려는 움직임도 나타났다. 예를 들어 1995년 1월 17일 사망자 6,308명, 부상자 약 4만 명을 넘어선 한신·아와지 대지진이 발생하였을 때 정부의 대응이 늦어진 가운데 구원과 부흥에 위력을 발휘한 것은 피해지역 주민 사이의 평상시 협력관계와 국내외에서 모여든 연 130만 명에 달하는 민간인 자원봉사자였다. 1990년대 이후 전후 최장기간의 불황을 경험하면서 지금 일본은 커다란 기로에 서 있다.

제12장 제1절 | # 교류의 확대와 그 명암

> 한일조약 체결 이후 일본과 한국은 다양하게 교류하였다. 그것은 양국 관계의
> 강화에 기여하였고 아울러 해결해야 할 과제도 많이 남겼다. 그러나 1980년대에
> 접어들어 냉전이 재연되면서 양국 정부가 접근하는 가운데, 역사인식의 차이가
> 부각되자 이를 극복하기 위한 교류를 강화하는 움직임도 활발해졌다.

복잡한 국제정세

냉전에 영향을 받은 국제정세는 1960~1970년대에 복잡한 양상을
보였다. 자본주의 블록을 이끌던 미국은 1964년 프랑스의 식민지배로부
터 독립하기 위해 투쟁하고 있던 베트남에 대해 '반공'을 명분으로 무력
개입을 단행하였으나(베트남 전쟁), 베트남인들의 저항에 직면하여 패
배함으로써 국제적 지위가 실추되었다. 한편 소련을 중심으로 한 공산주
의 진영에서도 중국과 소련의 대립, 중국과 베트남의 전쟁 등이 발생하였
다. 그러한 가운데 미·소와 미·중의 접근이 이루어지는 한편 아시아,
아프리카 등 식민지 지배를 받은 나라들의 발언권도 강화되었다. 그
과정에서 일본·한국·북한 사이에도 다양한 움직임이 싹트게 되었다.

베트남 전쟁

한일 양국은 미국의 동맹국으로서 베트남 전쟁에 가담하였다. 한국은
1964년부터 1973년까지 32만 명의 전투부대와 1만 6천 명의 기술자를
파견하여 1965~1970년 사이에 약 10억 달러의 외화를 벌어들였다.

한편 일본에서의 자위대 파병은 일본국헌법 제9조의 존재로 인해
저지되었으나, 오키나와를 중심으로 한 각지의 미군기지가 전쟁수행의

거점으로 이용됨으로써 화약과 연료 등의 물자가 전국의 국유철도를
통해 각 기지로 운반되었다. 이러한 대미협력에 의해 일본에 유입된
외화는 연평균 10억 달러에 달한 것으로 전해지고 있다.

한일 양국의 움직임으로 인해 북한의 위기감이 고조되어 한반도의
분단체제는 더욱 강화되었다. 그러나 남한과 북한은 미국이 베트남에서
철수하고 중국 측에 접근을 모색하기 시작하는 등 긴장 완화의 자세를
보이기 시작하기도 하여 남북대화를 추진한 결과 1972년에는 남북공동
성명을 발표하게 되었다.

한편 미국의 베트남 침략에 대해 대규모의 반미·반전운동이 미국을
중심으로 세계 각지에서 전개되었다. 일본에서는 노동조합에 의한 반전
파업과 시민단체에 의한 미군 탈주병 지원활동 등의 다양한 운동이 이루
어졌다. 한국에서는 반미·반전운동이 그다지 표면화되지 않았으나, 베
트남 전쟁에 가담한 박정희 정부에 대해 학생과 민중이 부정선거와 대통
령 3선을 인정하는 개헌안에 반대하여 빈번하게 대규모 시위를 전개하였
다.

한일 경제교류의 명암

한국에서는 6·25전쟁의 피해를 복구하기 위한 다양한 노력이 계속되었다. 한국정부는 1962년과 1967년에 연이어 경제개발 5개년계획을 실시하였다. 그 과정에서 정부는 한일조약을 통해 조달한 5억 달러와 베트남 전쟁특수에서 벌어들인 돈을 농림수산업의 진흥과 공업생산의 기반 정비에 투입하였다. 그리하여 한국경제는 급성장하였는데 특히 제2차 경제개발 5개년계획 시기에는 연 성장률이 9.6%에 달했으며, 1인당 국민총생산액도 두 배로 증가하였다.

1971년 대통령선거와 국회의원선거에서 야당세력이 강화되면서 정권기반이 약해진 박정희 대통령은 한국의 경제성장을 배경으로 1972년 12월 "조국의 평화통일을 지향한다"는 명분 하에 헌법을 개정하고 독재체제를 강화하는 유신체제를 구축하였다.

한편 미국은 베트남 전쟁에 막대한 군사비를 투입하였기 때문에 달러의 약세가 급속히 진행되었다. 그에 따라 일본의 수출산업이 큰 타격을 입어 이후 많은 일본기업이 값싼 노동력을 찾아 아시아 여러 나라로 진출하였다. 이 시기 한국에서는 1970년에 「수출자유지역설치법」[1]을

공포하고 마산 수출자유지역
등지에서는 노동쟁의를 규제
하여 일본기업을 적극적으로
유치하였다. 한국에서는 일
본기업 제품을 값싸게 수출
함으로써 수출고가 크게 신
장되었다. 그러나 일본기업
을 비롯해 한국의 수출산업
은 부품과 기계설비를 일본

포항종합제철소

에서 수입하여 수출을 하면 할수록 일본으로부터 수입이 증가하는 딜레
마에 빠졌다. 또 경제교류가 확대되는 가운데 한국과 일본의 일부 정치가
들이 결탁하여 특정 일본기업에게 편의를 제공하고 그 대가로 정치자금
을 받는 유착구조가 지적되기도 하였다.

그리고 이 시기에는 일본기업이 아시아 여러 나라로 진출하는 가운데
현지 여성을 극단적인 저임금으로 혹사시키거나 일본인 남성에 의한
아시아 여러 나라로의 '매춘'여행이 일상화되었다. 일본기업이 사원여행
으로서 단체로 갈 경우가 많았던 이러한 관행은 한국에서는 '기생관광'으
로 불리며 문제시 되었다.

미나마타 병으로 본 식민지 잔재

한일 경제교류의 어두운 측면에는 식민지 지배와의 연속성도 나타났
다. 조선질소비료주식회사는 해방 이전인 식민지 시기에 한국 흥남지방
에서 한국인 노동자를 혹사시켜 가며 발전해 왔다. 해방 후, 신일본질소
비료회사(후에 질소주식회사)가 된 이 회사는 일본의 구마모토에서 유
기수은을 방류하였는데 이것이 미나마타 병[2]을 발생시켰다. 이 회사의

미나마타 병을 매개로 한 사람들의 연대

어느 노부부는 미나마타 병 때문에 어린 나이에 생을 마감한 큰딸을 '다카라코'(귀한 자식)라고 부르며 애지중지하였다. 중증장애를 안고 태어난 그 아이가 엄마가 섭취한 오염물질을 태내에서 흡수함으로써 나중에 태어난 자매들을 중독으로부터 지켜주었기 때문이다(「NHK스페셜」, 2003년 11월 8일 방송). 미나마타 병의 경험은 우리에게 사람과 사람 사이의 관계에 대해 무엇인가를 느끼게 한다.

신경마비·언어장애 등을 동반하는 이 '괴질'에 대한 지역사회의 차별은 극심하였다. 어떤 환자는 "미나마타 병은 인간의 … 마음마저 빼앗아 갔다"고 회상하였다. 그러나 현재 오랜 기간에 걸친 고통으로부터 사람과 사람 사이의 관계를 되묻는 움직임이 나타나고 있다. 무농약 농업을 시작한 환자는 다음과 같이 말한다. "화학약품과 농약을 피해자인 우리들이 소비자에게 먹일 수는 없다"라고.

오랫동안 미나마타 병을 접해 온 일본의 어느 의사는 그 병의 진정한 원인을, "사람을 사람으로 생각하지 않는 인간차별"에 있다고 강조한다(히라다 마사즈미, 『미나마타가 보여주는 세계』, 니혼호론샤, 1989). 그는 그 후 세계의 공해병을 조사하고, 한국에서 민주화운동을 주도하던 이들과 온산지역의 조사에도 참가하였다. 한국에서는 일본의 연구도 참고하면서 반공해운동이 축적되어 1990년대에는 한일 양국의 학자와 운동가가 교류하게 되었다. 미나마타 병의 경험을 어떠한 형태로 살릴 것인가. 그것은 향후 전개될 한일 교류방식에 따라 달라질 것이다.

창업자는 "사람을 마소처럼 부려라"고 하였다고 한다. 인간의 존엄성을 고려하지 않는 기업의 경영방침은 식민지 지배가 끝난 뒤에도 어떠한 반성도 없이 온존되었다고 볼 수 있다.

미나마타 병의 발각은 일본에서 공해추방운동을 확산시키는 계기가 되었다. 그 결과 1967년에는 공해대책기본법[3]이 제정되고, 환경보전 전반을 감시하는 환경청도 1971년에 설치되었다. 그러나 그 후 환경청이 제시한 미나마타 병 환자의 인정요건은 매우 까다로웠다. 그리고 질소주식회사로 상징되는 비인도적인 경영방침은 기업을 우대하는 일본정부의 태도 등으로 인해 조장되었고 급기야 일본에서는 금지된 화학약품 등을 아시아 각국에서 사용하여 공해를 일으키는 '공해수출' 기업도 속출하였다. 1985년 한국의 경상남도 울산 부근 온산지역에서 공해병으로 보이는 질병(온산병4)이 발생하게 된 배경에도 이러한 일본기업의 진출이 작용하였다고 한다.

김대중 납치사건과 문세광 사건

1970년대 초기 일본과 한국 쌍방의 국내모순이 양국 관계에 그림자를 드리운 사건으로는 김대중 납치사건과 문세광 사건이 있다.

1971년 대통령선거에서 박정희 대통령에게 근소한 차이로 진 김대중이 해외에서 반정부운동을 벌이던 중 1973년 8월 8일 도쿄의 한 호텔에서 납치되는 사건이 발생하였다. 조사에 따르면 한국 첩보기관이 관여한 것이 확실하였지만, 일본정부는

납치에서 풀려난 후 서울에서 기자회견을 하는 김대중

사건의 전모 해명에 소극적이었으며, 한국정부 역시 관여 사실을 부정하였다. 그 후 한국정부는 김대중의 자유를 보증하고 일본정부도 사건을 더 이상 추궁하지 않기로 타협하였다. 그 사이 일본에서는 타국의 주권과 개인의 인권을 침해하는 한국정부와 그러한 한국정부를 지원하는 일본정부에 대한 비판이 고조되었다.

1974년 8월 15일 재일한국인 문세광이 광복절 기념연설 도중에 박정희 대통령을 저격하는 사건이 발생하였다. 이 사건은 옆자리에 있던

연설하는 박정희 대통령을 향해 문세광이 권총을 쏘는 장면

대통령 부인의 목숨을 앗아
가는 등 한국 사람들에게 큰
충격을 주었다. 한국정부는
조선총련의 관여를 의심하
였고, 일본정부에 대해 단속
을 요구하였으나 일본 측은
특사를 파견하여 정치적 타
결을 꾀하였다. 결국 문세광
은 같은 해 12월에 처형되어
사건은 조기에 봉합되었다.

한미일의 동맹 강화

1960년대 이후 완화된 냉전은 1980년대에 미소 대립이 심화되면서
다시 격화되었다.

1981년 미국 대통령에 당선된 레이건은 제2차 오일쇼크로 정체된
경제를 재건하기 위해 신자유주의[5] 정책을 추진하였다. 일본에서는 이에
대응하여 보수적인 나카소네 야스히로中曾根康弘 내각이 탄생하였으며,
한국에서는 광주민주화운동[6]을 탄압한 전두환 군사정권이 들어섰다.
이미 1976년에는 한미군사훈련(팀스피리트)이 개시되었고, 1978년에는
미일간 작전협력을 명기한 「미일 방위협력을 위한 지침」(소위 가이드라
인)이 가동되어 한일 양국 정부는 미국과의 군사동맹 관계를 강화하여
갔다.

이러한 움직임은 북한의 위기감을 고조시켰다. 북한은 한국과 일본에
서 일반 시민을 납치하거나, 스파이를 보내는 등의 공작활동을 계속하였
다. 이 시기 한국 대통령 암살 미수사건과 테러사건 등 북한이 관여한
사건들이 발생하였는데, 그것도 이러한 한미일의 군사적 관계의 강화와

관계가 있었다.

역사인식의 깊은 골

그 사이 한일 양국정부는 급속히 밀접한 관계를 맺어갔다. 1983년 일본의 나카소네 수상이 수상으로서는 처음으로 한국을 방문하고, 안전보장에 기여한다는 명목으로 40억 달러의 정부차관을 공여하였다. 또 1984년에는 한국의 전두환 대통령이 처음으로 일본을 방문하여 천황과 회견하였다. 회견 목적은 양국 간의 '불행한 역사'를 청산한다는 것이었지만, 스스로 전쟁책임을 언급하지 않는 천황의 자세는 한국인을 실망시켰다.

식민지 시기 한국에서는 일본 때문에 독자적인의 역사연구나 역사교육을 할 수 없었다. 해방 후 한국인들은 자기 나라 역사를 깊이 연구해왔으며 그 연구결과들을 국민들에게 보급시켜 왔다. 이러한 연구와 보급은 경제부흥과 전통문화 재건 과정에서 중요한 정신적 역할을 담당했다.

1980년대 이래 한국경제의 발전과 국민의 정치의식 고양과 함께 한국의 교육과 연구도 정치의 민주화와 남북통일, 혹은 국제협조를 지향하는 개방적인 성격을 띠게 되었다. 그러한 가운데 종종 일본정치가 등에 의해 식민지 지배를 정당화하거나 일본의 가해 사실을 부정하는 역사인식이 나타나게 되면 한국 사람들은 이를 한국의 독립성을 부정하는 일본 중심적이고 폐쇄적인 태도라고 비판하였다.

일본에서 이러한 폐쇄적인 역사인식이 유통되게 된 배경에는 다양한 사정이 작용하였다. 우선 천황의 전쟁책임이 점령정책과 헌법제정에 의해 불문에 부쳐졌는데 이는 그 후 일본인이 침략에 의한 가해 사실을 직시하는 데 큰 장애가 되었다. 그리고 일본의 대다수 민주세력이 이 시기에 사회주의 국가들을 이상화하면서 민주화를 위해 고심하는 한국

정세에 무관심하였던 사실을 들 수 있다. 또 식민지 시대부터 존재하였던 차별의식이나 생활수준의 향상에 따른 국민의식의 보수화, 유럽중심적 가치관의 침투 등도 폐쇄적 인식을 조장하였다고 볼 수 있다. 일본의 가해 사실을 역사인식의 수준까지 끌어올려 되돌아보려는 시각은 아직 준비되어 있지 않았다고 할 수 있다.

역사교과서 문제

그러한 가운데 1982년 일본에서는 그 다음 해 사용될 고교용 역사교과서의 한국과 중국에 대한 기술이 문부성의 교과서검정7 과정에서 수정되었음이 확인되었다. 한국정부는 일본정부에 항의하는 동시에 국사편찬위원회의 조사를 바탕으로 고대사에서 근현대사까지 24개 항목의 '왜곡사항'을 지적하였다. 예를 들어 일본의 '조선침략'을 '조선침입'으로, 3·1독립운동의 '집회·데모'를 '데모와 폭동'으로 고치고, 탄압에 의한 한국인 사망자가 '7천 명 이상'이라는 문구를 삭제한 사실이 있었다.

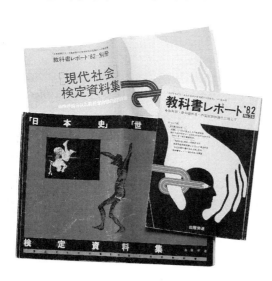

교과서 검정 내용을 조사한 자료집

이러한 사실이 일본의 주요 신문을 통해 보도되자 일본에서는 교과서 집필자를 중심으로 검정결과의 정정을 요구하는 운동이 전개되었다. 매스컴도 문부성의 자세를 비판하였다. 그리고 검정제도를 위헌·위법이라고 다투고 있던 재판(이에나가 교과서 재판8)에서도 1984년에 제3차 소송이 새로이 제기되

교과서 문제를 계기로 만들어진 독립기념관

었다.

한편 한국에서는 이를 계기로 일본의 검정제도를 비판하는 운동이
고조되었다. 한국 매스컴에서는 타율적 역사인식(식민지사관)을 극복하
고, 한국민족에 의한 자주적 역사인식(민족사관)을 확립할 것을 제안하
였다. 또 일본의 지배에 대항하여 자민족의 독립과 저항의 역사를 후손에
게 알리기 위해 천안시에 '독립기념관'[9]이라는 큰 박물관을 건설하였다.

한국이나 중국의 항의에 대해 일본정부는 당초 '내정간섭'이라며 반발
하였으나, 1982년 8월에 "아시아 근린 제국과의 우호, 친선을 도모"하는
입장에서 교과서 행정의 시정을 약속하였다. 그리고 같은 해 11월 교과서
의 검정기준에 "근린 아시아 여러 나라와의 근현대의 역사를 다룸에
있어 국제이해와 국제협조라는 견지에서 필요한 배려를 할 것"이라는
조항을 추가했다.

역사교과서 문제는 이렇게 외교 차원에서는 일단락되었다. 그러나
양국 간 역사인식의 골이 메워진 것은 결코 아니었다. 다만 당시 이
교과서문제를 통해 한일 양국의 사람들이 서로 맞대고 논의를 할 수
있게 되었음에는 틀림없다. 1965년에 유네스코에서 제기된 한일 역사교

육에 관한 공동연구의 움직임도 이 사건 이후 고양되어 갔다.

용어 해설

1_수출자유지역설치법 : 외국에 수출하기 위한 물건을 생산할 지역을 특별히 지정하여 세금 감면, 노동운동 금지 등의 조치를 정한 법률.

2_미나마타 병 : 질소주식회사 구마모토 현 공장의 공업폐수에 포함된 유기수은이 원인이 된 공해병. 신경마비와 경련, 운동장애, 시각과 언어장애 등을 동반한다.

3_공해대책기본법 : 일본에서 공해대책에 관한 가장 기본적인 법률. 국민의 건강보호와 생활환경 보전을 목적으로 1967년에 공포되었다.

4_온산병 : 1970년대 한국에서 조성된 온산공업단지에서 발생한 공해병으로 전신의 신경증과 마비 등을 동반한다. 1985년에 보도되어 세상에 알려지기 시작했으나 아직 완전한 원인 규명은 이루어지지 않았다.

5_신자유주의 : 오일쇼크 이후 경제적 침체를 극복하기 위해 선진국에서 지배적이 된 사상조류. 복지국가를 비판하고 경쟁원리를 중시한다.

6_광주민주화운동 : 1979년부터 1980년에 걸쳐 전개된 민주화운동의 일환. 전두환 정권에 의해 무력진압되었다.

7_교과서검정제도 : 민간업자나 개인이 작성한 교과서를 문부성(현재의 문부과학성)이 교과서로서 적절한지의 여부를 심사하는 제도.

8_이에나가 교과서 재판 : 고교 일본사 교과서의 필자인 이에나가 사부로가 교과서 검정제도는 헌법·교육기본법에 위반된다며 1965년에 제소한 재판. 교과서검정제도가 위헌·위법이라는 판결은 내려지지 않았으나 각각의 검정에서는 위헌이나 위법 사실이 있었다는 판결도 나왔다. 1997년 최고재판 판결로 32년에 걸친 교과서 재판이 끝났다.

9_독립기념관 : 식민지 하의 독립운동을 중심으로 전시하고 있는 한국 충청남도 천안시에 있는 박물관. 1982년 교과서문제를 계기로 국민들로부터 모금된 성금을 기초로 하여 건설되어 1987년 8월에 개관하였다.

일본의 한국인(한일조약 체결 이후)

1970년대 이후 많은 재일한국인이 일본사회나 한반도와의 관계를 새롭게 모색하기 시작하고, 국제적인 인권존중 풍조의 영향도 받아 재일한국인에 대한 제도적·정신적 차별을 해소하려는 움직임이 확산되었다. 그러한 노력이 꾸준히 이루어지는 가운데 재일한국인 3·4세의 삶의 방식은 다양성을 보이게 되고, 동아시아 사회의 일원으로서, 그리고 일본과 한반도를 잇는 존재로서 주목받고 있다.

1970년대의 정세변화와 재일한국인

1970년대에 들어 일본에서 태어나고 자란 세대가 재일한국인의 중심이 되자, 1세처럼 일본을 '임시거주지'로 생각하고 한반도로 돌아가려는 의식도 차츰 약해져 갔다.

그리고 한반도에서 남북정권의 격한 대립은 재일한국인에게도 큰 영향을 끼쳤다. 재일한국인 민족단체는 1972년 7·4남북공동성명을 공동으로 지지하는 등 때로는 공동보조를 취하기도 하였으나, 그 후 남북관계가 악화되자 이들 간의 대립도 한층 심화되었다. 이러한 남북대립은 서로 도와가며 생활해 온 재일한국인의 생활의 장에도 영향을 미쳤다. 한편 남북통일운동에 뛰어든 사람들이 생겨난 반면, 본국과의 관계를 강화하는 민족단체에 대해 생활상에서 거리감을 느끼는 이들도 나타났다.

취직재판의 승리

이러한 가운데 일본에서 생활할 권리를 민족단체에만 의존하지 않고 스스로 획득하려는 운동이 추진되었다. 그러한 의미에서 큰 전환점이

제2차 세계대전 후 일본에 사는 한국인을 어떻게 부를까?

일본에서 생활하는 한국인에 대해 이 책의 한국어판에서는 '재일한국인'이라는 표현을 사용하고 있다. 그러나 한국에서는 재일동포 등 다른 표현도 사용하고 있다. 일본에서도 재일조선인, 재일한국인, 재일한국·조선인, 재일코리언, '자이니치在日' 등 실로 다양한 표현이 있다. 어느 표현이든 이들 용어에는 각기 나름대로 화자의 생각이나 입장이 반영되어 있다는 점에 유의함과 동시에, 각각의 표현이 의미하는 바 또한 역사적으로도 변화하고 있음에 주목해야 할 것이다.

일본에서는 전전 이래 일본에 있는 한국인을 뜻하는 총칭으로서 재일조선인이라는 용어를 사용해 왔다. 그러나 한국정부가 성립되고 한일조약이 체결되면서 한국국적을 취득한 이들이 늘어가자 재일조선인과 구별한다는 의미에서 재일한국인이라는 표현을 사용하는 사람도 많아졌다. 재일조선인이라는 표현도 일본에 있는 조선인에 대한 총칭으로 생각하는 사람이 있는가 하면, 최근에는 북한과의 관계가 강한 표현이라고 인식하는 사람도 적지 않다. 그러한 가운데 새로운 총칭으로서 재일한국·조선인이라는 표현도 널리 사용되게 되었다.

또 일본에서 정주·영주를 의식하는 사람이 늘어나는 가운데, 그냥 조선인, 한국인이라기보다 '재일'이라는 것을 중시하는 사람도 나타나고 있다. 최근에는 한국인가, 조선인가라는 선택을 넘어 민족적 정체성을 지닌 사람까지 포함한 총칭으로서 재일코리언이라는 용어도 사용되고 있다.

그래서 이 책의 일본어판에서는 민족의 총칭으로서 '재일코리언'이라는 용어를 사용하기로 한다. 그러나 무엇보다도 일본에 사는 한국인 자신이 스스로를 어떻게 부르며, 또 어떻게 '우리'라는 의식을 지녀왔는가를 생각해 보고 그것을 존중하는 것이 매우 중요하다. 바로 이러한 복잡함을 되짚어보는 것이야말로 재일한국인의 다양화를 이해하는 방법이며, 나아가 민족이란 무엇인가라는 커다란 문제에 대한 인식도 심화시키는 좋은 방법이 될 것이다.

된 것이 바로 재일한국인이라는 이유로 취직이 취소되었다가 재판을 통해 이를 철회하게 만든 히타치 취직재판이다.

이 취직 차별사건은 한일조약에 의해 '협정영주권'을 획득하여도 민족

히타치 취직재판

취직 차별 항의소송재판에서 승리한 박종석 씨
|『아사히 신문』 1974년 6월 19일

박종석 씨는 일본에서도 손꼽히는 종합전기회사인 히타치 제작소의 사원모집에 응모하여 채용 통지서를 받았다. 그런데 그가 한국적이었기 때문에 호적등본을 제출할 수 없다고 하자 회사 측은 곧 박 씨의 채용을 취소하였다. 박 씨는 일본 사회의 취직차별을 수도 없이 들었었기 때문에 보통 때 자신이 사용하던 일본이름으로 응모하였는데, 회사 측은 박 씨가 사실과 다른 입사서류를 제출하였다며 합격을 취소한 것이다. 박 씨는 회사의 이 같은 처분이 국적을 이유로 한 민족차별이라며 회사를 상대로 소송을 제기하였다. 이 재판이 진행되는 중에 박 씨 자신도 재일한국인으로서의 의식을 새로 가지게 되었다. 또 일본뿐만 아니라 한국에서도 "재일한국인 박 군의 히타치 투쟁을 지원하자"며 히타치 제품 불매운동이 일각에서 벌어졌다.

1974년 요코하마 지방재판소는 박 씨의 전면승소를 언도하였다. 판결은, "기업이 채용결정을 취소한 진정한 이유가, 원고의 '국적'에 있었다는 것을 추인하지 않을 수 없다"고 하여 대기업이 한국인이라는 이유만으로 재일한국인의 채용을 계속 거부하여 온 현실을 비판하였다.

차별에 휘둘릴 수밖에 없었던 재일한국인의 상황이 거의 변하지 않았다는 사실을 부각시켰다. 동시에 재판에서의 승소는 일본사회의 민족차별을 직시하고, 이를 구체적으로 해결하려는 움직임을 각지에서 새롭게 태동시켰다. 그러한 노력은 공영주택의 입주, 지방공무원 임용, 일본의 국가자격증 취득 등 다양한 분야에서 이루어졌다. 사법시험 합격자가 들어가는 사법연수원에 외국적자의 입소가 인정됨에 따라 제1호 외국인

변호사가 재일한국인 중에서 탄생한 것도 이 시기였다.

차별적 제도의 재인식

재일한국인에 대한 차별적 처우를 재고하자는 움직임은 베트남 전쟁 종결 후 조성된 국제정세의 도움도 받았다

1979년에 열린 도쿄 서미트(Summit)[1]를 전후로 다양한 국제적 압력에 직면한 일본정부는 인도차이나 난민[2] 수용을 결정하는 과정에서 1979년에는 국제인권규약[3]을, 1981년에는 난민조약을 비준하고 외국인의 출입국관리체제를 개정하게 되었다. 이로써 사회보장에 관한 제 법률에서 국적에 의한 제한조항이 철폐되어 재일한국인도 국민연금[4]에 가입하거나 아동수당 등을 받을 수 있게 되었다.

치안유지라는 이유로 줄곧 재일한국인을 엄격히 관리해 온 일본정부의 그간의 자세는 강한 비판에 직면하였다. 한국정부도 국내외의 목소리를 반영하여 재일한국인에 대한 처우개선을 일본정부에 강력히 요구하였다. 1990년 한일 정기 외무장관 회의에서는 재일한국인의 법적지위에 관한 문제들이 논의되었는데, 이 과정에서 '특별영주자'[5]에게도 거류자격을 부여한다는 결정이 내려졌다. 한국적 보유자들에게는 거류자격이 3세 이하의 후손에게도 주어지게 되었는데, '조선'적 보유자들에게도 같은 자격이 부여되었다. 그리하여 한국적과 '조선'적 재일한국인의 재류자격은 일원화되었다.

한편 1980년대에는 외국인 차별의 상징으로 되어 있던 지문날인제도에 초점이 맞추어졌다. 지문날인제도는 1년 이상 일본에 거류하는 16세 이상의 외국인에 대해 본인임을 확인하는 표시로 왼손 검지의 지문을 채취하는 것이었는데, 여기에 따르지 않는 자는 처벌을 받게 되어 있었다. 1952년에 처음 도입된 이 제도는 현재 일본에서는 주로 범죄자에

어느 지문날인 거부자의 투쟁

외국인등록법의 개정을 요구하는 시위행진

1984년 당시 법무성 조사에 따르면, 지문날인 거부자는 전국적으로 26명이었다. 그 가운데 14명이 각 자치단체로부터 고발을 당하였고, 8명이 기소되었다. 그 중 한 명인 최선애 씨는 21세 때 지문날인을 거부하여 기타큐슈 시로부터 고발조치를 당했다. 그 후 그녀는 약식재판(벌금)을 건 검찰관의 신청을 거부하였기 때문에 후쿠오카 지방재판소 고쿠라 지부에 기소되었다. 다음은 1985년 최씨의 최종 의견진술 중 일부다.

"법률이라는 룰을 지키지 않은 것은 재판관, 검찰뿐만 아니라 나에게도 뜻밖의 일이었습니다. 그러나 내가 이 재판에 뛰어든 이유는, 재판을 통해 내가 법을 지키지 않은 사실이 아니라 사건의 진실을 인정받고 싶었기 때문입니다.
전쟁에 의해 사람들은 몸만 망가진 것이 아니라 정신도 상처를 입었습니다. 그것은 나보다 여러분들이 더 잘 알고 계실 것입니다. 내가 20년 동안 배운 것은 그 상처가 아직도 아물지 않았다는 것입니다. 그것은 오히려 눈에 보이는 전쟁이라는 것에서 눈에 보이지 않는 사람들의 마음으로 파고들어 전쟁을 모르는 우리들까지 그러한 피해에 직면해 있다는 것입니다. 사람들 마음 속에 전쟁 때의 생각이 그대로 살아 있기 때문이죠. 바로 그런 사람들이 아이들을 가르치고 사회를 만들고 법을 만들었기 때문입니다. 전쟁을 수행하던 사람들이 만든 법에 전쟁을 모르는 우리들이 피해를 입고 있습니다. 내가 지문날인을 굴욕으로 느낀 이유는, 그 이면에 전쟁을 일으키고 침략을 감행한 당시 사람들의 마음을 다시 확인하였기 때문입니다.
검찰관님은 '신원身元을 확인하는 가장 유효한 수단'이라든가 '인감과 같은 의미를 지니므로 사람의 존엄성을 해치지 않는다'라고 말씀하시지만, 나는 지문이라는 수단을 운운하고자 하는 것이 아니라, 지문날인을 강요하는 이면의 감정에 대해 묻고 싶습니다. 만일 지문날인이 가장 유효한 수단이라면, 일본인들도 사진이나 인감이 아닌 지문을 찍어야 할 것입니다. 그러나 그러지 않는 것은 왜일까요?"(최선애, 『'자신의 나라'를 되물어가며─어느 지문날인 거부자의 파문─』, 이와나미 서점, 2000)

대해 강제적으로 실시되고 있다. 따라서 외국인등록증을 갱신할 때마다 지문을 찍어야 했던 재일한국인은 강한 굴욕감과 차별감을 느껴 차츰 지문날인을 거부하는 자가 증가하여 갔다.

이러한 운동이 고양됨에 따라 지문날인제도[6]는 1993년에는 특별영주자에 대해, 그리고 2000년에는 다른 외국인에 대해서도 완전히 폐지되었다. 이렇게 자신의 권리를 끈질기게 주장해 온 재일한국인의 요구가 국제적인 인권의식의 고양 속에서 조금씩 인정받게 된 것이다.

재일한국인의 현재

2003년 말 현재 일본에서 외국인등록을 한 재일한국인의 수는 613,791명으로 전체 외국인 중 32.1%를 차지하고 있다.

1985년 일본의 국적법이 개정되어 일본국적의 취득이 이전보다 쉬워진 점, 재일한국인의 혼인 건수의 80% 이

외국인등록자 중 한국적 · '조선'적의 추이

연도	외국인등록자 총수	한국 · 조선적(명)	비율
1950	598,696	544,903	91.0%
1960	650,566	581,257	89.3%
1970	708,458	614,202	86.7%
1980	782,910	664,536	84.9%
1990	1,075,317	687,940	64.0%
2000	1,686,444	635,269	37.7%
2003	1,915,030	613,791	32.1%

출전 : 1950~80년은 『법조시보』(법조회) 각년판, 1990년 이후는 일본 법무성 홈페이지에 의거하여 작성

상이 일본인과의 결혼이라는 현실을 감안하여 일본국적법에서 아버지 혹은 어머니가 일본인일 경우 자식은 자연히 일본국적을 보유하게 된 점, 1990년대 들어 재일한국인의 일본 귀화자[7]가 증가한 점, 입국관리법의 개정으로 브라질을 비롯한 일본계노동자가 증가한 점 등으로 인해 외국인등록자 수에서 한국 · '조선'적의 비율은 해마다 줄어들고 있다.

재일한국인의 귀화 이유를 보면 "앞으로도 일본에서 생활하기 위해"와 아울러 "아이들에게 일본국적을 주기 위해"라는 항목이 상위를 차지

하고 있다. 국적으로 인해 자신이 받았던 차별을 아이들에게는 겪게 하고 싶지 않다는 부모의 마음을 보여준다고 하겠다.

귀화허가자 총수 중에서 점하는 재일한국인 비율의 추이

연 도	귀화허가자 총수(명)	한국·조선적 귀화자수(명)	귀화자 중 재일 한국인비율(%)	귀화 불허가자(명)
1952	282	232	82.3%	219
1960	4,156	3,763	90.5%	2,955
1970	5,379	4,646	86.4%	1,416
1980	8,004	5,987	74.8%	1,124
1990	6,794	5,216	76.8%	274
2000	15,812	9,842	62.2%	不明
2003	17,633	11,778	66.7%	150

출전 : 1952~80년은 아사카와 아키히로, 『재일조선인과 귀화제도』 (신칸샤, 2003), 1990년 이후는 일본 법무성 홈페이지에 의거하여 작성

그러나 공립학교의 교원 채용이나 일반 기업에서 아직 국적에 의한 취직차별이 완전히 해소되었다고는 볼 수 없다. 일본 공립학교에 다니는 재일한국인의 약 80%는 본명이 아닌 일본 이름을 사용하고 있다. 또 한국인 교에 다닐 경우 그 졸업자격으로는 일본 대학에 진학할 때 특별한 신청절차를 밟아야 하는 경우가 많아 큰 부담이 되고 있다. 그리고 북한에 관한 화제가 보도될 때마다 치마저고리 차림으로 등교한 여학생들이 놀림이나 폭행의 대상이 되는 사건이 끊이지 않고 있다.

현재 일본정부는 재일한국인을 포함하여 외국인에게는 일본국적을 지니지 못했다는 이유로 참정권을 인정하지 않고 있다. 다만 지방단위에서는 1990년대 이후 시정촌市町村 병합을 묻는 주민투표에서 정주외국인에게 투표권을 인정하는 자치체가 늘어가는 등 새로운 움직임을 보이고 있다.

함께 사는 사회의 창조를

현재 대다수의 재일한국인은 일본에서 태어나고 자란 세대다. 그 때문에 이들 재일한국인의 생활방식이나 일본사회와 한반도에 대한 의식도 각기 다양성을 띠게 되었다.

재일한국인과 일본사회의 변화

일본에서 조성되고 있는 한국영화 및 재일한국인 영화의 붐 : 1990년대에 들어와 일본에서는 「쉬리」, 「8월의 크리스마스」, 「내 머리 속의 지우개」 등 한국영화가 인기를 끌고 있다. 2000년대에 들어오면 「GO」(유카사다 이사오 감독, 2002), 「피와 뼈」(최양일 감독, 2004), 「박치기」(이즈쓰 가즈유키 감독, 2005) 등 재일한국인의 아이덴티티와 생활방식을 주제로 한 영화가 화제의 대상이 되고 있다.

영화 「박치기」의 DVD 자켓 | 발매처 해피넷트 픽처스

지방행정에 외국인의 시점을 – 가와사키 시 : 가나가와 현 가와사키 시는 재일 한국인 · 중국인 · 필리핀인 · 브라질인 등 많은 외국인이 사는 곳이다. 다양한 문화적 배경을 지닌 주민에 의해 '외국인시민대표자회의'가 조직되어 시정에 적극적인 제언을 하고 있다.

가와사키 시 외국인시민대표자회의 모습

월드컵 대회 때 활약한 재일한국인 작가 : 2002년 한일 월드컵 개막 전에 한국대표팀을 취재하던 일본 기자들은 '신무굉愼武宏(다케히로 신)을 잡아라!'라고 입을 모았다. 재일한국인 3세인 신씨는 한국을 오가며 한국팀의 해외원정에도 동행하여 『히딩크 코리아의 진실』을 간행하였다. 그로 인해 2003년에는 외국인으로서 처음으로 일본에서 권위 있는 스포츠라이터 최우수상을 받았다.

인터뷰에 답하는 다케히로 신

시텐노오지四天王寺의 '왔소' : 오사카 시텐노오지를 중심으로 열리는 축제(마쓰리)는 고대 동아시아의 교류를 재현한 것이다. 이것은 백제·고구려 등의 한반도 사절 일행을 연상시키는데, 여기에서 쓰이는 '왔소'라는 구호는 한국말의 '왔다'에서 유래되었다고 한다. 매회 많은 일본인과 재일한국인이 참가하여 성황을 이룬다.

시텐노오지의 '왔소'

일본의 민족학교에서 민족의 말과 역사, 문화를 배운다 : 현재 일본에는 조선학교와 한국학교 등 민족학교가 90개 교가 넘게 있다. 여기서 민족의 말인 한글을 배우고 역사·문화를 익힌다. 스포츠 분야에서는 1991년에 일본고교야구연맹이 외국인학교의 대회참가를 인정함으로써 축구 등의 경기에서도 일본대회에 참가할 수 있는 길이 열렸다.

오사카 조선고급학교 축구부의 인터하이 출장을 전하는 신문기사 | 『아사히 신문』 1999년 6월 6일

한국에 대해 공부하는 재일한국인과 일본인 : 90년대 이후 한국으로 유학하는 재일한국인과 일본인이 계속하여 증가하고 있다. 한국문화를 알고 싶다, 한국어를 말하고 싶다, 자신의 뿌리를 찾고 싶다 등등 유학의 동기는 다양하다. 또 2002년에는 일본의 대학입시 센터시험에서 외국어 과목에 한국어가 도입되기도 하였다.

한글능력검정시험 응시자 수의 추이
(http://www.hangul.or.jp/materials.htm에 의해 작성. 한글능력검정시험은 봄·가을 연 2회. 매년 실시되고 있다.)

연 도	응모자수	응시자수	합격자수
1993봄	2,010	1,841	960
1994봄	1,350	1,198	430
1997봄	1,758	1,567	697
2000봄	2,239	1,982	890
2003봄	5,973	5,472	3,510
2006봄	13,760	12,385	4,419

오늘날 세계 곳곳에서 서로 다른 문화적 배경을 지닌 사람들과의 상호 이해를 심화할 필요성이 강조되고 있다. 그 가운데 재일한국인은 일본에서 공생사회를 실현하기 위한 중심적 존재다. 또 한일·북일 관계의 개선과 남북통일을 실현하기 위해서도, 동아시아 사회의 일원으로서

재일한국인에 거는 기대 또한 크다. 그러한 의미에서 일본에서 태어나고 자랐다는 사실과 한국인이라는 사실을 조화시키면서 향후 일본·한반도와 어떠한 관계를 만들어갈 것인가는 재일한국인 각자의 선택에 달려 있다.

한편 일본사회나 한국사회도 재일한국인이 일본에서 생활하게 된 역사적 배경을 깊이 이해하고, 문화의 차이를 존중하면서 동아시아 사회를 구성하는 일원으로서 함께 살아가는 것이 필요하다. 이것은 자신의 사회가 지닌 다양성을 존중하는 것과도 밀접하게 관련되어 있다.

용어 해설

1_서미트 : 주요 선진국 정상회의. 서미트(summit)란 정상이란 뜻이다. 1975년 프랑스의 제안으로 시작되었는데 주로 경제와 정치문제를 협의한다. 현재는 주요 선진 8개 국의 수뇌와 EU 위원장이 참가하며, 연 1회 개최된다. 1979년에는 도쿄에서 개최되었으며 에너지 문제와 인도차이나 난민에 대한 논의가 있었다.

2_인도차이나 난민 : 1975년 인도차이나 3국(베트남, 라오스, 캄보디아)이 사회주의 체제로 이행하게 됨에 따라 그 체제 하에서 박해를 받을 것을 우려한 이들과 신체제에 적응하지 못한 이들로서 해외로 피신한 자들을 말한다. 이들 난민의 보호를 목적으로 한 조약이 난민조약이다.

3_국제인권규약 : 자유, 평등 등의 기본적 인권을 국제적으로 보호하기 위해 1966년에 유엔이 채택한 조약. 「경제적, 사회적 및 문화적 권리에 관한 국제규약」(A규약), 「시민적, 정치적 권리에 관한 국제규약」(B규약)의 두 가지로 구성되어 있다. 「세계인권선언」(1948)의 실시를 법적으로 의무화한 것으로서 일본은 1979년, 한국은 1990년, 북한은 1981년에 가입하였다.

4_국민연금 : 이 국민연금을 정한 법률은 1982년 당시 이미 20세가 넘은 재일외국인 장애자와 35세 이상의 재일외국인에게는 적용되지 않았고, 지금도 연금을 받지 못하고 있다.

5_특별영주자 : '특별영주' 자격을 부여받은 자. 1991년 11월 출입국관리에 관한 특별법에 의해 전전부터 계속하여 일본에 거주하여 온 조선인과 타이완 인, 그리고

이들의 자손이 '특별영주'의 대상이 되었다. 이 자격을 취득한 자는 일본에서 영주할 수 있으며 재입국 허가기간은 4년으로 연장되었다.

6_지문날인제도 : 9·11 이후 국제테러를 방지한다는 이유로 일본에 입국하는 16세 이상의 외국인은 의무적으로 지문날인과 얼굴사진을 촬영해야 한다는 법률이 2006년 5월에 만들어졌다.

7_귀화자 : 타국 국적을 취득하여 그 나라의 국민이 되는 것. 일본국적법에 따르면 귀화를 신청할 때는 "계속하여 5년 이상 일본에 주소를 두었던 자", "품행이 선량한 자" 등의 여섯 가지 요건을 만족해야 하며, 법무대신이 허가 여부를 결정한다. 제출서류가 많아 귀화를 신청한 뒤 허가를 받기까지는 1년 전후의 시간이 걸린다.

한일관계의 현황과 전망

냉전종결 후 새로운 세계정세 속에서 북한을 포함한 동아시아 지역 각 국의 관계는 점차 밀접해지고 있다. 그러나 여전히 전후보상과 역사인식이 과제로 남아 있는 반면, 국가간뿐만이 아니라 개인이나 NGO, 자치체 등에 의해 정치·경제·문화 등 다양한 영역에서 상호교류가 확대되고 있다.

냉전의 종결

1980년대 말 동유럽의 여러 나라들에서는 민주화 요구가 분출하여 사회주의체제가 연이어 붕괴하였다. 냉전의 상징이었던 베를린 장벽이 철거되었고, 1991년에는 소련이 붕괴되었다. 또 이것과 보조를 맞추듯 아시아 각지에서도 민주화를 요구하는 움직임이 고양되어 세계정세는 크게 변하였다. 그러한 가운데 미국을 중심으로 신자유주의적 경제정책 도 세계적 규모로 강화되어 새로운 질서의 구축이 진행되고 있다. 반면 2001년 9월 11일의 '동시다발 테러'로 대표되듯이 이 같은 움직임에 대한 저항과 마찰이 각지에서 발생하고 있다.

동아시아 나라들의 관계

그러한 가운데 한국은 소련이나 중국과의 관계를 개선하고 국교를 수립함과 동시에 1991년 9월에는 북한과 동시에 유엔에 가맹하였다. 한편 사회주의체제 소련이 붕괴한 후 러시아는 자본주의 국가들의 자본 과 기술을 도입하려는 자세를 보이며 한국과 시베리아 공동개발에도 착수하였다. 중국도 1980년대 이래 한일 양국과의 교류를 본격적으로 진전시키고 있다.

이러한 여러 나라의 동향을 바탕으로 근년에는 동아시아를 하나의 경제단위로 재편하려는 움직임도 나타났다. 그리고 1997년 7월 타이에서 아시아 전역으로 번져나간 통화위기는 해외의존도가 높은 아시아 지역의 경제적 취약성을 드러냄과 동시에, 아시아 지역 내부의 경제적 상호 관련성이 그만큼 강하다는 사실을 보여주었다. 한일 양국도 현재 중국과 러시아만이 아니라 사회주의국가인 베트남을 포함하는 아세안(ASEAN) 국가들, 그리고 기타 근린 제국과 다각적인 관계를 구축해 가고 있다.

북한과의 관계구축

이러한 상황 속에서 향후 특히 중요성을 띠게 될 문제가 북한과의 관계다. 북한은 중국과 러시아가 개혁·개방 노선을 취하고 있는 가운데 사회주의적 경제노선을 견지하고 있다. 그리고 1990년대 이후 경제적 어려움과 식량부족 등이 겹치는 한편, 소련의 붕괴로 경제적·군사적 후원을 잃게 됨으로써 위기의식이 고조되어 핵 개발과 미사일 발사실험 등을 계속 실시하고 있다. 북한을 군사력 증강이나 핵 개발 등의 수단이 아니라 평화적 방향으로 이끌 수 있는 국제적 환경을 정비하는 것이 현재 큰 과제로 대두되고 있다. 2003년부터는 한국·북한·일본 3국에 미국·중국·러시아를 더한 '6자 회담'도 시작되어 핵개발 문제를 중심으로 논의를 거듭하고 있다.

한국에서는 이미 김대중 정부가 화해와 협력에 기초한 '햇볕정책'에 의거하여 유연한 정책을 취하였으며, 2000년 6월에는 분단 후 처음으로 정상회담을 실현시켰다. 이 때 발표된 「남북공동선언」에는 통일을 향한 노력과 이산가족의 재회, 경제교류의 추진 등이 강조되었다. 그리고 일찍이 남북을 연결하였던 경의선·동해선의 재연결과 금강산 관광개

남북정상회담 | 김대중(오른쪽)과 김정일

발사업 등을 통해 우호적 분위기가 조성되었고, 현재도 노무현 정권이 '햇볕정책'을 계승하여 대화를 통한 남북통일의 노력을 계속하고 있다.

일본은 북한과의 국교정상화 교섭을 1990년대 초에 착수하였다. 그러나 교섭은 핵 개발과 역사인식 차이, 전후보상 문제 등을 둘러싸고 난항을 거듭하다가 1998년 8월 북한의 미사일 발사실험 등으로 중지되었다. 2002년 9월 겨우 북·일 정상회담이 실현되어 「북·일 평양선언」을 통해 국교정상화의 조기 실현을 명문화하였다. 그러나 그 때 북한이 일본인을 납치한 사실을 공식적으로 인정하고 사죄한 것이 큰 파문을 몰고 왔다. 이를 계기로 일본에서는 북한에 대한 비판이 고조되어, 그 사건과 직접 관계가 없는 재일한국인 아동·학생들에 대한 불미스런 위협적 행동이 다수 발생하였다.

그러나 다른 한편에서는 「북·일 평양선언」에 입각한 국교정상화 교섭 추진을 요구하는 여론의 목소리도 강했다. 또 재일한국인 중에서도 납치 문제를 비판적으로 인식하면서 북·일간의 우호를 요구하는 의견도 강하게 주장되었다. 북·일 국교정상화 교섭이 한층 진전될 것으로 전망된다.

전후보상 문제

동북아시아 지역의 안정을 위해 피할 수 없는 문제가 과거 식민지 지배와 침략전쟁과 관련된 보상문제다. 전쟁피해자에 대한 보상문제는 북한뿐만 아니라 한국과의 사이에서도 완전히 해결되지 않은 채 남아 있다.

일찍이 아시아태평양전쟁이 확대되는 가운데 일본은 한국인이나 중국인을 강제로 연행하여 가혹한 노동에 종사시키거나, '일본군'으로 전장에 내몰았다. 연행 대상에는 여성도 포함되었는데 '여자정신대'로서 강제로 일을 시키는 외에도 수만 명 혹은 수십만 명으로 추정되는 여성에게 일본군 '위안부'로서 군인을 상대로 한 성행위를 강요하였다. 그 후 이들은 사상死傷이나 질병·정신적 고통에 대한 보상은커녕 노동에 대한 임금조차 거의 받지 못했다.

한국에서는 해방 직후부터 각지의 보상 요구운동을 수용하여 실태조사를 추진하였으며, 샌프란시스코 강화조약에서도 배상을 요구할 예정이었다. 그러나 일본의 반대 등으로 강화회의에 참가하지 못하였고 1965년 한일조약을 체결할 때 한국정부는 경제협력을 대가로 대일청구권을 포기하였다. 그러나 한국에서는 민간단체가 보상요구운동을 적극적으로 전개하였고, 1990년대에는 피해자 본인과 유족이 차례로 일본정부와 일본기업을 상대로 소송을 제기하게 되었다. 그 중 국가배상에 대해서는 국가에 대한 개인의 청구권이 성립하는지 여부가 쟁점이 되어 지금도 재판이 계속되고 있다.

그러나 일본정부는 샌프란시스코 강화조약과 한일조약에 의해 국가배상은 이미 종결되었다는 공식 견해를 일관되게 주장하고 있어, 개인배상에 대해서는 대부분 패소하고 있는 실정이다. 기업책임에 대해서도 패소하는 경우가 많은 가운데 '화해'를 통해 해결을 시도하는 경우도 있었다. 이것은 기업의 법적 책임은 인정하지 않지만 피해자가 소송을 취하하는 대가로 경제적 구제를 행하겠다는 자세를 답습하고 있다.

일본군 '위안부' 문제

일본군 '위안부' 문제를 인권을 침해한 범죄로 인정하기 시작한 것은 1980년대 한국의 사회운동가들이 피해자를 발굴하면서부터다. 1990년 11월에는 한국정신대문제대책협의회(정대협)[2]가 발족하여 일본군 '위안부' 문제에 대한 관심이 아시아 각 국으로 확산되었다. 1991년 8월에는 한국인 김학순이 자신의 피해 사실을 세상에 밝히자 아시아에서도 속속 피해 사실을 고백하는 이들이 나오게 되었다.

그러한 가운데 일본정부는 1992년 국가의 직접적 관여 사실을 공식적으로 인정하고 사죄하였다. 그러나 국가의 배상과 관련해서는 이미 해결된 일이라는 자세를 버리지 않은 채, 1995년에 정부 지원 하에 국고부담이 아닌 민간기금으로 위로금을 지불하는 '여성을 위한 아시아 평화 국민기금'을 창설하였다. 이것은 고령화하는 피해자에 대한 경제적 구제를 목적으로 한 것이었으나, 정부의 법적 책임과 국가보상을 회피하려는 방법이라는 비판이 쏟아졌다. 그리하여 한국정부는 정식으로 거부와

나눔의 집의 일본군위안부역사관

신뢰관계의 구축을 향해

마음에 깊은 상처를 남긴 체험이 피해자에게 가져온 것은 그 체험을 스스로 무어라 설명할 수 없는 의식의 분열과 고독감 혹은 자기를 부정하는 생각이다. 피해로부터의 회복은, 우선 그러한 체험에 대해 수미일관된 설명을 해주는 일에서 시작된다.

일본군 '위안부'라는 경험을 안고 살아온 사람들에게 전후 반세기라는 시간은 그러한 체험에 무언가의 설명을 부여하는 데 필요한 시간이었고 아울러 그 체험을 사회에 전달하여 스스로의 존엄을 회복하는 데 필요한 시간이었다.

그러한 체험을 공유하기 위한 작업이 현재 다양한 분야에서 이루어지고 있다. 한국의 여성 감독 변영주에 의한 다큐멘터리 영화 「낮은 목소리로」(1995년 일본에서는 「나눔의 집」이라는 제목으로 방영) 제작도 그러한 노력 중 하나다. 변 감독은 '나눔의 집'의 일본군 '위안부'들을 1년 이상 방문하며 신뢰관계를 쌓았다. 변 감독은 "그녀들은 전쟁의 피해자로서 존경받기에 충분한 사람들이다. 그럼에도 불구하고 부끄러운 자들로 취급받고 정식적인 사죄도, 노후보장도 받지 못하고 있다. 어느 시대나 성폭력 피해 여성은 부당하게 비난받기 쉽다. 그러한 의미에서 '위안부' 문제는 현재의 여성문제라는 것을 깨닫게 되었다"라고 말한 바 있다.

피해 경험을 극복하며 살아온 사람들의 체험은 그 말을 들어주는 이에 대한 신뢰감이 없으면 입 밖으로 나올 수 없다. 1997년 2월에 사망한 일본군 '위안부' 피해자 강덕경은 "일본인이 아직 모른다면 내가 한 번 더 일본에 가서 설명하겠다"고 말한 바 있다. 이 말 속에서, 그러한 신뢰감이 다름 아닌 '일본인'에 대해서도 보내지고 있다는 것을 엿볼 수 있다. 바람직한 한일관계는 우선 사람과 사람 사이의 신뢰관계를 바탕으로 해야 하는 것이 아닐까?

항의의사를 밝혔으며 피해자의 접수 상황도 지지부진한 채 2002년에 사업이 종료되었다.

한편 일본에서는 근년 들어 일본의 아시아 침략 사실을 부정하고 전쟁을 미화하는 세력이 대두하였다. 이들은 일본군 '위안부' 문제 등에 대해 '과거 청산'을 거부하고 국민으로서 '명예'를 회복하려는 목적으로 그 같은 주장을 담은 책과 역사·공민과 교과서를 간행하였다. 그로 인해 역사인식과 역사교과서를 둘러싼 문제가 재연되어 일본과 주변국의 관계가 악화되는 사태로 발전하였다.

그러나 다른 한편에서 일본군 '위안부' 문제를 심각하게 받아들이며 일본의 가해 사실을 직시하려는 움직임도 민간 차원에서 활발히 전개되고 있다. 특히 2000년 12월에는 전시중 성범죄를 재판하는 민간 '여성국제전범법정'[3]이 일본의 시민단체를 중심으로 개최되어 일본의 국가책임과 천황의 전쟁책임 등을 추궁함으로써 큰 반향을 얻었다. 또 한국에 있는 '나눔의 집'[4]에서는 일본에서도 많은 청년들이 방문하여 자원봉사 활동을 하고 있다. 또한 국제사회에서는 성폭력을 전쟁범죄로 보는 인식이 강화되어 2002년 7월에는 전쟁범죄의 단속을 목적으로 국제형사재판소[5]가 설치되었다.

교류 확대

역사인식과 전후보상 등의 과제를 안고 있으면서 일본과 한국의 교류는 다양한 차원에서 가속화되고 있다. 한국에서는 1988년에 해외여행이 자유화되면서 일본을 방문하는 여행객도 급증하였다. 일본에서는 장학금과 비자발행 제도도 개선되어 한국인 유학생의 수도

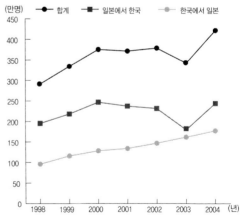

한국과 일본의 관광객 수의 추이

일본에서 한국 : 국제관광진흥기구 홈페이지, 한국에서 일본 : 법무성 홈페이지에 의거하여 작성

중국 다음으로 많다.

또 한국에서는 1988년부터는 단계적으로 일본문화가 개방되어『슬램덩크』등의 만화가 유행한 외에도 일본 가수에 의한 일본어 가요도 공식적으로 발매되게 되었다.

한류의 시작「겨울연가」관련 서적

일본에서도 최근 영화「쉬리」와 텔레비전 드라마「겨울연가」가 화제를 불러일으키는 등 급속히 한국에 대한 관심이 고조되었다. 한국인 가수와 탤런트, 스포츠 선수의 활약이 일상화되었다. 또 한국의 말과 역사·문화 등을 배우는 사람도 급증하고 있다. 이러한 풍조는 '한류'로 불리며 하나의 유행이 되었다.

자치단체 차원의 교류에서는 1968년 울산(경상남도)과 하기 시萩市(야마구치 현)가 자매결연을 맺은 이래 한일 간에는 현재까지 80쌍 이상의 자매도시가 탄생하여 서로 방문단을 파견하면서 문화교류를 추진하고 있다.

한편 북한과 한국 사이에는 비즈니스와 관광을 위해 한국에서 북한을 방문하는 인구가 증가하는 반면 북한에서 한국으로 망명하는 '탈북자'가 근년 들어 급증하고 있다. 수많은 지원자의 협력이 있기는 하지만 한국 측의 수용 태세가 포화 상태에 이르고 있다. 한편 스포츠 분야의 교류는 활발하여 이미 1991년 일본에서 개최된 세계탁구 선수권대회에는 남북이 코리아 단일팀으로 출전하여 여자단체전에서 우승을 차지하였다. 또한 2000년 시드니 올림픽부터는 '통일기'를 들고 동시 입장하고 있으며, 2008년 베이징 올림픽에서는 단일팀 파견이 검토되고 있다.

21세기의 전망

현재 일본·한국·북한 사이에는 다양한 교류가 이루어지고 있다. 그것은 정부 간뿐만이 아니라 개인과 NGO, 지방자치단체 간에도 다양한 형태로 추진되고 있다. 일본에서도 한반도의 남북통일을 위해 노력하는 사람들, 재일한국인의 인권과 문화를 옹호하는 사람들이 많이 있다. 이외에도 시민단체에 의한 문화교류, 연구자와 교육자의 교류, 쌍방의 역사와 문화를 깊이 공부하려는 유학생의 왕래 등 일본과 한반도를 잇는 가교는 무수히 많다.

2002 한일월드컵 개최 | 한국팀(위), 일본팀(아래)

'전쟁과 폭력의 세기'로 불리는 20세기를 지나 21세기를 살아가고 있는 지금 우리들은 대립하지 않고 협력하는 것이 중요하다. 2002년에 한일 양국이 공동으로 개최한 '월드컵 축구'는 바로 그러한 상징이라고 말할 수 있을 것이다. 그리고 이러한 우호관계를 심화하기 위해서는 역사적인 배경을 직시하고 진실한 대화를 거듭하여 주고받는 것이 무엇보다 중요한 일일 것이다.

용어 해설

1_햇볕정책 : 한국이 북한에 대해 취하고 있는 유화정책을 말한다. 물질적 지원과 인간적 교류를 늘려가면 북한도 언젠가는 따뜻한 태양볕으로 인해 두터운 외투를 벗듯 폐쇄와 대립에서 벗어나 개방과 화해의 태도를 보일 것으로 기대하는 정책이다.

2_한국정신대문제대책협의회 : 일본군 '위안부' 문제 등에 대처하기 위해 1990년에 한국에서 만들어진 여성운동단체.

3_여성국제전범법정 : 아시아태평양전쟁 중 일본군 '위안부' 등 여성에 대한 전쟁범죄, 인도에 관한 범죄에 대해 군인과 관료 등 개인의 형사책임과 국가의 전쟁책임을 재판하기 위해 한국과 일본 외에도 아시아 지역의 시민단체가 개최한 국제법정. 2000년 12월에 도쿄에서 열렸다.

4_나눔의 집 : 경기도 광주에 있는 옛 일본군 '위안부' 할머니들의 공동생활의 장.

5_국제형사재판소 : 국제법상 중대한 범죄를 범한 개인을 재판하는 상설재판소로 2002년 7월에 설립되었다. 네덜란드 헤이그에 본부를 두고 있으며 2004년 5월 현재 94개 국이 설치를 위해 조약을 비준하였다.

.... 더 깊은 이해를 위하여

제1장 선사시대의 문화와 교류

선사시대에 한반도와 일본열도 사람들 사이에 어떠한 교류가 있었는가 하는 문제는 아직 연구가 진행중이라고 할 수 있다. 이 장에서는 현재까지 밝혀진 석기와 토기 등 도구의 제작기술, 벼농사 등 농경의 발전을 중심으로 선사시대 한반도와 일본열도의 교류에 관해 기술하였다. 실제 학습이나 교재화 과정에서는 다음과 같은 사항에 유의하기 바란다.

첫째, 선사시대의 시기구분에 대하여. 한국의 선사시대는 구석기시대─신석기시대─청동기시대로 구분한다. 일본의 선사시대는 구석기시대─조몬 시대─야요이 시대로 구분한다. 구석기시대는 공통적이며 한국의 신석기시대에 일본의 조몬 시대가, 한국의 청동기시대에 일본의 야요이 시대가 대체로 대응한다. 이 책에서는 구석기시대─신석기시대─청동기시대를 기본적인 시대구분법으로 사용하였다. 이 책이 한일 공통교재라는 점을 감안하고, 고고학의 원칙적인 시기구분법을 채용하였기 때문이다.

둘째, 신석기시대에 대하여. 세계사적인 '신석기시대'와 한국의 신석기시대, 일본의 조몬 시대는 공통점과 아울러 상이점이 존재한다. 토기 제작과 간석기의 사용 등이 공통점이라고 한다면, 한국과 일본에서 아직까지 '신석기시대'의 중요한 요소인 농경과 목축이 빠져 있다는 점은 상이점이라고 할 수 있다. 그러나 최근 들어 발굴조사가 진전되면서 한반도와 일본열도의 신석기시대에 이미 농경이 이루어졌다는 사실이 밝혀졌다. 하지만 본격적인 농경사회로 이행한 것은 청동기시대 이후로 추정되고 있다. 또한 한국에서는 몇 군데 원시적인 목축이 행해진 사례가 있으나 일본에서는 아직 확인되지 않고 있다.

셋째, 청동기시대에 대하여. 본문에서 언급한 바 있듯이 한반도에서는 기원전 15세기에 청동기가 사용되기 시작하였으며, 기원전 4세기에는 철기가 사용되기 시작한다. 이에 비해 일본열도에서는 청동기문화가 기원전 3세기 무렵에 보급되어 야요이 문화가 성립한다. 이 때문에 일본열도에서는 청동기와 철기가 거의 같은 시기에 사용되었다. 이처럼 한반도와 일본열도에서는 청동기의 사용에 시간차가 존재한다. 이러한 이유로 본문에서는 청동기라는 항목에서 철기시대에 관해서도 기술하고 있다.

넷째, 지리적 위치에 대하여. 바다가 생겨나면서 대륙에서 떨어져 나온 일본열도는 북으로는 홋카이도·사할린을 거쳐 시베리아·연해주와, 중앙에서는 한반도와 규슈 북부·혼슈 서부와, 서남부에서는 오키나와·타이완을 거쳐 동남아시아 도서부와 접하고 있다. 이러한 환경이 형성된 것은 약 1만년 전 갱신세 말기였다. 한반도와 일본열도 사이의 대한해협은 한랭기를 맞이하여 연결되었을 것으로 추정되어 왔으나, 당시 100미터 가량이었던 수심이 현재 150미터 전후인 것으로 보아 그러한 연결은 없었던 것이 아닌가 여겨지고 있다. 그렇다고 해서 한반도와 일본열도 사이의 교류가 어려웠다는 것은 아니다. 한반도와 일본열도 사이의 넓은 바다는 동시에 양 지역을 이어주는 역할을 하였다. 조선과 항해기술이 발달하지 못한 단계에서는 바다를 직접 횡단하여 교류하기가 쉽지 않았을 것으로 생각되어 왔으나 한반도에서 전해진 것으로 추정되는 요소를 지닌 유적과 유물이 한반도에서 멀리 떨어진 일본 도호쿠 지역인 아오모리현 등지에서도 많이 출토되고 있다. 지금까지 생각지 못했던 바닷길의 존재가 서서히 밝혀지고 있는 것이다. 앞으로 해표류실험 등을 통해 바닷길의 존재는 좀더 명확히 밝혀질 것이다.

이처럼 제1장은 선사시대에 이루어진 한반도와 일본열도 사이의 교류를 구체적으로 학습할 수 있도록 고안한 것으로서 양 지역 사이의 교류사나 관계사를 공부하기 위한 기초로서도 중요한 위치를 점하고 있다.

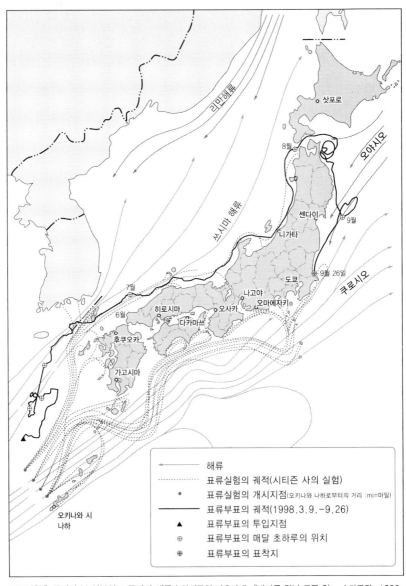

표류실험을 통해서 본 일본열도 주변의 해류 | 하시구치 나오타케, 『바다를 건넌 조몬 인』, 쇼가쿠칸, 1999.

제2장 삼국·가야의 정치정세와 왜와의 교류

제1절 삼국·가야의 대립과 왜

이 절에서는 동북아시아 국제정세의 변화를 살펴본 후 한반도와 일본 열도의 국가형성기로부터 한반도에서 삼국통일이 완성되는 6세기까지 한반도 삼국과 왜의 관계사에 대해 정치사 중심으로 기술하였다. 이를 교재화할 때는 다음의 사항에 유의하기 바란다.

첫째, 고구려와 왜의 관계에 대하여. 지금까지는 「광개토왕비문」에 나타난 전투기사를 둘러싸고 교과서 기술방식이 문제가 되어 왔는데, 이 절에서는 고구려가 동북아시아에 커다란 지배권을 확보하고 있었고 그에 대한 백제의 주체적인 대응으로서 왜 세력을 끌어들였다는 사실, 그리고 광개토왕비가 세워지고 150년 정도 경과한 570년부터는 왜와 고구려 사이에 우호적인 관계가 지속된 사실을 구체적으로 기술하였다.

둘째, 백제와 왜의 관계에 대하여. 왜와 백제의 관계를 어떻게 볼 것인 가도 한일관계사에서 중요한 대목이다. 이 절에서는 백제가 동북아시아 에서 중시한 부분이 중국 남조의 동진이나 왜와의 관계였다는 점을 명확히 한 후, 참고자료 〈칠지도에 새겨진 60여 자를 둘러싼 논쟁〉에서 동진·백제·왜의 관계에 대해 보다 구체적으로 생각해 보게 하였다.

셋째, 신라와 왜의 관계에 대하여. 지금까지의 교과서 기술에 따르면 신라와 왜는 적대적인 관계였으나, 이 절에서는 신라와 왜의 관계를 차분히 살펴봄으로써 교류관계를 이해할 수 있게 배려하였다.

이 절에서는 삼국과 가야의 대립과 다툼이 어떻게 왜와의 관계 속에서 전개되었는가를 중심으로 서술하였다. 삼국 및 가야의 대립 과정에서 왜는 적지 않은 역할을 하였는데, 이러한 과정에서 한반도로부터 일본열 도로 상당한 규모의 주민이 이주한 것으로 보았다.

제2절 사람의 이동과 문화교류

지금까지 한국교과서에서는 이 시기의 한일교류에 대해 한국에서 일본으로의 문화전파만을 과도하게 강조하는 경향이 있었다. 그래서 이 절에서는 문화전파의 원인으로서 사람의 이동에 중점을 두고, 그 이동의 원인과 과정을 보다 중점적으로 서술하였다. 이를 교재화할 때는 다음 사항에 유의하기 바란다.

첫째, 사람의 이동에 대하여. 일본열도에서 한반도로의 이동과 문화전파에 대해서도 가능한 자료를 발굴하여 균형 잡힌 서술이 되도록 노력하였다. 이주가 많았던 3시기에 대해 구체적인 정치정세를 기술함으로써 깊이 있는 이해를 도모하도록 하였다.

둘째, 일본열도에 정착한 삼국의 유민에 대하여. 사이타마 현의 '고려'나 일본 각지에 남아 있는 '백제'라는 지명 등 삼국과 관련된 지명을 일본 각지에서 찾아볼 수 있다는 사실을 다루었다. 한일 양국 학생들에게 흥미로운 소재가 될 것이다.

셋째, 사원이나 불상에 미친 영향에 대하여. 이 점은 많은 일본교과서가 다루고 있는데 이 절에서는 아스카데라나 호류지의 금당 건축기술, 고류지의 미륵반가사유상의 조각양식 등을 구체적으로 기술하였다. 또 고구려 고분벽화와 일본 고분벽화의 유사성 등에 대해서는 그림을 통해 서로 비교할 수 있도록 하였다.

넷째, 철기와 토기의 제작기술 전래에 대하여. 이것은 당시 한반도와 일본열도와의 관계 속에서 가장 중요한 요소로서 이를 구체적으로 이해할 수 있도록 배려하였다.

이처럼 자칫 산만하고 나열식으로 흐르기 쉬운 문화전파 양상을 최대한 입체적으로 정리하고자 하였다. 그러나 서술이 충분하게 체계적이지 못한 관계로 개중에는 유교문화와 같이 미진한 부분도 있다.

제1절 백제 · 고구려의 멸망과 신라, 일본

이 절은 7세기 한반도와 일본의 관계를 다루었다. 일본교과서에서는 이 시기를 율령국가의 성립기로 자리 매김하고, 쇼토쿠 태자에 의한 정치, 즉 을사의 변(다이카 개신), 덴무 · 지토 기의 정치를 다루는 경우가 많다. 백촌강 전투를 제외하면 한일관계에 대한 기술은 거의 중시하지 않고 있다. 한편 한국교과서에서는 신라에 의한 삼국통일 과정을 중심으로 기술하고 있는데, 중국세력과의 전쟁은 중시하고 있으나, 왜와의 관계에 대해서는 전혀 기술이 없다. 그러나 남북조시대가 끝나고 수 · 당이라는 중국통일왕조가 성립된 것은 그 때까지 중국의 분열 상황을 교묘히 이용하여 온 삼국에게 외교의 선택지가 일원화되었음을 의미하며, 그 결과 이 시기에는 어느 나라를 막론하고 왜와의 외교가 상대적으로 중요성을 띠게 되었다. 이러한 시대 상황을 바탕으로 이 절에서는 다음과 같은 점을 깊이 학습하기 바란다.

첫째, 수 · 당의 군사적 압박과 정치적 영향력에 대하여. 이를 배경으로 삼국에서는 각기 독자적인 권력집중이 단행되었고, 왜에서도 거의 같은 시기에 을사의 변이 일어났다. 이 사건이 왜국 내의 정치적 모순을 반영한 사건이라는 점은 말할 것도 없으나, 그와 동시에 한반도 정책과 관련되어 소가 씨가 참살되었다. 이처럼 7세기 여러 나라들의 내란과 대외전쟁의 계기는 서로 밀접히 연관되어 있었다는 점을 이해하기 바란다. 이를 위해 삼국의 대립관계와 당나라의 고구려 침략 등을 자세히 다루었다.

둘째, 백제 멸망 후 왜가 백제부흥전쟁에 가담하여 패배하였다는 사실. 이것은 4세기 후반 이래 계속하여 왜가 추진해온 한반도와의 교류가 종식되었음을 의미함과 동시에 신라 · 당에 의한 군사적 침공위기에 직접적으로 노출되게 된 사건으로서 중요한 의미를 지닌다. 또 유입된 백제유민을 중용하여 왜에서는 중앙집권국가체제의 정비를 추진했다. 이 시기

왜왕의 거소는 나니와, 쓰쿠시, 오미 등으로 옮겨졌는데, 이것은 한반도에 대한 군사정책의 추진과 실패를 여실히 반영한 것임을 이해하기 바란다.

셋째, 신라의 통일전쟁에 대하여. 당나라 세력을 몰아내고자 한 신라의 통일전쟁은 필연적으로 당나라 본국과의 관계를 악화시켰다. 당의 간접 통치가 자국에 영향을 미치는 가운데 신라는 급속히 왜와의 관계를 회복 시키고자 하였다. 왜는 웅진도독부에서 온 사신 곽무종을 맞이하여 친당 노선을 추진하려 했으나, 임신의 난 이후 태도를 바꾸어 친신라 외교를 전개하였다는 것은 중요하다. 중국제도의 수용에 의한 일본의 율령국가 성립은 그 사이 교류가 없던 당과의 관계를 통해서가 아니라, 오히려 한반도 세력의 변동을 배경으로 한 삼국세력과의 교류를 통해 달성된 것임에 주목하기 바란다.

이 시대는 동북아시아에서 고대국가 확립기에 해당되므로 일국사적 관점만으로는 고대국가 확립의 의미를 충분히 이해하기 어렵다. 따라서 관계사로서 교재화하는 것이 중요하다.

제2절 신라 · 발해와 일본의 교류

8 · 9세기의 신라 · 발해와 일본과의 교섭은 4~7세기 한반도 삼국과 왜의 교섭, 문물교류에 관한 기술과 비교해 보면 교과서에서는 거의 다루 고 있지 않다. 특히 일본교과서에서는 대당관계에 비중을 두어 견당사 파견을 중심으로 한 서술이 대부분이며, 한일관계사가 구체적으로 기술 된 것은 소수에 불과하다. 한국교과서도 이 점은 마찬가지다. 이에 이 절에서는 신라 · 발해와 일본과의 관계사를 중시하였으며 이를 교재화할 때는 다음 사항에 유의하기 바란다.

첫째, 고구려의 옛 땅에 발해국이 일어나 차츰 영토를 넓힘으로써 동북 아시아의 국제적 긴장이 고조되었다는 점. 730년대 당과의 군사적 대립이 정점에 이르자 발해는 산동반도의 등주를 공격했다. 이에 당은 신라에 출병을 명하였다. 이 전쟁의 결과 신라는 발해에 패하였지만 당으로부터 는 대동강 이남지역에 대한 영유권을 승인받았다. 발해의 대일 교류는 이러한 국제적인 고립상태를 타개하기 위해 전개된 것이었다.

둘째, 신라·발해의 대일외교가 갖는 교역적 성격에 대한 것. 신라는 당과의 관계가 안정되자 신라를 조공국으로 자리매김하려는 일본의 태도를 싫어하게 되었다. 그러나 반면에 700명이 넘는 대규모 사절을 일본에 보내 자국의 산물과 수공업품을 교역한 바 있다. 발해도 안사의 난을 배경으로 당과의 긴장관계가 완화되자 일본에 무인관료 대신 문인관료를 보내게 되었으며, 이 무렵부터 교역을 목적으로 한 외교를 전개하게 되었다. 신라는 귀족이 경영하는 공방에서 생산된 공예품을, 발해는 지배하에 있던 말갈부족이 사냥하거나 채집·농경을 통해 획득한 토산물을 일본과의 교역품으로 사용했다. 이러한 신라사·발해사의 대일교역은 각각 왕의 관리 하에서 전개된 것이며, 왕은 대외교역을 독점함으로써 국내의 결속을 도모하였다.

셋째, 8세기 말경부터 동북아시아의 국제무역을 담당한 사람들이 출현한 것. 그 대표적 인물이 장보고다. 동아시아에 걸친 그들의 활동은 대외교류에서 새로운 시대의 도래를 의미하는 것이었다. 이 시기 일본의 대외무역시스템은 신라상인의 내일을 전제로 하였다. 그러나 장보고가 죽자 신라의 동란에 위기감을 느낀 일본은 교역관계를 정지하였다.

넷째, 발해가 멸망할 때까지(926) 일본과의 관계를 유지한 사실. 일본에서는 8세기 말부터 9세기에 걸쳐 중국적인 외교사절의 접수의례(빈례賓禮)가 정비되어 발해사를 조공사로 대하게 되었다. 신라와의 교통이 두절된 가운데 조공사로서 발해사의 도래는 일본 헤이안 귀족의 외교의식을 만족시켜 주었다. 그러나 발해사의 본래 목적은 무역이었으며, 일본과 발해의 관계는 양국을 둘러싼 긴장된 국제관계와는 차원을 달리하며 매우 평화롭게 전개되었다. 이처럼 동북아시아 고대국가들 사이의 관계는 겉과 속이 서로 다른 이중구조를 띠고 있었다는 점에 주목할 필요가 있다.

제4장 10~12세기 동북아시아 국제질서와 고려 · 일본

제1절 동북아시아 세계의 재편성

이 절에서는 당 제국의 멸망에서 송 · 거란(요)의 성립, 그리고 송이 북방에서 여진족에 의해 수립된 금의 압박으로 남하하여 남송을 건국하기까지 약 3세기 동안 고려와 일본의 관계를 서술하는 데 주안점을 두었다. 이를 교재로 사용하거나 학습할 때는 다음 사항에 유의하기 바란다.

첫째, 당 멸망이 주변 여러 나라에 미친 영향에 대하여. 중국 북방에는 거란(요)과 금이 연이어 성립되었고 한반도에서는 고려가 건국되었다. 그리고 일본의 외교자세도 크게 변화하였다. 그 때문에 남쪽으로 내려간 송을 중심으로 한 동북아시아의 국제관계는 수 · 당 시대와는 다른 양상으로 전개되었다. 특히 송이 당과 같은 대제국이 아니었으며, 주변 제국을 끌어들여 강력한 중화이데올로기를 형성할 수 없었기 때문에 주변 여러 나라의 자립을 촉진하고, 그것이 대립관계를 포함하면서도 동북아시아의 안정적인 국제관계를 유지하게 하였음을 기술했다. 이것은 한국의 연구성과를 크게 반영한 것으로 당 · 송 등 중국 제국의 영향력을 높이 평가하는 일본의 교과서 기술과는 크게 다른 부분이다. 앞으로도 두 나라 역사학의 연구성과를 활용하면서 서로 공유할 수 있는 역사적 인식을 만들어가는 것이 중요하다.

둘째, 송의 경제력과 송이 동북아시아 무역에서 점하는 중대한 위상에 대하여. 앞에서도 언급한 바 있지만 송의 경제력은 이 시기의 동북아시아를 생각할 때 결코 간과할 수 없는 요소다. 그러나 그 경제와 무역 발전의 구체적인 요인에 대해서는 전화의 발행과 그것의 유포, 도자기 생산의 발전에 대한 지적에 머물러 있어 주변 나라들과의 관계를 포함하는 충분한 설명이 이루어졌다고 볼 수는 없다.

셋째, '상객' 접대체제에 대하여. 송 제국 아래에서의 동북아시아의 국제관계를 '상객' 접대체제로 기술하였는데, 이 용어는 아직 한국 · 일본 양국에서 정착된 것이 아니므로 교과서 수준에서 이 용어를 사용하는 것이 과연 적당한지에 대해서는 검토의 여지가 있다. 한국사와 일본사에 관한 연구서 등을 참조해 보아도 마땅한 용어를 찾을 수 없었기 때문에, 해당 시기의 동아시아 교류관계를 특징짓는 용어로서 사용해 보았다. 이 용어는 향후 한일 양국에서 상호 검토를 거쳐 정착시킬 필요가 있다고 생각한다.

넷째, 금 건국 전후 고려와 일본의 정치적 변화에 대하여. 고려에서는 1170년 무신의 난을 계기로 무신정권이 수립되었다. 일본에서도 12세기 중반 천황가와 섭관가가 연루된 정쟁에서 승리한 군사귀족 다이라노 기요모리가 실권을 장악하고, 12세기 말엽에는 미나모토노 요리토모에 의해 무가정권(가마쿠라 막부)이 수립되었다. 이 시기에 무가(무신)정권이 한 · 일 양국에서 수립되었다는 것은 양국의 관계사 · 교류사와 직접 관련된 사실은 아니지만, 동북아시아 정치정세의 비교사적 관점에서 매우 흥미로운 역사상이라고 할 수 있다.

이와 관련하여 부연하자면, 고려에서는 약 1세기 후에 무신정권이 붕괴하고 다시 문신을 중심으로 한 문치정치가 부활하지만, 일본에서는 그 후로도 19세기 후반까지 무가정권이 계속된다. 이러한 차이는 어디서 유래한 것일까, 그리고 동북아시아에서 '문'과 '무'의 관계는 어떠한 것일까 등의 문제를 생각할 때 고려와 일본에서 무신정권의 성립은 매우 적절한 소재라고 생각한다.

제2절 10~12세기 고려와 일본의 관계

이 절은 10~12세기 동북아시아에서 고려와 일본의 관계를 주제로 한 것으로, 한국과 일본의 고교생들에게 당시 고려 · 일본 관계를 생각해 보도록 하려는 것이다. 이제까지 한국교과서에서는 고려와 송이나 거란 (요)의 관계, 그리고 거란의 수차례에 걸친 침공에 대해서는 기술하고 있지만 일본과의 관계에 대해서는 거의 기술하고 있지 않다. 또 일본교과서도 10세기 동아시아 세계의 전환 부분은 다루지만, 10~12세기 고려와 일본과의 관계에 대해서는 거의 다루고 있지 않다. 이 절을 교재로 사용하거나 학습할 때는 다음 사항에 유의하기 바란다.

첫째, 국가 간의 외교관계와 민간교류에 대하여. 고려 성립 후 고려와 일본과의 관계를 개관함과 동시에 국가 간의 정식 외교관계와 민간교류라는 양 측면에서 양국의 관계를 살필 수 있도록 하였다. 고려와 일본 사이에 민간교류는 활발히 전개되면서도 왜 공식적인 관계는 12세기 후반 진봉관계가 성립될 때까지 기다려야 했던 것일까. 이에 대해서는 동북아시아 국제질서에 대한 양국의 인식차이에 주목하기 바란다.

둘째, 여진족의 침공에 대하여. 대부분의 일본교과서에서는 1019년 여진족의 침공을 '도이의 입구'로 기술하고 있는데, 교과서에 따라서는 이를 무사의 성장 사례나 섭관정치기의 폐쇄적인 외교자세의 사례로 다루는 등 제각각이다. 한국교과서에서는 여진족의 고려침공은 다루고 있지 않다. 그 때문에 여기에서는 이 사건과 관련된 고려·일본 관계에 대해 구체적으로 파악할 수 있도록 노력하였다. 참고자료에서 인용한 바와 같이 일본측 사료에는 고려군에게 구출되어 일본으로 송환된 2명의 일본인 여성의 보고도 남아 있어 주제학습으로 심화시킬 수도 있을 것이다.

셋째, 고려의 의사파견 요청에 대하여. 1079년 고려의 의사파견요청 사건을 둘러싼 기술에서는 고려와 일본의 국가간 외교관계의 어려움이나 동북아시아 국제질서에 대한 인식 차이가 드러날 것이다. 그러나 12세기 후반에는 11세기 후반의 비교적 활발했던 민간교류의 실적을 전제로 공식적인 관계라고 볼 수 있는 진봉관계가 성립하고, 13세기 몽골침략까지는 안정적인 우호관계가 지속되었다. 한일관계의 역사 학습에서는 양국이 우호관계를 유지하였던 시기에 대해서도 적극적으로 교재화할 필요가 있을 것이다.

제1절 몽골의 침략과 고려 · 일본

13세기 들어 동북아시아에서는 몽골의 등장과 함께 새로운 국제질서가 수립되었다. 이 절에서는 몽골의 침략에 대한 고려와 일본의 대응을 양국이 13~14세기의 동북아시아 국제질서 속에 편입되어 가는 과정이라는 관점에서, 몽골침략을 계기로 수립된 동북아시아 국제질서 속에서 고려와 일본의 입장과 고려 · 일본의 관계에 대해 기술하였다. 이 절을 교재로 사용하거나 학습할 때는 다음 사항에 유의하기 바란다.

첫째, 몽골제국 성립의 세계사적 의미에 대하여. 서두에서 몽골제국의 성립 과정과 그것이 지닌 세계사적 의미를 지적하였다. 이를 통해 동북아시아의 국제질서가 변화할 것임을 예고함으로써 이어지는 몽골침략에 대한 고려와 일본의 항쟁이 단순히 일국사적인 사건으로 그치는 것이 아니라 동북아시아 역사 속에서 중요한 의미를 지닌다는 사실을 이해할 수 있도록 하였다.

둘째, 고려의 항전과 삼별초의 항전에 대하여. 몽골침략에 대한 고려의 항전에서 강화에 이르는 과정을 이해하기 쉽도록 서술하였다. 삼별초의 항전에서는 그 과정에서 일본에 문서를 보내 함께 몽골과 싸우자고 제안한 사실이 한일관계사에서 특별히 주목할 만하기 때문에 별도의 항목으로 독립시켜 기술하였다. 그리고 항전의 결과, 고려가 멸망하지 않고 국가를 유지하며 몽골이 세운 원과 조공 · 책봉 관계를 수립하였음을 강조하였다.

셋째, 일본의 대응에 대하여. 2차에 걸친 몽골침략에 대한 일본의 대응에 대해서도 한일관계사의 관점에서 기술하였다. 특히 몽골의 일본침략에 고려가 협력하고, 그로 인해 그 후 고려와 일본이 서로 적대하게 된 사실이 있는데, 고려의 협력은 몽골의 강압에 따른 것이었으므로 소극적이었다는 점, 몽골침략에 대한 고려의 항전이 결과적으로는 몽골의 일본침략을 지연시켰다는 점을 함께 지적하였다.

넷째, 고려와 몽골(원)의 관계에 대하여. 몽골침략 이후 맺어진 고려와 몽골의 관계에 대해서는 조공과 책봉을 기본으로 하는 사대관계로 설명하였다. 그리고 이를 통해 고려는 국가체제를 유지하고 있었고 이 점이 뒷날 자주성을 회복할 수 있는 원동력이 되었음을 지적하였다. 한편, 원이 고려의 내정을 간섭할 뿐 아니라 영토의 일부를 빼앗고 경제적인 부담을 주는 등 고려에 많은 피해를 입혔던 사실에 대해서도 기술하였다.

다섯째, 일본과 몽골(원)의 관계에 대하여. 몽골침략 후 일본과 몽골 사이에는 국교가 맺어지지 않았지만 무역은 활발하게 이루어졌고, 승려·학자 등 민간인들의 왕래도 빈번하였음을 기술하였다.

여섯째, 그 후 고려와 일본의 관계에 대하여. 고려와 몽골의 강화 이후 고려와 일본의 관계는 단절되었으며, 몽골의 일본침략 이후 고려와 일본의 상호인식과 관계가 악화되었음을 기술하였다. 특히 일본에서는 몽골침략에 따른 대외적인 공포심이나 이적관이 고려에 대한 멸시관으로 변형되어 일본사회에 정착하게 되었음을 밝혔다.

이처럼 세계사적 사건이었던 몽골의 침략이 동북아시아, 그 중에서도 고려와 일본에 미친 직접적인 영향과, 침략 후 고려와 일본에 남긴 영향을 공부하는 것은 역사를 일국사적 틀을 뛰어넘어 되돌아본다는 의미에서 중요한 교재가 될 것이다.

제2절 14세기 후반의 동북아시아 정세와 왜구

왜구에 대한 연구경향은 한국과 일본이 서로 다르다. 한국학계에서는 왜구를 13~16세기에 걸쳐 한국과 중국 연안을 침략한 일본인 해적으로 보고 있으며, 왜구 발생의 원인에 대해서는 주로 일본 남북조시대 국내 정세의 혼란에 중점을 두고 있다.

일본학계에서 왜구란 14~16세기에 한반도와 중국 연안을 침략한 해적에 대한 한국·중국의 호칭으로서, 14~15세기에 활동한 '전기왜구'와 16세기에 활동한 '후기왜구'로 구분하고 있다. 전기왜구는 일본의 남북조시대 혼란기에 한반도 및 중국 동북 해안에서 활동한 일본인 해적으로 보고 있다. 후기왜구는 주로 중국 해안을 중심으로 밀무역을 행하던 중국인 및 일본인, 포르투갈인, 스페인인 등이 가담한 것이라고 하여, 전기왜구와는 성격을 구분하여 인식하고 있다.

이 절에서는 14세기 후반의 왜구활동을 동북아시아 정세의 변동과 관련하여 설명하였다. 이를 교재로 사용할 때는 다음 사항에 유의하기 바란다.

첫째, 동북아시아의 정치변동과 왜구의 활동에 대하여. 14세기 후반의 중국, 한국, 일본은 각기 원·명 교체기, 고려·조선 교체기, 남북조시대로서 국내의 정치변동기였다. 이것이 각국 상호간에 영향을 미쳤음을 서술하고, 왜구 활동이 이러한 국제정세와 관련되어 있음을 기술하였다.

둘째, 일본의 정치혼란이 원인이 되어 일본인 해적이 등장하였다는 기술을 통해 왜구의 발생 원인을 구체적으로 설명하고자 하였다.

셋째, 왜구가 한반도와 중국 연안에 침입한 지역 및 피해 상황을 구체적으로 예시하고, 고려나 명이 왜구를 금압하기 위해 정치적·군사적으로 노력하였다는 사실을 기술하였다.

한편, 최근 일본에서는 왜구의 실태나 해적 활동이 지닌 의미를 환동중국해 지역을 무대로 삼아 국경을 초월한 사람들의 활동으로 이해하려는 논의가 활발하게 전개되고 있다. 그 대표적 연구자로서는 무라이 쇼스케를 들 수 있다. 그는 이 시기는 국가의 개념이 현재처럼 명확하지 않았기 때문에 어느 지역에 살고 있던 사람들이 국경을 초월하여 하나의 지역공간을 구성할 수 있었을 가능성을 지적하고, 이들 경계인의 활동을 국가간 교류와는 별개의 차원에서 추진된 교류로 평가하고 있다. 구체적으로는 왜구가 다민족 집단이었을 가능성을 지적하고, 한반도 연안의 고려·조선인, 제주도민, 쓰시마 인 등이 국경을 넘어 하나의 지역을 형성하고 있었던 것으로 보았다. 이렇듯 국경을 초월한 지역의 이미지는 전근대사회 역사에서 국가를 상대화하여 생각해볼 때 나름대로 유효한 방법이며, 하나의 지역에 살고 있던 사람들의 생활을 미시적으로 밝힘으로써 이 지역의 모습을 더욱 상세하게 고찰할 수 있는 가능성을 시사한다.

그러나 왜구의 실태에 관한 교과서적인 기술에서는 많은 주의가 필요하다. 왜냐하면 일본의 일부 중학교 교과서에서는 이러한 '지역이론'의 연구동향이 자의적으로 이용되고 있기 때문이다. 예를 들어 후소샤의 중학교 역사교과서에서는 "왜구는 이 무렵 한반도나 중국 대륙 연안에 출몰한 해적집단이다. 그들 중에는 일본인 외에 조선인도 다수 포함되어 있었다."라고 한 것이나, "아시카가 요시미쓰가 죽은 후 명나라와의 감합무역이 중단되고 다시 왜구의 활동이 활발해졌지만 구성원 대부분은 중국인이었다."라고 기술하고 있다.

이처럼 후소샤 교과서는 해적집단 내의 일본인 비중을 줄이기 위해 '지역이론'의 성과를 이용하면서도 오히려 왜구 구성원의 국적이 '일본인' 뿐 아니라 '조선인'·'중국인'이었다는 점을 강조하고 있다. '지역이론'의 성과가 후소샤 교과서에서 자의적으로 이용된 것이다. 이 점에 대해서는 앞으로 한일 상호간의 교류를 통해 차분히 검증해 갈 필요가 있다.

제1절 명 중심의 국제질서와 조선·일본

이 절에서는 14세기 후반에서 15세기에 걸쳐 명 중심의 동북아시아 국제질서가 형성되는 가운데 조선과 일본 사이에 맺어진 국교와 그것의 특징을 서술하였다. 한국과 일본의 교과서는 모두 명과의 관계를 중심으로 서술되어 있고, 조선과 일본의 관계에 대해서는 거의 언급하고 있지 않다. 따라서 양국의 학생들에게는 사실 관계를 소개하는 것 자체에 의의가 있다고 볼 수 있겠다. 이 절의 서술에서는 다음 사항에 유의하였다.

첫째, 참고자료 〈조공책봉체제〉의 기술. 조공책봉체제는 고대에서 근대에 이르기까지 동북아시아의 국제관계를 파악하는 데 필요불가결한 개념이지만, 특히 일본 학생들에게는 이해하기 어려운 내용이다. 그래서 이 절에서는 명대의 책봉조공체제를 중심으로 하면서도 사대관계·종속관계라는 관련 개념에 대한 이해를 심화시킬 수 있도록 특별히 참고자료를 실었다.

둘째, 참고자료 〈류큐〉의 기술. 이 시기 동북아시아 국제관계 속에서는 나중에 오키나와 현으로서 일본의 일부로 편입된 류큐 왕국이 독자적인 역할을 하였다. 근년 들어 일본교과서에서는 류큐 왕국에 관한 기술이 충실해지고 있지만, 한국 학생들에게는 류큐라는 존재 자체가 생소할 것으로 생각된다. 당시 류큐 왕국은 일본과는 다른 별개의 국가였으며, 이 사실은 근현대 일본의 역사를 이해하는 데에도 매우 중요하다. 바로 이 점을 양국 학생들에게 알려주기 위해 참고자료에서 류큐에 대해 소개하였다.

셋째, 왜구문제와 국교수립에 대하여. 조선과 일본의 국교수립이 왜구문제의 해결을 약속함으로써 성립되었다는 점, 그리고 조선왕조는 같은 목적에서 일본 서부의 슈고다이묘와 상인의 통상사절도 인정하게 되었다는 점을 다루었다. 그럼으로써 왜구는 약탈자에서 평화적인 통교자로 변모하게 되었음에 주목하기 바란다.

넷째, 쓰시마의 소 씨의 역할에 대하여. 일본의 무로마치 시대는 막부가 중앙집권적으로 일본열도 전역을 지배하던 상태가 아니며, 그것이 이 시기의 조선과 일본의 관계를 규정하였다. 이러한 상황 하에서 중요한 역할을 담당한 것이 쓰시마의 소 씨다. 이 절에서는 이후 조선과 일본의 관계에서 쓰시마의 소 씨가 열쇠를 쥐게 된 경위를 이해할 수 있도록 기술하였다. 조선과 일본 양국에 종속된 형태로, 양국을 이어주는 역할을 하였던 쓰시마의 소 씨는 한일관계사에서 중요한 존재다.

제2절 조선과 일본의 교류

이 절은 15세기 초 동북아시아 국제질서의 안정과 함께 성립된 조선과 일본의 활발한 문물교류의 구체적 양상과 16세기 중반 이후 표면화되는 양국 간의 갈등과 교류의 내용을 기술하였다. 유의할 사항은 다음과 같다.

첫째, 15세기 초 동북아시아 국제질서의 안정에 대하여. 조선·일본·명의 중앙정권은 15세기 초 왜구를 제압하여, 동북아시아 지역에서는 중국을 중심으로 한 안정된 국제질서가 성립되었다. 조선과 일본 막부는 대등한 외교관계를 맺었으며, 공적인 외교관계의 수립이 활발한 문물교류로 이어졌음을 기술하였다. 즉 양국 간의 갈등 원인이었던 왜구를 제압한 것, 평화적인 외교관계를 수립한 것, 안정적인 국제질서가 확립된 것이 양국 간의 활발한 문물교류의 배경이 되었음을 학생들에게 이해시키려 하였다.

둘째, 당시의 교류 형태에 대하여. 당시의 교류 형태는 오늘날의 다양한 교류와는 달리 민간인들 간의 직접적인 접촉은 거의 없었다. 특히 조선의 경우, 중앙집권적인 권력이었으므로 대외관계는 중앙정부가 정치적인 목적에서 독점적으로 이끌어 나가기 마련이었다. 그러나 당시 조선과 일본 사이의 교류는 중앙정부 사이에서만 일원적으로 행해진 것이 아니었다. 조선은 무로마치 막부와의 교류 외에 일본 지방세력과도 별도로 교류를 하는 다원적인 관계를 맺었다. 이것은 조선이 왜구를 방지하기 위하여 취한 방책이었다. 무로마치 막부가 지방까지 통제할 수 있는 중앙집권적인 정부가 아니었기 때문에 지방세력과의 개별 교류가 필요했던 것이다.

셋째, 쓰시마의 역할에 대하여. 양국 간의 교류에서 쓰시마가 차지하고 있는 독특한 지위에 대해 기술하였다. 일본의 무로마치 막부와 대호족들은 조선과 직접 교류하였지만 나머지 세력들은 쓰시마를 거쳐야만 조선과 교역할 수 있었다. 조선은 이러한 특혜를 통해 쓰시마를 조선의 세력권 안에 끌어들여 여타 일본 세력들을 통제하고자 하였다. 쓰시마는 조선과의 교역이 매우 중요하였으므로 조선과 밀접한 관계를 유지하면서 양국 교류에서 중심적인 역할을 담당하였다. 15세기 후반 이후 일본의 치안이 어지러워지면서 조선사절단의 안전을 보장할 수 없게 되자, 조선사절단의 일본 파견은 중지되지만 조선과 쓰시마의 교류는 꾸준히 지속되었다.

넷째, 양국간 교류의 파국에 대하여. 양국 간의 교류가 파국을 맞이한 이유는 교류 목적이 서로 달랐기 때문이다. 조선의 일차적 목적은 왜구의 금지였으나, 일본의 교류 창구였던 쓰시마는 경제적 이익이 우선이었다. 조선은 왜구에 의한 피해가 줄어들자 쓰시마에 부여하였던 특혜와 무역량을 축소해 갔다. 이에 쓰시마 사람들의 불만이 높아지면서 삼포왜란이 일어났고 이 때문에 양국 사이의 교류는 쇠퇴하여 갔다.

다섯째, 교류의 구체적 양상에 대하여. 양국 간의 교류를 좀더 직접적으로 친숙하게 느끼도록 하기 위해 조선 삼포에서 거주하던 일본인들의 모습과 양국 간의 교류물품이 서로에게 어떠한 용도로 사용되었는가를 소개하였다. 경제적 교류 외에 문화적 교류의 소재로 대장경과 회취법을 강조하였다.

이 절에서 다룬 조선과 일본의 안정적인 교류의 모습은 한일관계사에서 중요한 대목으로, 이에 대해서는 주의 깊게 교재화할 필요가 있을 것이다.

제7장 16세기 말 일본의 조선침략과 그 영향

제1절 전쟁의 경과와 조선의 대응

이 절에서는 우선 전쟁의 명칭이 문제가 된다. 한국에서는 임진왜란, 정유재란이라고 하는데 보통은 임진왜란으로 부르고 있다. 일본에서는 '분로쿠·게이초의 역'이라든가 조선출병이라고 부르고 있으나 대다수의 교과서는 조선침략으로 표기하고 있다. 이 절에서는 양국에서 공통으로 사용할 수 있도록 1차 침략과 2차 침략으로 표현하였다. 침략의 주체인 '일본의'라는 문구를 생략한 이유는 장 제목을 '일본의 조선침략'으로 명기하였기 때문이다. 이에 대한 학습과 교재화 과정에는 다음 사항에 유의하기 바란다.

첫째, 전쟁의 원인에 대해. 전쟁의 원인으로는 ① 도요토미 히데요시 정권의 안정과 경제적 이익의 추구, ② 도요토미 히데요시가 동북아시아의 국제질서를 재편하고 일본형 화이질서의 확립을 추구하였음을 병기하였다. 구체적으로는 도요토미 히데요시의 영웅심과 공명심, 대명무역의 확대, 봉건영주들의 세력 약화 도모, 또는 규슈 다이묘들의 해외에서의 영토 확대 시도 등이 그것인데, 전체적으로는 그것을 명분 없는 전쟁의 도발이라고 기술하였다. 정권의 안정이라는 요인은 한국 교과서의 서술을 바탕으로 한 것이며, 도요토미 히데요시의 일본형 화이질서 확립 시도는 일본의 연구성과를 반영한 것이다.

둘째, 조선의병의 활동에 대해. 전쟁의 경과에서 전쟁 극복의 원동력으로 조선의병의 활약을 강조하였다. 한일 양국의 학생들은 정권적 야심에서 일으킨 침략전쟁을 민중들의 힘으로 극복했다는 점을 학습할 수 있기를 바란다.

셋째, 전쟁의 피해에 대해. 이에 대해서는 다음 절에서 상세히 다루고 있지만 이 절에서는 제2차 침략시 일본군의 고전과 5만여 명에 이르는 전사자에 대해 기술하였다. 전쟁을 일으킨 쪽도 정권 담당자들을 제외하면 침략에 관련된 사람들이 모두 피해를 입을 수밖에 없다는 점을 분명히 하여 전쟁 자체가 있어서는 안 될 행위라는 점을 생각할 수 있도록 배려하였다.

넷째, 지도상에 제1차 침략과 제2차 침략의 경로, 명군의 남하 경로를 표시하였다. 제1차 침략 때 일본군이 부산에 상륙한 후 평안도, 함경도 북부지방까지 삽시간에 점령한 것에 비해, 제2차 침입은 남부지방에 머무르고 있었던 점을 비교하여 조선의병의 활약 등을 학생들이 생각해볼 수 있게 하였다. 다만 자세한 지명과 군대를 이끌었던 장수들의 이름, 조선 의병장들의 이름 등을 조정하여 보기 쉬운 지도가 되도록 하였다.

일본의 조선침략은 한일관계사에서 매우 중요한 의미를 지닌 사건으로서 역사교육상 충분한 비중을 두고 교재화할 필요가 있을 것이다.

제2절 전쟁의 영향

이 절에서는 일본의 조선침략을 동북아시아 세계의 변동과 관련시켜 이해할 수 있도록 동북아시아 정세를 기술한 뒤 전쟁의 영향에 대해 가능한 한 구체적으로 서술하였다. 기술의 주안점은 다음과 같다.

첫째, 조선의 피해와 대응에 대하여. 조선이 전쟁으로 인해 큰 피해를 입었으며, 그로 인해 사회적인 변화가 있었다는 사실을 이해할 수 있도록 하였다. 동시에 조선의 무기체계와 전투방법에 변화가 있었고, 전후 복구를 위한 제도개혁이 있었던 사실을 서술함으로써 조선이 전쟁 피해를 극복하기 위해 적극적으로 노력한 점을 이해할 수 있도록 하였다.

둘째, 일본에 미친 영향에 대하여. 이 침략전쟁으로 인해 일본 내에서도 농민반란, 도쿠가와 막부의 등장 등 중요한 사회변화가 일어났음을 이해할 수 있도록 하였다. 또한 이 전쟁을 통해 뛰어난 조선문화가 일본에 많은 영향을 주었다는 것, 특히 일본에 의한 조선인의 강제연행과 약탈행위로 조선의 활자인쇄술과 도자기 제작기술 등이 일본으로 전해진 것, 일본의 주자학이 발흥한 것 등을 기술하였다.

셋째, '항왜'의 존재에 대하여. 항왜(전쟁중에 조선에 항복한 일본인)의 존재는 한국에서는 비교적 잘 알려져 있지만, 일본에서는 기억되고 있지 않을 뿐만 아니라, 근대 식민지배기에는 이들의 존재가 부정되는가 하면 그 자손들이 여러 가지 비난을 받는 등 불행한 과거를 지니고 있다. 여기에도 조선침략의 상흔이 남아 있다. 그 때문에 이를 참고자료에서 소개하여 이해를 심화시키고자 하였다.

넷째, 조선의 도공 이삼평에 대하여. 이삼평은 조선 충청도 공주 출신으로 일본에서 가나가에라는 성을 썼다. 그의 자손은 현재에도 아리타 시에서 도자기 만드는 일을 하고 있다. 조선도공 이삼평은 일본에 도자기 기술을 전해준 상징적인 인물이기 때문에 참고자료에서 다루어 이해를 돕고자 하였다.

이처럼 일본의 조선침략은 조선왕조는 물론 침략 당사자인 일본에도 크게 영향을 미쳤다. 아울러 전쟁 후 고난을 극복하며 새로운 역사를 만들어 간 사람들에 대해 양국의 학생들이 주목하기 바란다.

제1절 조선과 일본의 국교회복 과정

이 절은 두 차례에 걸친 일본의 조선침략 후 조선과 일본이 국교를 회복해 가는 과정을 대상으로 하였다. 현행 한국과 일본의 고교 교과서는 이 부분에 대한 기술이 부족하다. 일본교과서에서는 쓰시마 소 씨의 정력적인 움직임에 의해 국교가 회복되어 갔다는 기술만 있을 뿐이다. 거기서는 동북아시아의 명·청 교체라는 커다란 변동 속에서 조선과 일본이 어떤 의도에서 국교를 회복해 갔는지가 언급되어 있지 않다. 그러나 장기간에 걸친 조선침략의 상흔이 채 치유되지 않은 가운데 양국이 어떠한 국교 교섭 과정을 통해 새로운 질서를 만들어 내었는가 하는 문제는 조일 관계사에서 매우 중요하다. 이 절의 주안점은 다음과 같다.

첫째, 국교회복 과정에 대하여. 두 차례에 걸친 일본군의 조선침략으로 단절되었던 조·일 간의 국교는 어떻게 회복되었는가, 그 과정을 파악하도록 하였다. 그리고 쓰시마가 조선과 일본 사이에서 수행한 역사적인 역할에 주목하면서 조선과 일본이 서로 새로운 대외관계를 형성해 가는 가운데 국교가 회복되었다는 점을 이해하도록 하였다.

둘째, 회답겸쇄환사에 대하여. '회답겸쇄환사'라는 명칭을 본문에 명기하여 뒷날의 '통신사'와는 목적이 달랐음을 이해하도록 기술했다. 아울러 조선왕조가 '통신사'가 아닌 '회답겸쇄환사'를 파견함으로써 일본의 요청에 대해 안이하게 교린관계를 맺으려 한 것이 아니라, 조선의 주체적인 외교자세를 견지하고 있었음을 동시에 이해하도록 배려하였다.

셋째, 명·청 교체와 새로운 교류에 대하여. 대륙에서 왕조가 명에서 청으로 교체됨에 따라 명을 중심으로 한 동북아시아의 국제질서가 붕괴되자, 조선과 일본이 새로운 국제관계를 형성하고자 한 사실이나, 쓰시마와 조선 사이에는 '차왜', '문위행' 외교라는 새로운 교류가 성립되었다는 사실을 이해하도록 하였다.

이에 대해 몇 가지 설명을 부연하고자 한다. (1) 통설적으로는 1599년 (게이초 4) 도쿠가와 이에야스가 쓰시마의 소 씨에게 새로운 조·일 양국의 교통관계를 회복하도록 지시했다고 하는데(『통항일람通航一覽』제1, 299쪽 이하), 직접 그것을 증명할 사료는 아직 발견되지 않았다. 도쿠가와 이에야스가 적극적으로 조선과의 국교회복을 기대하게 된 것은 1600년 세키가하라 전투 이후로 되어 있다(다나카 다케오,『중세대외관계사』).

또 (2) 조선침략 시 일본군에게 생포되어 강제연행된 조선인에 대해서는 피로被虜, 부로俘虜, 조선인 피로朝鮮人被虜 등의 용어가 사용되고 있는데(나이토 슌포,『분로쿠·게이초 역役의 포로인 연구』; 나카오 히로시,『조선침략과 임진왜란−일조日朝관계사론』), 고교생을 대상으로 한 기술이므로 여기서는 '포로'라는 용어를 사용했다.

도요토미 히데요시에 의한 조선침략으로 발생한 포로의 총수는 현재 정확한 수를 산정하기 어렵지만, 2만에서 3만 명 정도로 추정된다. 포로의 쇄환에는 시계열적으로 혹은 쇄환에 중심적 역할을 수행한 주체에 따라 ① 포로의 자력 쇄환, ② 쓰시마의 중개에 의한 쇄환, ③ 쇄환사·통신사 등 대일외교 사절에 의한 쇄환이라는 세 가지 형태로 정리할 수 있다.

(3) 포로의 쇄환은 종전 직후부터 40년 이상에 걸쳐 계속적으로 이루어졌는데, 본국 쇄환 여부를 확인할 수 있는 자는 6,100명 정도에 불과하다(요네타니 히토시,「근세 일조日朝관계에서의 전쟁포로의 송환」,『역사평론』595, 1999.12.). 조선침략에 의해 일본으로 연행된 포로의 대다수는 결국 귀국하지 못하고 일본에 동화될 수밖에 없었을 것으로 추정된다. 그들 속에는 유학자나 도공 등 선진적인 지식이나 기술을 지니고 있어 일본 근세의 문화 발전에 기여한 자도 있었다. 그러나 대부분 그 후의 소식은 알 수 없다. 한편 무사가 되어 일본사회에서 살아간 이도 있었다.

(4) 국서 위조에 대해서는 쓰시마 소 씨가 단독으로 위조했다는 설과, 에도 막부도 관여했다는 설이 있는데 여기서는 양 설을 바탕으로 기술하였다. 국서 위조는 쓰시마가 이전부터 조·일관계를 독점하고 있었기 때문에, 그 이전에도 몇 번인가 전례가 있었다(나카무라 히데타카,『일선

日鮮 관계사 연구』하). 도쿠가와 이에야스의 국서를 쓰시마에서 위조했다는 정설에 대해, 이에야스 명의의 국서가 도쿠가와 정권에서 작성되어 쓰시마로 보내졌을 때 국서에 불손한 어구가 있다고 하여 그 곳을 고치라는 조선의 요구를 받고 쓰시마에서 위조하여 조선으로 보냈다는 연구도 있다(다카하시 기미아키, 「게이초 12년 회답겸쇄환사의 내일來日에 대한 일 고찰-곤도 모리시게의 재검토」, 『나고야 대학 문학부연구논집·사학』 92 ; 가미야 노부유키, 『대군大君외교와 동아시아』).

(5) 쓰시마는 조선과의 무역재개를 희망했고 조약을 맺기 위한 사전교섭 과정에서 쓰시마 사절이 조선국왕의 죽음을 조문하고자 한양에 가기를 희망했다. 그러나 조선정부는 아시카가 쇼군의 사절이 상경한 길이 도요토미 정권의 조선침략에 이용되었다고 판단하여 일본인의 국내여행을 금하기로 하고 일본의 부탁을 받아들이지 않았다. 또한 기유약조 규정은 조선침략을 거치며 성립되었기 때문에 15세기 중반 도항선 수가 연간 50척에 달했던 것과 비교하면 매우 엄격한 제한이 가해진 것이었다.

제2절 통신사 외교와 조일무역

이 절에서 다루는 17~19세기 조일관계에 대해서는 이전 도요토미 히데요시에 의한 조선침략과 비교할 때, '선린우호'='평화', '우호'의 측면이 강조되었다. 또 조일외교의 사상적 기반으로서 16세기 중국을 중심으로 한 동북아시아 세계질서의 변동 속에서 조선의 중화사상과 일본형 화이사상의 발달을 지적한 연구도 있다. 한편 17세기 새롭게 형성된 조일관계를, 조선에서 온 거서사巨西使, 구주절도사, 수도서왜受圖書倭, 세견송사歲遣送使, 수직왜授職倭, 특지사特持使 등의 다양한 사절과, 무로마치 막부나 서일본지역 유력자와의 중층적이고 다원적인 외교단계에서, 조선왕조-(쓰시마 소 씨)-도쿠가와 막부로 일원화되는 단계로 이행하는 과정이라고 보는 견해도 있다. 이 절의 내용을 교재화할 때에는 다음 사항에 유의하기 바란다.

첫째, 통신사 외교의 성격에 대하여. 이 절에서는 현재까지의 성과를 바탕으로 17~19세기의 조선과 일본의 일원적 외교관계를 '평화', '우호'만으로 이해하는 것이 아니라, 그 배경에는 국가 간의 대립이 있었으며 양국의 관계자들은 이를 피하고 극복하면서 평화적 관계를 유지해 갔다는 점을 기술하고 있다. '평화', '우호'라는 것은 주어지는 것이 아니라 양국의 노력에 의해 유지되는 것이라는 사실과 아울러 이 외교가 양국의 체면과 위신, 혹은 부담체제 등과 관련된 근대외교의 형성 과정으로 이해할 수 있다는 점도 인식하기를 기대한다.

둘째, 국왕·대군의 칭호에 대하여. 이 칭호에 관한 논쟁은 막부 고문인 아라이 하쿠세키와 쓰시마의 아메노모리 호슈라는 두 명의 주자학자 사이에서 이루어졌다. 하쿠세키는 6·7대 쇼군을 모셨고, 1709년부터 1716년까지 막부 정치를 주도한 인물이다. 호슈는 조선어와 중국어에 능통하였고, 쓰시마의 문교정책과 조선과의 외교를 담당한 인물로서, 조선과의 외교에서 서로 '속이지 말고 싸우지 말고' '정성과 믿음'이라는 기본정신이 중요하다는 '성신誠信의 외교'를 역설한 것으로 알려져 있다.

1711년 제5회 통신사 때 하쿠세키는 그 때까지 에도 막부의 쇼군을 '대군'으로 칭하였던 것에 대해 (1) 무로마치 막부의 쇼군이 '국왕'을 칭한 전례가 있고, (2) 일본에서는 천황이 '황제'며 쇼군은 그 밑의 '국왕'을 칭하는 것으로 보는 데 문제가 없으며, (3) '대군'이 조선의 왕자를 가리키는 말이라는 점을 근거로 조선국왕에 대응하는 의미로서 칭호를 '일본국왕'으로 바꿀 것을 주장하였다.

한편 호슈는 일본국 주권자를 표현하는 '국왕'은 천황에 대한 불손한 표현이고, '대군'과 '국왕'은 모두 '전하'로 통칭되는 대등한 표현이며, 이미 전례가 되어 조선에서도 납득하여 사용하고 있는 '대군'이라는 칭호를 버리고 일부러 문제 많은 '국왕'이라는 표현으로 바꿀 필요가 없다는 등의 이유를 들어 하쿠세키를 비판하였다.

그러나 하쿠세키는 자신의 주장을 관철시켜 제5회 통신사 때에는 '국왕'이라는 칭호를 사용하였다. 그 후 제8대 쇼군 취임 시에 하쿠세키가 실각하게 되자 1719년 제6회 통신사 때에는 다시 '대군'이라는 칭호를 사용하게 되었다. 제6회 통신사와 함께 내일한 제술관 신유한은 도중에 6개월간 함께한 호슈와 쓰시마에서 이별할 때 "오늘 밤 우정으로 나를 보내주는 당신에게, 이 세상에서는 당신을 다시 만날 수 없겠구려"今夕有情來送我, 此生無計更逢君라는 시구를 선사하여 호슈도 눈물을 흘렸다고 한다(신유한 저·강재언 역, 『해유록』, 헤이본샤 동양문고).

또한 17~19세기 일본사회의 조선인으로는 유학자와 도공 등이 널리 알려져 있으나, 조선인 중에는 막부와 여러 번의 무사, 혹은 상인이나 농민도 있었다. 쇄국체제 하에서 열도 각지에서 다양한 신분의 조선인이 생활·생산하고 있었다는 사실을 학습하기 바란다.

제3절 통신사 외교의 변질과 붕괴

이 절은 조일 간에 실현되어 온 통신사를 통한 대등한 외교체제가 차츰 변질되고 일본 메이지 정부가 성립함으로써 이 체제가 최종적으로 붕괴하기까지를 대상으로 삼고 있다. 이 절을 기술하게 된 기본적인 입장과 연구상의 논점, 그리고 이를 지도할 때의 유의점은 다음과 같다.

첫째, 통신사 외교의 특질에 대하여. 조일관계를 특징짓는 외교체제의 특질이라면 통신사를 주축으로 한 대등외교와 쓰시마를 매개로 한 외교체제를 들 수 있다. 이 절에서는 이러한 특징을 보여주기 위해 빙례교섭 과정을 기술하였다. 역지통신 교섭이 계속적으로 행해진 것은 이 시기 조일외교에서 대등원칙이 관철되었음을 잘 보여준다. 또 통신사가 조선에서 일본으로만 파견되고 일본에서 조선으로 파견된 통신사가 존재하지 않았다는 것은 얼핏 대등성의 원칙에 위배되는 것으로 보이지만, 이는 조선이 일본에서의 사절 파견을 거부한 결과임에 주목할 필요가 있다.

둘째, 오사카 역지통신 계획에 대하여. 현실적으로 이루어지지 않았던 오사카 역지통신 계획은 연구성과가 충분히 축적되었다고 보기 어렵지만, 이 사실을 적극적으로 다룬 이유는 통신사 실현을 위해 조일 간에 외교교섭이 지속되었음을 구체적으로 예시함으로써 통신사의 단절이 곧 조일관계의 단절을 의미하는 것이 아니었음을 이해시키기 위해서다. 통신사가 두절된 후에도 지속된 당시 조일간 외교의 틀이 최종적으로 붕괴된 것은 쓰시마가 지닌 전통적 대조선 외교권을 메이지 정부가 장악한 메이지 초기였음에 유의할 필요가 있다.

셋째, 역지통신 제안의 사회적 배경에 대하여. 일본이 역지통신을 제안한 사회적 배경은 다음과 같다. 통신사를 주축으로 한 조일 간의 대등외교는 1790년대 이후 일본에서 먼저 변질될 조짐을 보이기 시작했다. 일본이 역지통신정책을 제기한 사회적 배경으로서는 내우외환, 재정난, 조선멸시관이 흔히 지적된다. 역지통신의 재정적인 연구 중에는 역지통신에 따른 재정지출의 삭감 효과에 의문을 제기하는 견해도 있어 이 점에 대해서는 앞으로 더 많은 연구가 축적되어야 할 것이다. 또한 이 시기 막부가 역지통신정책을 제기한 원인으로서 조선에 대한 멸시관 강화를 지적하는 연구도 있다. 역지통신정책을 주도한 막부 수뇌들에게 조선멸시관이 존재하였다는 것은 사실이며, 또한 자국 역사의 우월성을 주장하는 국학 연구의 발전·침투를 촉진하면서 동시에 조선에 대한 멸시관이 강화되었다는 해석도 가능하다. 그러나 이 책에서는 이러한 조선멸시관이 일본의 외교방침에 영향을 미쳤을 가능성은 매우 낮다는 점을 전제로 하였다. 일본의 조선외교를 실제로 좌우한 것은 이러한 멸시관이 아니라 구미열강과의 외교관계 발생으로 인해 더욱 복잡해진 구체적인 세력관계에 있었다. 예를 들어 에도 시대 전기에는 일본이 맺은 외교관계 중에서 조선이 가장 중요한 상대였으나 구미열강이 접근해 옴에 따라 긴박한 외교관계가 성립되고 이에 따라 조선이 전통적으로 지니고 있던 외교상의 지위는 상대적으로 저하될 수밖에 없었다.

이 절에서는 일본이 통신사 개혁을 먼저 제기할 수밖에 없었던 가장 큰 이유를 일본이 조선보다 시기적으로 빨리 러시아의 남하라는 대외적 위기에 직면하게 되었다는 점에서 구했다. 구미열강의 접근시기에서 조일 간에 차이가 났던 점은 종래에는 그다지 중시되지 않았지만 구미열강의 접근시기나 그것이 사회적으로 미친 영향의 차이야말로 조일관계 변질의 중요한 요소가 되었다고 보아야 할 것이다.

제1절 개항과 불평등조약의 체결

이 절에서는 서양열강이 왜 이 시기에 동아시아 국가들에 개항을 강요하였는가, 조일 양국이 그에 대해 어떻게 대응하였는가를 다루고자 하였다. 이 절의 학습 포인트는 다음의 네 가지다.

첫째, 당시 동아시아의 국제관계는 청이 조선·류큐·베트남 등의 주변 제국을 거느리며 조공무역·책봉관계를 유지하는 일종의 '중화제국체제'라고도 부를 수 있는 질서가 근간을 이루었다는 점을 이해하게 한다. 이에 비해 개항 후 일본정부는 '만국대치萬國對峙'를 내세우며 당초부터 서양열강이 이룰 수 없었던 것을 아시아 근린 제국에게 행함으로써 동아시아에서 자국의 지위를 고양시키고자 하였다. 메이지 정부는 일본 내에서는 부국강병·식산흥업·문명개화를 주창하였으나, 대외적으로는 일찍부터 조약개정과 식민지 획득을 노리고 있었다는 점을 확인시키고자 하였다.

둘째, 정한론의 의미를 생각해 보게 하였다. 에도 시대 일본의 조선관에는 조선의 문화와 학문에 대한 경외심이 있었다. 그러나 에도 막부 말기가 되면 국학자들이 일본의 우월의식을 강조하고 그 연장선상에서 정한론이 전개되었다. 오쿠보 도시미치를 중심으로 한 양행파洋行派는 정한의 각의 결정을 뒤엎고 유수파를 몰아내고 정부주도권을 장악했다. 오쿠보 정권은 그 후 타이완 침공과 러일국경 확정, 류큐 영유 등 적극적인 외교정책을 전개하였다. 이것들은 정한파의 하야로 급격히 고양된 사족층의 반정부의식과 민중의 신정부 반대봉기를 제압하고 메이지 정부의 위신을 확립하기 위해 외교상의 성과를 과시할 필요에서 나온 모험적인 정책이었다. 이러한 움직임의 일관된 공통점은 서양열강에 대한 종속과 아시아 제국에 대한 무력시위의 자세였다.

셋째, 강화도사건과 조일수호조규가 지닌 의미를 이해하도록 하였다.

메이지 정부는 강화도사건에 대해 태정관달太政官達을 발표하여, 조선에서 발포를 했기 때문에 일본은 할수없이 응전하였다고 설명하고, 일본의 모든 신문은 이러한 정부 견해를 그대로 보도하였다. 신문은 정한반대론도 일부 게재했지만 논조는 내치를 우선해야 한다는 데 무게를 둔 것이었다. 즉 불평사족의 힘을 키워주는 정한론에는 실질적인 이익이 없다는 국내 경제의 관점에서 논의되었을 뿐 조선의 주권 따위에는 생각이 미치지 못했다.

강화도사건 후 일본정부는 청에 조공을 바쳐 온 조선은 일본과 대등한 국교를 맺은 청보다 한 단계 낮추어 대해야 한다는 '논리'로 서양을 무색케 할 정도의 '포함정책'을 전개하여 불평등조약을 강요하였다. 서양열강도 역시 그 때까지 조선에 대한 문호개방 시도가 번번이 실패하였기 때문에 일본의 침략행위를 지지하였다. 일본 내에서도 조일수호조규가 조인되자 일찍이 정한 반대파들도 조약 내용을 높이 평가했다. 당시 메이지 정부의 여러 정책을 비판하던 자유민권파도 이것을 넘어설 독자적인 계획을 제시하지 못하였다.

넷째, 개항 후 일본이 당면한 과제를 확인시키고자 하였다. 메이지 정부의 외교정책에 대한 자유민권파의 비판은 내정우선, 민력휴양, 국회개설, 조약개정 등의 문제들에 대해 개별적으로 이루어졌다. 그런데 아시아 침략정책 그 자체에 대한 비판은 처음부터 부족했다. 정부의 행동을 비판하더라도 일단 사건이 해결되면 정부 조치를 시인하는 경우가 많았다. 번벌정부의 비밀외교, 보도통제, 언론탄압 등에 의한 일방적인 정보도 이러한 움직임의 배경이 되었다고 지적할 수 있다.

일본이 개국을 통해 참입한 근대세계는 약육강식이라는 힘의 논리가 지배하는 세계였으며, '만국공법' 또한 서양 강자의 입장을 표현한 것에 불과하다는 생각이 번벌정치가만이 아니라 자유민권가들 사이에서도 존재하였다. 1880년대 초까지 일본 국내에서는 근대문명이야말로 실은 야만적이라는 비판적인 시각이 있었다. 그러나 일본은 그 후 과감히 그러한 야만적인 국가의 대열에 들어가기 위해 돌진하였다.

자유민권파는 아시아 연대사상을 충분히 형성하지 못했고 정부의 아시아 침략정책에 대한 근본적인 비판이나 그것을 대신할 정책을 제시하지 못했다. 아시아의 문명선진국 일본이라는 우월의식에 자유민권파도 말려들어갔다. 자유민권파는 대부분 메이지 유신에 의해 일본이 아시아에서 문명선진국이 되었다는 인식을 공통적으로 지니고 있어서 주저함이나 별다른 갈등 없이 민권신장과 국권확장을 결합시켰다. 자유민권파는 정부의 전제를 엄히 비판하면서도 메이지 국가가 설정한 틀 내에서 자신의 요구를 실현하고자 하였던 것이다.

다섯째, 개항 후 조선이 당면한 과제를 확인하도록 하였다. 조선정부는 근대화에 반대하는 위정척사파 등도 있었으나 적극적으로 근대문물을 도입하기 위해 노력하였다. 이를 위해 일본이나 청에 사절을 파견하였는데, 그로 인해 일본이나 청과의 관계가 깊어지면서 무역을 비롯한 다양한 문제가 일어나 양국과의 대립을 초래하기도 하였다. 거기에 종주권을 강화하려는 청의 알선으로 미국을 필두로 한 서양 여러 나라와 불평등조약을 맺어 더욱 어려운 길을 걷게 되었다.

이상의 학습을 통해 '개항과 불평등조약의 체결'이 19세기 중반 동북아시아 세계에 어떠한 영향을 미쳤는가, 특히 조일 양국이 어떠한 길을 걷게 되었는가를 학습하도록 하였다.

제2절 조일관계의 전개와 마찰

이 절에서는 주로 조선의 문호개방 이후부터 청일전쟁 직전까지의 한일관계를 동아시아 국제관계 속에서 생각해 보도록 내용을 구성했다. 조선은 근대적 개혁을 목표로 내걸고 개화정책을 추진하였으나 국내외적으로 많은 어려움에 맞닥뜨렸다. 근대화의 주요 장애물은 추진 주체인 정부 내부에도 있었지만 유교적 사회체제를 지키려는 위정척사운동의 저항과 조선에 세력을 뻗치려는 청과 일본의 압박에서도 찾을 수 있다. 아울러 갑신정변 이후 조선을 둘러싼 열강의 대립이 격화되는 가운데 일본과 청이 조선에 대한 경제적 진출을 한층 강화하여 조선 민중의 생활이 더욱 고통스러워졌다는 사실을 확인하도록 하였다.

첫째, 조선이 여러 나라와 국교를 확대하고, 일본에 수신사와 조사시찰단, 청에 영선사를 파견하여 근대문물을 도입했으며, 개화파 인물을 등용하여 개화정책을 추진한 사실을 이해하도록 하였다. 그리고 정부의 개화정책과 외세 침략에 대한 반발로 보수 유생층이 위정척사운동을 전개했는데, 그것은 전통외교관계와 유교적 사회체제를 지키려 한 운동이었음을 확인하게 하였다. 조선은 서양 여러 나라와 화친한 일본도 서양과 같은 나라로 파악하게 되었음을 이해하게 될 것이다.

둘째, 임오군란은 구식 군대에 대한 차별대우를 계기로 일어난 군란임과 동시에 정부의 개화정책과 일본세력의 침투에 대해 반발하는 성격을 띤 민란이었다. 임오군란을 계기로 일본과 청은 조선에 군대를 주둔시키게 되었고, 조선에 대한 양국의 간섭도 강화되었음을 이해하기 바란다.

셋째, 조선정부가 온건한 개화정책을 펴자, 이에 반발한 급진개화파가 갑신정변을 일으켜 정권을 장악하였다. 갑신정변은 근대국가의 수립을 목표로 하였으나 청의 무력간섭으로 실패하였다. 이 사건을 계기로 청일 양국의 대립이 더욱 격화되자, 일본과 청은 톈진 조약을 체결하고 조선에서 군대를 철수하였음을 학습하기 바란다.

넷째, 조선을 둘러싼 열강의 각축이 심해지자, 국내외에서 조선을 중립국으로 만들자는 주장이 제기되었음에도 주목하기 바란다.

다섯째, 청과 일본 상인은 양국 정부의 지원을 받으면서 조선에의 경제적 진출을 강화하였다. 특히 일본상인이 조선의 곡물을 대량으로 사들이자, 조선의 지방관이 곡물의 유출을 막기 위해 방곡령을 내리게 된 사실을 이해하도록 한다.

이 절에서는 위와 같은 역사적 사실을 바탕으로 하여 험난했던 조선의 근대화 과정과 조선을 둘러싼 청일 양국의 세력다툼을 서로 연관지어 파악할 수 있게 하였다.

제3절 청일전쟁과 대한제국의 성립

이 절은 근대 한일관계사에서 중요한 위치를 차지하는 청일전쟁 전후 시기를 대상으로 하고 있다. 일본의 고교 일본사 교과서는 이것을 크게 다루어 하나의 절을 청일전쟁에 할당한 것이 많다. 이에 반해 한국의 국사교과서에서는 전쟁의 계기가 된 동학농민운동에 관한 기술이 중심을 이루고 청일전쟁 자체에 대해서는 언급하고 있지 않다. 그러나 청일전쟁은 이전부터 조선에 대한 종주권을 유지·강화하려던 청과 새로이 조선에 대한 지배권을 확대하려는 일본이 조선을 둘러싸고 벌인 전쟁으로서, 동아시아 세계에 새로운 질서를 창출한 중요한 사건이라고 할 수 있다.

이 절에서 학습하기 바라는 점은 첫째, 동학농민운동이 조선왕조의 농민지배에 대한 반봉건 투쟁임과 아울러 개항 이래 일본세력의 진출에 대한 저항투쟁이었다는 점이다. 농민군은 '왜이'(일본세력)의 구축이나 '권귀'(민씨 세력)의 타도를 슬로건으로 내걸었다. 그리고 조선정부는 청에 출병·진압을 요구하였는데, 그것은 농민군이 조선왕조의 본관인 전주를 점령할 정도로 세력을 확대하여 조선정부가 위기에 봉착했기 때문이다.

일본정부의 출병 근거는 갑신정변 후 청과 맺은 텐진 조약에서 규정한 "조선에 출병할 경우에는 상호 통지할 것"이라는 조항이었다. 당시 일본 정부는 제국헌법을 발포하고 천황제 국가를 확립시켰지만, 야당의 외교 정책 비판에 고심하고 있었다. 일본의 출병은 청의 출병을 이용하여 일본 내의 정부비판을 대외전쟁을 통해 교묘히 피해 가기 위한 것이었다. 따라서 청일전쟁은 개전에 이르지 못한 채 철군하게 될 경우, 일본 내에서 야당의 비판에 직면할 것을 우려한 일본정부가 극히 무리하게 벌인 사건이었다.

둘째로, 청일전쟁은 일본과 청의 전쟁이었으나 전쟁의 전반부에는 한반도가 전쟁터가 되었고, 일본이 동학농민군을 중심으로 한 조선인민과 벌인 전쟁이기도 하였다는 사실을 이해하기 바란다.

셋째, 일본과 청의 내정간섭과 압력 속에서 조선정부가 갑오개혁에서 보듯이 우여곡절을 겪으면서도 스스로 개혁을 추진해 나갔다는 사실을 살피는 것이 중요하다. 이러한 움직임은 갑오개혁에서 독립협회의 의회 개설운동까지 계속되는데, 그것은 일본의 자유민권운동과 궤를 같이하는 것이다. 두 가지를 비교해 봄으로써 양국에서 근대화에 대한 요구가 얼마나 강했는지를 학습하도록 한다.

넷째, 명성황후 시해사건의 중요성을 학습하기 바란다. 일본의 조선침략은 러일전쟁을 계기로 본격화되는데, 이미 그 전에 고종의 비를 궁궐 안에서 살해하는 사건을 일으켰다. 이 사건은 일본공사가 직접 관여하였다는 점이 심각하며, 더욱이 사건에 관여한 인물들이 일본에서 전원 무죄로 처리되었다는 기이한 사실도 놓쳐서는 안 된다.

일본 교과서에는 '민비 암살사건'으로 기술되어 있으나, 고종의 비(민비)의 시호는 '명성황후'이므로 '명성황후 시해사건'이라고 부르는 것이 적절할 것이다. 한국에서는 '을미사변'이라고 부른다. 이 사건을 계기로 의병이 봉기하여 항일운동이 전개되었음에도 불구하고 일본교과서에는 의병이 러일전쟁 뒤에 기술되어 있다. 의병운동은 청일전쟁 후에 일어난 사실임을 확실히 학습하는 것이 중요하다.

다섯째, 일본과 청, 그리고 러시아 등의 간섭을 받은 조선정부가 자주독립국가임을 선언하고 대한제국을 수립했다는 사실에 주목하기 바란다. 황제 즉위는 중화제국의 종주권으로부터의 독립을 의미하며, 경제정책 등에서는 근대적 개혁도 많았다. 그러나 황제권력을 강화하고 복고적 경향이 있는 등 불충분한 점도 있었음을 아울러 이해할 필요가 있다.

여섯째, 청일전쟁을 전후한 시기의 경제적 측면도 학습하기 바란다. 일본과 러시아 등이 이권을 노리고 있었는데, 이처럼 제국주의적 침략에 휘둘리던 조선과 이권을 획득한 일본의 관계를 배우는 것도 중요하다.

제4절 러일전쟁과 통감정치

이 절에서는 1904년 2월 러일전쟁 개시에서 1910년 8월의 '한국병합' 조약 직전까지를 대상으로 한다. 다만 러일전쟁의 요인을 설명하기 위해

의화단사건(북청사변北淸事變) 후의 만주·한국을 둘러싼 러일의 이권쟁탈과 열강의 세계분할 상황에 대해서도 서술하였다.

일본 통감정치에 대한 한국의 대응으로 전개된 의병운동과 애국계몽운동에 대해서는 뒤에서 다룰 것이므로 이 절에서는 상술하지 않았다.

이 절의 집필 의도는 다음과 같다.

첫째, 러일전쟁의 원인이 러일 양국의 한국·만주 지배를 둘러싼 제국주의 전쟁이었다는 것, 그리고 주된 전장이 한국·만주였다는 사실을 파악해 둘 필요가 있다.

둘째, 한국이 러일전쟁에 대한 대응으로서 전시중립을 선언한 것은 ① 한국 영내가 전장으로 되는 것을 막고 ② 러일 쌍방의 간섭을 피해 독립을 유지하려는 전략이었다는 사실을 이해하기 바란다.

셋째, 일본이 한국의 전시중립 선언을 무시하고 러일전쟁을 개시함으로써 한국 영내를 군사적으로 제압한 사실을 이해할 필요가 있다. 그리고 일본은 한일의정서의 체결을 강요하여 한국정부가 일본군에 대한 편의제공을 승인하도록 하였다. 동시에 한국 내정에 관한 발언권도 얻었다. 그것은 일본이 한국의 중립정책을 파탄시킴으로써 한국 지배의 첫 발을 내딛었다는 것을 의미한다.

넷째, 러일전쟁의 귀추는 서양열강의 중국대륙 분할경쟁과 관련되어 있었다는 것을 이해할 필요가 있다. 미국에 의해 러일전쟁의 강화 알선이 이루어지게 된 의미와 아울러 일본이 러일전쟁 후를 내다보고 영미의 식민지 지배를 승인하는 대신 일본의 한국지배를 인정하도록 하였음을 이해할 필요가 있다.

다섯째, 한일의정서 → 제1차 한일협약 → 을사조약(제2차 한일협약) → 정미7조약(제3차 한일협약)이라는 단계를 거치며 일본이 사실상 한국을 식민지화한 과정을 파악하기 바란다. 이 때 각 조약의 '체결'이 모두 일본군의 군사점령 하에서 이루어진 사실을 아울러 이해하기 바란다. 일본의 교섭은 군사력을 배경으로 하고 한국 황제와 정부요인을 위협하며 추진되었다.

그 일례로서 〈을사조약(제2차 한일협약)의 '체결' 과정〉을 참고자료로 다루었다. 본디 자립적이어야 할 한국정부 내부의 대응·협의 과정 속에서 비정상적인 형태로 이토 특사가 관여하고 있었음을 명확히 알 수 있다. 또 조약을 인정한 한국정부의 5대신은 나라를 팔아먹은 '을사오적'으로 불리며, '친일파'의 대표적 인물로서 현재까지 한국사회에서 비판의 대상이 되고 있다.

여섯째, 한국 황제의 독립유지 모색을 을사조약(제2차 한일협약)이나 헤이그 특사사건, 고종황제 양위사건 등을 통해 이해하기 바란다. 통감정치 하에서 한국독립의 모색 과정을 보면 황제 스스로 일본침략에 저항한 측면도 존재하였다. 이것을 의병운동, 애국계몽운동과 동시에 이해할 필요가 있는데, 여기에 대해서는 제5절에서 다룰 것이므로 상세히 서술하지 않았다. 이것은 일본침략으로부터 독립을 유지하기 위한 다양한 양상 중 하나로 이해하면 좋을 듯하다.

또한 헤이그 특사는 이토 통감이나 일본정부 입장에서 보면 비밀리에 보낸 사절이므로 '밀사'겠지만, 황제의 친서를 보유한 사절이니 특사가 된다. 따라서 여기서는 일본교과서 등에 기술된 '헤이그 밀사사건'이 아니라 '헤이그 특사사건'이라는 용어를 사용하였다.

일곱째, 통감정치에 의한 한국 내정의 개편에 대해 이해할 필요가 있다. 통감정치는 한국의 경제지배를 확립하고 그 이익을 일본으로 환원하고자 하였다. 경제지배의 확립에 대해서는 제3절에서 이미 다루었다. 일본은 통감 아래 한국 내정을 개편하고 차관정치를 확립하였다. 특히 식민지 하 '무단통치'의 기초가 된 헌병경찰제도는 이미 통감정치시기에 시작되었음에 유의하기 바란다.

여덟째, 이토 히로부미는 가쓰라 다로 등의 '한국병합' 방침을 승인하고 있었으며, 이토 히로부미가 암살되기 이전에 '병합' 방침이 결정되어 있었다는 사실을 이해할 필요가 있다. 이토는 의병운동의 고양 등에 직면하여 보호국 노선을 포기하고 '한국병합'을 추진하여 갔다. 안중근에 의한 이토 히로부미 살해가 '병합'의 직접적 요인이라는 주장도 있으나, 이토가 암살되기 이전에 일본정부는 이미 한국병합 방침을 각의에서 결정하였다.

이토 히로부미는 통감정치에 의한 '시설개선'으로 한국의 '독립부강'을 꾀한다고 설명하였으나 의병운동을 제압하지 못하였다. 이토 자신도 보호국 노선에 한계를 느꼈기 때문에 1909년 4월에 가쓰라 수상의 '병합' 방침을 승인하고 일본정부는 시기를 보아 한국을 '병합'하여 직접 지배하는 방침으로 이행해 간 것이다.

이상의 내용을 토대로 한일 쌍방에게 러일전쟁이 지닌 의미의 중요성과 일본침략이 한국에 미친 영향에 대해 생각해 보기 바란다.

제5절 항일투쟁과 대한제국의 주권 상실

이 절은 1905년 을사조약(제2차 한일협약) 이후 일본이 한국침략을 한층 노골화하여 결국 한국의 국권을 강탈하는 과정과, 그 중에서 한국인들이 국권을 회복하기 위해 벌였던 노력을 다루고 있다. 여기서는 다음의 세 가지 사항을 학습하기 바란다.

첫째, 고종황제도 헤이그에 특사를 파견하여 일본의 을사조약(제2차 한일협약)의 부당성을 국제사회에 알렸지만, 서양열강의 찬동을 얻지 못하고 실패하였음을 이해하기 바란다. 그 후 국권회복은 크게 의병항쟁과 애국계몽운동의 두 방향으로 전개되었다. 이 두 가지 흐름은 참여계층과 투쟁방식에서 그 성격이 뚜렷이 구분되지만 국권을 회복하려는 목표는 같았다. 한편, 나라를 구하기 위해 목숨을 바친 의사들도 있었음에 주목하기 바란다.

둘째, 의병항쟁은 일본에 무력으로 맞서 나라를 지키려는 움직임이었다. 의병항쟁이 보수적 유교지식인의 주도 하에 많은 농민들이 참여하여 전국적 규모로 전개된 의미를 생각해 보기 바란다.

셋째, 애국계몽운동은 지식인이 여러 분야에서 다양한 형태로 주도하였음을 학습하기 바란다. 애국계몽운동은 언론과 강연회 등을 통해 국민의 독립의지를 일깨워 주려는 민중계몽운동, 학교교육을 통해 민족정신을 지닌 애국청년들을 양성하려는 교육구국운동, 일본의 경제침략에 맞서 민족자본을 육성하려는 경제구국운동, 국민에게 애국심과 독립의지를 고취시키기 위한 국학진흥운동, 국내의 실력양성과 더불어 국외에서 군사력을 양성하려는 독립군 기지 건설운동 등 다양한 형태로 전개되었음을 학습하기 바란다.

이 절의 학습을 통해 한일 양국 학생들이 다음과 같은 점을 이해하기 바란다.

먼저 일본 학생들은 강대국이 힘이 약한 다른 나라의 주권을 빼앗는 행위가 그 나라 국민들에게 어떤 고통을 주었는지를 생각하기 바란다. 또 한국 학생들은 나라가 주권을 빼앗기는 위기 상황에서 한국인이 나라를 구하기 위해 어떤 노력을 기울였으며 어떠한 희생을 감수하였는가를 학습하기 바란다.

제10장 일본 제국주의와 한국인의 민족독립운동

제1절 조선총독부의 무단통치

이 절에서는 1910년 한국 '병합'부터 1919년 3·1독립운동까지 일본의 식민지배정책에 대해 학습한다. 따라서 본문은 식민지 지배정책에 대한 설명이 중심을 이룬다.

한국의 제6차 교육과정 고교 '국사' 교과서에서는 이 부분의 설명에 10쪽 정도를 할애하고 있는데, 교과서 전체 쪽수를 고려하면 매우 간단하다고 볼 수 있다. 그것조차도 정치, 경제, 사회 등으로 나누어 기술하고 있으므로 종합적으로 이해하기는 어려운 상황이다. 한국 교과서는 식민지 지배에 의한 자국 역사의 분단을 민족의 독립운동이라는 주체적 움직임과 결부시켜 민족사의 일관된 흐름으로 파악하도록 기술하고 있다. 그러나 식민지 지배에 의한 패배감을 불식하고, 미래지향적인 한일관계를 구축하기 위해, 일본 비판으로 연결될 가능성이 있는 식민지 지배의 가혹함 등에 대해서는 표현을 자제하는 측면도 있다.

한편 일본의 고교 일본사 교과서는 러일전쟁부터 1910년까지는 비교적 자세히 서술하고 있으나, 이 시기 식민지 지배의 실태에 대해서는 경우에 따라 각주 등으로만 처리하는 등 그다지 중요하게 다루고 있지 않다. 이것은 교과서 기술을 뒷받침할 만한 연구가 충분하지 않고, '한국 병합' 등의 타이틀을 붙인 메이저 책들이 대개 1910년 식민지화까지만 기술하고 있다는 실정도 작용한 것으로 보인다.

이러한 점들을 고려할 때, 이 절에서 다루는 시기는 일본과 한국의 역사교육에서도 모두 경시되기 쉽다. 그러나 최근 일본의 역사교육을 돌이켜보면 이 시기의 학습은 좀더 중시되어도 좋을 듯하다. 일본과 한국의 고교생이 같은 수준의 인식을 지녔으면 하는 생각이다.

이러한 점들을 고려하여 이 절에서는

첫째, 조선총독의 자격과 권한, 헌병경찰제도에 관한 기초적 사실을 설명하였다. 조선총독은 천황이 직접 임명하는 직위였다. 따라서 조선 지배의 실태는 총독의 절대적 권한을 기초로 하였기 때문에 말 그대로 군사점령이었으며 모든 자유를 억압한 무력지배였다.

둘째, 일반적으로 친일파의 본격적인 육성과 출현은 이 절의 다음 시기에 해당되지만, 여기서는 식민지화 과정에서 실시된 이왕가 일족에 대한 대우와, 조선귀족령을 제정하여 왕족과 귀족, 한국정부 고관 등을 회유하였던 실태, 헌병경찰제도 아래의 헌병보조원 등에 대해 기술하였다. 헌병보조원으로는 한국인을 채용하였다.

셋째, 동화정책과 경제지배의 실태에 대해 언급했다. 이 시기에는 교육칙어에 따라 천황에게 충성을 맹세하는 신민을 육성하기 위해 필수과목인 수신과 일본어 교육을 가장 중시하였다. 일본어 수업시간의 수는 한국어보다도 많았을 정도다. 또 경제지배의 기초를 다지는 데 반드시 언급해야 할 토지조사사업과 금융지배체제의 정비, 철도의 부설·확장 등 여러 정책이 실시되었다. 여기서는 이러한 조치들이 일본의 한국지배를 위해 필요한 정책이었음을 이해하도록 하였다.

넷째, 이 절은 일본의 지배정책을 설명하는 것이 주된 목적이기 때문에 독립운동에 대해서는 충분히 언급하지 않았으나, 토지조사사업에 대한 한국인의 대응 등 정책과 관련된 저항·투쟁을 간단히 기술하였다.

제2절 3·1독립운동과 문화통치

이 절에서는 1910년대 한국의 민족운동을 한국 내 비밀결사운동과 국외의 독립전쟁론을 중심으로 정리하였다. 독립전쟁론은 국권피탈 이후 제기된 독립운동방략의 주된 흐름으로서, 의병운동 계열의 무장투쟁과 애국계몽운동의 실력양성론이 수렴된 형태로 볼 수 있다. 이 절의 주안점은 다음과 같다.

첫째, 3·1독립운동은 크게 보아 한국인들의 내적 역량과 민족자결주의라는 외적 요인이 결합하여 일어난 것임을 학습하기 바란다. 여기에서는 33인으로 상징되는 상층 민족부르주아지가 평화적인 시위운동과 독립청원노선을 채택한 배경을 이해시키기 위하여 민족자결주의를 강조하였다. 이 부분에서는 33인의 독립노선이 민중들의 정서와는 유리된 것이었다는 점, 이후 독립운동이 소수 명망가 중심에서 일반 민중으로 확대되었다는 점, 적극적인 무장투쟁의 필요성이 제기되었다는 점이 중요하다.

둘째, 일본이 문화통치를 실시하는 직접적인 배경이 된 것은 물론 3·1독립운동이었으나, 일본 내부의 정치적·경제적 사정도 아울러 이해하기 바란다. 문화통치에 대한 한국인들의 대응에 대해서는 합법적 공간을 활용한 다양한 민족운동의 전개라는 측면에서 설명하였으나, 그 과정에서 자본가, 지주계급의 친일화 같은 문제가 발생하였음을 지적하였다. 또 문화통치는 실상 수탈적 성격이 강한 통치방식이었다는 점을 산미증식계획을 중심으로 설명하였으며, 이해를 돕기 위하여 식량 사정을 가늠할 수 있는 통계표를 덧붙였다.

셋째, 문화통치의 핵심 사업 중 하나는 적극적인 친일세력의 양성정책이었음에 주목하기 바란다. 여기에서는 친일세력의 육성을 통해 일본이 궁극적으로 추구한 바를 이해하도록 하는 데 초점을 맞추었으며, 지방제도의 개편 등을 통하여 제도적으로 친일세력이 양성되는 모습을 소개했다. 실제로 문화통치의 결과 민족운동가들은 어느 정도 분열된 모습을 보이기도 하였다. 그 중에서 매우 타협적인 민족운동으로 간주되었던 자치운동은 조선총독부의 양보를 끌어내는 긍정적인 측면도 다소 있었으나 민족운동에 혼란과 분열을 초래하였음을 이해하기 바란다.

제3절 대한민국 임시정부와 여러 갈래의 독립운동

이 절에서는 3·1운동 이후 한국인의 다양한 독립운동에 대해 학습하기 바란다. 상하이에서는 대한민국 임시정부가 수립되어 독립운동의 중심적인 역할을 하였다. 또한 김원봉은 의열단을 조직하여 일본에 대한 무장투쟁을 전개하였다. 그리고 3·1운동 이후의 독립운동으로는 1926년의 6·10만세운동과 광주학생항일운동을 들 수 있다.

아울러 사회주의 사상의 유입이 중요하다. 사회주의 혁명이 성공한 이후 소련의 레닌이 약소민족의 독립운동을 지원하겠다고 약속한 것도 있어서 한국에 본격적으로 사회주의 사상이 유입되었다. 이 사상은 학생운동, 농민운동, 노동자운동, 여성운동에 영향을 주어 민족운동을 활성화시키는 데 기여하였다. 그러나 이념의 차이로 인해 독립운동의 분열을 초래하기도 하였다. 이러한 문제점을 해결하기 위한 방안으로 신간회와 근우회가 창립되었다는 점에 주목할 필요가 있다.

한편 조선총독부가 추진한 토지조사사업과 산미증식계획은 농민을 몰락시켜 빈곤화를 초래하였다. 이에 농민들은 소작쟁의를 벌여 지주와 일본의 지배에 저항하였다. 일본이 공업화 정책을 추진함에 따라 한국인 노동자들의 수는 증가하였다. 그러나 노동자들은 장시간 노동, 값싼 임금, 불안전한 설비로 인한 사고의 위험, 일본인 감독의 횡포와 민족차별에 시달렸다. 이에 노동자들은 노동쟁의를 일으켜 이러한 상황을 타개하고자 하였다.

이 절에서는 위에서 개관한 내용을 바탕으로 다음과 같은 점을 학습하기 바란다.

첫째, 대한민국 임시정부 수립의 배경, 임시정부 수립의 의의, 임시정부의 활동 등을 살펴보기 바란다. 특히 임시정부 헌장을 통해 임시정부의 정부형태를 파악함으로써 해방 후 한국인들이 건설하고자 했던 정치형태를 생각해 보기 바란다.

둘째, 1920년대 한국인들의 무장독립투쟁은, 봉오동 전투와 청산리 대첩에서 한국독립군이 승리를 거두고, 이에 대해 일본이 간도침공을 감행하여 한국인의 독립군 근거지를 말살하려 하였음을 학습하기 바란다. 일본은 재만한국인의 독립투쟁을 방지하기 위해 만주의 군벌과 미쓰야 협정을 체결하였다. 이 난관을 타개하기 위해 한국독립군이 어떤 방식으로 대응하였는지 생각해 보기 바란다.

셋째, 의열단의 활동을 통해 한국인의 독립투쟁에서 의열투쟁이 차지하는 위상을 유추해 보기 바란다. 그리고 일본인 중에서 한국의 독립운동에 관심을 가진 인물이 있었다는 것을 가네코 후미코의 사례를 통해 알아

보기 바란다.

넷째, 일본 식민통치하 한국에서 일어난 대표적인 항일운동으로는 3·1독립운동, 6·10만세운동, 광주학생항일운동을 들 수 있다. 6·10만세운동은 순종의 장례일을 맞아 학생들이 민족운동가의 지도 아래 추진한 운동이었다. 광주학생항일운동은 한국인 학생과 일본인 학생 간의 사소한 충돌에서 비롯되었지만, 일본경찰의 민족차별적 대응방식 때문에 전국적인 항일운동으로 확산되었다. 이 운동은 만주·일본 등지로도 퍼져나가 3·1운동 이후 최대의 민족운동으로 기록되었다.

다섯째, 사회주의 사상의 유입과 신간회의 활동을 다루었다. 사회주의 사상은 한국인의 독립운동사에서 큰 줄기를 이룬다. 평등의 이념을 갖고 있는 사회주의 사상은 여러 활동을 활성화시키는 데 큰 역할을 하였지만, 사회주의 세력 내부의 분열, 민족주의 세력과의 갈등으로 독립운동 진영에 균열을 가져왔다. 이러한 문제를 해결하기 위해 추진된 것이 민족협동전선운동이다. 그 결과 조직된 신간회는 노동운동과 농민운동을 지원하고, 광주학생항일운동을 전국으로 확산시키는 데에도 큰 역할을 하였음에 주목할 필요가 있다.

여섯째, 이 시기의 노동운동은 생존권 투쟁이라는 성격을 지니면서도 일본의 식민지배기라는 특수한 상황 때문에 반일민족운동의 특징을 띠고 있었다. 특히 1929년에 전개된 원산총파업이 지닌 의미를 이해하기 바란다.

일곱째, 1920년대 일본의 식민지배 하에 있던 한국농민들의 처지를 파악하기 바란다. 소작농들은 불안정한 소작권, 고율의 소작료에 시달렸다. 농민들이 전개한 소작쟁의는 지주에 대한 저항이면서, 지주 뒤에 있는 일본의 통치에 저항하는 항일민족운동의 성격을 띠고 있었음을 이해하기 바란다. 한편 〈1920년대 일본의 농민, 노동자의 상황〉(267쪽)을 칼럼으로 제시하여 한국과 일본의 농민, 노동자의 입장을 비교해 보도록 하였다.

제4절 일본인의 한국인식과 한국인의 일본인식

'일본인의 한국인식'에 대해서는 다음의 사항을 중심으로 학습하기 바란다.

첫째, 일본인이 왜 '탈아' 의식을 가지게 되었는가를 확인한다. 그것을 바탕으로 일본의 한국 멸시의식의 형성에 대해 생각해 보도록 한다. 이 문제는 전근대사에서도 중요한 과제인데, 여기서는 근대사 속에서 형성된 한국에 대한 멸시의식을 학습하기 바란다.

둘째, 3·1독립운동이 일본인의 한국 멸시의식에 적잖은 충격을 줌으로써 극히 소수의 일본인들이었지만 한국관에 변화를 가져왔다는 점을 보여주고자 하였다. 요시노 사쿠조의 예를 들어 한국의 식민지화를 기정사실로 받아들인 그가 3·1독립운동의 영향으로 동화정책에 대해 비판적 견해를 갖게 된 것을 소개하였다. 이 때 일본에 살고 있던 한국인 학생과의 교류가 귀중한 계기가 되었다는 점에 주목하기 바란다.

셋째, 다이쇼 데모크라시 시기 일본인의 한국인식에 대해 생각해 보기 바란다. 일견 다이쇼 데모크라시가 최고조에 달한 것처럼 보였던 제1차 세계대전 직후에도 일본인의 제국의식은 조금도 바뀌지 않았다는 사실을 우선 확인해야 할 것이다. 제1차 세계대전 후 일본은 다이쇼 데모크라시라 불리는 민주주의운동의 고양기를 맞이하였으나 식민지 지배에 대한 비판적 견해는 극히 소수에 머물렀다. 그 속에서 이시바시 단잔의 식민지 포기론은 어떻게 평가해야 할 것인지 생각해 보기 바란다.

넷째, 야나기 무네요시가 벌인 경복궁 광화문 철거 반대운동에 대해 학습하기 바란다. 야나기는 '탈아입구'적 세계관이 지배적이었던 당시 일본에서 한국인에 대한 우월감이나 지배자 의식에 사로잡히지 않았던 보기 드문 일본인이었다. 야나기의 사상을 그의 행동을 통해 생각해 보기를 기대한다.

다섯째, 이 절에서는 대다수의 일반적인 일본인의 의식을 전제로 하여 요시노 사쿠조, 이시바시 단잔, 야나기 무네요시 같은 예외적인 일본인들의 사상을 소개하였다. 그 의도는 이를 통해 대다수 일본인이 지닌 한국인에 대한 차별과 편견을 감추기 위해서가 아니다. 먼저 일본인의 뿌리깊은 차별의식과 박해 행동을 사실에 입각하여 그대로 살펴보는 것이 중요하다. 동시에 현재 일본의 학생들이 앞으로 어떤 한국관을 형성해 나갈 것인지를 고민하는 데 참고할 만한 사례를 소개하는 것도 큰 의미가 있다고 생각한다.

'한국인의 일본인식'은 다음 사항을 중심으로 학습하기 바란다.

우선 개항 이후부터 식민지 시기에 한국인이 일본에 대해 어떠한 의식을 지녔는가를 이해하도록 하는 데 중점을 두었다. 어떤 한국인은 일본을 근대화의 모델로 삼아 배워야 한다고 주장하였고, 또 다른 한국인은 일본이 침략과 지배의 원흉이므로 어떠한 수단을 동원해서라도 타도하지 않으면 안 된다고 생각하였다.

개항기와 식민지 시기에 형성된 한국인의 일본인식은 오늘날에도 한국인의 뇌리에 강하게 남아 있다. 이것은 오늘날의 한국인이 지니고 있는 일본인식의 원형을 추적하는 데 도움이 될 뿐만 아니라 양국의 상호이해 방법을 모색하는 데에도 좋은 실마리가 될 수 있다.

이를 위해 첫째, 개항기 조선의 개화파 인물 가운데 윤치호를 다루었다. 그는 조사시찰단의 일원으로 도일하여 갑신정변 후에는 미국에 유학하였는데 귀국 후 독립협회 회장에 취임하였다. 조선의 위정척사파 중에서는 최익현을 다루었다. 최익현은 조일수호조약에 반대하고, 청일전쟁 후에는 의병운동에 가담하였다. 러일전쟁 후에는 을사조약(제2차 한일협약)에 반대하는 반일상소운동을 전개하고 의병장으로서 일본에 정면으로 항거하였다. 피지배층이었던 민중이 어떤 일본관을 지니고 있었는가는 동학농민군의 지도자였던 전봉준을 통해 살펴볼 수 있도록 하였다.

둘째, 식민지 시기에는 한국의 독립운동가이자 역사가이기도 했던 신채호를 다루었다. 신채호는 일관되게 일본의 침략과 지배에 저항하고 한국인의 민족의식을 고취했다. 한편 친일파 중에서는 이광수를 다루었는데, 그가 어떤 일본관을 가지고 어떻게 일본에 협력하는 활동을 벌였는가를 이해할 필요가 있다. 민중의 일본의식으로는 일본의 패전을 전망하는 소문을 퍼뜨린 박인섭의 사례를 소개했다. 해방 이전 한국인의 일본관이 오늘날 어떻게 변하였는가, 또는 변하지 않았는가를 염두에 두고 이들의 일본관을 살펴보기 보란다.

제5절 한국에 살았던 일본인과 일본에 살았던 한국인

이 절에서는 '재조일본인', '재일한국인'이라는 용어 대신 '한국에 살았던 일본인', '일본에 살았던 한국인'이라는 용어를 채용하였다. 특히 '재일한국인'이라는 용어와 '재일조선인'이라는 용어의 구별이 현재까지도 미해결된 복잡한 상황임을 염두에 두어, 이 시기에 상응하는 용어로서 채용하였다.

이 절에서는 일본에 한국인이 거주하기 전부터 한국에 일본인이 거주하였다는 점을 고려하여 한국에 살았던 일본인부터 다루었다. 한국에 살았던 일본인이란 한국에서의 식민자, 즉 일본에 의한 한국의 식민지화 과정과 식민지 지배하의 한국에 재주하였던 일본인을 말한다.

일본인은 한국 개항 전후에 한국에 건너오기 시작하였는데, 그 후 서서히 도항자가 증가하여 한국이 해방될 무렵에는 약 90만 명이 살고 있었다. 한국에 살았던 일본인은 한국의 식민지 지배에 어떤 형태로든 관련을 맺고 있던 식민지 체험자였다.

이 절에서는 첫째, 한국에서의 일본인의 행동이 한국사람들에게 '일본'·'일본인'의 구체적인 이미지를 심어주었다는 점을 학습하기 바란다. 한국에 살았던 일본인의 행동은 한국인의 눈에 어떻게 보였을까, 현재 한국인의 일본인관을 이해하기 위해서도 당시 한국에 살았던 일본인의 행동을 아는 것은 중요하다. 한국에 살았던 일본인의 행동을 구체적으로 살펴봄으로써 일본의 식민지 지배 실태를 보다 깊이 이해할 수 있을 것이다.

둘째, 일본인, 식민지 체험자의 인식이 8·15해방 후까지 계승되었다는 점에서도 한국에 살았던 일본인의 행동을 다루는 의미는 크다. 식민지 체험자의 증언 가운데 심심치 않게 나타나는 식민지에서의 '선량한 일본인' 상이나 패전시 일본으로의 귀환 과정에서 형성된 피해자 의식은 전후 일본의 식민지 인식의 핵심으로서 여전히 큰 영향을 미치고 있다는 것을 염두에 두기 바란다.

한편 '재일한국인'은 현재도 일본인의 한국관·조선관을 규정하는 주요한 요인 중 하나다. 이들 사회가 어떤 이유로 형성되었고 그들이 어떠한 생활을 하였으며, 일본인들로부터 어떤 취급을 당했는가를 일본의 재일한국인 정책과 관련하여 이해할 필요가 있다.

셋째, 재일한국인이 증가한 이유를 파악해 보기 바란다. 동시에 재일한국인이 어떠한 생활을 하였는가를 직종·임금·주거 등을 통해 구체적으로 학습하기 바란다. 이 절을 공부하면서 재일한국인이 왜 일본인에게 차별과 멸시를 받았는가에 대해 생각해 보기 바란다.

넷째, 재일한국인이 고난 속에서도 민족운동을 전개한 점에 주목하기 바란다. 또한 그들이 일본의 노동운동과 연대하였던 사실도 아는 것이 중요하다.

이 절에서는 한일 양국인의 과거 모습이 현재의 상호인식의 근저가 되고 있음을 이해하고, 민중 차원의 교류가 지닌 중요성을 깨닫는 것이 중요하다.

제6절 일본의 만주침략과 한국사회의 동향

이 절은 1930년대 초 쇼와 공황에서 1937년 7월 중일 전면전쟁 개시까지를 대상으로 하여 식민지기 한국의 상황을 서술하였다. 특히 일본의 만주침략에 대응하는 식민지 한국에 대한 지배정책과 반일민족운동의 변화에 초점을 맞추려고 노력했다. 또 한국의 문화·사회에 대한 항목을 넣어 식민지하 한국 민중의 생활 그 자체로부터 일본 지배에 대한 반발과 한국 민중의 아이덴티티 형성 방식을 탐구할 수 있도록 시도해 보았다. 재만한국인의 반일운동은 물론이고 재만한국인과 중국인의 관계에 대해서도 다루었다.

이 절에서는 다음 사항을 학습하기 바란다.

첫째, 세계공황을 계기로 열강이 폐쇄적·배타적 경제권을 형성하기 시작함으로써 1920년대의 국제질서였던 베르사유·워싱턴 체제가 붕괴하여 간 사실과 그 의미를 이해하기 바란다. 이러한 국제질서의 붕괴는 일본이 만주를 침략하는 서막이 되었으며 일본의 국제연맹 탈퇴에 결정적인 계기가 되었다.

둘째, 세계공황이 한국 농촌에 큰 타격을 줌으로써 한국의 농민층 분해가 가속화되어 농민의 몰락과 이촌 현상이 격화되었다는 사실에 주목하기 바란다. 그 결과 소작쟁의가 격화되었다. 이러한 현상은 소작쟁의 1건당 참가자 수의 변화에도 반영되어 있다.

셋째, 중국침략을 통해 공황에서 탈출하려 했던 일본이 모략에 의해 '만주사변'을 일으키고 괴뢰정권인 '만주국'을 건국한 사실을 이해할 필요가 있다. 그 결과 만주에서 일본까지 연결되는 경제망(엔블록)이 형성되었고, 한국은 그 중계지로서 중시되었으며, 나중에는 '대륙병참기지'의 역할을 수행하게 되었다.

넷째, 우가키 조선총독의 주요 정책이 된 '농촌진흥운동'의 의미에 대해 이해할 필요가 있다. 이 정책은 한국농민의 '근면성'을 함양시켜 공황을 극복하고 농촌의 '자력갱생'을 꾀하고자 하였다는 점에서, 정신주의적인 발상에서 추진되었음을 알 수 있다.

다섯째, 농촌의 잉여노동력이 된 농민을 노동자로서 흡수함으로써 공업화 정책의 추진과 한국 북부의 개발이 가능해졌다는 사실을 이해하기 바란다. 농촌에서 배출된 노동자는 댐이나 공장의 건설공사에서 장시간 저임금으로 일하였다. 이러한 구조 하에서 공업화정책이 추진된 것이다.

여섯째, 지방제도의 개편을 통해 조선총독부는 한국인 유력자나 자본가 등을 지방정치에 제한적으로 참여시킴으로써 식민지 권력 주변에 묶어두려고 하였다. 이것이 민족 분리정책의 강화·재편책이었음을 이해하기 바란다.

일곱째, 1930년대의 민족운동과 사회운동에 대해 생각해 보기 바란다. 이 시기 사회운동은 공황에 따른 농민의 몰락과 노동자의 도시 유입 등으로 생활의 불안정 요인이 가중되어 사회주의운동이 확산되었다. 또 일본의 만주침략에 대응하여 난국을 타개하고자 일본의 요인을 공격하는 '의거'를 감행하였다. 신문사는 야학과 한글보급 등의 농민계몽운동도 벌였는데, 이는 민중에게 지식을 보급하고 문제의식을 고양시켰다는 점에서 중요하다. '의거'의 평가에 대해 생각해 볼 수 있도록 참고자료를 첨부하였다.

여덟째, 식민지 시기 한국의 문화를 다루었다. 식민지 시기에는 극히 제한된 속에서도 학술·문화가 발달하였다. 그것이 민족의 아이덴티티를 유지 발전시키고자 한 노력이었음을 이해하기 바란다. 민중은 식민지 사회에서 다양한 문화를 한국식으로 개량하여 받아들이는 지혜를 지니고 있었다. 그들의 생활상·문화상을 살핌으로써 이민족의 지배 아래 살아가는 강인한 민중의 모습을 이해하기 바란다.

아홉째, 일본 국내의 파시즘체제가 한국에도 영향을 미치게 되었다는 것을 '일장기 말소사건'의 예로 들어 서술하였다. 한국사회에서 불완전하고 미미하게 존재했던 언론의 '자유'가 중일전쟁을 전후하여 서서히 끝나가고 있었다는 점에 주목하기 바란다.

제7절 전시체제의 전개와 독립투쟁

이 절은 1930년대 후반의 일본의 전시체제와 이에 대한 한국인의 독립투쟁에 관한 내용을 다루었다.

1937년 일본은 중일전쟁을 일으켰지만, 중국의 저항으로 전쟁은 장기화되었다. 이 때문에 물자부족에 직면한 일본은 석유, 고무 등 자원이 풍부한 동남아시아로 진출하였다. 그에 따라 미국, 영국, 네덜란드 등 열강과의 대립이 심화되고, 급기야 일본이 말레이 반도와 하와이 진주만을 기습하여 아시아태평양전쟁이 일어났다. 1942년 여름까지는 전세가 일본에 유리하였으나, 미국을 비롯한 연합국의 총반격으로 상황은 역전되기 시작하였다.

이에 대처하기 위해 일본은 본토에서 총동원체제를 실시하였다. 그리고 한국에서도 총력전체제를 실시하였는데, 한국에서 인적·물적 자원을 최대한으로 동원하기 위한 것이었다.

한국을 총동원체제로 전환하기 위한 필수적인 전제로 요청되었던 것이 이른바 황민화 정책이었다. 황민화 정책이란 말 그대로 한국인을 황국의 신민으로 만드는 것을 목표로 삼는 정책으로, 미나미 총독 이후 역대 총독들이 지속적으로 강력하게 추진하였다. 미나미 총독이 주창한 내선일체의 최종 목표는 한국인의 황국신민화였다. 일본이 한국을 식민화한 후 식민정책의 기조로 채택하였던 동화정책은 황민화 정책으로 귀결되었다고 할 수 있다.

이러한 국제정세의 변화에 따라 한국의 여러 독립운동단체들은 일본에 저항하면서 해방 후의 국가 설립방안까지 설정하여 장기적인 전망을 가지고 활동하였다.

한국인이 식민지 기간 중에서 가장 고통을 받았던 시기는 전시체제기였다. 한국의 교과서에서는 이 시기를 '민족 말살 통치기'로 분류하고 있다. 일본이 침략전쟁을 수행하기 위해 한국인의 인적·물적 자원을 수탈하였을 뿐 아니라 민족정신까지 말살하려고 하였다는 사실을 이해하기 바란다.

이 절에서는 첫째, 일본이 중·일전쟁을 일으킨 후 동남아시아로 진출하여 말레이 반도에 상륙하고 하와이 진주만을 기습 공격하여 아시아태평양전쟁을 일으킨 배경을 파악하기 바란다. 또 당시 한반도가 일본의 전쟁 확대 과정에서 어떤 역할을 하였는지에 대해 주목하기 바란다.

둘째, 일본이 추진한 황민화 정책의 구체적인 내용을 통해 한국인이 어떤 고통을 받았는지 생각해 보기 바란다. 신사참배, 황국신민의 서사 암송, 일본어의 강요, 일본식 성과 이름의 강요 등의 구체적인 실상을 이해하도록 한다. 특히 창씨개명에 호응한 이광수와 적극 저항한 유건영의 사례를 통해 당시 한국인들에게 창씨개명의 의미가 무엇인지를 생각해 보도록 한다.

셋째, 일본의 황민화 정책의 귀결점이 한국인을 전쟁에 동원하기 위한 것임을 파악하도록 한다. 징용, 징병, 정신대, 일본군 '위안부'로 동원된 실상 등을 통해 한국인들이 처한 1940년대의 실상을 알아본다. 특히 일본군 '위안부'로 동원된 여성의 증언을 통해 한국인의 전쟁동원이 어떠한 것이었는가를 생각하도록 한다.

넷째, 한국에서는 무력적 저항운동이 실질적으로 불가능하였지만 국외에서는 독립 후의 상황까지 상정하면서 독립투쟁을 전개하였음을 소개하였다. 가장 규모가 큰 독립운동 조직체였던 대한민국 임시정부의 활동과 그 산하조직인 광복군의 활동에 주목하기 바란다.

다섯째, 한국의 사회주의 계열이 중심이 되어 추진한 활동으로서 중국 화북지방의 조선독립동맹의 활동과 만주에서의 독립투쟁을 통하여 한국 독립운동세력의 다양성을 파악하도록 한다.

마지막으로, 일본의 패전 징후가 나타나면서 한국에서 추진된 건국 준비활동과 그들이 지향하였던 정부 형태에 대해 이해하기 바란다. 그리고 한국인이 일본으로부터 독립한 이후 민주공화국을 수립하려는 꿈을 가지고 있었음에 주목하기 바란다.

제11장 패전·해방에서 한일국교 정상화까지

제1절 일본의 패전과 한반도의 해방

이 절에서는 일본의 패전과 한반도 해방의 모습을 대비함으로써 일본에 의한 식민지배의 의미와 그 후 한반도가 맞이하게 될 역사의 출발점을 이해하기 바란다. 특히 다음 네 가지 측면에 유의하여 학습하도록 한다.

첫째, 세계 제2차대전의 종결로 한반도와 일본의 관계가 어떻게 달라졌는지를 확인한다. 특히 천황의 무조건 항복 선언에 대하여, 침울한 반응을 보이는 일본인들과 기뻐하는 한국인들의 사진을 제시함으로써 한일관계가 새로운 단계에 진입했음을 실감할 수 있도록 하였다. 그 밖에 한반도에서 독립국가 건설의 주역이 된 여러 단체가 연합국의 승인을 받지 못한 사실에 대해서도 이해하기 바란다.

둘째, 일본인들이 한반도에서 수난을 겪고 한반도를 떠나는 모습을 묘사함으로써 한일관계의 새로운 양상을 보여주고자 하였다. 이를 통해 일본인은 한반도에서 영향력을 상실하고 한반도는 해방되었음을 확인할 수 있도록 하였다. 그 밖에 일본인의 귀환에는 소련 점령지역이 더욱 가혹하였고, 한반도 남부에서의 귀환은 상대적으로 평온하였다는 점 등 지역적인 차이가 있었다는 것도 이해하기 바란다.

셋째, 재일한국인들의 귀환 이유와 과정을 보여줌으로써 한일관계의 새로운 모습을 묘사하고자 하였다. 그리고 재일한국인만이 아니라 해외 각지에서 활동한 항일독립운동가들의 귀환을 언급함으로써 한반도의 해방이 동포의 귀환이기도 하였음을 보여주고자 하였다. 한편 일본에서의 귀환은 우키시마 호 사건처럼 무사히 귀환하지 못한 경우도 있었다는 것과 그 의미에 대해서도 생각할 수 있도록 하였다.

넷째, 한반도에서는 일본통치의 잔재 청산이라는 과제가 제기되었는데 그것이 좌절되어 가는 과정을 간단하게 정리하였다. 한반도는 해방되었지만 식민지배의 잔재가 오랜 기간 남아 있었다는 것을 이 문제를 통해 이해하도록 하였다.

제2절 6 · 25전쟁과 일본

이 절의 학습에서는 다음 세 가지 사항에 역점을 두기 바란다.

첫째, 당시 동북아시아의 국제정세와 한반도 분단의 역사적 의미를 생각해 보기 바란다. 둘째, 전쟁 과정에서 발생한 다양한 사건이 일반 민중에게 안겨준 고뇌와 피해를 생각해 보기 바란다. 셋째, 6 · 25전쟁이 한일관계에 어떠한 작용을 하였는가를 이해하기 바란다.

이 절의 구체적 학습을 위해 유의할 사항을 정리해 보면 다음과 같다.

첫째, 냉전 상황을 초래한 미 · 소라는 대국의 논리와 식민지로부터 독립을 바라는 아시아 여러 지역의 동향을 구별하여 이해하기 바란다. 그리고 이렇게 독립을 겨냥한 운동에 대해 공산주의라는 꼬리표를 달아온 역사적 과오에 대해 생각해 보기 바란다.

둘째, 6 · 25전쟁에 이르는 배경으로서 한반도가 남북으로 분단된 경위와 그것을 저지하려 한 동향이 있었음을 학습하기 바란다.

이 시기 미군정의 관심은 한반도 남부가 공산화되는 것을 방지하는 데 있었다. 그 때문에 미소공동위원회가 결렬된 1946년 5월 이후 본격적으로 조선공산당을 탄압하고, 38선 이남만의 단독정부 수립을 강행하고자 하였다. 단독정부의 수립과 분단을 방지하기 위해 열린 남북협상은 그런 움직임에 이의를 제기한 중요한 시도였다. 또 미군정과 조선공산당이 전면적으로 대결하는 가운데 '제주 4 · 3사건'처럼 경찰과 우익세력에 의해 무력으로 진압된 민중봉기가 있었다는 사실에도 주목하기 바란다.

셋째, 6 · 25전쟁의 전개에 관해서는 전쟁경위를 생략하고 휴전이 분단 체제를 고정화시켰다는 점을 강조하였다. 또 개전 직후 유엔 안보리 결의 때에는 소련이 중국에게 유엔대표권을 주도록 요구하였으나 이것이 거부되었기 때문에 안전보장이사회에 결석한 점에도 주목하기 바란다.

넷째, 6 · 25전쟁과 일본의 관계 부분에서는 이 전쟁이 일본 입장에서도 자국의 평화와 안전에 직결된 중요한 사건이었음을 강조하였다. 일본 각지의 미군기지와 군항이 중요한 역할을 하였으며 소해정掃海艇 파병이 이루어진 외에도 군사적 정비가 추진되었다. 그 결과 1952년 말에 재일미군의 수는 26만 명, 기지·시설 수는 1952년 5월 단계에서 약 2,400개, 면적은 13억 5천 평방미터에 달했다.

그러나 전쟁이 한편으로는 일본의 경제성장을 촉진하고 한반도에서 벌어지고 있는 일들에 대해 피부로 느낄 수 없도록 만들었다는 점을 이해해야 한다. 그러한 경향은 그 후 양국이 처한 대조적 상황에 의해 조장되어 갔다.

한편 일본에서도 전쟁 반대의 목소리가 있었다는 사실은 중요하다. 참고자료에는 일본노동조합총평의회계 노동조합이 결성한 일본평화추진국민회의 결성대회 성명을 실었다. 또 재일한국인의 반전운동에 일본인이 호응한 사례도 이 시기에 각지에서 볼 수 있었다.

다섯째, 6·25전쟁은 샌프란시스코 강화조약의 체결을 촉진시켰다는 점에서 일본과도 밀접한 관계가 있다. 한국이 이 강화회의에 참석하지 못하고 배제되었기 때문에 이후 한일 두 나라만의 회담(한일회담)이 열리게 되었다는 점도 중요하다. 샌프란시스코 강화조약의 이러한 불완전함은 전후보상 문제 등 큰 화근을 남기게 되었다. 전체적으로 강화조약은 전후 한일관계와 재일한국인 문제를 큰 틀에서 규정하게 되었다.

여섯째, 남북분단이라는 가장 중요한 사항을 축으로 미국정부의 동북아시아정책을 접하도록 하였다. 그 위에서 전쟁의 피해 상황을 인권파괴와 차별의식, 현재까지 계속되는 후유증과도 같은 피해라는 측면을 강조하고자 하였다. 또 미군과 한국군에 의한 주민학살사건은 근년 들어 재검토의 대상이 되고 있다는 점을 기술하였다. 이것은 북한의 위협을 이유로 한국사회에서 묵살되어 온 부분이다. 이들 사건이 발생한 지 반세기가 지난 시점에서 진상규명이 이루어지게 된 사실을 소개하고자 하였다.

제3절 한일조약의 체결

이 절에서는 다음 세 가지 사항을 학습하기 바란다.

첫째, 1945년 8월 이후 약 20년이 지나서야 비로소 양국 사이에 국교가 수립된 역사적 배경과 조건을 이해한다. 둘째, 서로 다른 역사인식과 외교적 목표를 지니고 회담에 임한 양국 정부가 상호간의 견해 차이에 대해 어떻게 대처하였는가를 살피도록 한다. 셋째, 한일조약의 의의와 문제점을 생각해 봄으로써 현재 한일관계의 역사적 경위를 이해하도록 한다.

아울러 이 절을 학습할 때 유의할 사항은 다음과 같다.

첫째, 한일조약의 체결에 대한 평가를 둘러싸고 현재까지도 긍정적 견해와 부정적 견해가 첨예하게 대립되고 있음을 확인하기 바란다. 한국의 부정론자들은 과거 식민지배에 대한 사죄와 배상을 포기한 채 경제협력이라는 방식으로 국교를 재개한 것 자체를 굴욕외교라고 주장한다. 이들은 한일조약이 1960~70년대 한국의 독재정권을 지원하는 역할을 하였고, 한미일 삼국의 정치 · 경제 · 군사적 유착을 가져와 한반도의 냉전을 격화시킴으로써 남북통일을 어렵게 만들었다고 비판한다. 또한 경제적으로도 이 시기에 유입된 일본자본이 한국의 산업구조를 왜곡시켜 만성적인 대일무역적자와 기술 · 자본의 대일종속 문제를 낳았으며, 노동자들의 저임금구조와 절대적으로 고용주에게 유리한 노사관계를 정착시켰다고 지적한다.

한편 한국의 긍정론자들은 일부 부정적 요소에도 불구하고 한일조약 체결이 결과적으로 한국에 많은 기여를 하였다고 주장한다. 우선 정치적으로 일본이 한국을 한반도의 유일한 합법정부로 인정함으로써 한국정부의 정치적 · 국제적 지위가 향상되었고, 그로 인해 형성된 긍정적 국가이미지가 원활한 외자도입과 수출의 증대를 가져왔다고 주장한다. 또한 한일국교 수립으로 인해 도입된 자금과 기술이 베트남 특수와 함께 사회 각 분야의 인프라 구축에 활용되었고, 이것이 높은 교육수준을 지닌 양질의 노동력과 결합하여 경제성장에 중요한 역할을 하였다고 주장한다. 이렇게 서로 다른 주장이 오늘날 재연되는 의미에 대해 생각해 보도록 하였다.

둘째, 남·북·일의 조약체결 반대운동에 대해서는 1950~60년대 각국의 사회운동이 지닌 전반적인 구조와 특징을 먼저 이해하기 바란다. 특히 남·북·일에서 모두 반대운동의 움직임이 있었음에도 불구하고 이들 사이에 연대가 추진되지 못한 측면에 주목할 필요가 있다.

당시 일본의 시민운동세력은 대체로 '평화와 민주화'라는 보편적 가치를 추구해 왔다. 그러나 이들은 기본적으로 한반도 자체에 대한 관심이 저조하였고 과거 식민지배로 인해 뿌리 깊게 형성된 한국인들의 반일감정을 간과하고 있었다. 게다가 대부분의 진보세력은 한국의 독재정권 자체를 부정하고 있었으며, 이념적으로도 반자본주의적 성향을 띠고 있었다. 따라서 양국의 국교수립을 한·미·일 군사동맹 혹은 자본주의 경제블록 형성의 일환으로 인식했을 뿐, 이것이 과거 식민지배로 인한 양국간의 불행한 역사를 청산하는 중요한 절차라는 전후처리의 관점을 지니지 못하였다.

반면 한국에서는 해방 직후 왕성했던 사회운동의 에너지가 일본에서는 상상할 수 없을 정도로 6·25전쟁을 통해 철저히 압살되었고, 그로 인해 사회운동 또한 세대간의 단절로 인해 성숙될 여지가 없었다. 한국의 반대운동에서 나타난 조직과 논리의 미숙성, 대안의 부재현상 등은 이러한 역사적 맥락에서 이해할 필요가 있다.

셋째, 한일조약 체결은 현재까지도 논쟁이 되풀이되고 있는 한반도와 일본 사이의 중요한 사안들을 포함하고 있다. 따라서 이 절은 독도문제로 불거진 영토문제, 강제동원 피해자들의 개인 보상문제, 북일 국교수립을 위한 협상문제, 역사교과서문제, 한국 시민운동단체의 한일조약 관련문서 공개 및 재협상 요구 운동 등 다양한 현안에 접근하기 위한 기본자료로 활용하기 바란다.

제4절 일본의 한국인(한일조약 체결까지)

이 절은 일본 패전, 한일조약 성립 전후까지의 재일한국인을 다루었다. 현재 한일 양국의 고교생은 모두 재일한국인의 역사에 대해 배울 기회가 거의 없다. 이에 이 절에서는 첫째, 재일한국인에 대한 일본의 차별과 편견이 '냉전'의 진행과 함께 전후에도 법제도적·사회적으로 조장되었다는 점, 둘째, 한국해방·분단체제의 형성에 대한 재일한국인의 의식과 행동이라는 두 가지 점에 대해 기본적 이해를 심화시킬 수 있는 통사 형식을 취하였다.

이 절을 학습할 때 특히 유의할 점은

첫째, 일본의 식민지배와의 관련성을 의식하면서 1945년 이후 재일한국인의 동향을 고려해야 한다는 것이다. 우리는 흔히 전후 한반도로 돌아오지 않은 이들이 일반 이민과 마찬가지로 자유의사에 따라 일본잔류를 선택하였다는 견해를 접하게 된다. 여기서는 이러한 주장과 관련하여 다시금 식민지체제 하 인구이동의 의미와 당시 동아시아 정세를 되돌아볼 필요가 있다.

둘째, GHQ의 재일한국인 정책을 바탕으로 일본정부의 재일한국인 정책과 제도적 차별문제를 생각해 보는 것도 중요하다. 물론 그것은 일본이 져야 할 책임을 미국의 대아시아정책의 규정을 받는 GHQ에게 전가하기 위해서가 아니다. 오히려 그것은 냉전이 진행됨에 따라 해방 전부터 존재하고 있던 일본의 한국차별과 멸시를 둘러싼 문제가 아무런 비판 없이 불문에 부쳐진 구조를 인식하고, 해방 후 재일한국인에게 가해진 압력이 더욱 강화되었다는 점을 이해하도록 하기 위함이다.

셋째, 냉전의 진행과 남북대립의 격화 속에서 재일한국인에 의한 통일국가 수립 요구 행동은 GHQ와 일본정부에게는 모두 '공산주의적' 움직임으로 인식되었다. 그러나 대다수의 재일한국인은 한국의 분단과 민족교육 옹호라는 자신의 생활과 직결된 민족적 사안이 위기에 직면하게 되면서 비로소 운동에 참여하였다는 점을 충분히 인식하기 바란다. 냉전이 심화됨에 따라 재일한국인이 당한 억압은, 제주 4·3사건 등과 같이 "냉전이 극에 달한 한반도(나아가서는 동아시아)에서 일어난 민중의 희생을 미소 냉전이 끝난 오늘날 어떻게 생각할 것인가" 하는 문제와도 대비해서 고찰해야 할 대목이다. 재일한국인에 대한 이해를 총체적으로 심화시키는 것은 향후 한일관계는 물론, 일본과 북한의 관계, 그리고 남북협상시대의 남북관계의 발전에 도움을 줄 수 있는 현대사 인식의 심화와도 연관되어 있다.

그런데 본문에서는 지면의 제약으로 당시를 살았던 사람들의 구체적인 모습을 충분히 소개할 수 없었다. 주변의 책과 영화 등도 활용하면서 재일한국인에 대한 이해를 심화시키기 바란다.

전시동원에 의해 탄광 등지에서 노동을 강요받은 한국인과 이들의 해방·전후에 관해서는 하하키기 호세이帚木蓬生의 픽션『세 번째 해협 三たびの海峽』(신초 문고, 1992)이 있는데, 1995년 고지마 세이지로神山征二郎 감독에 의해 영화화되었다. 호리카와 히로미치堀川弘通 감독의 「아시안 블루」(1995)는 해방 직후 부산으로 귀환하던 도중에 침몰한 '우키시마 호 사건'을 주제로 한 것이다. 또 1958년의 야스모토 스에코安本末子의 『니안찬 にあんちゃん』(니시니혼 신문사)은 현 탄광주택에 살던 10세 소녀의 1953년도 일기다. 이것은 6·25전쟁 하 한국에서 이윤복이 쓴『윤복이의 일기』(쓰카모토 이사오塚本勳 옮김, 다이헤이 출판사, 1965)처럼 부모(전남 출신)를 잃고서도 형제가 서로 도와가며 살아가는 모습을 그려내어 공감을 얻었다(영화는 이마무라 쇼헤이今村昌平 감독, 1959). 그 밖에도 1955년 교고 다카히데京極高英 감독의 기록영화 「조선아이 朝鮮の子」는 전후 한국인 학교의 발자취를 더듬어가며 도립 한국인학교의 존속을 둘러싼 문제를 다룬 귀중한 기록이다. 사이타마 현 가와구치를 무대로 한 1962년 영화인 우라야마 기리오浦山桐郎 감독의 「용광로가 있는 거리」에서는 북한으로 귀국하는 재일한국인의 모습도 그려져 있다.

제12장 교류확대와 새로운 한일관계의 발전

제1절 교류의 확대와 그 명암

이 절에서는 한일조약 체결 후부터 1980년대까지의 한일관계를 긍정적 측면과 부정적 측면을 아우르며 다양한 각도에서 검토해 보았다. 이때 정부나 기업 중심의 논의에서 탈피하는 것이 중요하며, 궁극적으로는 역사인식 문제에 초점을 맞추어야 할 것이다.

이 절에서는 다음 여섯 가지에 유의해 주기 바란다.

첫째, 1960년대 이후의 세계적인 정세 속에서 베트남 전쟁 가담이 한일 양국과 한반도에 미친 영향에 대해 생각해 보기 바란다. 베트남 전쟁이 양국에 각기 다른 영향을 미쳤다는 점과 양국에서 발생한 반대운동의 의미에 대해 학습하기 바란다.

둘째, 한일교류가 한국의 경제발전에 기여한 반면, 정치비리, '기생관광', '공해수출' 등의 부정적 측면도 지니고 있었다는 점이다. '기생관광'에 대해서는 뒤의 일본군 '위안부' 문제와 관련하여 상기할 필요가 있다.

셋째, 1960년 이후 미·소의 제3세계에 대한 '원조경쟁'이 치열하게 전개되는 가운데, 일본의 '소득배증所得倍增' 슬로건과 마찬가지로 한국에서도 '개발정치'가 전개되었다는 점이다. 미국이 베트남 전쟁에 방대한 군사비를 투입하는 가운데 일본이 한국을 비롯한 이웃 나라들에 대한 경제원조를 담당하게 되었다. 이 시기 한국의 고도경제성장은 이러한 일본으로부터의 경제원조와 베트남 특수에 더하여 6·25전쟁 이래 한국 내부에서 진행되어 온 부흥노력이 결합된 결과였다. 이 점을 바로 박정희 정부의 '개발정치'를 어떻게 평가할 것인가 하는 문제와 연결시켜 생각해 보기 바란다. 또 이 시기에 한국경제의 대일의존도가 심화되었고, 그것이 그 후 양국의 경제관계를 규정하게 되었다는 점도 이해하기 바란다.

넷째, 일본 구마모토 현에서 발생한 미나마타 병은 일본 인권의식의 성장을 다룰 때도 중요하지만, 식민지 지배의 연속성을 한일관계를 통해 살펴볼 수 있는 사례로서 중요하다. 여기서는 노동자를 혹사시키는 기업의 방식과 공해를 발생시키는 기업의 행태를 같은 뿌리에서 나온 것으로 파악하고, 급기야 그러한 기업문화가 아시아로 '수출'되었음을 강조하였다. 공해와 환경문제를 단지 자연파괴의 문제로만 볼 것이 아니라 '인간의 존엄'과 관련된 인권문제로 인식하고, 식민지배와 관련시켜 생각해 보기 바란다. 또 8·15해방 후로 시점을 한정시키지 말고 식민지 시기 차별적인 구조가 온존된 문제로서 생각할 필요가 있다. 일본에서는 1990년대에 약물로 인한 에이즈 문제가 부상하여 전시기에 인체실험을 행한 기업의 비인간적인 경영방침과의 연속성이 지적되기도 하였다.

다섯째, 김대중 납치사건은 한국정부의 비민주성을 나타내는 상징적 사건이었으며, 문세광 사건은 일본정부의 실책과 재일한국인의 어려움을 보여주는 사건이라는 점이다. 두 사건을 학습함으로써 이 시기 한일관계의 어두운 측면을 각각의 국내 모순과 관련시켜 이해하기 바란다.

그 후 1980년대 초 냉전구조가 재차 점화되어 동아시아에 새로운 영향을 끼쳤다. 특히 북한은 더욱더 위기의식을 느끼게 되었고 그 점은 오늘날까지 이어져 오고 있음을 이해하기 바란다.

여섯째, 이 시기 한일관계에서는 교류의 유무와는 다른 차원, 즉 의식의 차이라는 문제를 설명하고자 하였다. 여기서는 이것을 식민지배를 청산하기 위해 민족의 역사를 피해 갈 수 없었던 한국의 사정과, 가해 사실조차 인식하지 못하는 일본이라는 구도로 설명하였다. 이러한 인식의 '골'은 교과서문제로 부각되었다.

이러한 인식의 차이를 바탕으로 한일관계에서 일본이 그 때까지 얼마나 식민지 지배문제를 과거의 사실로만 치부해 버리고 이를 직시하지 않았는가를 서술하였다. 동시에 그러한 태도에 대한 비판적 관점을 공유함으로써 역사인식의 문제를 되묻는 움직임이 이후 활발해짐으로써 현재의 한일교류로 이어지는 중요한 경험이 되었다는 것을 강조하였다.

제2절 일본의 한국인(한일조약체결 이후)

이 절에서는 1965년 한일조약 이후부터 현재까지의 재일한국인의 발자취를 서술하였다. 이것은 해방 후부터 한일조약까지의 '일본의 한국인'(제11장 제4절)에 이어지는 절로서 시대의 흐름에 따라 재일한국인의 상황을 이해할 수 있도록 구성하였다. 또 고교생이 재일한국인의 역사는 처음 학습할 것임을 감안하여 추상적인 서술은 피하고 보다 구체적인 사건과 모습을 통해 역사를 실감나게 학습할 수 있도록 배려하였다. 그 요점은 다음 네 가지다.

첫째, 1945년 해방 이후 많은 재일한국인은 통일된 한반도로 돌아갈 것을 전제하였기 때문에 일본 생활을 '임시거처' 정도로 의식하며 살아왔다. 그러한 재일한국인 사회의 한반도 인식, 일본 인식에 조금씩이나마 변화가 일기 시작한 시점이 1970년대임에 주목하기 바란다. 북한 귀국운동도 시들해지고 세대교체도 진행되었으며, 일본의 고도경제성장에 의해 이전보다 생활에 여유가 생긴 것이 그 배경이 되었다고 생각된다.

둘째, 그 때까지를 보면 단체(민족단체)나 개인 차원에서 한반도와 밀접한 관련을 맺고 있었다. 그러면서도 일본사회의 제도적·정신적 차별을 철폐하는 운동을 일본인들과 함께 벌이기도 하였다. 히타치 취직재판의 승리판결(1974)은 그러한 의미에서 획기적인 사건이었음을 이해하기 바란다.

셋째, 1980년대에는 국제적으로 인권의식이 고양되었는데 이것이 재일한국인의 생활권 획득운동을 더욱 뒷받침하였다. 그 대표적 예가 지문날인제도의 철폐. 이들 재일한국인의 운동이 재일한국인 사회만이 아니라 일본사회의 인권의식에 미친 영향은 자못 컸다. 이것이 지닌 의미를 아울러 생각해 보기 바란다.

넷째, 현재 대부분의 재일한국인은 일본에서 나고 자란 사람들이다. 이전보다 노골적인 차별은 줄었지만 여전히 일본사회는 살기 쉬운 곳이 아니다. 재일한국인이 향후 일본사회·한반도와 어떠한 관계를 구축할 것인가, 그리고 일본사회와 한국사회는 이들과 어떻게 공생해 갈 것인가하는 점은, 현대사회를 살아가는 우리 한사람 한사람의 생활방식과도 연관된 문제임을 생각해 보기 바란다.

제3절 한일관계의 현황과 전망

이 절에서는 우선 냉전체제의 붕괴 후 동아시아 지역이 국경을 초월한 연대에서 중요한 단위가 되고 있음을 확인하기 바란다. 그리고 일본의 전쟁책임을 어떻게 직시할 것인가 하는 역사인식의 문제는 결코 피할 수 없는 문제라는 것, 또 최종적으로는 개개의 신뢰관계 · 협력관계를 전제로 하여 연대를 전망해야 한다는 점을 학습하기 바란다.

첫째, 냉전의 종결 등 세계정세가 격변하는 가운데 '아시아 통화위기'에서 알 수 있듯이 경제적 측면을 중심으로 동아시아, 나아가 ASEAN을 포함한 아시아의 보다 광범위한 지역이 강하게 서로 연결되어 있다는 점을 확인하기 바란다. 이처럼 현대세계를 이해하기 위해서는 한일관계 자체를 대상으로 삼음과 동시에 동아시아, 나아가 아시아라는 지역 내에서 양국이 지니는 위상 등의 문제도 시야에 넣을 필요가 있다는 점을 강조하고 싶다.

둘째, 근년 들어 북한에 대한 국제적 비판이 강화되는 한편 북한을 국제적으로 고립시키지 않으려는 노력도 있다는 점을 학습하기 바란다. 한국의 '햇볕정책'을 통해 남북통일을 지향하는 노력, 「북 · 일 평양선언」에 기초한 일본의 국교정상화 교섭 등을 통해 북한을 국제협조노선으로 이끌어낼 방책을 생각할 필요가 있다는 점을 확인하기 바란다.

셋째, 전후보상 문제에서는 일본과 한국을 비롯해 동아시아의 '역사인식'이 왜 문제가 되는지, 관련 과제의 구체적인 내용과 그 기원을 서술하는 한편, 이를 해결 · 개선하기 위해 어떤 노력이 이루어지고 있는지 파악하기 바란다. 또 역사인식은 역사를 배우는 것과 직결되므로, 자국사의 상대화를 포함하여 다양한 각도에서 역사적 사실을 검토하여 스스로 판단하는 자세의 중요성을 인식하기 바란다.

넷째, 일본군 '위안부' 문제는 전후보상 문제의 일환이기도 하고 역사인식을 되묻는 사례기도 하지만 동시에 젠더(역사적으로 특정 시대와 사회적 상황에 의해 영향을 받게 되는 생물학적 차이가 아닌, 사회적·문화적인 성의 차이)라는 관점에서 한일관계의 '질'을 되묻는 문제기도 하다는 점을 생각하기 바란다. 여기서 문제시 되는 것은 '보상'이나 '사죄' 등의 형식적인 것이 아니라 개인의 존엄과 인간 사이의 신뢰관계라는 점을 이해하기 바란다.

다섯째, 1980년대 이후 한일교류를 가능하게 만든 전제조건들이 갖추어져 갔는데, 그 후 출입국자 수의 변화라든가 문화적 측면의 교류 등 거시적 차원에서 일어난 새로운 양상 등을 확인하기 바란다. 동시에 자치단체 차원에서 일본과 한반도 사이의 교류에도 주목하기 바란다. 또 한국과 북한의 교류가 가속화되는 한편 급증하는 '탈북자'들의 수용 태세 확충과 이들에 대한 남한사회의 이해 촉진이 과제로 대두하고 있는 가운데 남북통일이 한반도의 민족적 염원임을 이해하기 바란다.

여섯째, 한일역사공통교재의 대단원으로서 현재 진행중인 개인과 시민단체 차원의 교류를 소개하였다. 양국의 우호관계를 촉진하기 위해서는 상호간의 역사적 배경을 직시하면서 국경을 넘어선 개개 노력이 꾸준히 축적되어야 한다는 점에 대해 학생들 스스로 깊이 생각해 보기 바란다.

참고문헌 가나다순

■학생용■

Ⅰ. 통사

■한국어

박경희, 『연표와 사진으로 보는 일본사』, 일빛, 1999.
역사문제연구소, 『사진과 그림으로 보는 한국의 역사』1·2·3, 웅진출판, 1993.
요시노 마코토 지음, 한철호 옮김, 『동아시아 속의 한일 2천년사』, 책과함께, 2004.
이원순·정재정·서의식, 『한국과 일본에서 함께 읽는 열린 한국사』, 솔, 2004.
전국역사교사모임, 『살아있는 한국사 교과서』1·2, 휴머니스트, 2002.

■일본어

大槻健·君島和彦·申奎燮 譯, 『新版 韓國の歷史-國定韓國高等學校歷史敎科書-』, 明石書店, 2000(韓國の國史敎科書の翻譯).
武田幸男 編, 『朝鮮史』, 山川出版社, 2000.
歷史敎育者協議會 編, 『知っておきたい韓國·朝鮮』, 靑木書店, 1992.
李元淳·鄭在貞·徐毅植 著, 君島和彦·國分麻里·手塚崇 譯, 『若者に伝えたい韓國の歷史-共同の歷史認識に向けて-』, 明石書店, 2004.
朝鮮史硏究會 編, 『朝鮮の歷史』(新版), 三省堂, 1995.
竹內誠·佐藤和彦·君島和彦·木村茂光 編, 『敎養の日本史』(第2版), 東京大學出版會, 1995.

Ⅱ. 사전류

■한국어

李根浩 編著, 『靑少年을 위한 韓國史事典』, 청아출판사, 2001.
李弘植, 『增補 新國史事典』, 敎學社, 1983.
한국독립운동사연구소, 『한국독립운동사사전』, 1996.

韓國史事典編纂委員會, 『韓國近現代史事典』, 가람기획, 1990.

韓國史事典編纂委員會, 『韓國古中世史事典』, 가람기획, 1995.

한국정신문화연구원, 『한국인물대사전』, 중앙 M&B, 1999.

■ 일본어

木村誠・趙景達・吉田光男・馬淵貞利 編, 『朝鮮人物事典』, 大和書房, 1995.

伊藤亞人・大村益夫・梶村秀樹・武田幸男・高崎宗司 監修, 『朝鮮を知る事典』
　　(新訂增補版)』, 平凡社, 2000.

日本近現代史辭典編集委員會 編, 『日本近現代史事典』, 東洋經濟新報社, 1978.

朝尾直弘・宇野俊一・田中琢 編, 『新版日本史辭典』, 角川書店, 1996.

韓國史事典編纂會・金容權 編著, 『朝鮮韓國近現代史事典-1860~2005-』(第2
　　版), 日本評論社, 2002.

和田春樹・石坂浩一 編, 『岩波小事典 現代韓國・朝鮮』, 岩波書店, 2002.

III. 전근대사

■ 한국어

강봉룡 외, 『뿌리깊은 한국사 샘이깊은 이야기 2(통일신라・발해)』, 솔, 2002.

김돈, 『뿌리깊은 한국사 샘이깊은 이야기 4(조선전기)』, 솔, 2002.

김종수, 『뿌리깊은 한국사 샘이깊은 이야기 5(조선후기)』, 솔, 2002.

서의식 외, 『뿌리깊은 한국사 샘이깊은 이야기 1(고조선・삼국)』, 솔, 2002.

스즈끼 히데오・요시이 아끼라 지음, 전국역사교사모임 옮김, 『일본의 역사선
　　생님이 쓴 한국, 일본 두 나라 역사 이야기』, 북토피아, 2003.

이병희, 『뿌리깊은 한국사 샘이깊은 이야기 3(고려)』, 솔, 2002.

이영・김동철・이근우, 『전근대한일관계사』, 한국방송대학교출판부, 2000.

이영문, 『고인돌이야기』, 다지리, 2001.

이융조 외, 『우리의 선사문화』 1・2・3, 지식산업사, 1994・2000・2002.

진병팔, 『朝鮮通信使를 따라 日本을 걸으며 韓國을 본다』, 청년정신, 2000.

한국생활사박물관 편찬위원회, 『한국생활사박물관』 1~12, 사계절, 2002~
　　2004.

한일관계사학회, 『한국과 일본-왜곡과 콤플렉스의 역사-』 1・2, 자작나무,
　　1998.

■일본어

岡百合子, 『中・高校生のための朝鮮・韓國の歷史』, 平凡社, 2002.

藤田覺, 『松平定信-政治改革に挑んだ老中-』, 中公新書, 1993.

北島万次, 『秀吉の朝鮮侵略』(日本史リブレット34), 山川出版社, 2002.

棚橋光男, 『王朝の社會』(大系 日本の歷史4), 小學館, 1988.

上垣外憲一, 『文祿・慶長の役-空虛なる出兵-』, 講談社學術文庫, 2002.

上垣外憲一, 『雨森芳洲-元祿享保の國際人-』, 中公新書, 1989.

石井正敏, 『東アジア世界と古代の日本』(日本史リブレット14), 山川出版社, 2003.

石井進, 『鎌倉びとの聲を聞く』, 日本放送出版協會, 2000.

岩田一平, 『遺跡を樂しもう』, 岩波ジュニア新書, 1999.

李成市, 『東アジア文化圈の形成』(世界史リブレット7), 山川出版社, 2000.

日韓共通教材作成チーム, 『日韓共通歷史教材 朝鮮通信使-豊臣秀吉の朝鮮侵略から友好へ-』, 明石書店, 2004.

田代和生, 『書き替えられた國書-德川・朝鮮外交の舞臺裏-』, 中公新書, 1983.

田中健夫, 『倭寇-海の歷史-』, 教育社歷史新書, 1982.

佐原眞, 『遺跡が語る日本人のくらし』, 岩波ジュニア新書, 1994.

仲尾宏, 『朝鮮通信使と德川幕府』, 明石書店, 1997.

池享 編, 『天下統一と朝鮮侵略』(日本の時代史13), 吉川弘文館, 2003.

村井章介, 『北條時宗と蒙古襲來-時代・世界・個人を讀む-』, 日本放送出版協會, 2001.

村井章介, 『中世倭人伝』, 岩波書店, 1993.

村井章介, 『海から見た戰國日本-列島から世界史へ-』, 筑摩書房, 1997.

海津一朗, 『蒙古襲來-對外戰爭の社會史-』, 吉川弘文館, 1998.

IV. 근현대사

■한국어

김태웅, 『뿌리깊은 한국사 샘이깊은 이야기 6(근대)』, 솔, 2003

다카사키 소우지 저, 김영진 역, 『검정 한일회담』, 청수서원, 1998.

류승렬, 『뿌리깊은 한국사 샘이깊은 이야기 7(현대)』, 솔, 2003.

민족문제연구소, 『한일 협정을 다시 본다-30주년을 맞이하여-』, 아세아문화사, 1995.

참고문헌 | 475

역사문제연구소,『사진과 그림으로 보는 한국의 역사 3-개항에서 해방까지-』,
　　웅진닷컴, 1993.
역사신문편찬위원회 엮음,『역사신문5 개화기(1876~1910)』, 사계절, 1996.
이정식,『한국과 일본-정치적 관계의 조명-』, 교보문고, 1986.
전국역사교사모임,『심마니 한국사 2-개항에서 현대까지-』, 역사넷, 2002.
하영선 편,『한국과 일본-새로운 만남을 위한 역사인식-』, 나남출판, 1997.
한영우,『명성황후와 대한제국』, 효형출판, 2001.

■ 일본어

高崎宗司,『檢証日韓會談』, 岩波新書, 1996.
ナヌムの家歴史館後援會 編,『ナヌムの家歴史館ハンドブック』, 柏書房, 2002.
山田昭次・鄭章淵・高崎宗司・趙景達,『近現代史のなかの‘日本と朝鮮’』, 東京書
　　籍, 1991.
アジア女性資料センター 編,『‘慰安婦’問題Q＆A』, 明石書店, 1997.
在日コリアン研究會 編,『となりのコリアン-日本社會と在日コリアン-』, 日本
　　評論社, 2004.
田中宏,『在日外國人-法の壁、心の溝-』(新版), 岩波書店, 1995.
糟谷憲一,『朝鮮の近代』(世界史リブレット43), 山川出版社, 1996.
中塚明,『近代日本と朝鮮』(第三版), 三省堂, 1994.
崔善愛,『‘自分の國’を問いつづけて-ある指紋押捺拒否の波紋-』, 岩波ブック
　　レット, 2000.
板野潤治,『近代日本の出發』, 小學館, 1989.
海野福壽,『韓國併合』, 岩波新書, 1995.
饗廷孝典・ＮＫＨ取材班,『朝鮮戰爭-分斷38度線の眞實を追う-』, 日本放送出版
　　協會, 1990.

■ 교원·일반독자용 ■

Ⅰ. 통사

■한국어

閔斗基 편저, 『日本의 歷史』, 지식산업사, 1998.

변태섭, 『한국사통론』, 삼영사, 2003.

이기백, 『한국사신론』, 일조각, 1999.

일본교과서 바로잡기 운동본부, 『한중일 역사인식과 일본교과서』, 역사비평사, 2002.

한국역사연구회, 『한국역사』, 역사비평사, 1992.

한영우, 『다시찾는 우리 역사』, 경세원, 2006.

한일관계사학회, 『한일관계사연구의 회고와 전망』, 국학자료원, 2002.

■일본어

江口圭一, 『十五年戰爭小史』(新版), 靑木書店, 1991.

姜萬吉 著, 高崎宗司 譯, 『韓國現代史』, 高麗書林, 1985.

姜萬吉 著, 小川晴久 譯, 『韓國近代史』, 高麗書林, 1986.

姜在彦, 『朝鮮近代史』(增補新訂), 平凡社, 1998.

吉田光男 編著, 『朝鮮の歷史と社會』, 放送大學敎育振興會, 2000.

朴慶植, 『日本帝國主義の朝鮮支配』上·下, 靑木書店, 1973.

西嶋定生, 『日本歷史の國際環境』, 東京大學出版會, 1985.

辛基秀, 『朝鮮通信使往來-江戶時代260年の平和と友好-』(新版), 明石書店, 2002.

岸本美緒·宮嶋博史, 『明淸と李朝の時代』(世界の歷史12), 中央公論社, 1998.

歷史科學協議會 編, 『日本現代史-體制變革のダイナミズム-』, 靑木書店, 2000.

田中健夫, 『倭寇-海の歷史-』, 敎育社歷史新書, 1982.

鄭在貞 著, 石渡延男·橫田安司·鈴木信昭 譯, 『新しい韓國近現代史』, 桐書房, 1993.

千葉縣高等學校敎育硏究會歷史部會 編, 『新しい日本史の授業-地域·民衆からみた歷史像-』, 山川出版社, 1996.

韓永愚 著, 吉田光男 譯, 『韓國社會の歷史』, 明石書店, 2003.

荒野泰典·村井章介·石井正敏 編, 『アジアと日本』(アジアの中の日本史Ⅰ), 東

京大學出版會, 1992.

II. 전근대사

제1장 선사시대의 문화와 교류

■ 한국어

국사편찬위원회 편, 『한국사』 2·3, 탐구당, 1997.

金元龍, 『第3版 韓國考古學槪說』, 一志社, 1986.

白弘基, 『東北亞 平底土器의 硏究』, 學硏文化社, 1994.

손보기, 『한국 구석기학 연구의 길잡이』, 연세대학교 출판부, 1988.

安承模, 『東아시아 先史時代의 農耕과 生業』, 學硏文化社, 1998.

연세대학교 박물관 편, 『우리나라의 구석기문화』, 연세대학교 출판부, 2002.

兪泰勇, 『韓國 支石墓 硏究』, 주류성, 2003.

李相均, 『新石器時代의 韓日 文化交流』, 學硏文化社, 1998.

이성규 외, 『동북아시아 선사 및 고대사연구의 방향』, 학연문화사, 2004.

李弘鍾, 『청동기사회의 토기와 주거』, 서경문화사, 1996.

林炳泰, 『韓國 靑銅器文化의 硏究』, 學硏文化社, 1996.

■ 일본어

橋口尙武, 『海を渡った繩文人－繩文時代の交流と交易－』, 小學館, 1999.

都出比呂志·佐原眞 編, 『環境と食料生産』(古代史の論点1), 小學館, 2000.

寺澤薰, 『王權誕生』(日本の歷史2), 講談社, 2000.

早乙女雅博, 『朝鮮半島の考古學』, 同成社, 2000.

後藤直·茂木雅博 編, 『東アジアと日本の考古學』 I～V, 同成社, 2001~2003.

제2장 삼국·가야의 정치정세와 왜와의 교류

■ 한국어

김석형, 『초기조일관계연구』, 사회과학원출판사, 1966.

김태식, 『가야연맹사』, 일조각, 1993.

延敏洙, 『古代韓日關係史』, 혜안, 1998.

전호태, 『고분벽화로 본 고구려 이야기』, 풀빛, 1999.

崔在錫, 『古代韓日佛敎關係史』, 일지사, 1998.

■일본어

森公章 編, 『倭國から日本へ』(日本の時代史 3), 吉川弘文館, 2002.

石井正敏, 『日本渤海關係史の研究』, 吉川弘文館, 2001.

鈴木靖民, 『古代對外關係史の研究』, 吉川弘文館, 1985.

李成市, 『古代東アジアの王權と交易-正倉院の寶物が來たもうひとつの道-』, 靑木書店, 1997.

田村晃一・鈴木靖民 編, 『アジアからみた古代日本』(新版古代の日本2), 角川書店, 1992.

酒寄雅志, 『渤海と古代の日本』, 校倉書房, 2001.

제3장 수·당의 등장과 동북아시아

■한국어

金恩淑, 「8세기의 新羅와 日本의 關係」, 『國史館論叢』 29, 國史編纂委員會, 1991.

宋基豪, 「東아시아 國際關係 속의 渤海와 新羅」, 『韓國史市民講座5』, 一潮閣, 1989.

延敏洙, 「統一期 新羅와 日本關係-公的 交流를 中心으로-」, 『講座 韓國古代 史4』, 駕洛國史蹟開發研究院, 2003.

윤선태, 「752년 신라의 대일교역과 '바이시라기모쯔게(買新羅物解)'-쇼소인 (正倉院)소장 「첩포기(貼布記)」의 해석을 中心으로-」, 『역사와 현실』 24, 1997.

李炳魯, 「8세기 日本의 外交와 交易-羅日關係를 中心으로-」, 『日本歷史研究』 4, 1996.

韓圭哲, 「渤海國의 對外關係」, 『講座 韓國古代史4』, 駕洛國史蹟開發研究院, 2003.

韓圭哲, 『渤海의 對外關係史』, 新書苑, 1994.

■일본어

石井正敏, 『日本渤海關係史の研究』, 吉川弘文館, 2001.

礪波護・武田幸男, 『隋唐帝國と古代朝鮮』(世界の歷史4), 吉川弘文館, 1997.

酒寄雅志, 『渤海と古代の日本』, 校倉書房, 2001.

제4장 10~12세기 동북아시아 국제질서와 고려·일본

■한국어

김성준, 「10세기 동북아시아의 국세 정세와 한일교섭 문제」, 『大東文化研究』 23, 성균관대학교 대동문화연구원, 1989.

羅鐘宇, 「高麗前期對外關係史研究-日本과의 關係를 중심으로-」, 『國史館論叢』 29, 국사편찬위원회, 1991.

羅鐘宇, 『韓國中世對日本交涉史研究』, 圓光大學校出版局, 1996.

盧明鎬, 「高麗時代의 多元的 天下觀과 海東天子」, 『韓國史研究』 105, 韓國史研究會, 1999.

■일본어

高橋昌明, 「東アジアの武人政權」, 『中世の形成』(日本史講座3), 東京大學出版會, 2004.

奧村周司, 「高麗の外交姿勢と國家意識」, 『歷史學研究』別冊特集(1982年度大會報告), 1982.

村井章介, 「1019年の女眞海賊と高麗・日本」, 『朝鮮文化研究』 3, 1996.

片倉穰, 『日本人のアジア觀-前近代を中心に-』, 明石書店, 1998.

제5장 몽골제국의 성립과 고려 · 일본

■한국어

金琪燮, 「14세기 倭寇의 동향과 고려의 대응」, 『韓國民族文化』 9, 1997.

南基鶴, 「고려와 일본의 상호인식」, 『日本歷史研究』 11, 日本史學會, 2000.

南基鶴, 「蒙古侵入과 中世日本의 對外關係」, 『아시아문화』 12, 翰林大學校 아시아文化研究所, 1996.

羅鐘宇, 『韓國中世對日交涉史研究』, 圓光大學校出版局, 1996.

무라이 쇼스케 지음, 이영 옮김, 『중세 왜인의 세계』, 小花, 1998.

柳永哲, 「高麗牒狀不審條條의 재검토」, 『한국중세사연구』 1, 한국중세사연구회, 1994.

尹龍爀, 『高麗對蒙抗爭史研究』, 一志社, 1991.

李鉉淙, 「倭寇」, 『한국사8』, 국사편찬위원회, 1974.

■일본어

近藤成一 編, 『モンゴルの襲來』(日本の時代史9), 吉川弘文館, 2003.

旗田巍, 『元寇-蒙古帝國の內部事情-』, 中公新書, 1965.

南基鶴, 『蒙古襲來と鎌倉幕府』, 臨川書店, 1996.

李領, 『倭寇と日麗關係史』, 東京大學出版會, 1999.

李益柱, 「蒙古帝國の侵略と高麗の抵抗」, 『歷史評論』 619, 2001. 11.

佐伯弘次, 『モンゴル襲來の衝擊』(日本の中世9), 中央公論新社, 2003.

村井章介 編, 『南北朝の動亂』(日本の時代史10), 吉川弘文館, 2003.

海津一朗, 「'元寇'、倭寇、日本國王」, 『中世社會の構造』(日本史講座4), 東京大學
　　出版會, 2004.

제6장 15 · 16세기 중화질서와 조선 · 일본 관계

■ 한국어

무라이 쇼스케 지음, 이영 옮김, 『중세 왜인의 세계』, 小花, 1998.

孫承喆, 『朝鮮時代 韓日關係史硏究』, 지성의 샘, 1994.

이진희 · 강재언 지음, 김익한 · 김동명 옮김, 『한일교류사』, 학고재, 1998.

鄭成一, 「朝鮮의 銅錢과 日本의 銀貨-貨幣의 유통을 통해 본 15~17세기 韓日關
　　係-」, 『韓日關係史硏究』 20, 2004.

조항래 · 하우봉 · 손승철 편, 『강좌 한일관계사』, 현음사, 1994.

■ 일본어

關周一, 『中世日朝海域史の硏究』, 吉川弘文館, 2002.

橋本雄, 「室町 · 戰國期の將軍權力と外交權-政治過程と對外關係-」, 『歷史學硏
　　究』 708, 1998.

橋本雄, 『中世日本の國際關係-東アジア通交圈と僞使問題-』, 吉川弘文館, 2005.

尾形勇 · 岸本美緖 編, 『中國史』(新版 世界各國史3), 山川出版社, 1998.

長節子, 『中世日朝關係と對馬』, 吉川弘文館, 1987.

田中健夫, 『東アジア通交圈と國際認識』, 吉川弘文館, 1997.

村井章介, 『國境を越えて-東アジア海域世界の中世-』, 校倉書房, 1997.

村井章介, 『アジアのなかの中世日本』, 校倉書房, 1988.

村井章介 編, 『環日本海と環シナ海-日本列島の島の十六世紀-』(歷史を讀みなお
　　す14), 朝日新聞社, 1995.

제7장 16세기 말 일본의 조선침략과 그 영향

■ 한국어

李敏雄, 『壬辰倭亂海戰史』, 청어람미디어, 2004.

李章熙, 『壬辰倭亂史硏究』, 亞細亞文化社, 1999.

李泰鎭, 『朝鮮後期의 政治과 軍營制變遷』, 韓國硏究院, 1985.

鄭玉子, 『朝鮮後期 朝鮮中華思想硏究』, 一志社, 1998.

최영희, 「임진왜란」, 『강좌 한일관계사』, 1994.

한명기, 『임진왜란과 한중관계』, 역사비평사, 1999.

許善道, 『朝鮮時代火藥兵器史硏究』, 一潮閣, 1994.

■ 일본어

貫井正之, 『秀吉と戰った朝鮮武將』, 六興出版, 1992.

貫井正之, 『豊臣政權の海外侵略と朝鮮義兵硏究』, 靑木書店, 1996.

金奉鉉, 『秀吉の朝鮮侵略と義兵鬪爭』, 彩流社, 1995.

內藤雋輔, 『文祿・慶長役における被虜人の研究』, 東大出版會, 1976.

大石學, 「近世日本社會の朝鮮人藩士」, 『日本歷史』640, 2001.

大石學, 「近世日本社會の朝鮮人藩士」, 『日本歷史』655, 2002.

北島万次, 『壬辰倭亂と秀吉・島津・李舜臣』, 校倉書房, 2002.

北島万次, 『豊臣秀吉の朝鮮侵略』, 吉川弘文館, 1995.

中尾宏, 『朝鮮侵略と壬辰倭亂-日朝關係史論-』, 明石書店, 2000.

村上恒夫, 『姜沆-儒敎を伝えた虜囚の足跡-』, 明石書店, 1999.

제8장 통신사 외교의 전개

■ 한국어

金義煥, 『朝鮮通信使의 業績』, 正音文化社, 1985.

金泰俊 외, 『韓日文化交流史』, 민문고, 1991.

李元植, 『朝鮮通信使』, 民音社, 1991.

李俊杰, 『朝鮮時代 日本과 書籍交流 硏究』, 홍익재, 1986.

李進熙, 『韓國과 日本文化』, 乙酉文化社, 1982.

李進熙・姜在彦, 『韓日交流史』, 학고재, 1998.

孫承喆, 『近世韓日關係史』, 江原大出版部, 1987.

孫承喆, 『朝鮮時代韓日關係史硏究』, 지성의 샘, 1994.

신성순・이근성, 『朝鮮通信使』, 중앙일보사, 1994.

이원순, 『안과 밖의 만남의 역사』, 느티나무, 1992.

이혜순, 『朝鮮通信使의 文學』, 梨花女大出版部, 1996.

任東權,『通信使와 文化伝播』, 民俗院, 2004.

鄭光,『司譯院倭學研究』, 太學社, 1988.

鄭成一,『朝鮮後期對日貿易』, 신서원, 2000.

河宇鳳,『朝鮮實學者의 日本觀 研究』, 一志社, 1989.

■ 일본어

木村直也,「幕末期における日朝關係の轉回」,『歷史學研究』特集別冊, 1993.

米谷均,「近世日朝關係における戰爭捕虜の送還」,『歷史評論』595, 1999.

三宅英利,『近世アジアの日本と朝鮮半島』, 朝日新聞社, 1993.

三宅英利,『近世日朝關係史の研究』, 文獻出版, 1986.

孫承喆 著, 山里澄江・梅村雅英 譯,『近世の朝鮮と日本-交隣關係の虛と實-』, 明石書店, 1998.

矢澤康祐,「江戶時代における日本人の朝鮮觀について」,『朝鮮史研究會論集』6, 1969.

田代和生,『近世日朝通交貿易史の研究』, 創文社, 1981.

田代和生,『倭館-鎖國時代の日本人町-』, 文春文庫, 2002.

糟谷憲一,「なぜ朝鮮通信使は廢止されたか-朝鮮史料を中心に-」,『歷史評論』355, 1979.

仲尾宏,『朝鮮通信使-江戶日本への善隣使節-』, 日本放送出版協會, 2001.

仲尾宏,『朝鮮通信使と壬辰倭亂-日朝關係史論-』, 明石書店, 2000.

池內敏,「朝鮮通信使大坂易地聘礼計畫をめぐって」,『日本史研究』336, 1990.

荒野泰典,「朝鮮通信使の終末-申維翰『海游錄』によせて-」,『歷史評論』 355, 1979.

III. 근현대사

제9장 제1절 개항과 불평등조약의 체결

■ 한국어

이현희,『정한론의 배경과 영향』, 대왕사, 1986.

장용걸,『정한론과 조선인식』(동아시아 일본학회 일본문화연구총서 24), 보고사, 2004.

조항래,『개항기 대일관계사 연구』, 한국학술정보, 2004.

최덕수, 『개항과 조일관계 상호인식과 정책』(인문사회과학총서59), 고려대학
　　교출판부, 2004.

黃遵憲, 『조선책략』, 건국대학교출판부, 2001.

■ 일본어

松尾正人, 『明治維新と文明開化』, 吉川弘文館, 2004.

鈴木淳, 『維新の構想と展開』(日本の歷史20), 講談社, 2002.

田中彰, 『明治維新と西洋文明-岩倉使節団は何を見たか-』, 岩波新書, 2003.

田中彰 編, 『明治維新』(近代日本の軌跡1), 吉川弘文館, 1994.

中村哲, 『明治維新』(集英社版 日本の歷史16), 集英社, 1992.

제9장 제2절 조일관계의 전개와 마찰

■ 한국어

강재언, 『개화사상 개화파 갑신정변』, 비봉출판사, 1981.

신용하, 『한국 근대사회사 연구』, 일지사, 1987.

윤병희, 『유길준연구』(한국사연구총서6), 국학자료원, 1998.

이광린, 『개화파와 개화사상연구』, 일조각, 1989.

정일성, 『후쿠자와 유키치-탈아론을 어떻게 펼쳤는가-』, 지식산업사, 2001.

한국근현대사회연구회, 『한국근대 개화사상과 개화운동』, 신서원, 1998.

■ 일본어

姜在彦, 『朝鮮の開化思想』(姜在彦著作集 第3卷), 明石書店, 1996.

姜在彦, 『朝鮮の儒敎と近代』(姜在彦著作集 第1卷), 明石書店, 1996.

小川晴久, 『朝鮮實學と日本』, 花伝社, 1994.

遠山茂樹, 『福澤諭吉-思想と政治との關連-』, 東京大學出版會, 1970.

제9장 제3절 청일전쟁과 대한제국의 성립

■ 한국어

신용하, 『갑오개혁과 독립협회운동의 사회사』, 서울대학교출판부, 2001.

왕현종, 『한국 근대국가의 형성과 갑오개혁』(역비 한국학연구총서20), 역사비
　　평사, 2003.

이강오 외, 『한국근대사에 있어서의 동학과 동학농민운동』, 한국정신문화연구
　　원, 1994.

이민원, 『명성황후 시해와 아관파천』, 국학자료원, 2002.
후지무라 미치오 지음, 허남린 옮김, 『청일전쟁』(한림신서 일본학총서7),
　　1997.

■ 일본어

藤村道生, 『日淸戰爭-東アジア近代史の轉換點-』, 岩波新書, 1973.
朴宗根, 『日淸戰爭と朝鮮』, 靑木書店, 1982.
宇野俊一, 『日淸·日露』(日本の歷史26), 小學館, 1976.
井口和起 編, 『日淸·日露戰爭』(近代日本の軌跡3), 吉川弘文館, 1994.
中塚明, 『歷史の僞造をただす-戰史から消された日本軍の'朝鮮王宮占領'-』, 高
　　文硏, 1997.
海野福壽, 『日淸·日露戰爭』(集英社版 日本の歷史18), 集英社, 1992.

제9장 제4절 러일전쟁과 통감정치

■ 한국어

더글라스 스토리 지음, 권민주 엮음, 『고종황제의 밀서-다시 밝혀지는 을사보
　　호조약-』, 글내음, 2004.
아손 그렙스트 지음, 김상열 옮김, 『스웨덴 기자 아손, 100년 전 한국을 걷다-
　　을사조약 전야 대한제국 여행기-』, 책과 함께, 2005.
운노 후큐쥬, 『일본의 양심이 본 한국병합』(지혜가 드는 창23), 새길, 1995.
이태진, 『한국병합의 불법성 연구』, 서울대학교출판부, 2003.
최문형, 『러일전쟁과 일본의 한국병합-국제관계로 본-』, 지식산업사, 2004.
정재정, 『일제 침략과 한국 철도, 1892-1945』, 서울대학교출판부, 1999.

■ 일본어

大江志乃夫, 『日露戰爭の軍事史的硏究』, 岩波書店, 1976.
森山茂德, 『日韓倂合』(日本歷史叢書), 吉川弘文館, 1992.
井口和起, 『日露戰爭の時代』(歷史文化ライブラリー41), 吉川弘文館, 1998.
淺田喬二 編, 『'帝國'日本とアジア』(近代日本の軌跡10), 吉川弘文館, 1994.

제9장 제5절 항일투쟁과 대한제국의 주권 상실

■ 한국어

김상기, 『한말 의병 연구』, 일조각, 1997.

김의환, 『한국 근대 민족 운동사』, 돌베개, 1980.

조동걸, 『한말의병전쟁』, 독립운동사연구소, 1989.

최기영, 『한국 근대 계몽 운동 연구』, 일조각, 1997.

홍순권, 『한말 호남지역 의병운동사 연구』, 서울대학교출판부, 1994.

■ 일본어

姜德相, 『朝鮮獨立運動の群像－啓蒙運動から3・1運動へ－』, 靑木書店, 1984.

全浩天, 『朝鮮史に生きる人びと』, そしえて, 1977.

齋藤泰彦, 『我が心の安重根－千葉十七・合掌の生涯－』(增補新裝版), 五月書房, 1994.

海野福壽, 『韓國倂合史の硏究』, 岩波書店, 2000.

제1O장 제1절 조선총독부의 무단통치

■ 한국어

강만길, 「무단통치와 '토지조사사업'의 진상을 알아야 합니다」, 『20세기의 우리 역사』, 창작과비평사, 1999.

君島和彦, 「조선에 있어서 동척이민의 전개과정」, 『일제하 한국사회구성체론 서설』, 청아출판사, 1986.

김광남 외, 『고등학교 한국 근・현대사』, 두산, 2004.

신용하, 「일제하 '토지조사사업'에 대한 일고찰」, 『한국근대사론(1)』, 지식산업사, 1977.

정재정, 「일제 강점기 경제사 연구의 새로운 패러다임－쟁점과 과제를 중심으로－」, 『한국의 논리』, 현음사, 1998.

■ 일본어

旗田巍 編, 『朝鮮の近代史と日本』, 大和書房, 1987.

大江志乃夫 他 編, 『植民地帝國日本』(岩波講座 近代日本と植民地1), 岩波書店, 1992.

大江志乃夫 他 編, 『帝國統治の構造』(岩波講座 近代日本と植民地2), 岩波書店, 1992.

山辺健太郎, 『日本統治下の朝鮮』, 岩波新書, 1971.

山辺健太郎, 『日韓倂合小史』, 岩波新書, 1966.

森山茂德, 『近代日韓關係史硏究－朝鮮植民地化と國際關係－』, 東京大學出版會, 1987.

제10장 제2절 3·1독립운동과 문화통치

■한국어

강동진, 『일제의 한국침략정책사』, 한길사, 1980.

국사편찬위원회, 『한민족독립운동사 제3권』, 1988.

망원한국사연구실, 『한국근대민중운동사』, 돌베개, 1989.

박경식, 『일본 제국주의의 조선지배』, 청아출판사, 1986.

한국역사연구회·역사문제연구소, 『3·1민족해방운동 연구』, 청년사, 1989.

■일본어

姜東鎭, 『日本の朝鮮支配政策史硏究−1920年代を中心として−』, 東京大學出版
  會, 1979.

姜信範·李仁夏·飯沼二郞·小笠原亮一 他, 『三·一獨立運動と堤岩里事件』, 日
  本基督敎団出版局, 1989.

朴慶植, 『朝鮮三·一獨立運動』, 平凡社選書, 1976.

糟谷憲一, 「朝鮮總督府の文化政治」, 若林正丈 編, 『帝國統治の構造』(岩波講座 近
  代日本と植民地2), 岩波書店, 1992.

河合和男, 『朝鮮における産米增殖計畵』, 未來社, 1986.

제10장 제3절 대한민국 임시정부와 여러 갈래의 독립운동

■한국어

강만길, 『고쳐 쓴 한국현대사』, 창작과비평사, 1994.

국사편찬위원회, 『한국사 48(임시정부의 수립과 독립전쟁)』, 2001.

권태억 외, 『근현대한국탐사』, 역사비평사, 1994.

류승렬, 『뿌리깊은 한국사 샘이깊은 이야기 7(현대)』, 솔, 2003.

윤경로, 「1910년대 민족해방운동과 3·1운동」, 『우리 민족해방운동사』, 역사
  비평사, 2000.

■일본어

姜德相, 『朝鮮獨立運動の群像−啓蒙運動から3·1運動へ−』, 靑木書店, 1984.

飛田雄一, 『日帝下の朝鮮農民運動』, 未來社, 1991.

韓國民衆史硏究會編 著, 高崎宗司 譯, 『韓國民衆史 近現代篇』, 木犀社, 1998.

제10장 제4절 일본인의 한국인식과 한국인의 일본인식

■ 한국어

단재신채호선생기념사업회 편, 『개정판 단재신채호 전집(하)』, 1977

미야다 세즈코 지음, 이형랑 옮김, 『조선민중과 '황민화'정책』, 일조각, 1997.

이종범 · 최원규 편, 『사료 한국 근 · 현대사 입문』, 혜안, 1995.

조동걸, 『한국민족주의의 성립과 독립운동사연구』, 지식산업사, 1989.

한일관계사학회, 『한일양국의 상호인식』, 국학자료원, 1998.

■ 일본어

高崎宗司, 『植民地朝鮮の日本人』, 岩波書店, 2002.

舘野晳 編著, 『韓國 · 朝鮮と向き合った36人の日本人-西鄕隆盛、福澤諭吉から 現代まで-』, 明石書店, 2002.

吉野作造, 『朝鮮觀』(吉野作造選集 第9卷), 岩波書店, 1995.

大江志乃夫 他 編, 『膨長する帝國の人流』(岩波講座 近代日本と植民地5), 岩波書 店, 1993.

東アジア學會 編, 『日韓の架け橋となった人びと』, 明石書店, 2003.

武田晴人, 『帝國主義と民本主義』, 集英社, 1992.

淺田喬二, 『日本植民地研究史論』, 未來社, 1990.

제10장 제5절 한국에 살았던 일본인과 일본에 살았던 한국인

■ 한국어

김민영, 『일제의 조선인 노동력 수탈 연구』, 한울아카데미, 1995.

김인덕, 『우리는 조센진이 아니다』(서해역사문고4), 2004.

박경식, 『일본 제국주의의 조선 지배』, 청아출판사, 1986.

윤병석, 『국외 한인 사회와 민족운동』, 일조각, 1990.

이광규, 『재외 동포』, 서울대학교출판부, 2000.

■ 일본어

高崎宗司, 『朝鮮の土となった日本人-淺川巧の生涯-』(增補3版), 草風館, 2002.

金贊汀, 『異邦人は君が代丸に乘って-朝鮮人街猪飼野の形成史-』, 岩波書店, 1985.

木村健二, 『在朝日本人の社會史』, 未來社, 1989.

梶村秀樹 著, 梶村秀樹著作集刊行委員會 · 編輯委員會 編, 『朝鮮史と日本人』(梶村 秀樹著作集 第1卷), 明石書店, 1992.

朴慶植, 『朝鮮人强制連行の記錄』, 未來社, 1981.

杉原達, 『越境する民-近代大阪の朝鮮人史硏究-』, 新幹社, 1998.

松田利彦, 『戰前の在日朝鮮人と參政權』, 明石書店, 1995.

제10장 제6절 일본의 만주침략과 한국사회의 동향

■ 한국어

방기중, 「1930년대 조선 농공병진 정책과 경제통제」, 『일제 파시즘 지배정책
　　과 민중생활』, 혜안, 2004.

富田晶子, 「농촌진흥운동 하 중견 인물의 양성-준전시체제기를 중심으로-」,
　　『일제말기 파시즘과 한국사회』, 청아출판사, 1988.

신기욱, 「1930년대 농촌진흥운동과 농촌 사회 변화」, 『일제 파시즘 지배정책
　　과 민중생활』, 혜안, 2004.

윤휘탁, 『日帝下'滿州國'硏究』, 일조각, 1996.

최영호, 「한국인에 대한 일본 제국의 식민정책」, 『현대 한일관계사』, 제1장,
　　국학자료원, 2002.

■ 일본어

姜在彦 編, 『朝鮮における日窒コンツェルン』, 不二.出版, 1985.

金兩基 監修, 『図説 韓國の歷史』(新裝改訂2版), 河出書房新社, 1988.

大石嘉一郎 編, 『世界大恐慌期』(日本帝國主義史2), 東京大學出版會, 1987.

朴永錫, 『万宝山事件硏究-日本帝國主義の大陸侵略政策の一環として-』, 第一書
　　房, 1981.

山本典人, 『日の丸抹消事件を授業する』, 岩波ブックレット, 1994.

小林英夫, 『日本のアジア侵略』(世界史リブレット44), 山川出版社, 1998.

松本武祝, 『植民地權力と朝鮮農民』, 社會評論社, 1998.

제10장 제7절 전시체제의 전개와 독립투쟁

■ 한국어

신주백, 『1930년대 국내 민족운동사』, 선인, 2005.

염인호, 『조선의용군의 독립운동』, 나남출판, 2001.

정운현 편역, 『창씨 개명』, 학민사, 1994.

한국정신대문제대책협의회 편, 『강제로 끌려간 조선인 군위안부들』, 한울,
　　1993.

한시준, 『한국광복군 연구』, 일조각, 1993.

■ 일본어

君島和彦, 「朝鮮における戰爭動員体制の展開過程」, 藤原彰・野澤豊 編, 『日本
　　ファシズムとアジア-現代史シンポジウム-』, 靑木書店, 1977.

宮田節子, 『朝鮮民衆と‘皇民化’政策』, 未來社, 1985.

宮田節子・金英達・梁泰昊 著, 『創氏改名』, 明石書店, 1992.

大江志乃夫 他 編, 『抵抗と屈從』(岩波講座6 近代日本と植民地), 岩波書店, 1993.

庵逧由香, 「朝鮮における戰爭動員体制の展開」, 『國際關係學硏究』No.21, 1994.

樋口雄一, 『戰時下朝鮮の農民生活誌-1939～1945-』, 社會評論社, 1998.

제11장 제1절 일본의 패전과 한반도의 해방

■ 한국어

강만길 외, 『통일지향 우리 민족해방운동사』, 역사비평사, 2000.

김한종 외, 『고등학교 한국 근・현대사』, 금성출판사, 2003.

서중석, 『한국 현대 민족운동연구』, 역사비평사, 1991.

최영호, 『재일한국인과 조국광복』, 글모인, 1995.

최영호, 「해방직후 재경 일본인의 일본귀환에 관한 연구」, 서울시립대학교
　　국사학과 향토사학술대회 발제문, 2002.

■ 일본어

藤城和美, 『朝鮮分割-日本とアメリカ-』, 法律文化社, 1992.

森田芳夫, 『朝鮮終戰の記錄-米ソ兩軍の進駐と日本人の引揚-』, 巖南堂書店,
　　1964.

林哲, 「朝鮮人民共和國に關する若干問題-全國人民委員會代表者大會(1945年11
　　月)における議論を中心に-」, 『朝鮮史硏究會論文集』23, 朝鮮史硏究會, 1986.

林哲, 「解放直後の朝鮮における‘民主基地論’-統一戰線論を手がかりに-」, 『朝鮮
　　史硏究會論文集』31, 朝鮮史硏究會 1993.

太田正, 『滿州に殘留を命ず』, 草思社, 1984.

제11장 제2절 6・25전쟁과 일본

■ 한국어

브루스 커밍스 지음, 김동노 외 옮김, 『한국현대사』, 창작과 비평사, 2001.

양동주, 「해방 후의 좌익운동과 민주주의 민족전선」, 『해방전후사의 인식(3)』,

한길사, 2006.

역사문제연구소　외, 『제주4·3 연구』, 역사비평사, 1999.

역사학연구소, 『함께 보는 한국근·현대사』, 서해문집, 2004.

이완범, 「한반도의 신탁통치문제-1943~46-」, 『해방전후사의 인식(3)』, 한
　길사, 2006.

■ 일본어

ブルース·カミングス, 横田安司·小林知子 譯, 『現代朝鮮の歴史-世界のなかの
　朝鮮-』, 明石書店, 2003.

小此木政夫, 『朝鮮戰爭-米國の介入過程-』, 中央公論社, 1986.

油井大三郎, 『日米戰爭觀の相剋-摩擦の深層心理-』, 岩波書店, 1995.

赤澤史郎 他 編, 『アジアの激変と戰後日本』(年報日本現代史4), 現代史料出版,
　1998.

和田春樹, 『朝鮮戰爭全史』, 岩波書店, 2002.

제11장 제3절 한일조약의 체결

■ 한국어

고려대 아세아문제연구소 일본연구실 편, 『한일관계 자료집』 1~2, 1976.

다카사키 소우지 저, 김영진 역, 『검증 한일회담』, 청수서원, 1998.

대한민국 공보부, 『한일협정 문제점 해설』, 1965.

대한민국 정부, 『한일회담 합의사항』, 1965.

■ 일본어

吉澤文壽, 『戰後日韓關係-國交正常化交涉をめぐって-』, クレイン, 2005.

朴根好, 『韓國の経済發展とベトナム戰爭』, 御茶の水書房, 1993.

池明觀, 『韓國民主化への道』, 岩波書店, 1995.

海野福壽, 『日韓協約と韓國併合-朝鮮植民地支配の合法性を問う-』, 明石書店,
　1995.

제11장 제4절 일본의 한국인(한일조약 체결까지)

■ 한국어

김상현, 『在日韓國人-교포팔십년사-』, 단곡학술연구원, 1969.

이완범, 「재일교포 북송문제 연구」, 『해방 후 한일관계의 쟁점과 전망』(한일관

계사연구논집10), 경인문화사, 2005.

정병욱, 「해방직후 일본인 잔류자들」, 『역사비평』 2003년 가을호.

최영호, 「일본의 패전과 재일조선인의 귀환」, 『한국과 일본-왜곡과 콤플랙스의 역사(2)-』, 자작나무, 1998.

한국정경연구소, 『조총련』, 1974.

■ 일본어

朴慶植, 『解放後在日朝鮮人運動史』, 三一書房, 1989.

朴在一, 『在日朝鮮人に關する綜合調査研究』, 新紀元社, 1957(綠蔭書房에서 복간).

水野直樹, 「'第三國人'の起源と流布についての考察」, 『在日朝鮮人史研究』, 2000.

エドワ・W・ワグナー 著, 外務省アジア局北東アジア課 譯, 『日本における朝鮮少數民族-1904~1950年-』, 1951(龍溪書舍에서 복간)

ウリハッキョをつづる會, 『朝鮮學校ってどんなこと?』, 社會評論社, 2001.

樋口雄一, 『日本の朝鮮・韓國人』, 同成社, 2002.

제12장 제1절 교류의 확대와 그 명암

■ 한국어

류상영, 「한일 경제 관계-협력과 갈등, 미래지향적 경쟁-」, 『한국과 일본-새로운 만남을 위한 역사인식-』, 나남출판, 1997.

문화공보부, 『성숙한 한·일 새 시대 출범』, 1984.

이정식, 「차관협상-한일안보협력의 한계성-」, 『한국과 일본-정치적 관계의 照明-』, 제5장, 교보문고, 1986.

이정식, 「데탕트 시대-흔들리는 일본의 대한정책-」, 『한국과 일본-정치적 관계의 照明-』, 제4장, 敎保文庫, 1986.

장은주, 「1945년 이후 한일 양국의 상호 인식」, 『해방 후 한일관계의 쟁점과 전망』(한일관계사연구논집10), 경인문화사, 2005.

■ 일본어

姜尙中, 『日朝關係の克服-なぜ國交正常化交渉が必要なのか-』, 集英社, 2003.

朴根好, 『韓國の経済發展とベトナム戰争』, 御茶の水書房, 1993.

朴一, 『韓國NIES化の苦惱-經濟開發と民主化のジレンマ-』(增補2版), 同文舘出版, 1992.

松尾尊兌, 『國際國家への出發』(集英社版 日本の歴史21), 集英社, 1993.

尹健次, 『現代韓國の思想-1980~1990年代-』』, 岩波書店, 2000.

池明觀, 『韓國民主化への道』, 岩波書店, 1995.

제12장 제2절 일본의 한국인(한일조약 체결 이후)

■ 한국어

김상현, 『재일한국인-교포팔십년사-』, 단곡학술연구원, 1969.

이광규, 『재외한국인의 인류학적 연구』, 집문당, 1997.

이연식, 「'해방 후의 재일조선인'에 관한 한국내의 연구성과와 일반서의 서술」,
　　공봉식 · 이영동, 『재일동포』, 문학관, 1997.

최영호, 「재일 동포의 슬픈 현실」, 『한국과 일본-왜곡과 콤플랙스의 역사(1)-』,
　　자작나무, 1998.

■ 일본어

金敬得, 『在日コリアンのアイデンティティと法的地位』(新版), 明石書店, 1995.

金贊汀, 『在日コリアン百年史』, 三五館, 1997.

森田芳夫, 『數字が語る在日韓國 · 朝鮮人の歷史』, 明石書店, 1996.

野村進, 『コリアン世界の旅』, 講談社＋α文庫, 1999.

梁泰昊 · 川瀨俊治, 『知っていますか? 在日韓國 · 朝鮮人問題 一問一答』, 解放出
　　版社, 2001.

田中宏, 『在日外國人-法の壁、心の溝-』(新版), 岩波新書, 1995.

제12장 제3절 한일관계의 현황과 전망

■ 한국어

정용욱, 「해방 후 한일관계 연구동향-현대 '한일관계사'의 역사인식-」, 『해방
　　후 한일관계의 쟁점과 전망』(한일관계사연구논집10), 경인문화사, 2005.

정재정, 『일본의 論理-전환기의 역사교육과 한국 인식-』, 현음사, 1998.

진창수, 「탈냉전기 북일관계 연구」, 『해방 후 한일관계의 쟁점과 전망』(한일관
　　계사연구논집10), 경인문화사, 2005.

최영호, 「일본의 역사인식 문제와 한일관계」, 『현대 한일관계사』, 제5장, 국학
　　자료원, 2002.

한국정신대문제대책협의회 진상조사연구위원회 엮음, 『일본군 '위안부' 문제
　　의 진상』, 역사비평사, 1997.

■일본어

高橋哲哉, 『歴史-修正主義-』, 岩波書店, 2001.

高橋哲哉, 『戰後責任論』, 講談社, 1999.

'ナヌムの家'を京都で觀る會, 『いま、記憶を分かちあうこと-映畵「ナヌムの家」
    をとおして'從軍慰安婦'問題を考える-』, 素人社, 1997.

VAWW-NET Japan 編, 『加害の精神構造と戰後責任』, 緑風出版, 2000.

安井三吉, 「東北アジアの地域協力と歷史問題」, 東アジア地域研究會 編, 『東アジ
    ア政治のダイナミズム』(講座 東アジア近現代史5), 靑木書店, 2002.

鈴木裕子, 『戰爭責任とジェンダー-'自由主義史觀'と日本軍'慰安婦'問題-』, 未來
    社, 1997.

齋藤學, 『封印された叫び-心的外傷と記憶-』, 講談社, 1999.

平川均, 「東アジア經濟發展論の展開」, 東アジア地域研究會 編, 『現代からみた東
    アジア近現代史』(講座 東アジア近現代史1), 靑木書店, 2001.

독자 여러분에게

 이 책은 선사에서 현대까지 한국과 일본의 교류사를, 고등학생과 젊은
이를 위한 역사공통교재로서 만든 것입니다.

왜 이 책을 만들었나

 지금, 한국과 일본의 관계는 반드시 순조롭다고는 말할 수 없는 상황입
니다. 그 근간에 야스쿠니 신사 참배와 역사교과서를 둘러싼 한국과 일본
의 역사인식의 차이가 있는 것은 명확합니다. 이 역사인식의 차이는 양국
정부를 비롯하여 쌍방의 많은 시민 사이에도 있습니다. 그것은 한일의
우호를 바라는 사람들에게도 해결된 문제는 아닌 것으로 생각됩니다.

 이러한 상황에 처하게 된 큰 원인은 일본정부가 전쟁책임과 조선 식민
지 지배에 대하여, 말만이 아닌 행동으로 보이는 반성을 하지 않은 데
있다고 할 수 있습니다. 그것이 역사교육에도 반영되고, 더욱이 매스컴
등에 의해 증폭되어, 양국의 많은 사람들에게도 침투해 버린 것입니다.

 우리는 이러한 상황을 극복하는 데 조금이라도 기여할 수 있기를 바라
면서 이 책을 만들었습니다. 한국과 일본에서 함께 사용될 역사공통교재
를 만듦으로써 조금이라도 역사인식의 차이를 극복해 갈 수 있다면 좋을
것입니다.

이 책이 나오기까지

 우리는 1997년 말부터 2005년 초까지 매년 겨울방학과 여름방학을
이용하여 15회에 걸쳐 한국과 일본에서 심포지엄을 개최해 왔습니다.

먼저 한국과 일본의 역사교과서를 읽는 것부터 시작했습니다. 서로 상대방 나라의 고등학교 교과서(한국사와 일본사)를 정독하고, 발표하였습니다. 자국의 역사를 어떻게 묘사하고 있는지를 확인하기 위해서였습니다. 그 결과는 이미 책1)으로 간행한 바 있습니다.

다음으로 한일에서 같은 주제를 설정하고, 자국의 고등학생을 고려하면서 교재를 만들었습니다. 참가자 다수가 교과서를 집필한 경험이 없어 처음부터 공통교재를 만드는 일은 곤란할 것이라고 생각했기 때문입니다. 이와 동시에, 같은 주제로 교재를 만들 경우, 어떠한 차이가 나올지 확인해 두자고 생각했기 때문입니다. 공통의 역사인식을 추구하기 위해서도, 쌍방의 역사인식의 차이를 알고 싶었던 것입니다. 이 작업에서는 두드러진 차이가 나타남으로써 앞으로의 작업이 곤란할 것이라는 점을 실감하게 된 동시에, 그렇기 때문에 오히려 이 작업의 의의를 확신할 수 있었습니다.2)

이러한 준비과정을 거쳐, 드디어 공통교재 원고를 쓰는 단계가 되었습니다. 여기에서는 여러 차례에 걸쳐 원고를 고쳐 써야 했습니다. 제10회 이후의 심포지엄에서는 완성된 원고를 검토하는 회의를 계속했습니다. 먼저 시대별로 6개 부회部會로 나누어 검토회를 열고, 제13회 심포지엄부터는 다른 시대의 집필자들이 검토했으며, 제15회 심포지엄을 거쳐 완성

---

1) 한국에서는 역사교과서연구회 편, 『역사교과서 속의 한국과 일본』(혜안, 2001), 일본에서는 역사교육연구회 편, 『일본과 한국의 역사교과서를 읽는 시점』(梨の木舍, 2000)이 간행되었다.

2) 그 두 가지 성과는 위의 두 책에 담겨 있다.

된 원고를 편집위원회에서 전체적으로 조정했습니다.

따라서 이 책에서는 각 절의 집필자가 명시되어 있지 않습니다. 처음 원고를 쓴 사람은 있습니다만, 여러 차례 검토를 하고, 여러 사람이 수정을 하여 완성된 원고로서 공동의 문장이 되도록 노력한 결과이기 때문에, 단독 집필자를 명시할 수 없는 것입니다. 당연하지만, 한국이라든가 일본이라든가, '집필담당의 나라 이름'도 표시할 수 없습니다.

작업은 상당히 힘들었습니다. 가능한 한 노력은 했습니다만, 과연 읽기 쉽고 좋은 교재가 만들어졌는지 어떤지는 독자 여러분들의 평가에 맡기고 싶습니다.

읽어주었으면 하는 사람들

이 책은 한국과 일본의 고등학생을 대상으로 한 역사교재입니다. 그러므로 첫 번째 독자는 고등학생이나 젊은이고, 가능하면 중학생도 읽어주기를 바랍니다.

또한 고등학교와 중학교 선생님, 더욱이 한일의 역사에 관심을 갖고 있는 시민 여러분을 독자로 상정하고 있습니다. 일반 역사서처럼 어렵지는 않다고 생각합니다. 시민 여러분이 한일교류사에 관한 학습회의 텍스트 등으로 사용하면 좋을 것으로 확신합니다.

이 책의 특색

이 책의 특색은 첫째로, 한국과 일본이 역사의 공통인식을 모색했다는 것입니다. 한국과 일본은 다양한 부분에서 역사인식의 차이를 보이고 있습니다. 그것은 우리가 교재작업을 하면서도 확인하였습니다. 그것을 전제로 하여, 역사의 공통인식을 추구한 것입니다. 따라서 내셔널리즘, 자국사의 정통성만을 주장하는 입장에서 보면 타협적으로 보일지도 모릅니다. 그렇지만 한국과 일본이라고 하는 오랜 역사를 가진 두 나라 사이의 역사의 공통인식을 찾다보면, 자국의 역사를 다시 보아야 한다는 점을 깨닫게 됩니다. 이러한 점을 살린 결과, 이 책과 같은 내용이 되었습니다. 단순한 타협의 결과만은 아니라는 점을 부디 이해해 주시기 바랍니다.

두 번째 특징은 역사의 공통인식을 교재라는 형식으로 탐구한 것입니다. 여기에는 두 가지 의미가 있습니다. 하나는 역사의 연구논문에서는 결코 합의할 수 없는 역사의 공통인식을 교재라는 형식을 통해 실현하고자 한 것입니다. 또 한 가지는 여기에 기술된 역사는 한국과 일본의 고등학생 수준에서 알아주었으면 하고 바라는 내용입니다. 즉 양쪽 역사학계의 연구성과를 고등학생 수준의 교재로 만듦으로써 공통인식이 되도록 합의한 것입니다.

세 번째 특색은 선사에서 현대까지 전 시대를 다루고 있는 점입니다. 한일의 역사인식의 차이는 근대사, 특히 식민지시대의 인식에서 두드러지게 나타난다고 생각하는 사람이 많은 것 같습니다. 그렇지만 근대사는 오랜 역사가 쌓인 위에 존재하기 때문에 많은 사람의 역사인식은 근대사만 독립해서 있을 수는 없습니다. 그 전제가 되는 전근대사, 그리고 현대사의 인식과 겹쳐져서 현재의 역사인식이 되어 있는 것입니다. 그렇기 때문에 한일의 공통 역사인식은 전 시대를 통해서 보지 않으면 충분하지 않습니다. 전 시대적 파악이 필요한 것입니다.

네 번째 특색은 거의 한일교류사의 통사적 기술로 되어 있다는 점입니다. 한국과 일본의 교류사는 항상 양호한 관계는 아니었습니다. 교류가 막히기도 하고, 소원해진 때도 있었습니다. 따라서 한일교류사의 토픽을 주제로 삼은 곳도 있습니다만, 전체적으로는 통사적 기술이라고 할 수 있습니다.

다섯 번째 특색은 쌍방의 역사연구의 성과를 근거로 한 것입니다. 한일의 역사를 보고자 할 때, 역사연구의 성과를 근거로 하는 것은 중요합니다. 역사교육과 역사연구는 서로 발전하는 데 보완적이라고 생각하고 있습니다. 그러므로 이 책에서는 연구성과를 근거로 하고, 또 역사교재로서의 독자성을 생각하면서, 한국과 일본에서 서로 알아두어야 하는 기초적인 사실이라고도 할 수 있는 것을 제시해 보았습니다. 이 책에 담겨 있는 역사는 역사연구를 근거로 한 것이고, 기본적으로 알고 있기를 바라는 내용이라는 점을 이해해 주시기 바랍니다.

이 책을 만든 사람들

1997년 말, 한국과 일본의 대학 교수와 중학교·고등학교 교사, 대학원생이 양쪽에서 각각 15명 정도로 '한일역사교과서 심포지엄'이라는 연구회를 조직했습니다. 연구회를 진행시키기 위해, 한국에서는 역사교과서연구회(대표 : 이존희)를, 일본에서는 역사교육연구회(대표 : 가토 아키라加藤章)를 만들었습니다. 그리고 사무국을 한국의 서울시립대학교와 일본의 도쿄가쿠게이 대학東京學藝大學에 설치했습니다.

이 모임의 참가자는 양국의 대표자는 아닙니다. 1997년 서울시립대학교에서 개최된 심포지엄을 계기로, 그것을 좀더 발전시켜 '한일역사교과서 심포지엄'을 조직했습니다.

2001년 일본의 역사교과서 사건을 계기로, 한일 양국 정부는 한일역사공동연구위원회를 조직하여 3년에 걸쳐 활동했습니다. 그러나 우리는 국가를 배경으로 해서는 한일이 역사의 공통인식에 도달하기는 어렵다고 생각하고 있습니다. 그래서 우리는 자유롭게 의견을 교환할 수 있는 '민간'이라는 처지에서 논의를 계속해 온 것입니다. 따라서 이 연구회에는 강령이나 규약 같은 것이 없습니다. 자신의 의지에 따라 참가하고, 참가자 모두가 생각하면서 모임을 진행시켜 왔습니다. 말 그대로 민간 교류인 것입니다.

남은 과제

우리는 10년이라는 긴 시간을 거쳐 마침내 이 책에 다다르게 되었습니다. 그 사이에 일부 시대와 특정 주제를 다룬 몇 가지 역사공통교재가 출판되었습니다만, 선사에서부터 현대까지를 아우른 것은 이 책이 처음입니다.

이와 같이 이 책에는 많은 특색이 있습니다만, 완성된 공통의 역사인식을 보여주는 것은 아닙니다. 충분히 토론을 다하지 못한 것도 있고,

충분히 표현하지 못한 것도 있습니다. 게다가 다루지 못한 중요한 주제도 있습니다. 따라서 이 책은 한국과 일본의 좀더 깊은 역사의 공통인식으로 가는 제1보라고 생각하고 있습니다.

또한 이번 참가자의 역사인식은 양국의 역사인식을 대표하는 것은 아닙니다. 민간 연구자와 교원의 모임일 뿐, 국가를 대표하는 것은 아닙니다. 그럼에도 불구하고 논의 과정에서는 한국인의 역사인식과 일본인의 역사인식이 충돌하는 경우도 있었고, 그것이 구성과 내용, 게다가 개개 서술에도 반영되어 있다는 점을 인정하지 않을 수 없습니다. 충분히 만족할 만한 역사의 공통인식을 추구하는 것이 얼마나 곤란한 일인가는 우리도 특히 강하게 인식하고 있습니다. 10년이 걸렸지만, 아직 충분한 시간은 아니었다고 생각하고 있습니다.

앞으로 우리의 성과를 기초로 한국과 일본의 역사 공통인식이 더욱 깊어지기를 바라마지 않습니다. 이 책이 그것을 위한 제1보가 된다면, 그리고 독자 여러분의 역사인식에 조금이라도 영향을 미치는 것이 있다면 매우 기쁠 것입니다.

2007년 2월
역사교과서연구회 편집위원 염인호 · 이익주
역사교육연구회 편집위원 기미지마 가즈히코 · 기무라 다케미쓰

찾아보기

집필자

편　　집 | 한국 · 역사교과서연구회
　　　　 일본 · 歷史敎育硏究會

감　　수 | 이존희 · 단국대학교대학원사학과 졸업(문학박사)
　　　　 서울시립대학교국사학과 명예교수, 전 서울역사박물관 관장
　　　　 서울특별시사편찬위원회 위원장, 역사교과서연구회 회장
　　　　 加藤章 · 東京敎育大學大學院 修士課程 수료
　　　　 前上越敎育大學學長(名譽敎授), 前盛岡大學學長
　　　　 盛岡市敎育委員長, 歷史敎育硏究會 會長

고　　문 | 이원순 · 전 국사편찬위원회 위원장, 서울대학교 명예교수, 한국교회사연구소 고문
　　　　 김　철 · 전 교육부 편수관, 국민대학교 강사

편집위원 | 염인호 · 서울시립대학교 교수
　　　　 이익주 · 서울시립대학교 교수
　　　　 君島和彦 · 東京學藝大學 敎授
　　　　 木村茂光 · 東京學藝大學 敎授

집 필 자 | 가나다순, アイウエオ순
　　　　 전근대사(제1~8장)
　　　　 김원옥 · 화원중학교 교사
　　　　 박희현 · 서울시립대학교 교수
　　　　 배우성 · 서울시립대학교 교수
　　　　 이경아 · 서울시립대학교 강사
　　　　 이승진 · 수락중학교 교사
　　　　 이우태 · 서울시립대학교 교수
　　　　 市川寬明 · 江戸東京博物館學藝員
　　　　 内田博明 · 茨城縣立土浦工業高等學校 敎諭
　　　　 大石學 · 東京學藝大學 敎授
　　　　 楠木武 · 成城學園中學校高等學校 敎諭
　　　　 鈴木哲雄 · 北海島敎育大學札幌校 助敎授
　　　　 田中曉龍 · 東京都千代田區立九段中等敎育學校 敎諭
　　　　 手塚崇 · 東京學藝大學 修士課程 修了
　　　　 山崎雅稔 · 國學院大學大學院 博士課程

　　　　 근현대사(제9~12장)
　　　　 김용석 · 상계고등학교 교사
　　　　 오창훈 · 서울대학교사범대학부속고등학교 교사
　　　　 이연식 · 서울시립대학교 강사
　　　　 유재은 · 창덕여자고등학교 교사
　　　　 장종근 · 청량고등학교 교사
　　　　 정재정 · 서울시립대학교 교수
　　　　 及川英二郎 · 東京學藝大學 助敎授
　　　　 大串潤兒 · 信州大學 助敎授
　　　　 岡田敏樹 · 神奈川縣立綾瀬高等學校 敎諭
　　　　 國分麻川 · 筑波大學大學院 博士課程
　　　　 小瑤史朗 · 東京學藝大學連合大學院 博士課程
　　　　 小林知子 · 福岡敎育大學 助敎授
　　　　 小松伸之 · 文化女子大杉並高等學校 敎諭
　　　　 坂井俊樹 · 東京學藝大學 敎授
　　　　 山口公一 · 一橋大學大學院 助手

사진 제공·출전

_한국

韓國文化財保護協會, 文化公報部文化財管理局, 『文化財大觀』/『國寶』/『대한민국정부기록사진집』
/『사진으로 보는 서울』/『정부수립40년(1948~1988)』/『한국의 미』/東亞日報社, 『寫眞으로 보는
韓國 100년』/『사진으로 보는 근대한국』/『집안고구려고분벽화』/『國立中央博物館』/『韓國의 古
地圖』/국립진주박물관, 『새롭게 다시보는 임진왜란』/『사진으로 보는 獨立運動』/『대한민국50
년 우리들의 이야기』/독립기념관, 『독립기념관 전시품도록』/『韓國의 先·原史土器』/「大東輿地
圖」/호암갤러리, 『大高麗國寶展-위대한 문화유산을 찾아서(1)』, 『朝鮮前期國寶展-위대한 문화
유산을 찾아서(2)』, 『朝鮮後期國寶展-위대한 문화유산을 찾아서(3)』/『서울의 문화재』/慧眼出版
社/釜山大學校博物館, 『蔚山檢丹里마을遺蹟』/연세대학교박물관, 『한국의 구석기』

_일본

朝日新聞社/石橋湛記念財團/石山神宮/岩崎隆/『映像か語る'日韓倂合'史』/大阪ワッソ文化交流協會
/學生社『空からみた古墳』(撮影·梅原章一)/木村直哉/九州大學總合研究博物館/九州大學附屬圖書
館/共同通信社/京都大學總合博物館/京都大學附屬圖書館/『京城アルバム』/高句麗會/『神戶市警察
史』/國立國會圖書館/五島美術館/御坊市教育委員會/佐賀縣教育委員會/佐賀縣立名護屋城博物館/
首里城公園管理センター/清涼寺/泉涌院/東京大學史料編纂所/東京大學出版會/『圖解·日本の人類
遺跡』/東大寺正倉院/鍋島報效會/日本軍'慰安婦'歷史館後援會/『幕末·明治·大正回顧八十年史』/
北海道開拓記念館/毎日新聞社/道岸勝一/妙智院/民團新聞/吉野作造記念館/『4·24阪神教育鬪爭』/
神戶市立博物館/藤井愛子/君島和彦/http:japan-peographic.tv/

이 책의 발간에는 서울시립대학교와 한국국제교류재단의 지원이 있었음

이 책의 일본어판은 아카시 서점(明石書店)에서 간행되었습니다.
日韓歷史共通教材 日韓交流の歷史
-先史から現代まで
〒101-0021 日本國東京都千代田區外神田6-9-5
TEL：03-5818-1171 FAX：03-5818-1174
http://www.akashi.co.jp

중화인민공화국

함경북도
청진
나진
양강도

자강도

신의주
평안북도
함경남도

함흥

평안남도

남포
평양
원산

황해
북도
강원도

황해
남도
개성
판문점
강릉

강화도
서울
강원도

경기도

충청
남도
충청
북도
경상북도

부여

전라
북도
전주

대구
경주

광주
경상남도

목포
전라
남도
부산

제주
제주도

쓰
시
마
시모노

후쿠오카

규
슈
지
방

나가사키

가고시마

125°E
130

조선민주주의
인민공화국

대한민국

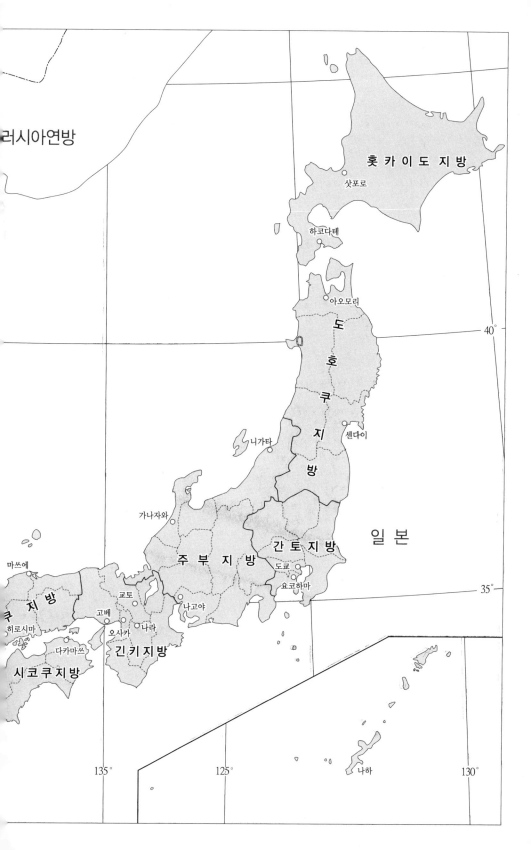

러시아연방

홋카이도 지방

삿포로

하코다테

아오모리

도호쿠지방

니가타

센다이

40°

가나자와

주부 지방

간토 지방

일본

마쓰에

교토

도쿄

요코하마

35°

쿠 지방

고베

나라

나고야

히로시마

오사카

다카마쓰

긴키 지방

시코쿠지방

나하

135°

125°

130°